閩臺神靈與社會

林國平　王志宇〇主編

昌明文化

地域文化研究叢書　A0200005

閩臺神靈與社會

主　　編　林國平、王志宇
版權策畫　李　鋒

發 行 人　林慶彰
總 經 理　梁錦興
總 編 輯　張晏瑞
編 輯 所　萬卷樓圖書股份有限公司
臺北市羅斯福路二段 41 號 6 樓之 3
電話 (02)23216565
傳真 (02)23218698

出　　版　昌明文化有限公司
桃園市龜山區中原街 32 號
電話 (02)23216565
發　　行　萬卷樓圖書股份有限公司
臺北市羅斯福路二段 41 號 6 樓之 3
電話 (02)23216565
傳真 (02)23218698
電郵 SERVICE@WANJUAN.COM.TW

ISBN 978-986-94616-2-7
2017 年 4 月初版
定價：新臺幣 500 元

如何購買本書：

1. 劃撥購書，請透過以下郵政劃撥帳號：
   帳號：15624015
   戶名：萬卷樓圖書股份有限公司
2. 轉帳購書，請透過以下帳戶
   合作金庫銀行　古亭分行
   戶名：萬卷樓圖書股份有限公司
   帳號：0877717092596
3. 網路購書，請透過萬卷樓網站
   網址 WWW.WANJUAN.COM.TW

大量購書，請直接聯繫我們，將有專人為您
服務。客服：(02)23216565 分機 610

如有缺頁、破損或裝訂錯誤，請寄回更換

國家圖書館出版品預行編目資料

閩臺神靈與社會 / 林國平 王志宇主編. --
初版. -- 桃園市：昌明文化出版；臺北
市：萬卷樓發行, 2017.04
　面；　公分
ISBN 978-986-94616-2-7(平裝)
1.民間信仰
271.9　　　　　　　　　　106004290

序

　　期待已久的新書，終於有了眉目，讓我由衷地感到高興。此書的出版有其背景，在新書出版之際，略述此書編輯的經過，以明其緣由。

　　和國平兄合編出書，是三年前的主意。2007年，我在教職之外，又兼任逢甲大學人文社會學院的秘書，在當時謝海平院長的指示下，希望擴大和大陸學界的交流，於是在院的層級下，推展臺浙閩粵學術資源整合計畫。我們希望先透過參訪拜會相關單位，取得共識後，再推動交流及合作。是以在2008年4月間，由謝院長帶領我校歷文所陳哲三教授、中文系陳兆南副教授及我等四人拜訪了廈門大學、福建省社會科學院、福建師範大學、福建省博物院等單位，也瞭解了各單位的人員及研究概況。在訪問之後，我們逐漸有了合作的雛形，我們的想法是先透過研討會加強雙方的聯繫，另外則是合作編輯出版書籍，未來更期待雙方可以有更深入的合作，如師資的交流及學術計畫的合作等。

　　2009年5月，逢甲大學歷史與文物研究所主辦媽祖國際學術研討會，邀請了福建省社科院的徐曉望教授、泉州師範學院的陳名實教授及福建師範大學的國平兄，一起來臺發表論文，這是我校在上述計畫

序

推動下的成果。在國平兄來臺期間，我便向他提出了合作編書的想法，也獲得了他的贊同。此後，我們便各自在臺灣和大陸尋找合適的人選及文章。出版的經費在國平兄的努力下，得到廈門大學國學研究院的支持，於是此一專書便順理成章地得以產生。

我在臺灣以逢甲大學為核心，找了幾位對民間信仰和地方開發頗有研究的學者，以下對這些學者略作介紹。逢甲大學方面有四位教授參與，一是陳哲三教授，目前為逢甲大學歷史與文物研究所專任教授，陳教授是臺灣史研究的大家，在臺灣素有南投史專家的美名，南投縣竹山鎮是其家鄉，本地人研究本地事，他對史料及地方史事的掌握及論述，都有其見地。同一單位還有張志相老師，他的興趣在於臺灣的佛教和民間信仰等方面，目前正積極進行有關臺灣祖師公研究的專書出版，其研究相當踏實，是臺灣佛教與民間信仰研究的新秀。此外，我也邀請了逢甲大學中文系的陳兆南副教授，他在民間信仰與戲曲唱本方面，投入極深，陸續有新著產生。我本人與上述三位教授同在逢甲大學，本人的研究興趣在臺灣史及臺灣民間信仰，過去以鸞堂研究開始，後來編輯地方志等，不僅進行方志研究，也擴大研究至地方寺廟與開發史、地方族群、地方社會之間的種種關係，目前已發表相關的專書二部與論文十多篇，另外參與編輯如集集、竹山、苑里、外埔、臺中市志、南投縣志、重修大里市志等七部方志的纂稿工作。

他校部分我也邀請了幾位教授，相關簡歷如下。吳學明教授目前為中央大學歷史研究所教授，是臺灣知名學者，早期以「金廣成」研究而著名，最近幾年也在民間信仰及基督教等宗教信仰的研究上不遺餘力。戴文鋒教授為臺南大學臺灣文化研究所副教授，專精於臺灣史、臺灣民俗、臺灣民間信仰等研究，其編輯與著作專書豐富，為臺灣民間信仰的研究方面相當優秀的學者。郭伶芬教授為靜宜大學通識教育中心副教授，專精臺灣史與臺灣民間信仰，近幾年來對彰化地區民間信仰及社會組織的研究頗有貢獻。

大陸方面，由國平兄找來大陸地區有關閩臺宗教研究上頗具分量的學者加盟。謝重光教授，現就職於福建師範大學社會歷史學院，著作等身，諸如《漢唐佛教社會史論》、《中國僧官制度史》（合著）、《陳元光與漳州早期開發史研究》、《客家源流新探》、《閩臺客家社會與文化》、《畬族與客家福佬關係史略》、《客家文化與婦女生活》等，為中國佛教社會史和客家文化史研究領域學者案頭必備的參考文獻。楊彥傑教授為福建社會科學院研究員，現任中國閩臺緣博物館館長，為荷據臺灣史、閩臺關係史和客家文化史等領域的專家，見解精到，其力作《荷據臺灣史》、《閩西客家宗族社會研究》等，惠及學界甚多。劉大可教授原來就職於福建省社會科學院，現任中共福建省委黨校社會發展研究所所長，學風樸實，專著有《傳統的客家社會與文化》、《田野中的地域社會與文化》、《閩臺地域社會與族群文化新探》等，為福建省人文社會科學研究的後起之秀。陳進國先生原就職於廈門大學臺灣研究院，現任中國社會科學院世界宗教研究所副研究員，視野開闊，在民間宗教、民間信仰、民間佛教、基督教等諸領域均有成就，為中國宗教文化研究的後起之秀，其代表作《信仰、儀式與鄉土社會》、《隔岸觀火：泛臺海區域的信仰生活》等，在學術界有較大影響。范正義為華僑大學宗教研究所副教授，近年來在閩臺民間信仰研究上嶄露頭角，其專著《保生大帝信仰與閩臺社會》、《閩南文化述論》等獲得學術界好評。俞黎媛博士就職於莆田學院，近年來發表多篇高品質的關於閩臺民間信仰的研究論文，為學界所關注。收錄他們有關民間信仰的相關文章，為本書加添了光彩，也足以呈現兩岸有關民間信仰研究的學風與方法。

本書的出版有幾個意義，第一是代表逢甲大學人文社會學院所推動與大陸東南沿海地區為對象進行的學術資源與整合計畫的起步，我們希望透過兩岸學術的交流與合作，能夠在臺灣與東南沿海的區域史研究上，更深化我們的研究深度。第二，透過彼此的瞭解與學習，

序

取得雙方的學術研究的優點與長處，啟發雙方新的學術研究取向，發展出新的研究方法與理論。第三，透過此次的合作，為未來雙方的合作，包含研討會、彼此田野調查的合作與支持，甚至跨校的學術研究計畫的合作，奠定初步的基礎。

本書榮幸列入廈門大學國學研究院資助出版叢書，由廈門大學出版社出版，陳支平教授給予了大力支持和幫助，我們深表謝意！

以上是此部專書出版的緣由以及對未來雙方合作的一個期許，值此書付梓之際，添述數語，作為賀詞。

逢甲大學歷史與文物研究所教授兼所長

王志宇 謹識

2010年8月30日

目 次

目
次

第一章　閩臺民間信仰的由來與社會基礎

林國平 [1]

自古以來，閩臺民間信仰特別發達，林立的宮廟、成百上千的神靈、頻繁的宗教活動、眾多的信徒構成閩臺民間信仰的基本內容。閩臺民間信仰的產生和發展，在深受中華文化傳統的影響的同時，與閩臺地區的自然、社會、歷史等密切相關。閩越族的「好巫尚鬼」的傳統，與陸續從中原傳來的漢族的巫術相結合，相沿成習，為閩臺地區民間信仰的滋生提供了肥沃的土壤；旱災、水災、颱風等自然災害和瘟疫等傳染病，以及戰爭、盜匪、械鬥等等社會矛盾，促使閩臺民間信仰的形成；隨著漢代之後中原漢人大批遷徙福建，和明末清初閩人大批移民臺灣，民間信仰得到迅速傳播；而南宋經濟中心的南移，又有力地推動了福建民間信仰的發展。

一、　「好巫尚鬼」的傳統與民間信仰的滋生

秦漢之前，中國大陸東南為百越族的聚居地，《漢書·地理志》載：

1　林國平，福建師範大學社會歷史學院教授。

「自交趾至會稽七八千里，百越雜處，各有種姓。」[1]居住在福建境內的原住民稱「閩越」。同一時期居住在臺灣的少數民族族屬問題十分複雜，他們是不同時期，從不同地方遷徙入臺的，其中十分重要的一支是從福建遷徙入臺的閩越族，這從其後裔的文化特徵如文身、斷髮、缺齒及蛇圖騰崇拜等與閩越族相同，反映了古越人與臺灣原住居民的淵源關係。泰雅人至今仍流傳著其祖先來自大陸的神話，略云上古時期有兄妹倆為了朝拜太陽，由大陸漂到臺灣，後來倆人成婚，繁衍了泰雅人的子孫。

閩越族在文化上的重要特徵之一是「信鬼神，重淫祀[2]」。巫術在閩越族中十分流行，閩越人的斷髮文身的習俗實際上就是原始巫術的模仿術，即剪去頭髮，在身上文上蛇的圖案，以嚇走水怪。漢代劉向《說苑·奉使》載：「（越人）劗髮文身，爛成章，以像龍子者，將避水神也。」在相當長的歷史時期內，閩越族的後裔一直保留著斷髮文身的習俗，《隋書》記載臺灣少數民族婦女手臂上有蟲蛇花紋，直到清代臺灣少數民族仍有斷髮文身之俗。

原始巫術的另一重要形式是以歌舞來媚神和娛神。福建華安縣汰內村苦由自然村附近的九龍江支流汰溪邊有一名叫仙字潭摩崖石刻，分布在高約6公尺，寬約30公尺的峭壁上，共五處。上面刻著多組風格相近、似字又似畫的文樣，顯得古怪蒼老，「人莫能識」，遂有「仙字」、「仙篆」、「天書」、「雷劈顯字」等等帶有神話色彩的說法。近年來，學術界開展了對仙字潭摩崖石刻的研究，多數人認為摩崖石刻是漢以前閩越族的作品，但在摩崖石刻的性質和內容等問題上則眾說紛紜[3]。我們認為，華安摩崖石刻是閩越族留下的岩畫，記錄著

---

1 《漢書》卷二八〈地理志〉。

2 《漢書》卷二八〈地理志〉。

3 關於華安仙字潭石刻的性質，有「文字說」和「岩畫說」之爭。石刻所反映的內容則有「圖騰說」、「事件說」、「征戰說」、「宴飲說」、「紀功說」、「地界說」、「生殖崇拜說」、「祭祀說」、「舞蹈說」、「媚神娛神說」等不同看法，詳見《福建華安仙字潭摩崖石刻研究》，北京：中央民族學院出版社，1990年。

閩越族載歌載舞祭祀神靈的場面。正如蓋山林先生所指出的：「舞者是仙字潭石刻的主要圖像，差不多各處皆有，而以第一處為最集中，是一幅熱情洋溢的群舞場面。其餘各處的舞者，或二三人一起，或一人獨舞……畫面上有四個舞者無頭，可能表示頭已被割下，看來眾舞者是在跳媚神、娛神的舞蹈，為了討得神的歡心，竟殺人以祭，當場將舞者血淋淋的頭顱取下拋進水中，以祀祭水中的水神。」[1] 實際上，福建境內還有數十處無法辨認的所謂仙篆，從有關文獻的「如龍蛇糾纏不可識」之類的記載來看，其中有些可能也是記錄閩人宗教祭禮歌舞的岩畫 [2]。

臺灣高山族至清代仍保留著許多原始宗教歌舞活動，無論是收成、獵歸還是出戰、酬神都要載歌載舞以媚神，俗稱「番舞」。舞者十餘人至數十人，手拉著手，圍繞著熊熊燃燒的篝火，有節奏地跺腳、跳躍、搖身、擺手，他們相信通過舞蹈可以博得神靈的歡心，賜福禳災。至今還在福建流行的鳥步求雨舞和拍胸舞，實際上也是閩越族宗教祭祀歌舞的遺存。

鳥步求雨舞模仿鳥類翩翩起舞的動作，祈求風調雨順，主要流傳於閩北地區。在福建建陽縣崇雒一帶流行著鳥步求雨舞，這是百姓在祈雨時模仿鳥類跳躍的宗教祭禮舞蹈，有「高雀跳躍」和「矮雀跳躍」兩種不同跳法，顯然是越族的鳥崇拜祭祀舞蹈的遺存。奉鳥為圖騰的越人，在祭祀圖騰時，必然要模仿鳥類翩翩起舞，形成獨具一格的宗教祭祀舞蹈。奉鳥為圖騰的越人，在祭祀圖騰時，必然要模仿鳥類翩翩起舞，形成獨具一格的宗教祭祀舞蹈。由於鳥步求雨舞是在與農業生產密不可分的祈雨時表演，漢族入主福建後，祈雨也是主要的

1　蓋山林：〈福建華安仙字潭石刻性質考辨〉，《美術史論》1988年第3期，《福建華安仙字潭摩崖石刻研究》一書有轉載。蓋氏文中提到的殺死「舞者」來祭神說法似可商榷，我們認為被殺死的不可能是「舞者」，很可能是戰俘。

2　朱維幹：〈福建少數民族的摩崖文字〉，《文物》1960年第6期。

第一章　閩臺民間信仰的由來與社會基礎

宗教活動，所以越族的鳥步求雨舞被漢民族繼承下來，保存至今。舞者十餘人至數十人手拉著手，圍繞著熊熊燃燒的篝火，有節奏地踩腳、跳躍、搖身、擺手……舞蹈所反映的內容也多與宗教祭祀有關，他們相信通過載歌載舞，可以博得神靈的歡心，賜福祛災[1]。

拍胸舞也是模仿老鼠、牛、驢、雞、青蛙、蜈蚣、蜘蛛、蟋蟀等動物和昆蟲的動作，舞者裸體赤腳，風格粗放，許多動作與華安仙字潭摩崖石刻的裸體舞者的圖像十分相似，顯然是原始宗教祭祀舞蹈的遺存，後來才發展為在歲時節慶和迎神賽會時表演的節目，甚至成為一些乞丐乞食的手段，主要流行於閩南。

秦漢以前，百越族的巫術名揚天下，連漢武帝也十分推崇越巫。《史記》記載：「是時，（漢武帝）既滅兩越（閩越和南越），越人勇之乃言『越人俗鬼，而其祠皆見鬼，數有效。昔東甌王敬鬼，壽百六十歲。後世怠慢，故衰耗』。乃令越巫立越祝祠，安臺無壇，亦祠天神上帝百鬼，而以雞卜。上信之，越祠雞卜始用焉。」[2]

漢武帝元封元年（西元前110年），漢王朝派大軍入閩，滅亡了閩越國，並將閩越族的官吏、貴族、軍隊及部分百姓強制遷徙到江淮一帶，以絕後患。福建人口由是銳減，使原來就不發達的經濟文化愈加落後。但閩越族並沒有滅亡，一部分閩越人躲入深山老林，逃避了漢軍的追捕，後來有的與漢族融合，有的則成為疍民，有的成為後來高山族的祖先。但越人的「好巫尚鬼」的傳統並沒有退出歷史舞臺，而是與陸續從中原傳來的漢族的巫術相結合，相沿成習，《後漢書》載：「會稽俗多淫祀，好筮卜。」[3]《隋書‧地理志》說：「江南之俗……信鬼神，好淫祀。」宋代福州「每一鄉率巫嫗十數家[4]」。泉州

1　葉明生：〈八閩儺文化形態概述〉，《藝術論叢》第7輯。
2　《史記》卷二八〈封禪書第六〉。
3　《後漢書》卷四一〈第五倫傳〉。
4　梁克家：《三山志》卷九〈公廨類三‧諸縣祠廟〉。

也是「華剎淫祠，山僧野覡，無處無之 [1]」。直至明清時期，好巫尚鬼之風在福建等地區尤盛，有關文獻記載頗多。如民國《龍岩縣志》卷二一〈禮俗志〉說：「南人好鬼，振古如茲。石或稱公，樹或能靈。泥塑皂隸，更呼爺爺。疾病掉臂醫門，乞靈木偶。道醮僧經，乩方神藥。子以此為孝，弟以此為悌。舍田入寺以佞佛，而祠產族田，注意及焉者少；擇地葬親以求福，而椎埋盜骨因利忘義之事多。運道貴於通利，乃灘石開築，以為有傷地脈，是自梏也；屋宇宜於高燥，乃以外高中凹為聚氣，是以沮洳也為樂土也。岩地山嵐瘴癘，異氣鍾為金蠶，飲食中毒，萬蟲入腹。事固非盡荒謬，乃婦人疑鬼疑神，謂蓄蟲之人，彈指即可殺人，側目亦能施毒。子女風寒偶中，瀉藥妄投，往往誤死。」

好巫尚鬼的傳統在信巫不信醫方面表現得最為突出。在中國上古社會，巫與醫合為一體，巫師兼有醫師的職能。《山海經・大荒西經》說：大荒山有「巫咸、巫即、巫盼、巫彭、巫姑、巫真、巫禮、巫抵、巫謝、巫羅十巫」。由於他們與神靈相通，所以「從此升降，百藥爰在」。《山海經・海內西經》也說巫彭、巫咸等巫師「皆操不死之藥」。「醫」字的異體字為「毉」，形象地反映了上古社會醫與巫的密切關係。西周以後，醫與巫開始分離，出現了專門的醫生。但巫從來不放棄為人驅鬼治病的職能，即使在醫學相當發達的現代社會，仍樂此不疲。

閩臺沿海地區氣候潮濕炎熱，中原漢族遷入後，許多人難以適應，發病率高。而唐代之前閩臺沿海地區的醫療衛生比較落後，一旦生病，不少人只好求助於巫覡，逐漸形成「信巫不信醫」的風氣。唐宋以後，隨著閩臺沿海地區經濟文化的長足發展，醫療條件大有改善，醫學水準也明顯提高，但廣大農村缺醫少藥的現象還普遍存在，

1　乾隆《德化縣志》卷八〈祠宇志〉。

加上傳統習慣的影響，「信巫不信醫」的風氣並沒有根本的改變。所謂「越人尚機而信殺，自古然爾。至今風俗不可革，人有疾且憂也，憐於巫覡之徒，戒之曰：『參苓罔功，必須殺以為命且有謗訕，惑眾取媚』[1]。」

「信巫不信醫」之風在閩臺地區尤烈。北宋時，蔡襄回福建興化做官，對「閩俗左醫右巫，疾家依巫索祟，而過醫門十才二三，故醫之傳益少[2]」的陋習深惡痛絕，大力提倡醫藥，「謂莆人巫覡主病，宜痛斷絕，因擇民之聰明者，教以醫藥，使治疾病[3]」。慶曆六年（1046年）蔡襄知福州時，曾請精通醫學的何希彭從《太平聖惠方》中選出便於民用的藥方6096方，抄錄於木板上，豎立在衙門左右，廣為宣傳，並親自作〈太平聖惠方後序〉，「曉人以巫祝之謬」，宣導百姓求醫問藥[4]。此後，其他一些州縣的地方官也曾採取過類似的措施，企圖改變信巫不信醫的陋習，但積重難返，收效甚微。梁克家指出：「鬼神之為德不可掩也，而每為巫嫗所累……慶曆中，蔡公襄為守，尤深惡疾家依巫索祟之弊……然不擇貴賤，愚者常易惑；不問富貧，弱者常易欺。故風俗至今未能盡革，每一鄉率巫嫗十數家，奸民與為地道，遇有病者相為表裡，既共取其貨貲，又使其不得訪醫，問藥以死，如是者可痛也。」[5]南宋嘉定年間（1208—1213年），陳宓在〈惠民藥局記〉中描述了安溪縣信巫尚鬼，病不求醫的落後狀況：「安溪視諸邑為最僻，深山窮谷，距縣有閱五六日至者。又氣候多燠，春夏之交，雨淖則河魚腹疾，旱則瘴痞作焉。俗信巫尚鬼，市絕無藥，有則低價以貿州之滯腐不售者。貧人利其廉，服不療，則淫

---

1 《徐仙翰藻》卷四〈殺賦〉，《正統道藏》第58冊，臺北：藝文印書館，1977年重版。
2 黃仲昭：《八閩通志》卷八五〈拾遺〉。
3 乾隆《海澄縣志》卷一五〈風土〉。
4 黃仲昭：《八閩通志》卷八五〈拾遺〉。
5 淳熙《三山志》卷九〈公廨類三〉。

巫之說益信。於是，有病不藥，不夭閼幸矣。詩曰：『藍水秋來八九月，芒花山瘴一起發；時人信巫紙多燒，病不求醫命自活。』嗚呼！獸且有醫，而忍吾赤子誕於巫、愚於賈哉。」[1]

　　直到明清民國時期，信巫不信醫的陋習仍在福建各地普遍存在。明代長樂謝肇淛指出：「今之巫覡，江南為盛，而江南又閩廣為盛，閩中富貴之家，婦人女子，其敬信崇奉，無異天神。少有疾病，即禱賽祈求無虛日，亦無遺鬼。楮陌牲醪相望於道，鐘鼓鐃鐸不絕於庭。」[2]有關方志記載頗多[3]。

　　明中期以後，大批福建人陸續遷居臺灣。當時臺灣尚未開發，到處是密林雜草，加上地處亞熱帶海島，高溫潮濕，病菌易以繁殖，瘟疫蔓延，嚴重地威脅移民的生命，《臺灣外紀》載：「臺地初辟，水土不服，病者即死，故各島搬眷，俱遷延不前。」《海上見聞錄》卷二亦云：「初至，水土不服，疫癘大作，病者十之八九，死者甚多。」府志稱：「水土多瘴，人民易染疫病。」[4]鄭成功收復臺灣後，僅半年便染上熱疾而去世。其駐守雞籠山的將士，在康熙二十一年三月的瘟疫流行中，也「大發疾病，越八月，死者過半[5]」。直到清代後期至近代，臺灣地區的瘟疫仍時常發生，據統計，從咸豐六年（1856年）至民國九年（1920年）臺灣先後發生各種瘟疫24次之多，死亡人數數以萬計。在這樣惡劣的環境中生活，人們朝不保夕，極度不安，而當時的醫藥又無法有效地控制瘟疫的蔓延，福建本土尚鬼和信巫不信醫的陋習很快地在臺灣紮下根來，志稱：

1　嘉靖《安溪縣志》卷七〈文章類〉。
2　謝肇淛：《五雜俎》卷六〈人部二〉。
3　林國平：〈福建傳統社會的民俗療法和寺廟藥籤〉，《宜蘭文獻雜誌》第37期，1991年1月。
4　康熙《臺灣府志》卷七〈風土志〉。
5　江日昇：《臺灣外紀》卷二六〈施提督連疏議剿，姚部院遣使再撫〉。

「俗信巫鬼，病者乞藥於神……亦皆漳、泉舊俗。」[1]

「南人尚鬼，臺灣尤甚，病不信醫而信巫。有非僧非道專事祈禳者曰客師，攜一撮米往占曰米卦；書符行法而禱於神，鼓角喧天，竟夜而罷。病即不愈，信之彌篤。」[2]

「俗尚巫，疾病輒令禳之。又有非僧非道名曰客仔師，攜一撮米往占病者，謂之米卦，稱說鬼神。鄉人為其所愚，倩貼符行法而禱於神，鼓角喧天，竟夜而罷。病未愈，費已三五金矣。」[3]

「澎人信鬼尚巫，疾病不問醫藥，只求神問卜而已。」[4]

「俗素尚巫，凡疾病輒令僧道禳之，曰進錢補運。」[5]

「信鬼尚巫，蠻貊之習猶存……有為客師，遇病禳禱，曰進錢補運，金鼓喧騰，晝夜不已。有為乩童，扶輦跳躍，妄示方藥，手執刀劍，披髮剖額，以示神靈。」[6]

同治十年（1871年）十一月，臺灣地方官府曾下令禁止迎神賽會，其中的禁條之一是「不准迎神像赴家，藉詞醫病，駭人聽聞[7]。」但積重難返，無濟於事。

好巫尚鬼的傳統，為閩臺地區民間信仰的滋生提供了肥沃的土壤。漢代以後，隨著大批漢族陸續遷入閩臺地區和漢族與當地土著的不斷融合，各地相繼出現了規模浩大的造神運動，而好巫尚鬼的傳統則為各地的造神運動提供了取之不盡的素材。翻閱地方文獻，我們很容易發現，這一區域的許多地方神的人物原型就是由巫覡轉變而來，

---

1 嘉慶《續修臺灣縣志》卷一〈地志・風俗〉。
2 丁紹儀：《東瀛識略》卷三〈習尚〉。
3 乾隆《重修臺灣府志》卷一三〈風俗（一）附考〉。
4 光緒《澎湖廳志》卷九〈風俗〉。
5 道光《彰化縣志》卷九〈風俗〉。
6 同治《淡水廳志》卷一一〈風俗考〉，參見《苗栗縣志・風俗考》。
7 《臺灣理藩古文書・嚴禁迎神賽會》。

或打上巫術的烙印。明代福州人謝肇淛指出：「大凡吾郡人尚鬼而好巫覡，醮無虛日，至於婦女，祈嗣保胎，及子長成，祈賽以百數，其所禱諸神亦皆里嫗村媒之屬，而強附以姓名。」[1]

首先，由於閩臺地區女巫特別多，導致女神特別多，且影響大。

女巫生前裝神弄鬼，欺騙了百姓的信任，死後，一些女巫被百姓奉為神靈。如在閩臺沿海影響最大的媽祖，早在南宋時，廖鵬飛就認為她是女巫，生前「以巫祝為事，能預知人禍福。既歿，眾為立廟於本嶼[2]」。此說法後來被志書採納，如《仙溪志·三妃廟》載：「順濟廟，本湄洲林氏女，為巫，能知人禍福，歿而人祠之，航海者有禱述必應。」

在福建、浙江有較大影響的馬夫人、臨水夫人也是女巫出身。馬天仙又稱馬仙、馬氏真仙、馬仙姑等，原名馬元君，俗名馬五娘，或云建甌人，或說霞浦人，還有永安人說等。其俗名和籍貫、事蹟等，閩浙各地說法不一[3]。據何喬遠《閩書》、馮夢龍《壽寧待志》載，馬五娘出嫁前夕，未婚夫突然去世。她發誓不嫁，奉侍公婆至孝。有一次外出，遇上山洪暴發，溪水暴漲，只見她將雨傘仰置於水上飛渡而過，觀者以為是仙女下凡。馬五娘自稱非凡世女子，待公婆終其天年後，就飛升而去。當地百姓遇到旱災，常請她祈雨，隨禱隨應。馬五娘去世後，當地人奉之為神，立廟祭祀。馬五娘的生平在永安民間則另有傳說，相傳馬五娘不願婚嫁，在九天玄女的指導下，吃了桃源洞百丈岩的仙桃而成仙。宋代，宋真宗先後兩次敕封馬五娘，分別是「靈澤感應馬氏真人」和「懿正廣惠馬氏真人」，其影響也逐漸擴大，浦城、崇安、沙縣、松溪、壽寧等地都建有馬仙宮或馬仙祠。明清以後，馬仙信仰逐漸向浙江、閩中、閩南傳播，古田、閩清、侯

1　謝肇淛：《五雜俎》卷一五〈事部三〉。
2　廖鵬飛：〈聖墩祖廟重建順濟廟記〉，轉引莆田《白塘李氏族譜》。
3　林國平、彭文宇：《福建民間信仰》，福州：福建人民出版社，1993年，第181頁。

官、永春等地也建有馬仙宮。馮夢龍《壽寧待志·香火》指出：「民間佞佛者，男奉三官，女奉觀音，他非所知矣。惟馬仙則不問男女，咸虔事焉⋯⋯今建中名山，所在有香火，而壽寧尤盛，凡水旱無不祈焉。」馬仙信仰至今在浙南、閩北、閩東地區仍有較大影響，是群眾祈福禳災的主要對象之一。

臨水夫人也稱陳夫人、順懿夫人、順濟夫人、陳十四娘娘等，其人物原型是唐代福建古田人女巫陳靖姑，志稱：「其神姓陳，諱靖姑，生於唐大曆元年正月十五日，福州下渡人。適本縣霍口里西洋黃演，由巫為神，鄉人祀之，禱雨暘驅旱癘，與凡祈年求嗣，無不立應。」[1]

在福建，由女巫演變為神靈的還有很多：如徐登，東漢人，原來是一女子，後來變成男子，他善巫術，曾與山東的巫覡趙炳比試巫術，並結為方外遊。徐登能用禁咒之術禁溪水，使水不能流動，還用巫術為人治病，「惟以東流水為酌，削桑皮為脯，但行禁架，所療皆除[2]」。在福州地區，徐登和趙炳均被百姓奉為神靈，立廟祭祀。在莆田、仙遊地區有較大影響的靈應夫人，「生為女巫，歿而人祠之。婦人妊娠必禱之，神功尤驗[3]」。有很多的崇拜者，宋代朝廷還賜廟額封號。仙遊縣西的慈感廟中主神陳氏，「生為女巫，歿而人祠之，夫人妊娠者必禱焉。神功充驗⋯⋯寶祐間，封靈惠懿得妃[4]」。孚應女神，福清人，傳說她姓陳，「能禁虎暴」，死後，當地人在義泉嶺立廟祭祀。長汀三聖妃廟，供奉的三位女神從潮州傳播來的，她們生前都是女巫。

其次，除了女巫演變為神靈外，不少男巫也被塑造成地方神。張

1　嘉靖《羅川志》卷三〈觀寺志〉。
2　民國《福建通志》卷四八〈福建列仙傳〉，參見《後漢書》卷八二下〈徐登傳〉。
3　弘治《仙溪志》卷九〈三妃廟〉。
4　弘治《仙溪志》卷九〈祠廟〉。

標，是唐末福建有名的巫覡，他的拿手好戲是「禱冥府」，與死去的人對話，「因言其家事，委曲皆中，人以為神[1]」。廣泛分布在福建上杭、武平、永定等地黃仙師廟，主神黃七，是當地有名的巫覡，相傳上杭未置縣時，妖怪虎狼經常出沒，傷害百姓，「巫者黃七以符法治之，因隱身入於其石不出。石壁隱映，有人影望之儼若仙師像。按舊志，未縣前有妖怪虎狼為民害，黃七翁父子三人往治之，因隱身入石，群妖遂息。每風雨時，石中隱隱有金鼓聲[2]」。元明清時，上杭縣至少有十四座黃仙師廟，武平縣至少有六座黃仙師廟，永定縣也有若干座黃仙師廟。至今，黃仙師在上杭縣仍頗有影響，縣西的黃仙師廟楹聯寫道：「虎跨三川臨福地，龍回一邑衛杭川」，說明上杭人把黃仙師作為地方保護神來奉祀。崇安縣有巫翁吉師者，「事神著驗，村民趨向藉藉。紹興辛巳九月旦，正為人祈禱，忽作神言曰：『吾當遠出，無得輒與人問事治病。』百姓建廟奉祀[3]」。仙遊縣林義，「生為巫醫，歿而有靈。」百姓在縣西建興福廟祭祀[4]。古田縣東北有顯應廟，主神黃師蓋，「善巫術，歿於宋景德間，葬竹州，遂祠焉」[5]。後來還被封為靈佑侯。莆田林康世，「生而神異，歿後百餘年，大著靈響[6]」。百姓建靈惠廟祭祀。南平倪師，「生而穎異，歿而神靈，凡水旱，禱之輒應。宋端平中，鄉人立廟祀之[7]」。

第三，許多神靈雖然不是從巫覡直接演變來的，但在形成的過程中，充滿巫術的色彩。不少僧尼道士也因精通巫術治病而被百姓奉為醫藥神，如宋代福安陳藥山、寧洋曹四公、漳州陳泥丸、建寧道士葉

1 民國《福建通志》卷四七〈福建道士傳〉。
2 黃仲昭：《八閩通志》卷五九〈祠廟〉。
3 洪邁撰，何卓點校：《夷堅志》第二冊《夷堅丁志》卷第六，北京：中華書局，1981年，第585頁。
4 弘治《仙溪志》卷九〈祠廟〉。
5 黃仲昭：《八閩通志》卷五八〈祠廟〉。
6 黃仲昭：《八閩通志》卷六〇〈祠廟〉。
7 黃仲昭：《八閩通志》卷六〇〈祠廟〉。

第一章　閩臺民間信仰的由來與社會基礎

法廣，和在閩北有較大影響的扣冰古佛、僧惠吉等即是。還有長溪和尚幼安、德化袒膊和尚、仙遊九座禪師、安溪顯應禪師、圓光禪師、漳州窈然和尚、三平祖師、安溪清水祖師、汀州的定光古佛、伏虎禪師等等福建土神，都有一套巫術，使百姓拜倒在他們腳下 [1]。

綜上所述，越人的好巫尚鬼的傳統，與陸續從中原傳來的漢族的巫術相結合，相沿成習，為閩臺地區民間信仰的滋生提供了肥沃的土壤。

二、自然災害、社會矛盾與民間信仰的形成

閩臺地處亞熱帶海洋性季風氣候區，是自然災害多發的地區，一年四季均有發生。春季有雷暴、冰雹、暴雨、寒害和沿海大風，夏季有颱風、暴雨、高溫和乾旱，秋季有寒露風和秋旱，冬季有寒潮和沿海大風，出現的頻率高、強度大、危害嚴重。特別是洪澇、乾旱和颱風三種災害最為常見，危害也最大 [2]。

在福建，洪澇災害常發生在每年5—6月份的梅雨期和7—9月份的颱風期，有文獻記載的福建最早的水災是東晉建武二年（318年），到民國三十七年（1948年）止的1630年間，福建歷史上有文獻記載的水災為703次，其中東晉至唐代共7次，宋代78次，元代22次，明代210次，清代330次，民國56次 [3]。洪澇災害往往帶有突發性，對百姓的生命和財產造成的損失非常之大。如宋端平三年（1236年）六月，邵

---

1 詳見林國平、彭文宇：《福建民間信仰》，福州：福建人民出版社，1993年；徐曉望：《福建民間信仰源流》，福州：福建教育出版社，1993年。

2 諸仁海主編：《福建省志・氣象志》附錄二〈500年來福建主要氣象災害〉，北京：方志出版社，1996年，第205~263頁。

3 彭景舜、陳堅主編：《福建省志・民政志》，北京：方志出版社，1997年，第85~87頁。

武大水，死者萬計。宋淳祐十二年（1252年）六七月間，南平、順昌大水，漂室廬死者萬數；七月，大水淹入光澤城，死者萬數；同月，大水淹入邵武城，蕩廬舍，民死者萬計。元代至元五年（1339年）六月，長汀大水，死者8000餘人。明永樂十四年（1416年）七月，邵武、南平、建甌等縣潦災，死者數萬人。明萬曆三十七年（1609年）五月廿四日，閩北、閩東、閩中等20多個縣發大水，淹死10餘萬人。清康熙十九年（1680年）八月初六日，仙遊大雨，毀壞城內房屋千餘間，死者萬餘人。康熙三十七年（1698年）四月廿八日，同安發大水，西門城崩，民居漂沒數千家，死者千餘人。光緒三十四年（1908年）七月，漳州、龍溪、南靖等地山洪暴發，淹死、餓死5000多人。民國十年（1921年）閩侯發大水，僅琅岐鄉餓死、病死的多達1300多人。金砂、鳳窩等4個村逃荒1000多人，賣妻、賣子女的500多戶。民國三十七年（1948年）六月中旬至七月下旬，福建全省普降大雨暴雨，52個縣市受災，田園被淹近700萬畝，房屋倒塌近2000間，漁船破壞近千隻，死傷近2000人，災民200多萬[1]。

福建省旱災頻繁，多發生在春夏季節。從唐代建中三年（782年）至民國三十七年（1948年），有史可查的旱災共358次，其中唐代3次，宋代39次，元代10次，明代102次，清代177次，民國27次，實際旱災的次數要遠遠超過此數字[2]。由於旱災的時間往往比較長，受災的地區也比較廣，受害的百姓人數也較多，嚴重旱災的危害性比水潦更大。在歷史上，比較大的旱災有：唐代貞元六年（790年）夏，福州至漳州沿海地區大旱，井泉竭，江河水涸，死者甚眾。宋崇寧元年（1102年），泉州、漳州地區大旱，泉水乾涸，山民要到二十多里處汲水，鄉人多渴死。元至正十四年（1354年）福建大旱，禾不入土，赤地千

1　戴啟天編：《福建歷史上災害饑荒瘟疫輯錄》（內部資料），福建省民政廳、福建省民政學會編印，1988年5月，第317~322頁。
2　彭景舜、陳堅主編：《福建省志·民政志》，第85~87頁。

里，出現「人相食」的慘狀。明代嘉靖十六年（1537年），閩南大旱，自五月至翌年四月不下雨，田園荒蕪，餓死者遍野。嘉靖二十三年至二十四年，閩南地區連年旱災，出現大饑荒，餓死者載路。清雍正四年（1726年），閩南、閩西大旱，民食樹葉、海柯葉[1]。民國二十二年（1933年），福建大旱，瘟疫流行，有6萬戶農民背井離鄉。二年後，福建又發生大旱災，受災有66個縣，災民84.26萬人，死亡5007人，哀鴻遍野[2]。

　　颱風經常發生在每年七至九月間，從唐代貞觀二十一年（647年）至民國三十七年（1948年），有案可查的颱風在福建共登陸319次，其中唐代1次，宋代24次，元代3次，明代101次，清代167次，民國23次，實際颱風的次數也要遠遠超過此數字。颱風往往伴隨著海潮，對沿海地區百姓的生命和財產的危害特別大。如宋元祐五年（1090年），颱風在莆田登陸，莆田、仙遊沿海居民「各漂蕩萬數」。明成化十九年（1483年）連江、羅源、霞浦等九縣發生海嘯，拔木發屋，田廬盡壞，官私船漂沒萬計。萬曆三十一年（1603年），泉州、晉江、南安、同安等縣颶風驟作，海水暴漲，溺死萬餘人。漳州、龍溪、長泰、漳浦、東山等地颱風暴雨，溺死數千人。民國三十五年（1946年）四月，颱風在福清登陸，房屋倒塌萬餘間，牲畜死亡十五萬頭，船舶漂失500多隻，災民十萬多人。同年秋天，福清、長樂又受颱風、海潮襲擊，沖毀海堤1200多里，淹沒田園40多萬畝，災民20多萬人[3]。

　　應該指出，上述三大自然災害往往接連而至，加重災情，如元至正四年（1344年），福州、興化、閩北、閩西等地的方志上就有「大旱、大疫、大饑，人相食」的記載。明成化二十一年（1485年）三月至閏四月，福建40多個縣淫雨不止，發大水，六月颱風襲擊，死亡萬

1　戴啟天編：《福建歷史上災害饑荒瘟疫輯錄》，第317~322頁。
2　彭景舜、陳堅主編：《福建省志・民政志》，第86頁。
3　戴啟天編：《福建歷史上災害饑荒瘟疫輯錄》，第317~322頁。

數 [1]。特別是「大災之後必有大疫」幾乎成為普遍規律，對於災民而言無疑是雪上加霜。如前面提到的成化二十一年，在暴雨颱風之後，「繼複大疫，死者相枕藉 [2]」。嘉靖二十三年（1544年），閩侯、大田、建寧、寧化等縣大旱、大饑又疫，民餓死者載道 [3]。

　　在古代，人們抵抗自然災害的能力相當有限，加上官府的賑災措施不力，百姓面對各種自然災害，只好求助於各種超自然力量，賦予神靈消除旱災、水災和瘟疫的職能。如在《八閩通志・祠廟》收錄的100多位民間俗神中，主要職能是祈雨、祈陽、祈風濤、驅疫癘的神靈有69個。

表1-1　福建崇祀神靈的主要職能

祠廟名稱	主神	主要職能	建廟時間
會應廟	五龍順化王	祈雨	五代
永惠廟	龍	祈雨陽疾患	宋紹聖之前
五顯廟	蕭氏五兄弟	驅除瘟疫	明洪武之前
善溪沖濟廣應靈顯孚佑王廟	白馬三郎	祈雨	唐貞元十年之前
顯應廟	陳巖	祈雨、水潦、蝗蟲、冰雹、疫癘等	嘉祐七年
弘仁普濟天妃宮	媽祖	海神	宋代
惠安明應王廟	陳氏	祈雨陽疾患	唐元和、大中
嚴公廟	嚴氏	祈雨	宋代
馬仙廟	馬氏	祈雨陽	洪武二十八年
龍跡山廣施廟	龍	祈雨陽	宋太平興國之前
顯靈廟	林	祈雨陽疾患	宋康定間
植柱廟	木柱	祈雨	唐開元中
英顯廟	蕭孔沖	祈雨、弭盜禦寇	五代
昭應廟	虞雄	祈雨陽	宋天禧年間

1　戴啟天編：《福建歷史上災害饑荒瘟疫輯錄》，第318~319頁。
2　黃仲昭：《八閩通志》卷八一〈祥異〉。
3　戴啟天編：《福建歷史上災害饑荒瘟疫輯錄》，第319頁。

第一章　閩臺民間信仰的由來與社會基礎

续表			
祠廟名稱	主神	主要職能	建廟時間
順寧正應靈顯廟	劉疆	祈雨陽	唐開元
靈淵廟	龍	祈雨	不詳
順懿廟	臨水夫人	祈雨陽疫癘、護胎保赤	唐末
廣惠惠應行祠	廣惠	祈雨、弭盜	宋嘉定
龍溪協濟廟	張大郎、李大敷	祈雨陽疾患	不詳
顯利龍王廟	龍王	祈雨陽疾患	宋宣和三年
薛丕廟	薛丕	祈雨陽	不詳
梅川昭顯廟	陳氏	祈雨陽疫癘	五代
武功廟	感應將軍等	祈風濤	宋紹興三十年
神應廟	袁賜、袁申	祈雨陽疫癘	宋代
顯佑公廟	林旺	祈雨、滅火、禦寇	宋代
梨山澤民廟	李頻	祈雨陽疫癘、禦寇弭盜	宋代
梨梁廣烈廟	李頻等	祈雨陽	宋代
龍城廟	忠靖王	祈雨陽疫癘	元至正九年
富沙廟	葉顗	祈雨陽	唐代
劉判官廟	劉姓	祈雨陽疫癘	不詳
鎮安廟	佚名土神	祈雨陽疫癘	宋代
安邊廟	黃寵、范滔	祈雨陽疫癘	五代
沖應真人祠	周霞	祈雨陽	宋代
惠祖廟	詹翰	祈雨陽疫癘	元至正十二年
昭福廟	忠應侯	祈雨陽、禦寇	五代
東平王廟	張巡	祈雨陽、禦寇	元至正七年
章山廟	蔣仲賢	祈旱澇災患	宋代
湛盧山祠	山神	祈雨	宋元符二年
會真廟	魏子騫	祈雨	不詳
福遠廟	白龍	祈雨	唐乾符中
飛陽廟	孚濟靈應王	祈雨	晉太康中
龍潭祠	龍	祈雨	不詳
豪山廟	不詳	祈雨	不詳
樂山福王廟	山神	祈雨	宋代
樂山東臺祠	庚氏	祈雨	不詳
石鼓祠	不詳	祈雨	宋紹興二十五年
威惠廟	陳元光	祈雨陽、禦寇弭盜	唐嗣聖中
靈濟廟	龍王	祈雨	宋嘉泰二年
惠澤龍王廟	龍王	祈雨	宋紹興間
則順王廟	不詳	驅除疫癘	宋建炎前
顯應廟	長孫山	祈雨陽疫癘	五代
顯惠廟	穆肅	祈雨陽疫癘	唐代

祠廟名稱	主神	主要職能	建廟時間
盧府君廟	盧光	祈雨陽疫癘	五代
忠顯廟	餘望	祈雨陽疫癘、禦寇	宋端平中
灃澤廟	龍	祈雨	宋代
利澤廟	龍	祈雨	宋代
靈應廟	歐陽光世	祈雨、祈夢	唐代
神應廟	陳、胡仙	祈雨陽	唐光化間
靈感廟	柳冕	祈風濤	宋代
昭靈廟	保禧真人	祈雨	宋代
大蚶光澤王廟	光澤王	祈風濤	五代
孚應廟	吳興	祈雨	宋代
祥應廟	火官	祈雨陽疫癘	五代
靈顯廟	陳應功	祈雨陽風濤	宋代
靈輝廟	顧佑侯	祈雨陽、禦寇弭盜	宋咸平四年
靈顯龍王祠	龍王	祈雨	不詳
英惠侯廟	虞姓土神	祈雨	元代
土主七聖廟	趙昱	祈雨陽疫癘	唐開慶元年
阜俗江王廟	江清	祈雨陽疫癘、風濤險阻	唐末

在古人看來，所有的自然災害都有某種超自然的力量在主宰著，因此創造出各種相關神靈，加以祈禳。如暴雨引起的山洪暴發對沿江、沿溪百姓的危害極大，如萬曆三十七年五月，閩北下了三天三夜暴雨，「建安山水暴發，建溪漲水數丈許，城門盡閉。有頃，水逾城而入，溺死數萬人⋯⋯翌日，水至福州，天色晴朗而水暴至，斯須沒階，又頃之，入中堂矣⋯⋯水方至時，西南門外，白浪連天，建溪浮屍，蔽江而下，亦有連樓屋數間泛泛水面，其中燈火尚熒熒者；亦有兒女尚聞啼哭聲者。其得人救援，免於魚鱉，千萬中無一二耳[1]」。古人以為山洪暴發是蛟龍作怪，俗稱「出蛟龍」。

---

[1] 謝肇淛：《五雜俎》卷四〈地部二〉。萬曆《福州府志》卷七五《時事》記載：「本年五月二十四日，建寧蛟水發，沖壞城郭，漂流廬舍，壓溺男女以數萬計。是日延平之將樂、順昌等縣蛟水亦發，所蕩村落，悉為廢墟。二十六日澎湃而下，勢若奔馬，倏忽間會城中平地水深千尺，郭外則丈餘矣。一望彌漫，浮屍敗椽，蔽江塞野，五晝夜不絕。故老相傳以為二百年未睹也。」

《五雜俎》稱：「閩中不時暴雨，山水驟發，漂沒室廬，土人謂之出蛟。」[1] 因此對蛟龍特別敬畏。福州位於閩江下游，自古以來上游的山洪暴發對福州城形成巨大威脅，福州百姓以為山洪暴發是鱔魚作怪，《閩都別記》作了生動的描述：「剛至小午，西北城外河裡忽然水湧上岸，頃刻漲滿丈餘，波浪滔天，人走不及，被淹無數。水中有一物，翻騰如龍舞爪，似蛇擺尾，過處掀波滾浪，狂風驟雨，樹木怒號，迅雷閃電，如天翻地覆，數聲霹靂，風雨漸晴，波浪漸退。其地被沖裂一條坑弄。今北門鱔魚弄改名善餘弄，即古跡也。當時西湖水面浮出大鱔魚，大三四圍，長十餘丈，被雷擊死。民間火牆大屋皆被沖倒，樹木連根拔起不計其數。」[2] 在福州市東郊鼓山西麓的鱔溪，有一座廣應廟，供奉閩越王的三太子，相傳鱔溪經常有巨鱔出沒，引起山洪暴發，沖沒田園廬舍。三太子勇力過人，喜歡射獵，常騎白馬，人稱白馬三郎。他決心為民除害，射中巨鱔，巨鱔以尾纏之，同歸於盡。百姓感其功德，遂在溪畔立廟祭祀。

對於旱災，百姓則以為是旱魃作怪，要請神靈祈雨。福建各地神靈大多具有祈雨的職能，比較有名的「雨神」有閩東的馬仙、閩西伏虎禪、閩北的扣冰古佛、閩南的清水祖師等。在古代，旱災發生後，各地百姓紛紛舉辦各種形式的祈雨活動，往往求此神不應，就求彼神，求當地神不靈，就到外地求神賜雨，祈雨活動搞得轟轟烈烈。如宋嘉定元年（1208年），泉州乾旱，官民曾多次「迎請在州諸佛諸廟神王」祈雨，但「未有感應」。到了四月二十二日，在百般無奈的情況下迎請清水祖師祈雨，碰巧天降甘霖。又如嘉定十年（1217年）真德秀也是在「上下莫瘥，靡神不舉」的情況下，「爰聞清水

1　謝肇淛：《五雜俎》卷四〈地部二〉。
2　里人何求：《閩都別記》第9回〈周丞造念舊提匠作，醉頭陀插樹保羅城〉，福州：福建人民出版社，1987年，第59頁。

大師，往年禱焉[1]」。

對於瘟疫，百姓更是畏懼萬分，認為是「刀兵之役，傷亡之鬼，無所歸者，化為瘟疫[2]」。瘟疫流行時，福州「家家奉祀五聖甚嚴[3]」。崇禎十五年（1642年），福州發生大瘟疫，「各社居民鳩集金錢，設醮大儺……一鄉甫畢，一鄉又起，甚至三四鄉，六七鄉同日行者。自二月至八月，市鎮鄉村日成鬼國[4]」。福州還創造出專門收妖救瘟的神靈拿寶，其神像被奉祀在各里社神廟中，「現在各境之大王廟內，左旁立之執旗金者，即曾拿寶也[5]」。

在農村，蟲災對農業生產造成很大的威脅，當時沒有有效的農藥來滅蟲，農民只好求助於神靈來驅除蟲害，蟲神便被創造出來。福建上杭縣在驚蟄前後，各家各戶炒豆吃，一邊炒豆子一邊念念有詞，把所有常見的蟲害一一報出，一併炒死，希望通過炒豆（蟲），能減少自然蟲害，至今仍有此俗。光澤縣在春分之前，在田頭擺上三牲，敬奉五穀神，用草紙卷住香，點燃插在田埂上，這樣就能祈到天神的保護而不發生蟲病。閩南地方習慣將紙箔壓在田頭，叫「壓田頭」，這樣做一是便於神靈識別，二是酬謝神靈禦蟲祛邪。安溪縣在四月初八，要煎麥得粿（用麥粉、紅糖搓成方餅，放到油鍋煎），帶到田裡，祭祀土地爺，煎麥粿象徵著煎蟲害，能驅蟲保禾。

建陽縣有的農家流行殺雞敬神的習慣，逢上蟲害，各家提只公雞上土地廟祭神，當場殺雞獻血，並將雞血滴染在黃色紙製成的小三角旗上，再帶到田間，遍插四周，據說就能驅趕蟲瘟。連城縣農村，每家出一份錢，湊足延請一位寺廟法師來念經作福，隨後殺一頭豬祭

1　楊家珍：民國〈安溪清水岩志〉，見《中國佛寺志叢刊》，第101冊，江蘇廣陵古籍刻印社；安溪清水岩志編纂委員會編《清水岩志》，泉州市文物管埋委員會，1989年。
2　里人何求：《閩都別記》第236回〈萬一枝知錯回故土，三老婦臨水封亡魂〉，第573頁。
3　謝肇淛：《五雜俎》卷一五〈事部三〉。
4　海外散人：《榕城紀聞》。
5　里人何求：《閩都別記》第231回〈學雲遊二士樂泛舟，救瘟疫萬民欣感戴〉，第544頁。

第一章　閩臺民間信仰的由來與社會基礎

祀天蟲神，用豬血染灑在每張長20～30公釐、寬10公釐的草紙上，叫「血紙」，再將「血紙」粘在折好的樹枝上，插到每塊田地的中央，以示祭蟲，當地人把蟲害的發生，看成是凡人觸犯了蟲神所致的後果，為彌補過失，須殺豬祭蟲，祈求寬宥[1]。

一般說，各地農村都有專門負責治理病害的某位神仙，如閩清縣碰上病蟲害，要去永泰縣祈請盧公，傳說他是為民做善事的歷史人物，能除蟲掃妖；大田縣遇蟲害是請當地的萬公，也是位專管田間蟲害的地方神，迎請時，延道士打醮作場，供案上排些加糖油炸的米粿，犒勞萬公神，請他收拾害蟲。漳平地方每逢蟲害，農村請道士打醮做福，然後將道士書畫的神符綁在小竹條上，分別插到前田後壟，幻想依靠神道的法術來消災弭害。

臺灣地理環境與福建大同小異，特別是明末清初剛開發時，到處亂草叢生，野獸出沒，生存條件十分惡劣，《裨海紀游》的作者記載這樣一段可怕的經歷：「自臺郡至此（指淡水），計觸暑行二十日，兼馳凡四晝夜，涉大小溪九十有六，若深溝巨壑，竣阪陡崖，馳下如覆，仰上如削者，蓋不可勝數。平原一望，罔非茂草，勁者覆頂，弱者蔽肩，車馳其中，如在地底，草梢割面破項，蚊蚋蒼蠅，吮咂肌體，如饑鷹餓虎，撲逐不去。炎日又曝之，項背欲裂，已極人世勞瘁。既至，草廬中，四壁陶瓦，悉茅為之。四面風入如射，臥恆見天。青草上榻，旋拔旋生。雨至，室中如洪流，一雨過，屨而升榻者凡十日。蟬琴蚓笛，時沸榻下，階前潮汐時至。出戶，草沒肩，古木樛結，不可名狀。惡竹叢生其間，咫尺不能見物。腹蛇癭項者，夜閣閣鳴枕畔，有時鼾聲如牛，力能吞鹿，小蛇逐人，疾如飛矢，戶闥之外，暮不敢出。海風怒號，萬籟響答，林谷震撼，屋榻欲傾。夜半猿啼，如鬼哭聲，一燈熒熒，

---

1 林國平主編：《福建省志·民俗志》，北京：方志出版社，1997年，第15～16頁。

與鬼病垂危者連榻共處。」[1] 除此之外，「水土多瘴，人民易染疾病[2]」，不少移民死於各種傳染病。在這樣惡劣的條件下，百姓只好求助於神靈保佑。

除了自然災害的因素外，民間信仰形成的另一重要因素是各種社會矛盾。古代福建相對於中原地區，大規模戰亂較少，但小規模的戰亂、各種盜賊的騷擾，還是相當頻繁發生的，對百姓的生命和財產的危害也不小，百姓把那些為保護鄉民而獻出生命的英雄奉為地方保護神。這類地方神很多，以福州府為例，僅《八閩通志》卷五八〈祠廟〉記載的因禦寇弭盜有功而立廟祭祀的就有劉行全、徐知證、徐知諤、王忠竭、鄭仲賢、鄭謹淨、鄭守道、鄭誠、王子元、王子清、林人爰、林元、徐忠、虞雄、王康、陳霸先等16人。另一方面賦予一些神靈禦寇弭盜的職能，僅《八閩通志‧祠廟》記載的119位神靈中，就有40位具有或兼有靈禦寇弭盜的職能[3]。又如，百姓非常害怕貪官污吏和地痞流氓的欺壓，就把歷史上的一些清官良吏和鄉賢奉為神靈，作為自己的精神寄託。

臺灣地區開發時，大批福建移民湧入，引發一系列社會矛盾。首先是漢人與土著族之間為了爭奪生存空間而引發的矛盾，經常發展為流血衝突。特別是一些土著部落有「出草」獵取漢人首級祭祀神靈的陋習，一些漢人因此喪命。面對死亡的威脅，漢族移民除了聯合起來共同抵禦土著族襲擊外，還賦予神靈防禦土著襲擊的職能。如從漳州平和傳入臺灣的慚愧祖師，就有預兆土著「出草」的職能。《雲林採訪冊》記載：「居民入山作業，必帶（慚愧祖師）香火。凡有凶番出草殺人，神示先兆。或一二日，或三四日，謂之禁山，即不敢出入。動作有違者，恆為凶番所殺。故居民崇重之，為建祀廟。」嘉義一帶

---

1 郁永河：《裨海紀遊》卷中。
2 康熙《臺灣府志》卷七〈風土志〉。
3 林國平、彭文宇：《福建民間信仰》，第17~25頁。

頗有影響的神靈吳鳳，也是因阻止土著出草獵首被殺後成為當地保護神的。

其次是來自不同地區的漢人之間為政治、經濟利益，經常爆發大規模的分類械鬥，所謂「漳人黨漳，泉人黨泉，粵人黨粵，潮雖粵而亦黨漳[1]」。有福建人與廣東客家人的械鬥，有泉州人與漳州人的械鬥，泉州和漳州內部有時又分縣籍進行械鬥，十分複雜，給臺灣社會帶來動盪不安。分類械鬥還給人民的生命財產帶來巨大的損失，如咸豐年間閩粵械鬥，彰化、淡水等地的不少村莊成為焦土，哀鴻遍野[2]。為了團結民眾，祈求在械鬥中獲勝，各種保護神被抬出來，成為百姓的精神支柱。在械鬥中被打死，經常被死者一方的百姓視為英雄，成為「義民爺」，加以崇拜。

再次，在清代，臺灣經常發生各種起義、暴動，有所謂「三年一小反，五年一大反」之說。統治階級少不了派兵鎮壓，使臺灣社會更加動盪不安。民眾朝不保夕，只好求助於神靈，因此臺灣的宗教信仰特別發達。

三、移民與民間信仰的傳播

先秦時期，東南地區居住著百越族。秦漢時期拉開了漢人向南方遷徙的序幕，此後，自晉代到南宋，先後出現三次漢人南遷高潮，即晉永嘉年間、唐安史之亂後和南宋靖康之亂後的北方漢人大批遷徙南方避難。東南沿海地區是北方漢人避難的首選之地，所以晉永嘉之後，東南沿海地區的漢人實際上已經占主導地位。南宋時期，由於大批北方

1　姚瑩：《東溟文集》卷四。

2　詳見孔立：《清代臺灣移民社會研究》，廈門：廈門大學出版社，1990年。

人口的湧入，東南沿海地區開始出現人稠地狹的現象，產生了大量的無地少地的農民，由政府出面組織或百姓自發的移民在南方內部展開[1]。

移民的浪潮不但給遷入地帶去勞動力、生產技術、文化等，而且也帶去了宗教信仰，移民對民間信仰的影響主要表現在把特有的地方神信仰向遷入地傳播。

中國古代有安土重遷的傳統，沒有萬不得已，百姓不願意背井離鄉，北方漢人大規模南遷，均是北方長期戰亂、生存環境十分惡劣造成的。由於古代交通工具落後，遷徙既是一個漫長的過程，也是一個充滿危險的歷程，沿途遇到的困難可想而知。因此，他們在遷徙時，往往要把平常供奉的小神像或其他在他們看來有靈異的聖物帶上，祈求一路平安。到了遷入地後，就把家鄉帶來的公認最為靈驗的小神像作為共同信仰的偶像。

三國以後，隨著中央政府對福建的重視和北方漢族大批遷徙入閩，福建受中原文化的影響日益深刻。從西晉至唐五代，中原漢民族不斷南遷，出現了多次移民入閩的高潮，人數少則數千，多則數萬。漢民族的大批遷徙入閩，不但帶來了先進的生產工具和生產技術，也帶來了漢民族的文化傳統，包括宗教信仰。

首先，道教、佛教等官方宗教傳入福建，並對福建的民間信仰產生了不小的影響。以道教為例：道教的神仙思想至遲在東漢初傳入福建，一方面深刻地影響了閩越人的祖先崇拜，如閩越族的始祖太姥、武夷君均披上一層神仙的外衣，說太姥曾受某道士的九轉丹砂之法，七月七日乘五色龍馬而去。武夷君受上帝之命，在武夷山「統錄群仙」。另一方面，增加了福建民間信仰的對象。不少土神被改造為神仙，如傳說中的魏子騫、張湛、孫綽、趙子奇、彭令昭、劉景、顧思

---

1 詳見葛劍雄主編：《中國移民史》第2卷，福州：福建人民出版社，1997年。

遠、白石生、馬鳴主、胡氏、李氏、魚道超、魚道遠等被奉為十三仙人，立廟祭祀[1]。一些曾隱居於福建的著名道士如左慈、葛玄、葛洪、鄭隱、鄧伯元、褚伯玉等成為百姓崇拜的道教俗神。同時也增加了民間信仰的內容，如仙遊九鯉湖自古以來一直成為百姓祈夢的場所，所謂「九鯉禱夢，海內咸知[2]」。

其次，道教與越巫初步結合為一體，一些巫覡去世後演變為神仙，為百姓所崇奉。福建歷史上最早從巫覡演變為神仙的是徐登，據文獻記載，徐登原來是一名女子，後來變為男子，擅長巫術，曾與山東東陽巫覡趙炳修煉於福建永泰高蓋山，福州等地百姓奉他們為神明，頂禮膜拜。永泰高蓋山上有徐真君廟，俗稱花林廟，「歲旱，禱雨於此多應[3]」。唐末五代以後，隨著道教與巫術的進一步緊密結合，從巫覡演化為道教俗神的人數劇增，成為福建人格神的主要來源。

第三，中原地區固有的各種宗教信仰隨移民傳入福建，成為福建民間信仰的重要組成部分。如漢族對山川水火、日月星辰、風雨雷電以及天地的崇拜在東漢後傳入福建，建立各種壇廟以祭祀。同時，漢族的某些動物崇拜也被帶入福建，近年來在福建發掘的許多魏晉南北朝墓葬中，發現了不少有青龍、白虎、朱雀、玄武等圖案的墓磚，還發現頭頂長著一隻角的「豬形怪獸」的隨葬品，反映了當時人對這些動物的崇拜。晉太康年間，侯官建造了全省第一座的城隍廟，永嘉年間邵武城西南建造了社廟——惠安廟，說明城隍和土地公信仰也在兩晉南北朝時期傳入福建。

第四，一些早先入閩且有功德於民的漢人死後被奉為神靈。如長汀的助威盤瑞二王廟中奉祀的石猛、盤瑞二大王，相傳是漢末人，曾在縣南紮寨禦寇，不幸戰死於城下，被當地人奉為神靈。松溪境內有

---

1 董天工：《武夷山志》卷一八。
2 周亮工：《閩小記》卷二〈仙門洞〉。
3 黃仲昭：《八閩通志》卷五〈地理〉。

三國時建造的濟美廟，奉祀「有惠利於民」的會稽南部都尉陸宏。惠安的鳳山通靈廟也建於三國時期，祭祀東吳王將軍及其妻子。連江的大小亭廟建於晉代，祭祀因海難死亡的黃助兄弟。福寧有馬郎廟，祭祀晉代江夏太守司馬浮，等等。

第五，閩越國的王公貴族被奉為神靈。閩越國滅亡後，還有一部分閩越人仍生活在八閩大地上。他們不會因亡國而忘祖的，相反會對祖先更加崇拜。漢族入閩後，為了緩解與閩越人的衝突，不但容許閩越人固有的宗教信仰存在，而且還對閩越族的祖先加以祭祀，如閩越國的開國君主無諸、無諸之子郢、郢之子白馬三郎、末代君主余善在福建的許多地方都建有專廟祭祀，有的地方還把他們奉為保護神。

南宋時期，由於北方漢人的大量湧入，加上數百年相對安定的社會環境促進人口的繁衍，福建人口猛增。南宋嘉定年間（1208—1224年），福建人口達1599215戶，比北宋端拱二年（989年）的466815戶增長了242.58%，使福建出現人稠地狹的現象。因此，南宋時，福建人開始向外移民，移民的路線主要有：一是由政府組織移民淮南；二是沿海岸線移民廣東的潮州、廣西沿海、海南島、臺灣的澎湖列島；三是向閩浙、閩粵和閩贛交界的山區遷移，如浙江的溫州、廣東的梅州諸縣。大規模的對外移民，客觀上推動了福建文化的對外傳播，有的遷入地的福建人口占絕對多數，實際上是福建社會的縮影。如南宋潮州十有九人是閩人，所以「雖境土有閩廣之異，而風俗無潮漳之分。」、「土俗熙熙，無福建廣南之異[1]」。因此，當時福建民間信仰也隨著移民傳播到這些遷入地。如媽祖信仰就是在這個時期向周邊地區輻射的。時人劉克莊說：「余北游邊，南使粵，見承楚、番禺之人

---

1 祝穆：《方輿紀勝》卷三六〈潮州・事要〉。

祀妃尤謹，而都人亦然。」[1] 潮州的天妃廟很多，其歷史大多可以追溯到宋元時期，與移民浪潮有直接關係[2]。又如臨水夫人信仰的影響也相當大，《閩都別記》寫道：古田臨水宮的香火很盛，「各處之人家或患邪或得病，皆去臨水宮請香火。即無事之家，亦去請香灰裝入小袋內供奉，以保平安。路上來往不絕，龍源廟內日夜喧騰，擁擠不開[3]」。其信仰超出福州方言區，所謂：「八閩人多祀之。」唐宋時，開發浙南山區的主要勞動力是來自於福建東北部的移民，因而接受福建移民較多的縣，其陳夫人廟宇也相應要多。在浙江的東南部和閩北的許多山岩都建有清水祖師廟，故民諺有「有岩就有祖師廟」。廣澤尊王的影響更大，除閩南地區外，福建的福州、福安、寧德、建寧、汀州、尤溪、龍岩、漳平等地，臺灣的臺南、臺北、彰化，廣東的潮州以及東南亞華人聚居地都有廣澤尊王廟[4]。

明末清初，福建向臺灣移民的人數大量增多。明末鄭芝龍占據臺灣時，曾到閩南招募上萬饑民去臺灣墾荒，這是臺灣歷史上第一次有組織的大規模移民活動。1624—1662年荷蘭殖民者占據臺灣時期，也有不少福建人移居臺灣，在赤嵌附近形成了一個約有25000名壯丁的居民區，全島約有4.5萬—5.7萬人。1662年鄭成功收復後，除了鄭氏軍隊外，又新增加移民2萬—3萬人，使臺灣的漢族移民增至10萬—12萬人，與土著居民的人數差不多。乾隆五十四年（1789年），清政府取消了海禁，大陸向臺灣移民出現了新的浪潮，嘉慶十六年（1811年）臺灣人口多達1901833人。在向臺灣的移民中，福建人（主要是閩南人）占絕大多數。據統計，1926年臺灣總人口3751600人，其中福建籍有3116400人，占83.07%。因此，漢文化在臺灣的傳播歷史也是福建文

1　劉克莊：《後村先生全集》卷九一〈風亭新建妃廟〉。

2　詳見葛劍雄主編：《中國移民史》第1卷，福州：福建人民出版社，1997年，第125頁。

3　里人何求：《閩都別記》第128回，第656~657頁。

4　光緒《郭山廟志》卷八〈尊王分廟紀聞〉。

化移植到臺灣並在臺灣進一步發展的歷史，這在民間信仰方面也得到充分的體現。

　　閩人渡臺，首先面臨的是要跨越充滿危險的臺灣海峽，史書記載：臺灣海峽的海道複雜，稍微偏離航向或遇到風暴，萬幸者即漂流異國他鄉，一去不復返，不幸者則船隻沉沒，葬身魚腹[1]。為了祈求一帆風順，大多數都隨身攜帶原本崇奉的小神像或香灰之類的聖物。《重纂福建通志》記載的永定李嶧唐等人東渡臺灣遇到的險情以及與民間信仰的關係具有代表性：「永定湖坑李嶧唐偕邑人某往臺灣，船壞，同舟惟餘李某二人。匍匐登小島，上有鳥如番鴨，黑色，見人至，競附人身，因有攜帶小斧，殺鳥而吮其血，得不死。島上有瓷碗片，類曾有人至者，環島約五六里，產松竹不甚高，每有大龜於草際伏卵，取而食，而精神頓健。於沙際掘得淡水，惟苦無火，烈日爍石，破龜卵暴乾，並脯鳥以果腹。二人素能為竹器，遂編竹作蓬，以避風雨，見有木棉，因取花撚線織為毯。不知時日，惟見月圓已二十七回矣。忽一日，有小舟漂至，無人，惟載黃蠟甚多。計居此終無了期，去則或冀一生。乃修補小舟，伐木為槳櫓，以蠟作缸載淡水，取平日所儲鳥脯卵脯為糧，登舟任風所之。已而漂至安南地界，安南巡海人執以見王，語不能達，取紙筆命寫來歷。王問：『爾同舟皆死，二人何獨得生？』李獻上天后小神像一顆曰：『此出海時所奉香火也。』王留神像及所織棉毯，資之路費，命附船從廣東回。抵家，家中人向聞壞舟之信，已招魂祀之矣。及是見之，群駭為鬼也。其人居島生食日久，回家亦喜食生物。南溪江君孚蔚為予言，江與李某至戚也，親見其人，故詳悉如此。」[2]

　　到達目的地後，開墾荒地，便將小神像或香火掛在田寮或供於居

1　參見高拱乾：《臺灣府志》卷一〈封域志〉；周元：《臺灣府志》卷一〈封域志〉。
2　道光《重纂福建通志》卷二七六〈叢談·汀州府〉。

第一章　閩臺民間信仰的由來與社會基礎

屋、公厝等處，朝夕膜拜，祈求神祐。由於初來乍到，大多數人尚處於變化不定、糊口維艱的境地，根本無暇也無力建造寺廟宮觀，所以明末以前臺灣的寺廟極少。迨開墾成功，形成村社，即歸功於神明庇佑，便集資建造粗陋廟宇，以答謝神恩，神靈信仰逐漸由私家奉祀發展為村社守護神。或者逢天災人禍時，祈求於私家所崇奉某神靈，偶而有驗，為鄰里相傳，糜集祈禱，逐建小祠或遷祀於公廳，以便村社共同祭祀。隨著村社的拓展和人口的增加以及經濟實力的增強，村社寺廟的規模也逐漸宏敞，新祀的神靈亦見增加。據《重修臺灣府志》記載，乾隆初年臺灣各地較普遍奉祀的神靈除了土地公外，排在前五位的分別是：保生大帝廟23座，關帝廟18座，媽祖廟15座，玄天上帝廟14座，這五位神靈都是從福建奉祀入臺的。

乾隆之後，臺灣從移民社會逐漸向定居社會轉化，大概在嘉慶年間才最後完成了這一轉化過程，民間信仰也相應發生了一些變化。

首先，信仰偶像增加。諸如隨著社會分工的形成，各行業的祖師神傳入臺灣；隨著讀書人的增多，文昌祠陸續被興建起來；隨著城鎮的興起，文廟、城隍廟、社稷壇、昭忠祠等不斷湧現。

其次，神靈來源的多元化。隨著閩西、福州和潮州等地百姓遷徙臺灣，這些地區的民間神祇也傳入臺灣，如福州的臨水夫人信仰、閩西的定光佛信仰、廣東客家的三山國王信仰在臺灣都有較大的影響，從而改變了過去閩南民間信仰在臺灣獨尊的局面。

第三，家廟、宗祠大量興建。為了在新的環境中求得生存和發展，東渡臺灣往往是同鄉同族結伴而行，或是先後渡臺的同鄉同族互相援引，因此一開始就形成同鄉同族相對集中的趨勢。清中葉以後，在一些開發較早的地區，不同族姓及祖籍的移民經常發生分類械鬥，迫使勢力較弱的一方遷徙到同鄉同姓人數較多的地區居住，從而進一步促成了同族聚居規模的擴大，家廟、族祠也開始受到重視，大批地建造出來。據統計，民國八年（1919年）臺灣共有祠廟

120座，其中建於乾隆之前的屈指可數，絕大多數都是清中葉以後建造的[1]。

第四，宮廟的規模宏大。一宮一廟所供奉的神像往往有幾個或幾十個，甚至數十個，儒道佛三教的神像往往同處於一廟中和諧相處，共同接受信徒的頂禮膜拜。不少廟宇還設立神明會作為宮廟的經濟依託。

第五，廟會的規模盛大。志稱：「臺南郡城好尚鬼神。遇有神誕期，斂費浪用。」[2]特別是康熙二十二年（1683年）之後的所謂王爺出巡，其規模超過閩南，志稱「建醮請王，饗祀極其豐盛。或一莊一會，或數十莊一會。有一年舉行一次者，有三五年舉行一次者，有十二年舉行一次者，擇吉日而行之，為費不少[3]」。

清代以後，民間信仰在臺灣的發展速度十分之快，神祇成百上千，大小廟宇猶如繁星點點遍布城鄉僻壤。1918年、1930年、1960年、1966年、1975年和1981年，臺灣當局曾先後六次對臺灣地區各種寺廟的主祀神進行統計，歷次調查統計名列前20名的主神，列表如表1-2：

表1-2　臺灣寺廟主祀神統計表

1918 年		1930 年		1960 年		1966 年		1975 年		1981 年	
主神	寺廟數	主神	寺廟數	主神	寺廟數	主神	寺廟數	主神	寺廟數	主神	寺廟數
福德正神	669	福德正神	674	王爺	677	王爺	556	王爺	747	王爺	753
王爺	447	王爺	534	觀音菩薩	443	福德正神	449	觀音菩薩	565	觀音菩薩	578
天上聖母	320	天上聖母	335	天上聖母	383	觀音菩薩	428	天上聖母	494	天上聖母	510

1　詳見陸炳文：《臺灣各姓祠堂巡禮》，臺北：新聞處，1987年。
2　《臺南見聞錄》卷下〈風俗〉。
3　《安平縣雜記·官民四季祭祀典禮》。

续表											
1918 年		1930年		1960年		1966年		1975年		1981年	
主神	寺廟數	主神	寺廟數	主神	寺廟數	主神	寺廟數	主神	寺廟數	主神	寺廟數
有應公	143	關聖帝君	157	玄天上帝	267	玄天上帝	270	玄天上帝	375	福德正神	392
關聖帝君	132	三山國王	121	關聖帝君	192	關聖帝君	192	關聖帝君	334	關聖帝君	356
三山國王	119	保生大帝	117	保生大帝	141	保生大帝	139	保生大帝	160	保生大帝	162
保生大帝	109	釋迦牟尼	103	三山國王	124	三山國王	129	三山國王	133	三山國王	135
三官大帝	72	有應公	86	中壇元帥	94	中壇元帥	94	中壇元帥	114	中壇元帥	115
中壇元帥	66	清水祖師	83	神農大帝	80	神農大帝	81	神農大帝	114	神農大帝	112
神農大帝	60	三官大帝	82	清水祖師	63	清水祖師	68	清水祖師	83	清水祖師	99
釋迦牟尼	56	中壇元帥	73	三官大帝	60	三官大帝	67	三官大帝	76	玉皇大帝	81
開漳聖王	53	神農大帝	66	開臺聖王	57	有應公	62	玉皇大帝	74	三官大帝	77
玉皇大帝	51	開臺聖王	57	開漳聖王	53	開臺聖王	56	開臺聖王	69	開臺聖王	70
開臺聖王	48	開漳聖王	50	元帥爺	47	開漳聖王	55	孚佑帝君	56	開漳聖王	56
文昌帝君	39	大眾爺	47	三寶佛	46	城隍	44	開漳聖王	54	城隍	55
清水祖師	36	文昌帝君	30	有應公	46	元帥爺	44	城隍	54	孚佑帝君	52
元帥爺	36	護民爺	30	城隍	44	玉皇大帝	41	元帥爺	49	王母娘娘	51
城隍	29	元帥爺	29	玉皇大帝	38	三寶佛	41	廣澤尊王	46	廣澤尊王	50
合計	2961	合計	3200	合計	3490	合計	3505	合計	4462	合計	4600
臺灣寺廟總數	3476	臺灣寺廟總數	3661	臺灣寺廟總數	3840	臺灣寺廟總數	4786	臺灣寺廟總數	5338	臺灣寺廟總數	5539

資料來源：余光弘：〈臺灣地區民間宗教的發展——寺廟調查資料之分析〉，臺灣《中研院民族學研究所集刊》第53期，1982年春季。

在臺灣影響最大的20種主神，除了三山國王從廣東傳入，開臺聖王、有應公、義民爺為臺灣土生土長的神靈外，其餘的均是隨移民從福建傳入臺灣。吳瀛濤在《臺灣民俗》一書中也指出：據1930年調查，臺灣有主神175種3580尊，其中：福德正神674尊，王爺534尊，媽祖335尊，觀音329尊，此四神約占寺廟主神的半數。「而此等祭神大部分都是由福建以分身、分香、漂流三種方式傳來者，也有傳入後再傳播本省各地者。如北港的媽祖分出最多，其次則為彰化之南瑤宮、鹿港之舊媽祖宮等，均表示其靈聖興盛。」[1] 其中，天上聖母、保生大帝、清水祖師、開漳聖王、廣澤尊王等為閩籍移民奉祀的祖籍神明，被稱為「桑梓神」，受到臺灣同胞的特別敬奉。

四、經濟重心的南移和民間信仰的發展

秦漢以前，中國的經濟重心在關中地區，所謂「故關中之地，於天下三分之一，而人眾不過什三，然量其富，什居其六[2]」。西漢時期，齊魯、巴蜀、河南的經濟得到長足的發展，江淮、長江以南地區經濟還相當落後，東南的浙江、廣東、江西、福建、臺灣的經濟更為落後，大批荒地未開墾。魏晉南北朝時期，北方戰亂，人口大量南遷，有力地推動了江南的經濟的發展，中國的經濟重心開始出現南移。至隋唐時期，江南經濟繼續迅速發展，唐代後期，國家財政主要依賴江南，所謂「當今賦出於天下，江南居十九[3]」。兩宋時期，中國的經濟重心，已移到江蘇、浙江、江西和福建等東南地區[4]。

1　吳瀛濤：《臺灣民俗》，臺北：眾文圖書公司，第47~48頁。
2　《史記》卷一二九〈貨殖列傳〉。
3　韓愈：《韓昌黎全集》卷一九〈送陸歙州詩序〉。
4　詳見唐文基編著：《中國古代經濟史概論》，北京：人民出版社，1996年，第1~17頁。

第一章　閩臺民間信仰的由來與社會基礎

　　經濟重心的南移，有力地推動了包括民間信仰在內的宗教信仰的發展。民間信仰雖然屬於意識形態，但意識形態必須建立在經濟基礎之上，沒有一定的經濟基礎，民間信仰的發展缺乏必要的推動力。在秦漢之前，由於東南地區經濟比較落後，民間信仰主要表現在不太花費太多金錢的簡單易行的原始巫術上。隨著經濟重心的南移，民間信仰在強大的經濟支持下迅速發展。

　　秦漢以前，閩越族的巫術雖然名揚天下，但閩越國有多少宮廟，文獻沒有記載，不過就當時的經濟水準看，宮廟的數量不會太多，規模也不會太大。西晉至唐代，隨著中原漢民族不斷南遷入閩，福建的經濟得到較大的發展，但總的說來經濟還不發達，宮廟的數量還是很有限的，如《八閩通志》記載的福州府在唐末之前的宮廟只有9座[1]。唐末五代至宋元時期，福建社會相對穩定，經過原有居民和大批中原移民的辛勤勞動，經濟得到了長足的發展，進入了一個全面發展的繁榮時期，奇跡般地在短時間內躋身於全國發達地區行列，詩人張守在《毗陵集》中有詩句云：「憶昔甌越險遠之地，今為東南全盛之邦。」集中地反映了時人對福建經濟突飛猛進的讚歎[2]。隨著經濟的繁榮，福建民間信仰進入一個新的發展階段，主要表現在以下幾方面：

　　首先，宮廟的數量急遽增加。《八閩通志》記載：「閩俗好巫尚鬼，祠廟寄閭閻山野，在在有之。」[3] 宋代《仙溪志》：「閩俗機鬼，故邑多叢祠。」[4] 宋代漳州的宮廟數以百計，陳淳在〈與趙寺丞論淫祀書〉：「某竊以南人好尚淫祀，而此邦之俗為尤甚。自城邑至村墟，淫鬼之有名號者，至不一。而所以為廟宇者，亦何啻數

1　黃仲昭：《八閩通志》卷五八〈祠廟〉。
2　詳見林國平、彭文宇：《福建民間信仰》，第8~9頁。
3　黃仲昭：《八閩通志》卷五八〈祠廟〉。
4　弘治《仙溪志》卷九〈祠廟〉。

百所。」[1]在福州府，《八閩通志》記載的福州府在唐末宋元時期建造的宮廟有75座，比唐代之前增長了8倍，而實際宮廟的數量要大大多於此數，宋景德二年，古田縣令李堪「毀淫祠三百一十五，撤佛宮四十九，取其材植為縣廟學[2]」。古田原是福州府的一個縣，被毀的淫祠就多達300多座，由此可見當時福建的宮廟數量之多！

其次，形成聲勢浩大的造神運動。打開方志，我們很容易發現，至今仍在福建流傳的眾多地方神，如媽祖、臨水夫人、保生大帝、三平祖師、清水祖師、扣冰古佛、定光古佛、廣澤尊王、二徐真人、馬天仙、青山王、惠利夫人等等都是在這個時期被塑造出來的。諸如此類，不勝枚舉。由於這些神靈是土生土長的，所以具有濃厚的地方特色，這一點在神靈的職能方面表現得尤為突出。如福建地處亞熱帶，氣候溫熱潮濕，瘟疫容易流行，加上古代福建醫療衛生落後，百姓一有疾病，便求助於神靈，所以福建大多數神靈都具有驅邪治病的職能。又如古代福建水利設施落後，在海洋季風的影響下，旱災經常發生，百姓除了向龍王求雨外，也賦予其他神靈以呼風喚雨的職能，絕大多數神靈都成為百姓祈雨的對象。再如，唐末宋元時期，由於福建海外貿易發達，產生了不少航海保護神，泉州通遠王海神廟、晉江真武海神廟、莆田的靈感廟、祥應廟、大蚶光濟王廟、福州的演嶼廟、閩清的武功廟以及遍布東南沿海的媽祖廟，所供奉的神靈都有平定海道風濤，保護航海一帆風順的職能[3]。

第三，百姓熱衷於民間信仰活動。一方面，許多人從事巫覡職業，如古田縣「每一鄉率巫嫗十數家[4]」。另一方面，百姓信仰神鬼十分虔誠，多對神廟的要求，幾乎有求必應。陳淳在〈上傅寺丞論淫

1　陳淳：《北溪文集》卷二七〈上傅寺丞論淫戲書〉。
2　淳熙《三山志》卷九〈公廨類三・諸縣祠廟〉。
3　林國平、彭文宇：《福建民間信仰》，第11~12頁。
4　淳熙《三山志》卷九〈公廨類三・諸縣祠廟〉。

第一章　閩臺民間信仰的由來與社會基礎

戲書〉中寫道：「自入春首，（廟祝）便措置排辦迎神財物事例，或裝土偶，名曰急腳，立於通衢，攔街覓錢，擔夫販婦，拖曳攘奪，真如晝劫。或印百錢小榜，隨門抑取，嚴於官租。」陳淳所說的，有一定事實根據，但更普遍的情況是百姓出於虔誠的信仰，樂意捐錢捐物[1]。

第四，宗教活動頻繁。由於神靈眾多，與神誕等相聯繫的祭祀活動、迎神賽會等宗教活動比較頻繁，陳淳指出：在漳州的數百座廟宇中，「逐廟各有迎神之禮，隨月迭為迎神之會[2]」。而且頻繁的宗教祭祀活動還往往伴隨著戲劇的演出，俗信要獲得神靈的歡心和庇佑，除了獻上豐盛的祭品和虔誠禮拜外，還要「演戲酬神」、「演戲媚神」、「演戲娛神」，這一傳統至遲在宋代就已形成。北宋時，每逢元宵節，官府就在福州譙門架設棚臺，「集俳優長娼伎，大合樂其上[3]」。由官府出面聘請戲班演出，其本意在於粉飾太平，而對百姓而言，演戲的主要目的則在於祈求靈保佑，祈福禳災，時人王子獻曾明確指出：「欲識使君行樂意，姑循前哲事祈禳。」[4]宋代漳州府演戲酬神已蔚然成風，觀眾雲集，驚動了地方官府，認為演戲酬神活動傷風敗俗，與禮教不合。朱熹知漳州時，特地發布了〈諭俗文〉，「約束城市鄉村，不得以禳災祈福為名，聚斂財物，裝弄傀儡[5]」。三年後，朱熹的學生陳淳又針對漳州城鄉百戲盛行，上書官府，認為經常演戲酬神，「男女聚觀，淫奔酗鬥。夫不暇耕，婦不暇織，而一惟淫鬼之玩。子不暇孝，弟不暇恭，而一惟淫鬼之敬。一歲之中，若是者凡幾廟，民之被擾者凡幾翻」。要求「按榜市曹，明示約束，並貼四

---

1 徐曉望：《福建民間信仰源流》，第180~183頁。
2 陳淳：《北溪文集》卷二七〈上傅寺丞論淫戲書〉。
3 淳熙《三山志》卷四〈土俗類〉二。
4 淳熙《三山志》卷四〈土俗類〉二。
5 轉見光緒《漳州府志》卷三八〈民風〉。

縣，各依指揮，散榜諸鄉保甲，嚴禁止絕（百戲傀儡）[1]」。宋代泉州民間演戲酬神也十分盛行，甚至影響正常的農業生產，太守真德秀在〈勸農文〉中鄭重要求百姓「莫看百戲[2]」。興化地區的演戲酬神之風不減福州、漳州等地，南宋詩人劉克莊寫了許多有關這方面的詩歌，如〈聞祥應廟優戲甚盛二首〉其一：「空巷無人盡出嬉，燭光過似放燈時；山中一老眠初覺，棚上諸君鬧未知。遊女歸來尋墜珥，鄰翁看罷感牽絲；可憐朴散非渠罪，薄俗如今幾偃師？」其二頭兩句云「巫祝言歡歲事詳，叢祠十里鼓簫忙。」[3]記述了莆田縣城內祥應廟演戲酬神、萬人空巷的盛況。

　　總之，宗教信仰的發展與經濟的關係十分密切，在一定的歷史時期內，經濟的發展會有力地推動宗教信仰的發展，唐末宋元時期，中國經濟重心南移的進程的最終完成，在客觀上為閩臺地區民間信仰的迅速發展提供了巨大的經濟支援。

1　陳淳：《北溪文集》卷二七〈上傅寺丞論淫戲書〉。
2　真德秀：《西山先生文集》卷四〈再守泉州勸農文〉。
3　劉克莊：《後村先生全集》卷二一〈詩〉。

第二章 骨骸的替代物與祖先崇拜

——以福建為案例

陳進國[1]

一、問題的提出

英國人類學者弗里德曼（Freedman）曾有一個著名的觀點：「在風水的邏輯中，骨是世系繼嗣的象徵。如果沒有骨骸，人們就與祖先恩惠最強有力的源頭徹底脫離。」[2]日本人類學者瀨川昌久亦認為，祖先的骨骸與子孫乃一氣相承，「氣」通過骨骸而得以形象化，「氣」以骨為媒介，故對祖先遺骨（作為形象化的父系繼嗣）的祭祀就能得到祖先墓地風水的好影響，「對祖先遺骨（作為形象化了的父系繼嗣）的祭祀，就與希望在現實環境中尋得好影響的風水習俗，實現了聯結」，「在漢族的繼嗣觀念中，祖先的骨骸是關於世系繼嗣的具象性代表物，對於子孫來說，它的存在具有根本性的意義。」[3]海外文

---

1 陳進國，中國社會科學院世界宗教研究所副研究員。
2 Maurice Freedman, *Chinese Lineage and Society: Fukien and Kwangtung*. New York: Humanities Press INC.1966.p.139.譯文參照瀨川昌久：《族譜：華南漢族的宗族、風水、移居》，錢杭譯，上海：上海書店出版社，1999年，第181頁。
3 瀨川昌久：《族譜：華南漢族的宗族、風水、移居》，第179~181頁。

37

第二章 骨骸的替代物與祖先崇拜

化人類學家的這些帶著「通識」性質的論斷，是否有必要進行適當的修正呢？在討論「小柩」的葬法時，我們顯然不能忽視這樣一些「異例」的文化現象，在無骨骸或骨骸很少的情況下，民間究竟採用什麼辦法處理，是否同樣重視墓地風水方面的營造，並且仍然相信它們與祖先墓地的恩惠是緊密相連的呢？在這種情況下，民間關於祖先魂魄的觀念是否也發生變化呢？筆者嘗試根據族譜和田野調查資料，對福建閩南和客家地區的葬例略作探討。

二、 葬銀牌

明清以來，東南地區新型的家族組織及鄉族勢力獲得快速的發展，許多家族出於「敬宗收族」需要或為了獲得好風水的庇佑，曾頻繁地更改葬遠祖的墳墓。不過，由於年代久遠，遠祖骸骨大多無存或保存不多，民間也使用一種跟神主牌功能相近的東西——銀牌代葬，此俗在贛南、粵東、閩西等客家地區最盛，也散見於閩中、閩南和臺灣、東南亞等地。此外，若有非正常原因而屍骨無存或存留異地，或骨骸被人（本族或外族）拿走時，亦可以用銀牌代葬。為了得到風水寶地，民間甚至將祖先骨骸葬一處，另處則葬寫有祖先名號的銀牌。此外幾個祖先也可合寫一塊銀牌。如在國共內戰期間，客家是著名的紅色革命根據地，捐軀於異地者甚多，五族內的宗親為死者立墳做銀牌的甚眾，當然這也是一種責任與義務。客家人稱「有奶奶無祖父」、「有祖父無奶奶」的人是「孬種」、「野種」，凡找不到骨骸者，不做銀牌乃大不孝 [1]。清代以來，福建各地人民遷移臺灣之後，

---

1 講述者：賴松年，1964年生，小學文化，祖傳風水先生，長汀濯田長巫村人，訪談時間：2003年2月17日；訪談地點：長汀縣城車子關×號賴氏祖屋處。

仍然保持著濃厚的原鄉意識，或經常返鄉祭祖掃墓，或是落葉歸根，希望把自己的骸骨歸葬故里，魂安宗祠。一些在臺去世的客家鄉親，或骸骨丟失，亦有在家鄉用銀牌代葬者。譬如：從清代中期起福建永定縣下洋背謝氏家族便陸續有人赴臺謀生，謝耀承回憶說：「50年前，我還是兒童時代，每年春節過後，就跟著父母上山去祭墓。200多年來我房上祖大都遷往臺灣，留在故土的只剩下我一家了，因此全房族的遠祖近祖墳墓都由我家來祭掃。這些墳墓有在臺灣逝世後運回安葬的；有骸骨被水沖掉了就只好用銀牌代葬的；有的兒子去臺，母親在家死後骨骼都未撿斂的。踏遍周圍幾十座山頭，走完鄰近十多個村莊，二十多門墓地祭下來已是臨近清明，最後才祭祖父的墳墓。」[1]

2003年，筆者曾經兩次採訪過客家的風水先生、禮生白雲居士。他向我詳細地介紹了客家地區銀牌的做法：「銀牌的製作方法，用真正的紋銀，請銀匠師傅打一小塊上圓下方、尖腳樣式的箔片銀牌，意即表示天圓地方，大約高度7寸，寬度1寸7分，俱用魯班尺量，過大、小黃道而已。銀牌製成後，待安葬之日，用一節木炭大約2寸多高，將銀牌尖端插於木炭之上，致使銀牌放得端正，不歪斜，且木炭埋入土中永不消失。銀牌正面刻上祖先的世代及姓名，一般以11個字為限，因為需過大、小黃道。銀牌安葬時，子孫應將食指刺出血來，滴於銀牌之上，以示有親血脈之應報。筆者認為這種葬法表示對上代之孝道，一種紀念而已，只有圖安葬利用吉日良時，舉行了一套前人遺傳的安葬儀式，自我慰藉達到心理上的平衡而已。另一方面依理凡屬五金類都含有蘊藏的靈氣。」[2]另根據筆者對汀州另一風水先生陳觀火的訪談，銀牌下方做出箭頭形狀，是出於「出煞」的考慮，象徵制伏

1　謝耀承：〈兩箱譜契維繫兩岸親情〉，載《客家縱橫》總第14期，1997年。
2　講述者：王樂平（白雲居士），風水先生，禮生，1928年生，高中文化，定居長汀縣建設街×號。訪談時間：2003年2月17日（訪談地點：汀州府文廟內）和10月20日（訪談地點：建設街王氏家中）。

兇神惡煞 [1]。不過這很可能已非原制法的本意。

據筆者的意見，銀牌很可能便是神主牌的一種變體（圖2-1）。其實對於這種跟骨骸同等的象徵物，除了有紀念的意義外，民間並不否認銀牌同樣具有風水的效應。民間葬銀牌的類型多種多樣，試擇錄如下：

例1　《西河林氏族譜》載永定白沙始祖、二祖更葬時因骨骸無存而打銀牌（圖2-2）：

A.始祖八郎公妣劉十娘合葬塚前坪上穴，寅山申向兼甲庚分金，初葬時日失紀，至大清康熙四十一年壬午八月更葬。後八十三年，至乾隆三十九年甲午五月初二日戌時更葬，金罐俱無骨骸，公與妣俱葬銀牌。其山向照依老式墳位，照老式升高壹尺，推進九尺而已。

B.二世祖三十五朗公暨妣孺人合葬在白沙大坪里牛欄窩，庚山甲向兼酉，庚申庚寅分金，初葬時日失紀，入清康熙二十一年壬申四月初三日巳時更葬，此時已無骨骸，乃鐫銀牌更葬。至乾隆四十七年壬寅八月十三日巳時更葬，始築灰墳。至咸豐三年癸丑時山忽崩壞，擇本年九月二十八日辰時修築更葬。金罐銀牌極清淨，儼然如新。[2]

圖2-1　白雲居士提供的汀
州府銀牌式樣

圖2-2　《西河林氏族譜》所錄更葬
銀牌的永定白沙始祖墓圖

1　陳觀火，1946年生，初中文化，訪談時間：2003年10月21日；訪談地點：長汀×街巷陳氏家中。
2　《西河林氏族譜》卷三〈墓考〉，民國年間刻本，第25~26頁。

例2　閩中《宏農楊氏房譜》（宋理學家楊時家譜）載二十四祖妣改葬時合打銀牌事：

二十四祖貴公暨妣王氏婆夫婦合銀牌共一斗，改葬伍厝崗大冉。[1]

例3　南靖奎洋《莊氏族譜》（十一世彌庚系，清光緒年間抄本）載龜山七世祖玄弼公先葬木主，又因籤占而改葬銀牌事：

公乳名相，字逸谷，諡仁德，生於大明成化元年乙酉正月初七日亥時，卒於嘉靖三十四年乙卯十月廿七日戌時，享壽九十有一，葬在上圭洋水尾東山塅，形曰鯉魚上灘，至萬曆丁巳改葬在下斗底，與陳媽合葬，坐未向丑。今鯉魚上灘葬神主三身藏墓中，立石為記，從南向北，丙壬兼午子，丙午丙子分金。至嘉慶庚申年，仙媽又點蕉坑風水一穴，號曰更擊地尊送公，今葬銀牌。

例4　《永定吳氏族譜》載入閩開基始祖承順公（928-?）一葬靈柩、一葬銀牌事：

卒，與妣鄒氏、彭氏合葬龍巖州石牌前筆架山下大路上，未山丑向兼坤，虎形。又立公銀牌葬於上杭縣勝運里蘭家渡官莊坪，燕子閣形，為燕子傍梁。[2]

例5　永定大溪《遊氏族譜》載一世、二世祖妣招魂遷葬時打銀牌：

1　（清）楊玉清修：《宏農楊氏房譜》，同治九年文華堂邱愛慶梓。
2　《永定吳氏宗譜》，1995年修編，第112頁。

第二章　骨骸的替代物與祖先崇拜

大清乾隆戊辰十三年閏七月二十六日午時,更葬豐稔寺鄉水口九曲遊秀窠中岡上穴, 二三郎公妣鍾氏招魂合葬, 公太骸骨存有一大捧, 婆太打銀牌。二世祖四一公打銀牌, 招魂遷葬, 左片手上穴安葬。二世祖妣隱沒氏葬豐稔寺村石示角湖丘外穴, 夫妻生子九男遊也。[1]

例6 《上杭中都丘氏族譜》載「繼龍公世系譜」之二世祖惟祿公妣劉三娘更葬時葬剩餘骸骨, 兼埋銀牌:

劉姓葬三元嶺大複鐘形, 坤山艮向兼未, 萬曆十年壬午二月十三日巳時更葬, 得骸骨一大碗, 盛以磁矸, 志以銀牌, 葬法約高墳堂七狼寸許, 全灰墳。[2]

例7 2003年, 筆者在長汀縣濯田鎮做田野調查時, 該鎮政府文化站的王用功先生曾提供了一則濯田鎮中坊村王氏（即王先生家族）祖先千王公「銀牌代骸骨」的真實故事:

故事發生在宋末明初年間, 江西贛南某縣一葉氏家族, 在興國縣一位名師地理先生的指導下, 已在福建閩西汀西南選准一塊風水寶地——東邊山人型地下腹部陰穴上, 建了一座地墳墓。當這一帶琅琊王氏族人發現時, 為時晚矣。為了不讓這塊風水寶地讓江西人占去, 王氏族人經謀畫後, 偷偷地組織人馬將人型地基穴裡的葉氏上祖骸骨取出, 安葬在附近山坡上。而採取調包手法, 又將王氏族人上祖千王公的骸骨葬進人型地墓穴裡。數年之後, 江西葉氏發現這塊寶地不但無用, 而且出現一些不吉利之事故。於是, 組織勞力立即趕回汀西南

1　永定大溪游氏家族修譜委員會編:《廣平遊氏族譜・附錄》, 1999年, 第523頁。
2　文經總編:《上杭中都丘氏族譜》卷首, 1996年, 第68頁。

東邊山，把王氏千王公的骸骨誤當成是葉氏上祖，從人型地墓穴中取出運回贛南家鄉。王氏族人眼睜睜地目睹他們將自己上祖骸骨取走，又怕吃官司，不敢出面阻攔言明真相。丟了骸骨咋辦？後經地理先生指點可用銀牌代之。後來王氏族人把千王公靈位打成銀牌葬在人型地原穴。果真一般靈驗。不但在當地發了人丁數千，還在江西會昌、廣東潮州、梅州一帶繁衍子孫達數萬之多矣。[1]

三、葬木主

從卜辭可知，商代祭祀祖先的木制牌位叫「示」，周代所用的木牌位叫「主」。歷代與主相關的祭祀禮儀，有所謂的點主和入主（祠堂、家廟）儀式，其起源甚早，原屬天子諸侯禮[2]。明清以來，民間在完墳謝土之後，也舉行點主和入主儀式，象徵著將祖靈的神主請回，謂之回龍或回靈。此外，若因搬遷或年代久遠木主不幸毀壞，亦可藉道士或巫師舉行引魂儀式後重做。點主和入主儀式其實是民間「儀式專家」（如鄉村禮生）對於上層禮儀制度及宗法祭祀觀念的一

1　訪談時間：2003年2月13日；訪談地點：長汀縣濯田鎮政府。此係王用功自己的筆錄資料。
2　漢許慎《五經異義》曰：「主者，神像也。孝子既葬，心無所依，故虞而立主以事之。唯天子諸侯有主，卿大夫無主，尊卑之差也。卿大夫無主者，依神以幾筵。故小牢之祭，但有屍無主，三王之代小祥以前，主用桑者，始死尚質，故不相變。毀練易之，送藏於廟，以為祭主。」鄭玄《禮祭法篇注》亦稱：「惟天子諸侯有主，禘祫大夫有祖考者，亦鬼其百世，不禘祫，無主爾。」清秦蕙田《五禮通考》：「世俗題主皆虛『王』字一點，臨時請顧者點之。遍考諸書，皆無此說。明儒呂新吾及本朝劉山蔚皆辟其謬……今世遵用朱子《家禮》，朱子固南宋士大夫也，《家禮》只有『題主』，並不言『點主』。」轉引自黃艾庵《見道集》卷三之「木主」條，清光緒癸卯年福州道學院刊本，第14頁。

種創造性的盜用。而點主[1]和入主[2]所用祝文，往往充滿著濃厚的風水意象。如果說墓地是祖先靈魂的一個永久性居所的話，則入主祠堂或家廟的神主牌（一般用木做成，表層再鎏以金銀等金屬物）也是祖先靈魂暫居之所，也是接結祖先與子孫之「氣」以及天地之「氣」的象徵載體，意味著能將墓地及祠堂的好風水氣運帶給子孫。可以說，家（祠）祭與墓祭是有機統一的。

在客家地區和閩南地區，如果祖先的骨骸不存或存在太少，葬木主也被民間視為一種有效的彌補辦法。為了增加「風水氣運」，民間葬銀牌附主的情況也甚多。試舉三例：

例1 《永定徐氏族譜》載逝世於外邦的十五世祖南湖公既造銀牌又做木主牌：

十五世南湖公，乳名天賜，字裕臺，諡質思，雍正十一年生，於乾隆二十五年正月十五日在番集吉身故後，在家人等買一瓦罐，又造一銀牌，又做扁柏樹木主，將銀牌藏木主內，牌上鑿鐫字，明記南湖公生終月日時，並公在番寄信二封粘安木主上，皆藏罐內，葬在杉棟窠壬山丙，坤申水來乙辰口。[3]

---

1 限於篇幅，試錄一則尚在民間應用的「點主口訣」：「我把朱筆對天庭，二十四山作聖靈。孔子賜我文昌筆，萬世由我來作成。點天天清，點地地靈，點人人長生，點主主有靈，主上點來一點紅，代代兒孫狀元郎。」惠安縣山霞鎮東坑村氏提供。

2 如漳州平和《家禮會通集錄》的「迎主升龕祝文」：「恭維我○，積德流芳，卜葬斯地，龍穴昌揚，形為窀穸，神返宗堂，卜以今日，奉主升香，伏祈列祖，引翼和光，千秋俎豆，百代蒸嘗，伏我後裔，富貴綿長。」

3 《永定徐氏族譜》，2002年印本，第151頁。該譜還有不少族裔無骨骸與妻合葬銀牌的案例。如「十九世坤瑞公，號蘭芳，元配游氏，繼配彭氏，生子岳喜。公於同治四年遭反亂被捉，下落不明，打銀牌與妻合葬蘇棵下。」（第201頁）「廿二世傑俊，1898年八月二十八日丑時生，享年四十一歲，在陝西省西安市東郊胡家廟，由胡文虎開設的虎標永安堂任職，不幸患重病身亡於胡家廟，由友人安葬，骨骸未回，現打銀牌與妻合葬於大窠排。」（第195頁）「廿二世銓俊公，1898年生，享年三十四歲，因在南洋得神經病，在護送途中跳海身亡，打銀牌與妻陳亞應合葬於大窠排。」（第196頁）

例2　南靖和溪高山《劉氏族譜》（清光緒廿七年重修本）載肇基祖均保公之妣陳氏葬銀牌附主之事：

妣陳氏，名五娘，譜莊慎，生於元成宗乙巳年十二月初七日巳時，卒於明洪武廿七年甲戌六月十八日吉時，享九十壽，葬在大寨尾金星盂，因崩山陷失，跟至清嘉慶廿三年戊寅冬，用銀牌書名氏，祔主藏在骸罐內，安葬在內村基祖墳腳大石碏下，豎碑為記。

例3　據泉州回族《丁氏族譜》「水午林葬木主壙志」條曰：

是為二房始祖誠齋公　（入閩第五世丁觀保，字世孚，號誠齋，1369-1436——筆者注）墓墳，四封地可五里許，東至後圳坑，西至馬使坑，南至官路，北至吳彥仁墓，碑載可紀。世久指多，眾心不一，有導勢宦而侵者，賴先中憲祖父力爭而止。逆侄丁寅，包藏禍心，仍盜厥壤，合房數千人覺而爭之。盜心不悛，攀附求援，會不肖予告里居，為直於郡。伯公祖盜魄獲移，僉議誠祖木主墳藏其地，永杜後侵。屬不肖紀略，以召來者。時崇禎二年孟冬二十日也。刑部左侍郎六世侄孫啟浚熏沐拜書。[1]

圖2-3　葬木主的泉州回族丁氏五世墓圖

1　莊景輝編校：《陳埭丁氏回族宗譜》，香港：綠葉教育出版社，1996年，第142~143頁。

值得注意的是，隨著家族人口的擴張和死亡人數的增加，祠堂必然容不下太多的祧祖的牌位。民間往往根據身分或金錢來決定族人神主是否有權入主祠堂。關於已入祠堂的牌位的處理問題，朱熹曾設想「始祖親盡則藏其主於墓所[1]」之制。清毛奇齡《辨定祭禮通俗譜》卷一亦曰：「高祖易主為牌，則主埋墓間，或焚之。凡易牌易博牌皆同。或曰焚非古禮，則古凡立學祭先聖先師，有以暫設主而焚去者，即結帛結茅亦然。若埋主墓間，與漢制埋陵園意同，必依何休注埋兩階間，保無失足致踐踏乎。」[2]這些設想是否在各地都得到如實的實施，不得而知。對於在祠堂內堆滿的神主，在不能褻瀆祖先的情況下，也有幾種變通的集體處理辦法，並充分考慮到被處理的神主的後裔對風水的需求。

泉州回族《丁氏族譜》所錄的咸豐六年《修龕紀略》中，曾明確地說道：「其時風例，凡世代屢□而栗主溢多者，投以火化，付之清流。」「諸神主既化，尚其將主中各填生卒、世系，集成一部，俾後日開卷便覽。」[3]由於祖先的神主在祠堂可以享受祭祀，子孫相應的也受到祠堂風水的庇蔭，子孫並不肯輕易地退出本世系祖先的神主。如同譜載有丁氏江頭大厝房的一則公議：「按公眾議定，以十九世祖孝子純良公、妣黃太宜人；十九世祖妣節孝淑汝李孺人，正平公元配也；二十世祖誠微公，其神主在祖祠，自前有充銀項，須永遠留存。如逢祖祠化主之時，宜將此數位神主長留，不准付丙。茲特明登家乘，俾後之子孫知之。民國三十五年歲次丙戌梅月穀旦倡守重修，裔孫子守、以魴、以管同謹識。」[4]當時泉州漢人依此法之盛，更是可

1　朱熹：《家禮》卷一〈通禮·祠堂〉，影印文淵閣《四庫全書》第142冊，臺北：商務印書館，1983年，第531~533頁。

2　影印文淵閣《四庫全書》第142冊，第751頁。

3　莊景輝編校：《陳埭丁氏回族宗譜》，第533頁。《修龕紀略》是了解清代泉州處理神主之禮俗的重要文獻，有興趣者請參照是譜，第532~533頁

4　莊景輝編校：《陳埭丁氏回族宗譜》，第17頁。

想而知。

　考慮到後裔有些不願將祠堂內的神主付丙並付之清流的緣故，明清以來福建民間還採另一種奇特的變通辦法，即選擇一塊風水寶地做「神主墓」，將祠堂中所供的歸入祧祖之列的神主牌位統一埋藏於其中，或將神主牌焚燒，並將灰燼藏於埖金罐中，再埋於神主墓中。為了讓眾多的宗親英靈能夠共同保佑全族子孫，家族每年還要共同祭祀神主墓。據永春東關鎮靈寶派「靈應壇」道士W告知，前些年該鎮土名山後的某姓曾將祠堂的神主牌統一燒掉，並將所燒的灰燼放在埖金內拿到山上做一塊神主墓，每年祭掃，可惜筆者一直無緣見到該神主墓[1]。另筆者親自到惠安山霞鎮東坑村考察過兩座清代李姓神主墓[2]。神主墓的墓碑題字與一般的祖墓不同，但字數也要過閩南的吉數口訣「興旺衰微」中的「興」或「旺」字，如圖2-4神主墓題「清李公祖墓」，圖2-5神主墓題「清西厝大祖正位神主墓」。

圖2-4　L氏在用羅盤測定「清李公祖墓」（惠安縣山霞鎮土名虎搖頭山）方位。

1　W氏，靈寶派道士，小學教員，訪談時間：2003年11月7日，訪談地點：永春東關鎮某小學辦公室。
2　調查時間：2003年12月16日下午。L氏及張板鎮的張亞細先生在百忙中陪同，謹此致謝。

第二章　骨骸的替代物與祖先崇拜

圖2-5　L氏在用羅盤測定「清西厝大祖正位神主墓」（惠安縣山霞鎮土名雞籠罩雞公山）方位。

　　據陪同勘察的該村風水先生L氏告知：圖2-4「清李公祖墓」係他本人所屬的李姓長房長支的神主墓，主要埋葬各支祖的神主，現在每年家族都會組織人來掃墓，給墓碑「順紅」（即將墓碑的字塗紅以易於辨認）。經其測定，「坐壬向丙兼子午，辛巳辛亥分金，坐天度348°向165°，穿山甲子，透地丙子，順丁水，來龍由丑轉酉入首，坐壬向丙為少男配少女，陰陽正配，葬後本房支人丁興旺，有三百多丁，名牌大學就出四人，為富亦多家。」據筆者現場勘察，該神主墓雖然雜草叢生，但同周圍的私人墓地相比，該墓的規模顯然較大。

　　圖2-5「清西厝大祖正位神主墓」屬於東坑村大西厝三房，穴名田螺形，是這一帶山頭最好的風水地，當然也比清李公祖墓好，墓「坐戌向辰兼乙辛，分金丙戌丙辰，坐天度298°向118°，葬後人丁興旺，全房男丁兩千多人，人才輩出，有名牌大學生多人，出過國家海洋局的高級工程師。」而據筆者勘察，該神主墓坐落在一片石頭的前面，前後左右的格局甚好，墓身用水泥修過，墓碑「順紅」，說明李姓三房並未停止過祭掃活動。

四、葬其他

有意思的是，除銀牌和木主之外，福建民間還有葬紙人、葬雞蛋或葬衣冠的。據筆者親自採訪的惠安山霞鎮東坑村風水先生L氏介紹，當地以往以「討海」為生，凡有海難者，東家要到死者死的方向引魂，到廳堂安神位，道士用紙剪一人形的替身，藏於金斗中，葬法同埋金斗相同，亦須選擇風水吉地，後裔滴指血於金斗中以連血親。另當地還有因海難而葬雞蛋的。

圖2-6係一塊葬有雞蛋的家族合葬墓地，葬四個世代的先人。從風水術上講，「該地坐乾向巽兼亥巳分金，庚辰戌天度318°向138°，

圖2-6　惠安縣山霞鎮土名「坑子尾」葬雞蛋的龜殼墓（站者為做此墳的風水先生L氏）

穿山乙亥，透地丁亥，來龍由坤方入首，至本山落脈，蜿蜒曲折，水出甲口。」其墓碑題「皇清祖考十四世李公暨祖妣孺必陳氏墓」17個字，正好逢閩南地區通用的吉字口訣「興旺衰微」的「興」

字（客家地區是過「大、小黃道」）。據該墓主家Z（十九世）的講述，舊墳原先坐在土名坑子尾某軍營營房邊（離圖2-6的新墳不遠），係其父所營造，葬名為七星落地，坐壬向丙兼亥巳分金。風水先生說舊穴地的男丁往往要娶兩個妻子，事實上也是如此。1997年，駐軍因開闢射擊靶場，通知遷葬。開啟墳墓後，發現有七個埕金罐，五個有骨骸，一個是空罐，乃其父為自己預備的，另一個埕金內裝一個小瓦罐，小瓦罐內裝水，置有一個雞蛋和一根鐵釘，開啟後雞蛋便風化了。該小瓦罐代表的是一個無骨骸的叔公X。X討海時漁船跟Z鎮F村Z姓的漁船相撞下沉，因誤上F村Z姓的漁船而被沉海。遷往新穴後，瓦罐照舊放清水、雞蛋和鐵釘。由於其父已另葬他處，L氏建議新穴不要再置一個空罐，但因各房頭有些異議，仍照舊放七個埕金罐。Z有一個公子不幸患腦癌去世，他懷疑跟這塊墳地的風水不吉有關[1]。L氏則強調原來不該再葬其父親的空金罐。據L氏的解釋，以前之所以用雞蛋代葬，大概是一種生生不息的表示。當地若有人大難不死，凡有親朋好友來看望時，也要發給大家染過紅色的熟雞蛋。至於鐵釘，大概是「釘」跟「丁」諧音，屬於一種重視世系繼嗣的隱喻。由於死者沉屍於海，金罐內裝水及可半浮於水上的雞蛋，是否代表死者靈魂能浮出水面並重新出世的意思，則不得而知。雖然這些葬法「氣」的效應可能差一些，但同樣能夠發揮墓地的風水效用[2]。

五、一些討論

在討論漢人的祖先觀念時，許多國外的社會人類學者基於陰陽

---

1 Z氏，1941年生，初小文化，以討海為生，訪談時間：2003年12月17日；訪談地點：惠安縣山霞鎮東坑村風水先生L氏家中。

2 《太平御覽》所引《三五曆紀》有「天地渾沌如雞子」之說。葬雞蛋習俗背後蘊含的宇宙觀念，是否與此有關，不得而知。

二元的分類，強調由牌位象徵其「魂」的祖先，即「陽祖」；由墳墓象徵其「魄」的祖先，即「陰祖」。「陽祖」和「陰祖」「都能夠統合他們子孫們的血統集團，都能夠成為集團統合的象徵，也都能夠成為祖先祭祀和祖先崇拜的對象[1]」。當然，這些說法基本上能從傳統文獻及族譜的精英敘述中得到有效的證明。在此意義上，神主同骨殖一樣，都是祖先與子孫保持聯繫的重要中介，對於子孫的祭祀活動乃至家族的血緣認同都有著相當重要的象徵意義。如《左傳‧昭公七年》引鄭子產語：「人生始化曰魄，既生魄，陽曰魂。用物精多則魂魄強。」孔穎達釋曰：「附形之靈為魄，附氣之神為魂。」《禮記‧郊特性》曰：「魂氣歸於天，形魄歸於地。」另據泉州回族《丁氏族譜》記載，該族士紳所書的明萬曆乙卯年「三宗祀議」碑似乎作了很好的辯證解釋：「竊惟廟宇所以妥祖靈，邱隴所以藏祖魄，兩者並重。」[2]該族光緒十年（1884年）所立的〈重修汾江宗祠碑記〉亦曰：「宗祠為祖先棲神之所，不可視為緩圖計。」[3]

不過，這種「魂駐於廟，魄藏於墓」的觀念，還只是一種代表士紳或精英的態度的類形化的「通識」（因此不能說有錯對之分，只是不能由此構建所謂漢人或涵化的異族之普化的祖先觀念），甚至早在漢代的「張叔敬鎮墓文」中，我們就可以看到「異例」[4]。從「主位」的眼光看，隨著風水觀念在鄉土社會的深耕化過程，民間關於

1　參見渡邊欣雄：《漢族的民俗宗教──社會人類學的研究》，周星譯，天津：天津人民出版社，1998年，第105頁。關於「陽祖」和「陰祖」的分辨，詳參是書第100~105頁。

2　莊景輝編校：《陳埭丁氏回族宗譜》，第195頁。

3　莊景輝編校：《陳埭丁氏回族宗譜》，第314頁。

4　索安（Anna Seidel）在〈從墓葬的葬儀文書看漢代宗教的軌跡〉中根據西元173年張叔敬鎮墓文「黃神生五嶽，主生人祿。召魂召魄，主死人籍」的說法，指出：「根據這一段和其他所有的墓葬文獻的記錄，值得我們注意的另一方面是，在死後靈魂不再分為『魂』和『魄』，而是一起歸於陰間。這與文人們提出的理論，即魂升入天空，而魄隨屍體進入墳墓，相去甚遠。根據這一更為大眾化的想像，人們的『魂』在死後就處於五嶽的許可權範圍內。」載《法國漢學》第7輯「宗教史專號」，北京：中華書局，2002年，第124頁。

51

第二章　骨骸的替代物與祖先崇拜

「魂」、「魄」的分辨其實已在走向模糊化。在對待祠堂上的祖先和墳墓內的祖先時，民間越來越遵循的原則不是「陰陽二元」、「魂魄二體」，而是「陰陽合一」、「魂魄一體」。

我們上面的例子說明，並非所有的神主都能入主祠堂，神主置久之後還有可能被「化主」（燒）或「藏主」（埋）。祖先若是沒骨骸或少了骨骸後，也可以用其他可資憑依的象徵物（木主、銀牌等等）代之或補充之，墓地其實也是祠堂的一種延伸和補充，成為祖先所謂「魂」與「魄」的共居之處。如果僅僅將木主或銀牌等看作是祖先的陽「魂」之所依，則葬銀牌或木主於墓中（特別是既葬骨骸和銀牌或木主者），豈不已經意味著祖先之魂與魄皆共藏於墓中？而沒有骨骸只藏銀牌或木主者，究竟是意味著魂與魄共藏於墓中的銀牌或木主上，還是留魂而落魄呢？「葬銀牌」小節中的例3和例4是否意味著陽的祖「魂」藏於此墓地，陰的祖魄藏於彼墓地？特別是「化主」（燒神主）的案例，是否意味著祖先「失魂」，只在墓中魄骨相依？這些發問可能顯得有些古怪和鑽牛角尖，但在此似乎只有「陰陽一元」、「魂魄一體」的觀念可以得到較周延的解釋。這些例證似乎還說明，無論是在漢人或已涵化的回人那裡的祖先觀念，祖先的靈（魂與魄）骨（體）既可以是一體的，也可以是分離的。只要子孫願意（通過堪輿的手段）或祖先同意（通過抽籤卜筶、扶乩、靈媒、托夢等等通靈方式），魂魄合一的祖先靈魂完全可以寄居多個地方，或跟骨骸在一起，或跟骨骸分離。

從近世民間文獻（先秦文獻又是另一回事）中，我們至少可以同時得到近世中國人（不只是漢人，還有涵化的異族）關於祖先的多元化的觀念系譜：靈骨一體，靈骨二分；魂魄二分，魂魄一體。這樣，關於近世中國人的祖先的觀念至少可以組合成四種體系：A靈骨一體和魂魄二分（靈骨一體其實是魄骨二位一體），B靈骨一體和魂魄一體（靈骨一體其實是魂魄骨三位一體），C靈骨二分和魂魄二分（按理靈

骨二分應包括魂骨二分或魄骨二分，也就是說沒有骨頭魂或魄仍在，比如依附於替代物中，當然要有替代物才行），D靈骨二分和魂魄一體（也即說魂魄可以附於骨頭，也可以不附於骨頭）。這些組合而成的觀念系譜，很可能都是客觀存在的，而各種組合的觀念系譜之所以能夠共生共存，其背後遵循的文化邏輯當然有風水技術及其觀念形態的深刻影響。因此，考慮到風水的因素，關於中國人祖先靈魂觀念，理當採取的是代表辯證思維的「多元論」主張，而非代表形而上學思維的「一元論」或獨斷論的主張將靈骨一體或靈骨分離，魂魄一體或魂魄二分絕對化、普遍化，都是一元論的主張。這也有力地說明，不能簡單地用靈骨（體）一體或靈骨二分的觀念來比附為中日兩國的靈魂觀念的主要區別,而多元論的觀念也許更加符合民俗學的「因土成俗」通則[1]。

我們已經看到，明清以來福建民間對於祖墓風水的效用其實是一整套的自我解釋與實踐的模式。不僅僅是骨骸，而且是神主牌、銀牌或代表祖先的紙人一樣能成為世系繼嗣的強有力的具象代表物，都是祖先靈魂（魂與魄）的有力憑依者，而後裔在代表世系繼嗣的各種象徵物上的滴血行為，表明的是子孫與祖先的「骨肉」關係，正是讓「祖考子孫一氣相屬者」的重要保證。即使在沒有祖先遺骨的情形下（特別是遠祖），祖先之「靈」或「氣」也可通過神主牌或銀牌而得以凝聚和延續，從而影響著子孫的禍福。銀牌、神主牌同骨骸一樣，甚至能夠一同構成有效的合力，與墓地所存留的「氣」（天地之氣）

1　何杉在考察江浙的葬俗觀念時指出：「民間大多只取一魂說，不大顧及文人對魂與魄的分工。魂多數時間停留於墓中，與軀體同在。但在祠堂祭祖、家牌位時，靈魂又會應需而在。一魂說致使漢民族的靈魂所在呈一種多元的，有時是矛盾的同時存在。與少數民族以及和海外民族日本大和民族相對比之下，漢民族靈魂與軀體同在墓中這一點顯得突出，從而成為漢民族靈魂觀的特徵。」載何著：《江浙漢族喪葬文化》，北京：中央民族大學出版社，1995年，第107頁。從客位眼光看，何氏的見解基本屬於一種「通識」，然而，在風水觀念的影響下，民間無疑形成許多的「異例」。考慮到因土成俗的關係，我們更應尊重這樣的事實，「靈骨分離」也是南方民間一種普遍的鄉土觀念。

一起發揮著效用，而用銀牌代葬的祖墓風水，甚至也能多次地應用於更葬的實踐。因此，除要注意骨骸存在的典型意義外，也應意識到埋藏於墓中的神主牌和銀牌等象徵物的重要意義[1]。如「葬銀牌」小節中的例1，林氏族人一直期許一世和二世祖墓風水更葬銀牌後會給子孫帶來福報，如族譜述始祖墓風水意象：「萬馬奔騰駐市垣，海螺浴水勢盤旋。千峰秀聳五星聚，紫袋餘香近帝前。」論二世祖風水意象：「將軍大座勢威雄，案外千峰及萬峰，秀水東流三百步，滿堂朱紫世封公。」例3的鯉魚上灘風水，實係精於地理的莊氏七世祖玄弼公為自己所擇的壽域。據同譜稱，萬曆丁巳年（1617年）因洪水沖壞墳所，棺浮水面，而才改葬的。「乾隆壬午年（1762年）十月十五日，十五世孫端惠鳩眾重興鯉魚上灘風水，後複鳩眾議定重修於乾隆辛卯年（1771年），不忍忘先祖故址也，將祠中所祀舊神主三身藏在墓中，立石為記。」而對於該鯉魚上灘風水形勝及遭遇水災之事，莊氏亦有一番周延的解釋範式：「壩中祖墳，龍自西方雲棟，奔放騰娜，轉而南至特起樓殿後，迤邐至花坵石脈，過江中，浮大渚，狀如河鯉登龍，前案後，左龍右虎，堂襟兩澗面溯長渠，水秀山明，既挹晨光而啟夕翠，淵停嶽峙，則萃玉野而孕珠胎。維精靈之獨蘊，實間氣所攸鍾。至於後遭憫凶者，或曰是地公已規為草墩，後諸富女為築灰墳，有傷魚性，似矣。抑亦後人祿薄，地不為靈，俱未可知也。今有灰墩在花坵，江中能動而不能漂，存其古跡也。」莊氏七世祖明德公的墓地，因各種因緣際會，最終亦身分數處，先是在甲處葬棺，後於乙處

1　《嚴溪彭氏三房二修支譜》卷七（廈門大學圖書館藏），錄有一則「嚴溪二世祖招魂更葬異事」，謂：「祖武陵葬十三都螆形，被孽孫陳明選振起富喇挾勢掘祖揚骸，篡穴葬父，千古慘淒，合族上告下訴，尋祖骸骨，奉陳邑侯明斷寬辟，擬從革孽衣巾，刻木招魂滴血剪髮備棺葬。」一則〈招武祖魂歌〉：「祖之魂無飄蕩兮，仍歸宅窀兮；命翁仲以守藏兮，祖之魂無；或怨恫兮，春秋享祀；永世世以尊崇兮，祖之魂無；忘爾賊兮上告天帝，下訴地祇，山靈河伯，必使爾速殄滅兮，祖之魂無；無忘我子孫兮，俾昌熾，俾壽富，萬有千歲，萃賢肖而駿奔兮。」此亦佐證無骨骸就與祖先恩惠源頭脫離云云，未必就為漢人的民間習俗所認同耳。

葬骸，又於甲處添葬神主牌，最後再藉神乩葬銀牌於丙處。

　　大體而言，在民間的風水觀念和實踐操作中，祖先與子孫的互動網絡其實是相當複雜的，二者互為有機的主體。子孫儘管掌握著祖先靈魂的象徵物（骨殖、神主、銀牌）的操弄權，能夠決定祖先魂魄所居的象徵物於何時（天時）寄藏於何處（地利）。然而，不能因此說「死去的祖先只是被動的代理者」（Maurice Freedman之論）。按民間的一類說法，代表祖先魂之所寄的象徵物——神主、骨殖、銀牌等是「有主（神、鬼）無靈（氣）」，而山川是「有靈無主」[1]。好的風水之象徵營造，就是通過時空關係的優化組合（擇日擇地），達成一種「有主有靈」的局面。當然，有關祖先的骨骸、神主牌、銀牌等所傳遞之「氣」，亦不能局限於代表形象化的父系繼嗣，女性祖先的「骨氣」、「神氣」同樣是獲取好風水的重要的象徵中介。而永春和惠安現存的神主墓及祭掃仍舊的情形，更是說明神主墓的形態其實是傳統家族祠祭和墓祭相互混合的典型產物，也是家族的祖先崇拜和風水信仰相結合的典型產物。就客位角度看，從神主墓的形式中，我們多少能夠看到傳統宗廟制度中「遷主毀（壞）廟」的影子。顯然，神主墓可以被典型地視為祠堂的延續和補充（在中國北方，按照昭穆秩序排列的祖墳也有這樣的象徵內涵），是家族內部各房派的宗親靈魂（祧祖）共居的一個場所。一定程度上說，由於神主墓風水效應被視為能夠影響全家族的子孫，神主墓不僅是家族「敬宗收族」傳統理念的一個凝聚與濃縮，也是家族結成命運（或血緣）共同體的一個象徵載體[2]。總之，由於風水觀念在東南鄉土社會發酵的因素，傳統喪葬禮俗已不斷地被人們自覺地、自願地改變，象徵祖先靈魂駐居的場所呈現

1　這是長汀縣地理先生、禮生王樂平（白雲居士）的說法。

2　帶我去看神主墓的風水先生L氏反對我用朱熹的「始祖親盡則藏其主於墓所」來解釋這種創造性的文化現象，認為這跟民間因地制宜地改變朱熹的設定無關，主要是因為牌位太滿了，必須得到有效的處理。顯然，我最初是帶著「客位」的眼光來看的。

多元化的趨向，民俗學者所説的作為土著化的漢人或漢化的回人的主體趨勢的「靈體一致」或「靈骨一致」的觀念發生了許多變異（儘管藏骨仍是主流），與這種靈魂觀念相應的「一墓制」喪葬形態也未得到嚴格的實施。靈骨（特別是沒有骨骸時）被視為可以分離，藏骨之地和祭祀之地亦可以分離，並能夠分別作用（感應）於子孫，富有中國特色的「二墓制」雛形業已出現。

第三章 臺灣無祀孤魂信仰新論

——以竹山地區祠廟為中心

王志宇[1]

　　無祀孤魂信仰源起於漢人的靈魂信仰，認為人的靈魂不滅，所以生人對人死後的靈魂有種種的對應方式[2]。臺灣民間認為人死後就成鬼，鬼分為兩類，一為善鬼，即是祖靈，亦稱有緣鬼魂，得到子孫的祭祀。另一為惡鬼，即是厲鬼，亦稱無緣鬼魂，此又分為沒有子孫祭祀在陰間淪為乞丐餓鬼的無嗣孤魂，以及自殺、夭折、橫死的凶死亡魂。善鬼得以庇佑子孫，而惡鬼則會作祟人間[3]。對於此種厲鬼，一般人通常以有應公或百姓公稱之，以有應公崇拜的物件是厲鬼，其目的在於以建祠祭祀的手段將厲鬼轉換為厲神因而亦有以厲神稱之者[4]。此

1　王志宇，逢甲大學歷史與文物研究所專任教授兼所長。

2　有關中國人的靈魂信仰以及變化可參見徐吉軍：〈論中國民間喪俗靈魂信仰的演變〉，見漢學研究中心編印《民間信仰與中國文化國際研討會論文集》，臺北：編者，1994年，第885~902頁。

3　阮昌銳：〈義民爺的崇拜及其功能〉，《中國民間信仰之研究》，臺北：臺灣省立博物館，1990年，第263頁。亦有從死者與生者的差等關係，將鬼分為家鬼，指的是有主之新喪未葬者及有主無嗣者；二是野鬼，即普通的無主、無祀之鬼；三是厲鬼，即凶死、枉死、疫死、暴屍在外而無主、無祀之鬼。見呂理政：〈鬼的信仰及其相關儀式〉，《民俗曲藝》90（1994），第153頁。

4　呂理政：《鬼的信仰及其相關儀式》，第153頁。

種信仰也成為臺灣地區相當普遍的信仰崇拜之一。

　　過去的論者對此信仰有種種看法，如仇德哉認為：「有應公又稱有英公、百姓公、金斗公、恩公、萬善同歸、無祀陰光、萬恩主、萬恩公、萬善諸公、萬應公、萬善爺、聖公諸稱。有應者，取其有求必應之意，鄉愚迷信，於人力無能為之情況下，動輒求諸鬼神，咸認有求必應。其構成者，亦無子無主之孤魂，屬厲之範疇。」[1] 類似此種無主孤魂信仰於臺灣各地區因其來源或性質略有不同，有種種的稱呼，因此仇德哉將義民爺、大眾爺、大眾媽、有應公、有應媽、百姓公、金斗公、萬善公，以及陰光、地基主等均視為無主幽魂，均屬厲鬼，宜共用厲壇之祭[2]。他甚至將王爺、元帥爺等皆視為無祀厲鬼[3]，此種看法是否適當，頗值得再討論。而黃文博則將各類無祀孤魂皆視為有應公，因此將其分為野墓有應公、水流有應公、戰亡有應公、成仁有應公、殉職有應公、車禍有應公、田頭有應公、囝仔有應公、女娘有應公、外人有應公、發財有應公、牲畜有應公、飄渺有應公等十三類[4]。研究者間諸多的歧異性看法反映了臺灣無祀孤魂信仰的複雜性，也點出了與臺灣民間生活關係密切的無祀厲鬼，值得注意。究竟複雜的無祀孤魂信仰在臺灣社會中有什麼區分，有什麼意義？這種厲鬼信仰配合臺灣社會的神祇崇奉，究竟反映了什麼樣的社會價值觀？這都是相當值得再深入探討的問題。

　　筆者近幾年來在南投縣竹山地區進行田野調查時，發現一般的無祀鬼魂信仰不僅有種種的稱謂，如三世恩公、齊伯公、蔡三公、莊

1　仇德哉編著：《臺灣之寺廟與神明（四）》，臺中：臺灣省文獻委員會，1983年，第390頁。
2　仇德哉編著：《臺灣之寺廟與神明（四）》，第381頁。鍾華操大致也持此觀點，將百姓公、有應公等視為祀於小祠的無主骸骨和無主孤魂，見氏著《臺灣地區神明的由來》，臺中：臺灣省文獻會，1979年，第380~383頁。
3　仇德哉編著：《臺灣之寺廟與神明（四）》，第312、376頁。
4　黃文博：〈有求必應——臺灣民間有應公信仰〉，《臺灣冥魂傳奇》，臺北：臺原出版社，1992年，第186~193頁。

仙公等，各類無祀孤魂廟的發展亦有不同的情況，可提供若干線索來反省過去的研究。由於無祀孤魂之小祠分散於臺灣各地，個人無法針對全臺的無祀孤魂祠廟進行調查，而區域性的研究應是比較可行的方式。礙於篇幅所限，有關無祀孤魂信仰中頗受爭議的王爺神格屬性問題，筆者擬另行撰文探討，而不在本文討論。本篇論文將以竹山的調查研究為基礎，以該地的無祀孤魂信仰為物件，說明有關無祀孤魂研究中的幾個問題。

一、臺灣的無祀孤魂崇拜及其問題

臺灣民間在有清一代對有應公建廟奉祀，並成為普遍現象，與內地迥異，其信仰可能緣起於厲祭之故習以及義塚之普設[1]。這部分的來源可從臺灣地方志的記載來了解。蔣毓英《臺灣府志》卷七〈祀典〉記載：

郡邑有司，每歲春清明日、秋七月十五日、冬十月一日，先期一日，主祭官牒至城隍。至祭日，設城隍位於壇上，用羊一、豕一；設無祀鬼神牌於壇下，用羊二、豕二，以米三石為飯羹，香燭酒紙隨用，其祭文載會典，甚淒惻。府屬壇在東安坊，臺灣縣附府祭；鳳、諸二縣之壇草創，致祭無定所也。

余文儀《續修臺灣府志》亦記載：「祭厲壇儀注：每歲凡三祭：春祭清明日，秋祭七月十五日，冬祭十月初一日。每祭用羊三、豕三、飯米三石，香燭酒紙隨用……設無祀鬼神壇於壇下左右（書曰

1　戴文鋒：〈臺灣民間有應公信仰考實〉，《臺灣風物》46：4（1996），第53~54頁。

『本府境內無祀鬼神』），祭物羊二、豕二，盛置於器，同羹飯等鋪設各鬼神位前。」[1]《鳳山縣志》直指此種厲祭之典起於明洪武三年（1370年），其云：「厲祭之典，由來舊矣。至各府、州、縣設壇以祭無祀鬼神，則自明洪武三年始。」

從厲壇之祭漸轉為民間無祀祠廟之祭，無非是受到清代開墾臺灣，海寇生番，種種險境，造成犧牲者眾的結果，民間取其祭孤之意，建祠奉祀，以平鬼怨。故〈澎湖紀略〉言：

無祀祠者，蓋昉古泰厲、公厲之祭也。……設無祀鬼神牌於下，左右排列祭物、果品、羹飯、香燭、赭帛、冥衣數百具以祭焉。此定制也。今澎湖易壇以廟，雖非古制，而祭孤之禮，意則一也。其間祠祀，俱係歷任守土文武職官因感時事，捐俸創興；蓋以為非廟則主無所依，而守廟之人亦無所居焉，亦何嫌於與古制之不相若也哉！[2]

臺灣的無祀祠廟到了日據時代被日人視為淫祠，妨害社會的進步，無怪乎戰後臺灣的研究者指出清代臺灣的地方官並未將有應公廟視為淫祠，因為無祀祠本源於厲祭之故習與義塚之普設，故亦得到官方之鼓倡[3]。

由於臺灣無祀孤魂信仰的昌盛，引起部分學者的注意。過去有關臺灣無祀孤魂信仰的調查與研究，早期以日據時代日本人的調查為主，在大正四年（1915年）開始的宗教調查，已有所注意，將崇拜無緣枯骨的習俗稱為有應公信仰，並將之視為淫祠，認為是社會進步的障礙[4]。

---

1 （清）余文儀：《續修臺灣府志》，第337頁。
2 （清）胡建偉：《澎湖紀略》，第42~43頁。
3 戴文鋒：《臺灣民間有應公信仰考實》，第99頁。
4 丸井圭治郎：《臺灣宗教調查報告書（第一卷）》（1919年），臺北：捷幼出版社，1993年，第4~5頁。

由於日人將無祀孤魂信仰視為妨礙社會進步的習俗，幾乎為當時的調查者所矚目，其後在片岡岩所著的《臺灣風俗志》（1921年），伊能嘉矩的《臺灣文化志》（1928年），鈴木清一郎的《臺灣舊慣冠婚葬祭與年中行事》（1934年），增田福太郎的《臺灣本島人の宗教》（1935年），曾景來所著之《臺灣宗教と迷信陋習》（1938年）等，皆有所討論[1]。戰後有關臺灣的無祀孤魂研究專著不多，但許多相關的論著，皆略有論及[2]。如早期的廖漢臣談有應公，指出它和過去的厲壇制度關係密切，並指出現在臺灣許多祠廟奉祀有應公、金斗公、萬應公、老大公、普渡公、大墓公、萬善爺、大眾爺、義民爺、義勇公等，所奉主神皆與昔日的南壇、北壇等相同，都是「無緣的鬼魂」。他分析臺灣地區此種信仰昌盛的原因在於：（1）受移民社會的影響，清代死亡的人很多。（2）因清代臺灣移民與開發特性的影響，死亡的人多無人看顧。這些無祀孤魂因死因不同，而有不同的稱呼，如死於平亂的人稱為義民爺，死於械鬥的人稱為老大公、義勇公等[3]。也有學者指出臺灣的無祀孤魂信仰與民間社會的關係，如林美容以有應公、中元祭祀

---

1 片岡岩認為萬善同歸、有應公、萬應公都是將無緣枯骨葬在一起的崇奉，也認為大眾廟另名有應公、萬善同歸。見氏著《臺灣風俗志》，臺北：眾文，1990年二版，第35、664頁。伊能嘉矩認為有應公原系導因於鼓勵掩埋枯骨，而另行變形，與祈求孤魂冥福之迷信結合之信仰。見氏著，江慶林等譯：《臺灣文化志》（中卷），臺中：臺灣省文獻會，1991，第192頁。鈴木清一郎將王爺、哪吒、五顯帝、有應公等視為雜神，在祖先崇拜與臺灣人的神仙觀念部分，皆特別提及有應公等無主幽鬼的崇拜情況，見氏著，馮作民譯：《臺灣舊慣習俗信仰》，臺北：眾文，1989年增訂一版，第6、22~23、599~602頁。增田福太郎將有應公、水流公、大眾爺等視為幽鬼崇拜，見氏著《臺灣本島人の宗教》，東京：株式會社養賢堂，1939年，第62~63頁。曾景來特立「有應公崇拜」一章討論臺灣的有應公信仰，見氏著《臺灣宗教と迷信陋習》，臺北：臺灣宗教研究會，1939年，第87~118頁。
2 此部分在早期一些雜記式的文章裡，都有所提及，如王力修〈談「有應公」〉，《臺灣風物》19：3、4（1969），第30頁；蔡懋棠〈本省民間信仰雜談〉，《臺灣風物》25：3（1975），第3~5頁。另外Laurence G. Thompson，「*Yu-ying Kung: The Cult of Bereaved Spirits in Taiwan.*」in idem., ed.,*Studia Asiatica: Essays in Felicitation of the Seventy-fifth Anniversary of Professor Ch'en Shou-yi*, San Francisco: Chinese Material Center, pp.267~277亦有論及，轉見自康豹〈新莊地藏庵的大眾爺崇拜〉，《人文學報》16（1997），第125頁。
3 廖漢臣：〈有應公〉，《臺灣風物》17：2（1967），第17~20頁。

與祭品的豐盛等現象，試圖說明這些崇拜與儀式反映臺灣民間公眾祭祀的需要性及其社會意義[1]。而鄭志明則以亡靈為物件，討論臺灣的鬼文化問題，認為臺灣的鬼魂信仰有四大特性：一是鬼的亡靈崇拜取代自然鬼的「妖」崇拜；二是民間發展出種種的宗教儀式以防制鬼煞來保平安；三是為與鬼靈建立友好關係，發展出種種祈福求報的宗教祭祀儀式；四是因應人鬼的靈性交流，導致通靈巫師與解運巫術的流行[2]。

除上列泛論式的論著外，臺灣無祀孤魂信仰的龐雜內容，吸引部分學者的注意，其中義民信仰似乎成為一個重要的研究物件之一。如阮昌銳以景美義民廟為例，說明該廟的成立與景美地區開發的關係，並討論該廟的組織與祭儀等，進而從功能面上說明義民廟所能提供的心理、社會、經濟與文化藝術等機能[3]。莊英章則引用文獻，說明竹塹地區的開發以及枋寮義民廟成立的背景。在引用義民廟古文書說明其祭祀圈的形成之後，分析義民廟對客家社會所提供的經濟、文教、防禦及社會等功能[4]。其他有關無祀孤魂中的孤娘、仙姑等，則有黃萍英的碩士論文《臺灣民間信仰「孤娘」的奉祀—— 一個臺灣社會史的考察》，探討臺灣的女性無祀厲鬼以及孤娘廟的奉祀，並舉彰化伸港鄉的張玉姑廟為例，說明孤娘廟的興衰和政治與社會間的關係[5]。這些專論中比較全面性的著作還是林富士所著之《孤魂與鬼雄的世界——北臺灣的厲鬼信仰》，該書分別探討了厲鬼、有應公、大眾爺、孤

1　林美容：〈鬼的民俗學〉，見《臺灣文化與歷史的重構》，臺北：前衛出版社，1996年，第167~174頁。

2　參見鄭志明：〈臺灣鬼信仰發展的現象分析〉，見《臺灣民間的宗教現象》，中和：大道文化，1996年，第116~145頁。

3　阮昌銳：〈義民爺的崇拜及其功能〉，見《中國民間宗教之研究》，第261~288頁。

4　莊英章：〈新竹枋寮義民廟的建立及其社會文化意義〉，《中研院第二屆國際漢學會議論文集（民俗與文化組）》，臺北：中研院，1989年，第223~239頁。

5　見黃萍英：《臺灣民間信仰「孤娘」的奉祀——一個臺灣社會史的考察》，中央大學歷史所碩士論文，2000年。

娘、仙女娘、王爺以及擔任人鬼溝通角色的乩童，已是目前研究較為全面與深入的著作[1]。

上列有關臺灣無祀孤魂的論著都有其長處，也解決了臺灣無祀孤魂信仰的若干問題，不過筆者在竹山地區進行寺廟調查之後，從竹山當地的調查資料發現有關臺灣的無祀孤魂信仰仍有若干問題值得討論。

二、竹山地區的無祀孤魂信仰及其特色

竹山地區的無祀孤魂祠廟計有27處，如加上今為聖義元帥，舊為此類厲鬼信仰的紅旗公廟，則有28處，分別有地基主、白旗公、紅旗公、大眾爺、萬善爺、百姓公、陰公、莊仙公、齊伯公、三世恩公、蔡三公、黃德公等。其中值得注意的是紅旗公，因為在有關紅旗公的種種靈異傳說下，紅旗公本身的崇拜，已經由百姓公的神格轉變為元帥爺的神格，也就是由厲鬼轉變為神祇。本文主要針對竹山一地現存的無祀孤魂信仰論述之，並兼論紅旗公廟的發展。

在竹山27處的無祀孤魂信仰中，許多此類信仰，以其為不起眼的小祠故，一般居民並未注意，往往都是起源不詳。不過有幾處的無祀孤魂信仰，受到居民注意，起源清楚，十分值得我們注意。雖然大多數的無祀孤魂信仰沿革不詳，不過這些起源不詳的小祠，在某些程度上，也可反映此類信仰的地位，因而有其意義。

以下所敘述的27處無祀孤魂信仰，乃筆者於1997年至2000年以及2002年間，於竹山以實地勘查及訪談的方式進行田野調查的成果，2000年以前調查的大部分成果已集結在《竹山鎮志》的《宗教志》出

1　見林富士：《孤魂與鬼雄的世界》，板橋：北縣文化出版，1995年。

版。27處中值得注意的是起源較為清楚者，本文分別依其名稱的不同，將其分為特殊信仰、百姓公與大眾爺[1]，此種分法主要以名稱及厲神神格具爭議者為主，如白旗公、三世恩公等以名稱較特殊故列入特殊信仰，地基主以其神格屬性有所爭議，亦在此先列入特殊信仰，以待來日討論。此外，大眾爺與百姓公各為一類，以方便本文的說明。

（一）特殊信仰

1. 白旗公廟

白旗公廟，位於今田子里田子鞍，據傳於清時已立廟祀之[2]。惟地處荒涼，筆者於1999年間前往調查時，為一占地約2—3坪大小的小廟，雖塑有白旗公的神像，然而香火不盛，僅鄰近居民前往崇奉。紅旗公與白旗公為竹山鎮的特殊信仰，與清代臺灣的地方動亂有關。同治元年（1862年），八卦會彰化四張犁莊人戴萬生起事。萬生一名潮春，原籍漳州，今廷以漳泉互制的族群分化方法，鼓勵泉莊領取義旗，幫助官軍，圍剿戴氏屬於漳州族群的反叛團體。由於戴萬生所領導的八卦會使用紅色旗幟為號，所以官軍及協助官軍的義民，使用白色的旗幟以示區別，形成紅白二旗壁壘分明的對峙局面。因戴萬生的勢力龐大，除沿海泉莊豎白旗抗拒之外，鹿谷、集集、南投、名間、草屯、社頭等一帶近山地區的漳人聚落，為保衛桑梓之安全，由彰化舉人陳肇興奔走策畫，約沙連堡、武東堡、武西堡、南投堡、北投堡、東螺堡等六保，同日豎白旗以應官軍，開始了聯莊拒敵的行動。而所謂白旗公、紅旗公，正是隨戴萬生起事而發展的地方信仰。白旗

1　有關各廟的情況，參見王志宇：《竹山鎮志·宗教志》，第1403~1407頁。

2　林文龍曾懷疑硘磘莊附近的地頭「白旗仔」及當地之土地廟，該廟原應奉祀白旗公，後因紅旗公廟興起，白旗公廟遂沒落，而被人以土地公廟取代。此說乃臆測，而白廟仔一地是否與白旗公有關仍需要具體之證據證明，有待深入的研究。見林文龍：〈手持步槍的神像——記竹山紅、白旗公的來龍去脈〉，見氏著：《臺灣史跡論叢》，上冊，第31~133頁。

公究竟何許人也？此事已無法確認，惟與戴萬生起事有關殆無疑義，當張阿乖舉紅旗為號作亂時，官軍義民以白旗為號相對抗，白旗公應為當時戰亡而受鄉民供奉的官軍及義民。

2. 山崇里水底寮三世恩公廟

位於山崇里溫水巷五號旁，奉三尊亡靈，號稱三世恩公。緣起於張姓人家住於此地，日感怪異，不得安寧，光復後不久，乃請北天宮玄天上帝乩示，指示建廟奉之，乃由鄰近張姓人家主事，建廟奉之，並由張氏任管理員，目前僅有鄰近居民奉祀。

3. 富州里齊伯公廟

位於富州里集山路一段五五○巷內，奉祀人稱齊伯者。此起因於當地有來自大陸內地的赤腳仙，人稱齊伯，因在臺無妻小，生前交代其友陳石珠，死後願將其田給予陳氏，約定陳氏將其葬於此田，並由陳氏及其子孫世代奉之，故其死後乃由陳氏子孫供奉，今鄰近居民亦有奉之者。

4. 大鞍里頂鹿寮莊仙公廟

位於大鞍里土名頂鹿寮一地，奉祀莊姓亡靈。此起源於過去有莊姓人家居於此地，後不知何故，全家亡故於此，後來由巫朝和與謝文男首倡建廟祀之。

5. 大鞍里三層坪蔡三公廟

位於大鞍里土名三層坪一地，奉蔡三、蔡四兄弟。相傳日據時期蔡三、蔡四兄弟為抗日志士[1]。與日人作戰，後逝於三層坪。1998年，鄰近居民獻地建祠祀之。

6. 福興里泉州寮黃德公廟

黃德公廟位於福興里泉州寮西面清水溪畔的茄冬樹下，供奉開

1　日據初期據守竹山、鬥六一帶山區的抗日志士與日人有過嚴重的衝突，日人亦曾進剿大鞍山區，據《雲林縣誌稿》所記，蔡三、蔡四為原簡儀部下賴福來一派的抗日人士。見雲林縣文獻委員會編印，《雲林縣志稿》，卷八《革命志》，（鬥六：編者，1977），第310~311頁。

第三章　臺灣無祀孤魂信仰新論

發福興山區的先民黃正德。據傳清雍正七年（1729年），黃正德進入福興山區開發，住於泉州寮東面的頂坪，後全家為人滅族，死者共50人，屍體被棄置於無尾坑，此後因無後嗣祭祀，造成莊內居民不安，至1936年左右，而於此地建黃德公廟祀之。

7. 桂林里地神府

此廟位於桂林里大智路土名過溪仔邊處，供奉主神為地基主。起源不詳，據云緣起於清代，初時僅為石砌小祠。1992年改建為磚造小廟。

（二）百姓公（萬善爺、有應公）

1. 桂林里雲霖萬善堂

位於桂林里大智路加正巷竹山第一公墓旁，起源不詳。現今建築為1994年七月改建，設有管理委員會，並採爐主制以維持香火之供奉。

2. 下坪里萬善堂

位於該里枋坪巷，起於日據初期。因該地聚落頗有靈異事件發生，後由埔尾、坪仔角聚落共同建廟奉之。

3. 福興里泉州寮百姓堂

位於該里泉州寮一地，緊鄰黃德公廟。沿革源自黃德公廟建立後，因只能限於黃正德家族的靈魂才能進駐，故於1964年，黃德公廟旁另建百姓公廟，安置無主孤魂，並與黃德公廟共同使用一廟埕。

4. 福興里過溪陰公堂

即百姓公廟，位於該里過溪國小左前方50公尺處，奉祀無主孤魂。沿革起於1970年代，當地莊民家中不安，叩問於該莊玄天上帝，經乩示之後，擇於此地建廟祀之。因廟落成於農曆十月廿七日，故以此日為誕辰。

5. 中央里田中央百姓公廟

位於該里田中巷216之3號。該地原為墓園，日據時期改為田園，鄰近居民乃建廟祀之。

6. 大鞍里鞍崎店仔百姓公廟

位於該里土名鞍崎店仔一地。據傳清代該地發生械鬥後留下遺骸，1970年代，莊民建祠祀之，並於每年七月半及春節舉辦祭典。

7. 德興里萬善堂

位於德山寺對面公墓內，沿革不詳[1]。

（三）大眾爺

1. 延山里紅花園大眾（爺）媽廟

俗稱大眾媽，位於該里延山路（舊路），土名紅花園一地。據傳原為無主孤墳，後鄰近居民受其托夢，建祠祀之。年代不詳。

2. 山崇里玉山新城大眾爺廟

位於該里南雲一路巷內，沿革起於1970年代。該地整地闢建玉山新城社區，因有墳地於其中，故集中之後建廟祀之。信徒來自該社區，香火供奉采爐主制。

3. 竹圍里萬善同歸、大眾爺廟

位於前山路與公所路交叉口，合祀萬善同歸及大眾爺。信徒來自該里十三至十八鄰，採用頭家爐主制。沿革起於道光十四年（1834年），竹圍尾設置萬善同歸石碑，收祀無主孤魂，而十三鄰一地有大眾爺石碑（原在荔枝園內），1992年萬善同歸祠重建，1995年竣工時，乃將大眾爺石碑移來與萬善同歸石碑合祀。

4. 山崇里頂埔大眾爺廟

位於山崇里頂埔第十七公墓內。原位於集山路旁，1960年遷至現址，1998年翻修[2]。

茲將竹山一地的無祀孤魂信仰所供奉厲神名稱以及有無神像等概況製表如下。

---

1 參考田野調查資料，1998年12月14日調查。
2 田野調查資料補充，1999年9月12日調查。

第三章 臺灣無祀孤魂信仰新論

表3-1竹山無祀孤魂信仰概況表

廟名	厲神名稱	位置	概況
大眾爺廟	大眾爺	下坪里田寮	立有神像，又稱百姓公，所用香爐亦刻有百姓公字樣
萬善堂	百姓公	下坪里枋寮巷	牌位
蔡三公廟	蔡三公	大鞍里三層坪	立有神像
莊仙公廟	莊仙公	大鞍里頂鹿寮	立有神像
百姓公廟	百姓公	大鞍里鞍崎店仔	立有神像
三世恩公廟	百姓公	山崇里水底寮	立有神像
大眾爺廟	大眾爺	山崇里玉山新城	立有神像
大眾爺廟	大眾爺	山崇里頂埔第十七公墓內	牌位
百姓公廟	百姓公	中央里田中央	牌位
百姓公廟	百姓公	中和里枋寮仔	僅設有香爐，香爐後方懸一紅布象徵神位
大眾爺廟	大眾爺	竹山里	立有神像
萬善同歸、大眾爺廟	百姓公、大眾爺	竹圍里	萬善同歸牌與大眾爺合祀，大眾爺立有神像
白旗公廟	白旗公	秀林里	立有神像
大聖百姓公廟	百姓公	秀林里	牌位
大眾爺廟	大眾爺	秀林里大坑	牌位
百姓公廟	百姓公	秀林里柿仔林	牌位
大眾爺媽廟	大眾媽	延山里紅花園	牌位
百姓公廟	百姓公	延平里莊頭	牌位
萬善堂	百姓公	延正里樣仔腳尾	立有神像
地神府	地基主	桂林里	立有神像
昭德祠	大眾爺	桂林里	立有神像
雲霖萬善堂	百姓公	桂林里	立有神像
齊伯公廟	齊伯公	富州里	三面壁形式，無神像
百姓堂	百姓公	福興里泉州寮	牌位
黃德公廟	黃德公	福興里泉州寮	牌位
陰公堂	陰公、百姓公	福興里過溪	立有神像
萬善堂	萬善爺	德興里（德山寺前公墓內）	主神位為石牌，另立有萬善爺神像

資料來源：　1.王志宇：《竹山鎮志・宗教志》，第1403~1407頁。2.田野調查筆記資料補充。

三、竹山地區無祀孤魂信仰所反映的問題

從上列竹山地區的無祀孤魂信仰，可以了解此地的無祀孤魂其實有相當的數目，這是筆者透過竹山當地的里長、耆老等進行翔實的調查所得，而如《南投縣風俗志宗教篇稿》，有關本地的有應公、萬善爺等信仰，列入大眾爺項下，也只有列出12處，加上義民廟7處，也不過19處[1]。這個數字與竹山一地的調查相對照，顯然過去許多文獻的調查，可能都沒有完全將各地的無祀孤魂信仰調查出來。從此地這麼多的無祀孤魂小祠，或許更可以看出有關無祀孤魂信仰的若干面貌。以下分別就過去學界的研究，以本地的調查資料為基礎，提出一些看法。

（一）有應公與百姓公
——無祀孤魂的名稱及其問題

有關臺灣的無祀孤魂，許多學者常用「有應公」一詞來概括，如黃文博、戴文鋒等，皆持此種看法。高賢治以有應公統稱祖靈以外的亡魂——無祀孤魂，戴文鋒更指出清代之無祀祠並未出現有應公，其詞之產生在日據時代以後[2]。事實上，除了有應公的名稱之外，臺灣民間社會常用於指稱無祀孤魂的名詞還有百姓公，在筆者調查竹山一地的寺廟與信仰時，居民使用百姓公一詞遠比有應公普遍，這個看法還可以以劉枝萬的調查加以佐證。劉枝萬在調查南投縣的宗教信仰時，其大眾廟項下所記錄的12座祠廟中，就有4處被俗稱為百姓公廟，分別為南投鎮（今南投市）三興里建國巷的彰善祠，名間鄉廍下村的大眾爺廟，水里鄉永豐村的萬善祠，以及埔里鎮東門里南昌街的靈應祠，如再扣除集集鎮永昌里的聖媽祠（一般通稱為姑娘仔廟），其比例已

1　劉枝萬：《南投縣風俗志宗教篇稿》，南投：南投縣文獻委員會，1962年，第150~159頁。
2　高賢治：〈臺灣幽冥界特殊的神祇——大眾爺、有應公、崩敗爺及池頭婦人〉，《臺灣風物》39：3（1989），第126~127頁；戴文鋒：《臺灣民間有應公信仰考實》，第65頁。

占36.4%，可說已是相當普遍的稱呼 [1]。

　　值得注意的是竹山當地的部分無祀祠廟如三世恩公廟、莊仙公、蔡三公、齊伯公、黃德公等信仰，除三世恩公乃刻區於廟門上，有明確的廟名之外，其他都是民眾對該神靈的指稱，視同為一般具有百姓公、有應公神格的厲神。戴文鋒曾指出臺灣的無祀祠之名稱，其來源有八種，分別是源自萬善祠、源於萬善祠與有應公、大眾廟、千家祠、南壇、無祀祠、有應媽、其他來源者 [2]。這個分類有助於我們對許多無祀孤魂祠廟的了解，但更重要的可能是民眾對此類無祀孤魂的稱呼，這個稱呼代表民眾的神鬼觀念，並足以反映其價值觀。

　　大致而言，臺灣社會對於無祀孤魂的指稱是相當複雜與多元的，如前面提及仇德哉與黃文博對無祀孤魂的稱呼，已有多種名稱。彰化芬園鄉在員草路旁有一大王將軍廟，筆者親往調查的結果，其來源仍是當地農民整理田地時，發現數具枯骨，乃將其集中奉祀，後來廟名命名為大王將軍廟。這一類的稱呼並沒有嚴格的標準，所以從廟名判斷所奉神祇之種類有其危險之處。竹山地區除了有有應公、百姓公、大眾爺等常見的無祀孤魂信仰之外，三世恩公廟、莊仙公、蔡三公、齊伯公、黃德公等從其來源而論，也是屬於無祀孤魂信仰，然而因為有名有姓，其信仰也就被冠上姓氏或以其特性來稱呼。不過這些祠廟在最初發展的時候，都被當地人視為類似百姓公的厲神。因此，從民間信仰的發展上而言，如考慮時間因素對信仰的影響，此二者應該是有所區分，此部分於後面將會再討論。

　　（二）大眾爺的問題

　　有關大眾爺的信仰，有認為其為無依之鬼魂，如同萬善爺、有

1　劉枝萬：《南投縣風俗志宗教篇稿》，第152~155頁。

2　戴文鋒：《臺灣民間有應公信仰考實》，第65~71頁。

應公、百姓公等，亦有認為其為鬼王者。持前者看法的，如仇德哉所記：「大眾爺又稱大將爺、聖公、陰陽公、千眾爺，均為成群無依之鬼魂，考其本源，當閩粵移民渡臺拓荒，初時多單身只影，輾轉各地，舉目無親，加以蠻煙瘴雨、疫癘流行、械鬥時起，番害亦多，死於溝壑，無人認屍，或暫埋之，風吹雨打，屍骨暴露，是以仁人善士收埋枯骨，由於懼其作祟，為之建祠，稱為大眾爺而祀之。」[1] 這個看法似乎為許多研究者所接受，如廖漢臣、王力修、戴文鋒等皆是，將其和有應公等厲鬼信仰一起討論[2]。而持後者看法，傾向認其為鬼王者，如劉枝萬所言「大眾爺一般相信為陰司鬼王，即鬼中之較強有力者[3]」，尚有蔡懋棠、高賢治、康豹等。林富士指出視大眾爺為鬼王，乃起自鈴木清一郎的研究，此後許多學者受此影響[4]，可說是道出其癥結。

究竟大眾爺是有應公還是鬼王？我們可以從史料與田野資料中來加以審視。清代地方志中有關大眾爺的記載常被引用的資料如下：

《淡水廳志》：「大眾廟，一在廳治南門外里許巡司埔，俗呼南壇，旁有義塚。中元盂蘭會極眾。」[5]

《重修臺灣縣志》：「（附）鄉厲壇二：一曰大眾壇，在大南門外。康熙五十五年，里民眾建（前堂供厲鬼，後堂奉佛。其右立萬緣堂，寄貯遺骸，男東女西。仍設同歸所，以瘞枯骨）。一曰萬善壇，在安平鎮一鯤身。」[6]

《噶瑪蘭廳志》：「大眾廟：在廳治西門外及頭圍、羅東、蘇澳皆

1　仇德哉編著：《臺灣之寺廟與神明（四）》，第385頁。
2　分別參見廖漢臣：〈有應公〉，《臺灣風物》17：2（1967），第18頁；王力修：〈談「有應公」〉，《臺灣風物》19：3、4（1969），第30頁；戴文鋒：《臺灣民間有應公信仰考實》，第58~68頁。
3　劉枝萬：《南投縣風俗志宗教篇稿》，第150頁。
4　林富士：《孤魂與鬼雄的世界》，第63頁。
5　（清）陳培桂：《淡水廳志》，第153頁。
6　（清）王必昌：《重修臺灣縣志》，第166頁。

有，祀開疆辟土禦生番、死海寇諸難者。」[1]

從上面的史料看來，大眾爺的信仰應該是來自厲壇、義塚以及種種無祀枯骨。此外大眾爺與佛教的關係也值得留意，康豹以新莊地藏庵為例，認為該廟的大眾爺應是在乾隆年間已經在當地存在，位於義塚堂的大眾壇或大眾廟，廟裡供奉大眾爺和地藏王菩薩或觀世音菩薩。地藏庵的發展可說是兼具有應公、鬼王以及和佛教地藏王及地獄信仰結合的型態[2]。而林富士有關大眾爺的研究，指出大眾爺的三種不同面貌，分別為和一般有應公相同，二是和佛教信仰結合，成為冥府之神；三是成為有名有姓的大將爺，和一般王爺幾乎沒什麼區別。而且他以臺北縣境內的大眾爺廟為例，指出大部分的大眾爺，其原始面目應是「厲鬼」或無主孤魂野鬼的群體象徵，和有應公一樣，沒有本質上的區別[3]。此看法可說一針見血地說明了大眾爺的本來面目。

竹山的田野資料或許可以呼應林富士的研究。以竹山地區可知沿革的大眾廟而言，都與收埋枯骨的墳塚有關，尤其是山崇里玉山新城的大眾爺廟，其實就是為了蓋玉山新城，在整地時挖掘出來的無主骨骸，為安置這些無主枯骨而建廟祀之，可見大眾爺與有應公、百姓公等是名異實同，都是無祀枯骨的崇拜。所以過去的地方志對此有相當多的記載，如《彰化縣志》云：「大眾廟：即厲壇也，一在鹿港菜園，嘉慶二十年建。一在員林街東畔，一在西螺，皆里民公建。」[4]而《雲林縣採訪冊》記：「大眾廟：即厲壇，在縣城南門外。」[5]《新竹縣採訪冊》亦記載：「中塚：在縣城南二里巡司埔義

1　（清）陳淑均：《噶瑪蘭廳志》卷五〈風俗（上）〉，第221頁。
2　康豹：〈新莊地藏庵的大眾爺崇拜〉，《人文學報》16（1997），第123~159頁。
3　林富士：《孤魂與鬼雄的世界》，第61~79頁。
4　（清）周璽：《彰化縣志》，第158頁。
5　（清）倪贊元：《雲林縣採訪冊》，第16頁。

塚之西。乾隆間，紳士稟請置。道光十六年，淡水同知玉庚捐廉，諭紳士葬寄停大眾廟無主骸罐三百餘具於此。」[1] 可說都指出大眾爺的本來面目。

　　從上列引述的資料看來，臺灣民間信仰對於無祀孤魂的稱呼並沒有嚴格的區分，大眾爺僅是百姓公、有應公一類無主孤魂稱呼中的一種。而《噶瑪蘭廳志》所記大眾廟所祀為戰死的亡魂等，其實與無祀枯骨崇拜並沒有抵觸，只是更清楚地說明其來源。而鬼王之說，應該是日據時代日人進行調查時所看到的地方特例，並不能視為通例。

　　此外，大眾爺與大將爺間的問題也需一提。由於民間對此類信仰稱呼的龐雜，常會混用。林富士舉臺南市四草大眾爺廟為例，現今稱其主神陳友為鎮海大元帥，他和其他的元帥被泛稱為「大眾爺」或「大將爺」。林氏指出從當地大眾爺廟的規制以及《續修臺灣縣志》所述，認為四草的大眾廟應是以收埋枯骨，奉祀孤魂厲鬼為主的廟宇。陳友等「大將爺」、「元帥」和「王爺」等的添加，應可能是較晚起的發展，或是原有的鎮海廟和大眾廟合建並祀所造成的現象。此外，鹿港的威靈廟，主祀大眾爺，但是這個大眾爺其實是明末的大將劉綎，應是由「大將」和「大眾」的閩南語諧音而來[2]。

　　所以大眾爺信仰可以分兩類，一類與收埋枯骨的厲鬼信仰相關，鬼王的說法只是此類信仰的變形而已。另一類卻是屬於有名有姓的大眾爺，應是和大將爺相混的結果。這中間的差異必須從各廟設立的背景加以分析，仍舊不能一概而論。如前述彰化芬園鄉的大王將軍廟，不留意其發展歷史，恐又會誤以為是種將軍廟，其實它還是一種有應公廟。

1　（清）不著撰人：《新竹縣採訪冊》卷三〈義塚〉，第132頁。
2　林富士：《孤魂與鬼雄的世界》，第67~69、75頁。

73

無論是大眾爺或大將爺，從其來源而論，都具有厲鬼的性質。然而不知名姓的枯骨與有名有姓的厲鬼間仍有相當的差異。在臺灣社會里，有名有姓的厲鬼發展成王爺、將軍、元帥等的情況，是相當常見的。類似這種發展在漢人的信仰里並非異類，在臺灣的民間信仰是將其視為合理的變化，此又涉及漢人的鬼神觀，從竹山的田野調查資料還可看到許多案例。

（三）厲神神格的探究
——從齊伯公、莊仙公、蔡三公以及紅旗公談起

在前述27處的無祀孤魂廟，無論是百姓公、大眾爺、萬善爺、陰公、白旗公等，都屬於無名無姓的厲神，而其中的齊伯公、莊仙公、蔡三公與黃德公等則屬於有名有姓的厲神，兩者間有著不同的發展。

有關臺灣民間社會對神與鬼的區別，李亦園曾做過一番解釋，他認為神與鬼有相當清楚的區分，如拜祖先，拜的物件是牌位，無論是個人牌位或集體牌位，都只是一個木制牌位。鬼與神的差別在於有無神像，其言：

成為神者就必須塑成偶像而供奉之，所以稱為「神像」。而祖先只是鬼的一種，因此不能塑像，只能製成牌位供奉，同樣的，一般未達神格的鬼廟，如臺灣鄉間所常看到的如有應公、萬靈公、「好兄弟」（無主的白骨）等等，都不能塑神像，只能有牌位，或寫在廟牆上，甚至拜一個骨灰罐而已，這也就是在臺灣民間信仰的寺廟中有所謂「陰廟」與「陽廟」的分別。[1]

1　李亦園：〈中國人信什麼教？〉，《宗教與神話論集》，新店市：立緒文化，1998年，第182頁。

此外，他也提出供奉有應公的「陰廟」有幾個特點，一是使用牌位，原則上沒有神像；二是大多為「三面壁」式的小廟；三是祭品都是熟食茶飯；四是陰廟所燒冥紙為銀紙而非金紙；五是陰廟所供奉的無主枯骨沒有生日可祭，祭期大都在農曆七月的「普渡」；六是陰廟的管理少有管理委員會或神明會等有組織的行動；七是一般人很少從陰廟分香回家；八是陰廟少有立光明燈者（但已有例外）；九是不提供籤詩的設備；十是來陰廟拜供的人會獻上一條紅布掛在廟前，名為「謝彩」，其意義在於藉紅色的象徵避陰氣的污染[1]。

上列的看法似乎強調神像之有無在判斷神鬼的區別上是很重要的，但是值得注意的是竹山地區的無祀孤魂廟以石牌香位供奉的祠廟和雕刻神像供奉的祠廟，約占各半。或許部分人士會認為這是由鬼成神的轉變，不過我們也必須注意到兩點：一是本人在竹山地區調查時，發現無論這些百姓公有無神像，一般人還是將其視為百姓公，屬於無祀孤魂，和一般的神明有所區別。二是如莊仙公、玉山新城的大眾爺，都是在立廟之後便雕刻神像供奉。況且部分神祇亦有以石牌香位供奉，不雕刻神像的情形，如竹山德興里車店仔土地公便是僅刻石牌供奉，新竹枋寮義民廟所奉義民與神祇也僅以香牌供奉，不立神像。因此，神像之有無不能據以認定其為鬼神之判斷，這個原則似乎並沒有那麼的嚴格，僅能作為參考。

民間社會以有應公、百姓公等概括無祀孤魂反映著民間社會對無祀孤魂的一種看法，他們似乎將此類被崇拜的厲鬼視為一種階級，在民間社會的鬼神觀念里安插了一個位序，反映著民眾內心深層的價值觀念。鄭志明指出臺灣的鬼靈崇拜，大致上來自於古代的厲鬼崇拜心理，其崇拜又分為疫鬼與無主鬼崇拜。無主鬼因其不

1　李亦園：〈民間寺廟的轉型與蛻變──臺灣新竹市民間信仰的田野調查研究〉，《宗教與神話論集》，第266~267頁。

第三章　臺灣無祀孤魂信仰新論

具神性而有人性，所以一般人不敢向神祈求的事，便可轉求於無主鬼。因此，賭徒往往求助於此類的無主鬼，而藉由各種靈異傳說，此類的無主鬼香火便可能大興 [1]。李豐楙更指出在民間鬼神世界的建構上，民間比較傾向靈驗性，儒家比較傾向道德性、教育性，而道教則兼具有靈驗性與道德性，各家的信仰理念在祭祀習慣上有所差異。而民間以較原始的宗教信仰習俗為基礎，適度地吸納儒、道及佛教的部分思想，展現民眾的信仰習俗與活力。從民間信仰與三教所屬神明來討論，成神之道與成人之道是一致的，在神祇道德與神異能力的展現下，受到民眾的回應與感應後，確定其圓滿具足的神格 [2]。也就是說在民間的神鬼世界裡，神與鬼不僅有所區分，其位階亦截然不同，其標準則在於鬼神的道德性與靈異性上。

在這個標準下，我們也就比較容易理解反映在過去臺灣民間社會的一些現象，如1986年前後盛行的大家樂賭戲，一般人為了中獎，大多求諸神鬼，這個過程反映出民間社會的信仰觀念及社會價值觀。胡臺麗指出：「不論神明被奉祀於合法登記的寺廟或地下神壇，賭徒大都相信大神是正神，不會管大家樂。許多學者發現民俗信仰中的神祇是中國官僚體系的反映。大神、正神接受過玉皇大帝或今世皇帝敕封，並擁有權威者的尊稱如帝、皇、元帥、將軍、爺、公、娘等。他們是制法、執法者，致力於維繫社會道德與規範。正神的階序愈大愈不參與賭博，階序小的正神如土地公就捲入大家樂，中等階序的神有些偶而參與。」[3] 也就是說臺灣民間社會對鬼神的觀念是有所區別的，甚至連神祇本身都有其位階，形成一

---

1 鄭志明：〈臺灣民間信仰的神話思維〉，見《民間信仰與中國文化國際研討會論文集》，臺北：漢學研究中心，1994年，第115~117頁。
2 李豐楙：〈從成人之道到成神之道——一個臺灣民間信仰的結構性思考〉，《東方宗教研究》4（1994），第183~210頁。
3 胡臺麗：〈神、鬼與賭徒——「大家樂」賭戲反映之民俗信仰〉，收入《中研院第二屆國際漢學會議論文集（民俗與文化組）》，第421頁。

幅民間信仰體系的圖譜。

　　民間社會對神鬼是有所區分的，從竹山紅旗公廟的發展上，或許更能了解這個界線與變化。竹山紅旗公於清末至日據時代大正年間尚為一荒塚，據居民傳言此處葬有36兄弟，該廟的簡介記載紅旗公為蘇阿乖[1]，而據學者的考據，所謂紅旗公應為當時匪徒的領袖張阿乖[2]。其發展要到日據時代末期，初起時以此地入夜常出毫光，引起鄰近下坎、沈潭一帶居民注意，漸有來此膜拜者。此時莊內帝爺（指相天宮）之乩童起乩時，紅旗公亦常會借用此乩童降乩，為莊民醫病、濟世。日據時代末期鄰近居民為其建小祠，奉其祿位。同一時期當地居民沈寬隆賤租田園於此，因農作物果實常遭蟲鳥損傷，乃禱告於紅旗公，並發願如農作物能免於蟲鳥所傷，願為紅旗公刻金身。後果如願，乃雇人為其雕刻金身以獻之，時已至戰後時期。戰後臺地發生「二二八」事件，竹山鎮民曾清木受人所累，遭逮捕拘禁，其家屬往求於紅旗公，祈求其平安歸來，後果如願，乃由曾氏糾集眾人發起建廟祀之[3]。這種具有消災祈福的能力，能夠護佑村民，顯然已經脫離了「厲鬼」的性質，轉變為神祇[4]。

　　竹山紅旗公廟的發展，是一個由具有有應公神格的厲鬼信仰，轉變成具有元帥神祇性格的明顯例子，它的發展如同許多神祇的發展過程一樣，經過了靈異傳說等民間闡述的階段[5]。除了紅旗公的發展之

1　《聖義廟聖義元帥簡介》，（不著年代）。
2　林文龍：〈手持步槍的神像——記竹山紅、白旗公的來龍去脈〉，見氏著《臺灣史跡論叢》上冊，第17~36頁。
3　林連金、林渝盛先生口述，2002年10月13日訪問。
4　具有消災祈福能力而非侵擾生人是區分神鬼性質的標準之一，見David K. Jordan, *Gods, Ghosts, and Ancestors. Folk Religion in a Taiwan Village*, Berkeley and Los Angeles: University of California Press, 1972, p.170.
5　許多人格神的產生過程皆有此一階段，戰後相當類似的信仰，如金門李光前將軍信仰，民間的闡述亦是由鬼成神的重要動力，見戚長慧：〈從鬼格到神格：古寧頭戰役後金門西浦頭軍魂崇拜的時間與空間探討〉，李豐楙、朱榮貴主編《性別、神格與臺灣宗教論述》，臺北：中研院文哲所籌備處，1997年，第169~187頁。

外，黃德公廟亦是另外區分一般的有應公和有名姓有應公神格有所不同的一個例子。黃德公廟供奉著開發福興山區的黃正德家族成員，當時因為當地居民有感於該批橫死者無後嗣供奉，造成村民不安，因而建廟祀之。而因該廟只限於黃正德家族的靈魂才能進駐，尚有其他無主游魂未能安奉，乃在1964年於黃德公廟旁另建百姓公廟，並共用同一廟埕[1]。黃德公廟與莊先公、齊伯公、蔡三公等，如同臺灣民間一般建祠祀厲的例子，有其平息鬼魂作祟的消極因素，然而也有著利用其靈力祈願的積極因素。在受祀日久聲譽日隆的情形下，有轉化為香火廟的趨勢[2]。不過值得注意的是這個轉化，應當不是全面性的，並非所有的有應公廟都能轉變為神祇。有名有姓的厲神與百姓公雖然都是厲鬼，一般人也視為是有應公、百姓公的神格，但是就這些厲鬼未來的發展而論，顯然是有區分的。莊仙公、齊伯公、蔡三公等，因為都有姓，甚或姓名皆具，因而也使他們的發展與一般有應公有所不同，莊仙公廟內已在莊仙公的左側設置了土地公（請見圖3-6），齊伯公的墳塚亦有鄰近居民前往參拜，部分居民甚至以神祇視之，都說明了這類的厲神雖然具有有應公的位階，然而其發展和一般的有應公、百姓公是有所區隔的。

　　大致而言，竹山地區的莊仙公、齊伯公、蔡三公與黃德公等都有向神祇發展的傾向。從上述的討論，或許可以預測這些祠廟隨著時間的發展，當它們與當地村民有更頻繁的接觸之後，得以和村民產生交流，村民也透過此接觸產生神秘經驗，進而讓這些厲神得以嶄露頭角，進一步轉化成為神祇。

　　考察了竹山地區的厲鬼信仰之後，我們可以透過該地的厲鬼信仰反省以下幾個問題：一是無祀孤魂的來源有相當多種，其名稱也因來

1　此為當地人的記錄，詳見劉耀南《竹山鎮福興社區風土志》，南投竹山：竹山鎮福興社區發展協會，2000年，第97~98頁。

2　呂理政：《傳統信仰與現代社會》，臺北：稻香，1992年，第93~105頁。

源的不同有種種的稱呼，不過對於集體埋葬的枯骨，通常以百姓公、有應公為其俗稱。而個別的無祀孤魂則因其來源之不同有種種之稱呼。我們大致可以將這些無祀孤魂以有應公或百姓公稱呼之。也就是說有應公或百姓公可說是民間社會所認定的無祀孤魂的一種通稱，它也是厲鬼或厲神神格的一種代表。談及有應公或百姓公也就是指稱這些無祀孤魂的厲鬼信仰，亦就是一般通稱的陰神，其寺廟也就是一般觀念中的陰廟。

第二，大眾爺的問題。有關大眾爺的研究或其後的記錄，雖然提及大眾爺為鬼王，然而這個觀念從過去地方志與日人的調查資料相比對，應該是受到新莊地藏庵的發展影響，這應該是個個案，不能視為通例。因為從部分的文獻與竹山一地的調查發現，大眾爺的產生幾乎與百姓公、有應公、萬善同歸等如出一轍。新莊大眾爺的發展應該是在漢人的宗教觀念的作祟下，逐漸發展出來，而由一般的厲鬼漸發展為鬼王。

第三，在無祀孤魂信仰上，雖然有學者將鬼置於祖先與神之間，認為大墓公、孤娘廟較接近鬼的性質，而有應公、大眾爺較接近神的地位[1]。然而筆者認為從厲神的發展角度上而論，一般的無祀孤魂與知道姓或姓名的無祀孤魂是可以有些區別的。因為一般不知姓名的無祀孤魂，通常其發展有限，不管其祠廟的發展為何，甚至有了部分神祇同祀，在一般民間的觀念裡，它還是百姓公或有應公，也就是說它還是屬於厲鬼信仰。然而有名有姓的厲鬼，其發展可能會與有名有姓的百姓公或有應公有相當的不同，竹山的紅旗公是相當顯著的一個案例，它由厲鬼逐漸轉化為神祇，成為元帥這種類似王爺神格的神祇。黃德公廟的發展是另一個模式，它雖然還沒

1　Yu Kuang-hong, 「*Making a malefactor a Benefactor: Ghost Worship in Taiwan,* 」Bulletin of the Institute of Ethnology, Academia Sinica, 70（1991），pp.39~66.

第三章　臺灣無祀孤魂信仰新論

發展到成為神祇，但至少與其旁的百姓公廟已有所區別。目前如莊仙公、蔡三公、齊伯公等雖然都還沒發展成為一個完全的神祇，然而假以時日，在漢人的宗教世界裡，這些厲鬼有相當的機會得以發展成為神祇。

筆者認為對臺灣無祀孤魂信仰的看法應將其視為「進行式」及「變動中」的神靈，民間對於種種無祀孤魂信仰的看法是相當活潑的，對於此類信仰，或因地方社會的變遷，或因信仰本身的條件，都有可能讓某些厲鬼信仰在種種機會中蛻變，而有較為不同的發展，它可能停留在厲鬼階段，也可能進一步發展成神祇。所以看待這些厲鬼、陰神或是厲神，應該以「發展中的神靈」視之，將其視為發展中的信仰。竹山的例子或許可以提供一個區域性的事證，對於理解臺灣地區的無祀孤魂信仰應該有進一步的幫助。

圖3-1　山崇里水底寮之三世恩公廟

圖3-2　山崇里頂埔的大眾爺廟所供奉之大眾爺牌位

圖3-3　秀林里大坑大眾爺廟所供奉之大眾爺牌位

圖3-4 下坪里田寮大眾爺廟所供奉之大眾爺

圖3-5 福興里過溪之陰公廟所供奉的陰公神像

圖3-6　竹山大鞍里頂鹿寮造型奇特的莊仙公

第四章 閩西客家地區的媽祖信仰

謝重光 [1]

閩西客家地區包括地處福建省西南部的八個縣：長汀、寧化、上杭、武平、連城、永定、清流、明溪。這八個縣的居民完全講客家話或大部分講客家話，在清朝以前轄屬於汀州，稱為汀州八邑；如今則分屬於龍岩市和三明市。其中明溪縣舊稱歸化縣。因此，我們所說的閩西客家地區也就是清朝以前的汀州府轄區。

汀州處在崇山峻嶺之中，遠離海濱，「不知海舶為何物[2]」，但卻普遍信仰發源於莆田海濱、被沿海人民奉為海神的媽祖。那麼，媽祖信仰是何時、何因、經何路線傳入客家地區的？汀州媽祖信仰盛於何時？有何特點？本文擬對這些問題作一初步探討，期望獲得批評、指正。

一、媽祖信仰最初傳入汀州的時間和路線

關於閩西客家地區的媽祖信仰始於何時的問題，有的研究者曾因

1　謝重光，福建師範大學社會歷史學院教授。
2　康熙《寧化縣志》卷七〈壇壝廟祠志・天妃廟〉，福州：福建人民出版社，1989年。

「檢閱《永樂大典》過錄《臨汀志》所列祠廟，不見有媽祖廟的記載，揣知元末明初，當地媽祖崇拜尚未盛行，大約自明代中葉以後才開始發展，清初因朝廷褒封崇祀，就日益普遍[1]」。意思是說自宋代至明初，汀州地區未有媽祖廟，因而基本可斷定其時汀州尚未有媽祖崇拜。

其實，《臨汀志》中雖然未載專祀媽祖的媽祖廟，卻記載了與崇拜媽祖有關的三聖妃宮，其文曰：

在長汀縣南富文坊。及潮州祖廟。靈惠惠助順顯衛英烈侯博極妃，昭覎協助靈應慧佑妃，昭惠協濟靈順惠助妃，嘉熙間創。今州縣吏運鹽綱必禱焉。[2]

這條記載可能在輾轉傳抄和翻刻過程中有脫漏和奪字、衍字的現象，故有的地方文句不太通暢連貫，如「及潮州祖廟」一句文義就不太明確。但總的說來，我們還是可以從中了解到許多重要情況。

首先要明確的是三聖妃與媽祖的關係。考與《臨汀志》同樣修成於南宋時代的《仙溪志》，在卷三〈祠廟〉門中也有「三妃廟」一條，文曰：

三妃廟。在縣東北二百步。一順濟廟，本湄州林氏女，為巫，能知人禍福，歿而人祠之，航海者有禱必應。宣和間賜廟額，累封靈惠顯衛助順英烈妃，宋封嘉應慈濟協正善慶妃。沿海郡縣皆立祠焉。一昭惠廟，本興化縣有女巫，自尤溪來，善禁咒術，歿為立祠。淳祐

1　方文圖、郭萬昌：〈訪問赤水、西陂的天后宮〉，載《海內外學人論媽祖》，北京：中國社會科學出版社，1992年。按：此文以宋修《臨汀志》不載媽祖廟，而斷言「元末明初，當地媽祖崇拜尚未盛行」，在邏輯上也是有問題的。

2　《臨汀志》祠廟門長汀縣「三聖妃宮」，長汀縣地方志編纂委員會校注本，福州：福建人民出版社，1990年，第64頁。

七年賜廟額。紹興二年封順應夫人。一慈感廟，即縣西廟神也。三神靈跡各異，惟此邑合而祠之。有巫自言神降，欲合三廟為一，邑人信之，多捐金樂施，殿宇之盛，為諸廟冠。原注云：「俗名三宮」。

　　比較長汀的三聖妃宮和仙溪（即今仙遊縣）的三妃廟（或稱宮），相同之點是很多的：所祀都是三位女神，都稱妃，都是合祀，都可稱宮；三妃中的第一位，封號中都有「靈惠、助順、顯衛、英烈」等字樣，只是次序有些不同，且《臨汀志》所載衍出幾個字而已；關於另外兩位女神，《仙溪志》中的「昭惠廟」可與《臨汀志》中的「昭惠協濟靈順惠助妃」對應起來，「慈感廟」女神「嘉熙戊戌封靈應夫人」一語[1]，又可與「昭貺協助靈應慧佑妃」對應起來。據此可以斷言，長汀「三聖妃宮」與仙溪「三妃廟」奉祀的對象是完全相同的。

　　而仙溪三妃廟的第一廟為順濟廟，正是宣和五年（1123年）宋廷賜給媽祖廟的廟額；「靈惠、助順、顯衛、英烈」四個封號，也正是宋紹興二十六年（1156年）、慶元四年（1198年）、開禧元年（1205年）、嘉定元年（1208年）分別加給媽祖的封號。因此又進而可以斷言，長汀三聖妃宮和仙溪三妃廟都是以崇奉媽祖為中心的祠廟。

　　然則宋代長汀的媽祖信仰是怎麼傳來的呢？記載中「及潮州祖廟」和「今州縣吏運鹽綱必禱焉」兩句話給我們提供了重要線索，那就是長汀最早的媽祖信仰必然與潮州、與鹽運有關。

　　按汀州的食鹽供應原先來自福州，即先自福州溯流至南劍州，再轉陸運至汀州。由於路途遙遠，陸運艱難，關卡繁多，費時費力，鹽價昂貴，民甚苦之。所以汀州及相鄰的江西虔州（今贛州）人民往往成群結隊至廣南盜販私鹽。南宋理宗紹定年間，著名法醫學家宋慈出

---

1 《仙溪志》另有「慈感廟」一條，引文即見此條所載。

任長汀縣令，經過調查研究並取得郡守李華的支持，決定改道從潮州沿韓江、汀江運鹽，直抵長汀。新的運鹽路線縮短了路程，又把原來的水陸聯運全部改為水運，節時省力，降低了鹽價，公私稱便[1]。自此汀江、韓江間的商業航道正式打通，汀州與潮州的經濟、文化聯繫大大加強。

記載稱長汀三聖妃宮乃「嘉熙間創」，嘉熙間（1237—1240）恰在宋慈從長汀縣令任上調離的端平間（1234—1236）之後，上距汀州鹽運改道的紹定間（1228—1233）也不過幾年至十幾年時間。再聯繫到「今州縣吏運鹽綱必禱焉」和「及潮州祖廟」之語，可證長汀三聖妃宮的創置與鹽運的改道有著密切的關係。不難想像，汀州鹽運改道潮州之後，負責運鹽的州縣吏和船工們經常由汀江、韓江往來於汀州、潮州之間。他們在潮州了解到媽祖作為海上航運保護神有禱必應的傳說，結合自己在運鹽中經常要遇到急流險灘、風波不測的情況，很自然地接受了媽祖信仰，並且產生了依照潮州的某座媽祖廟在長汀自建一廟以求得媽祖庇護的願望。於是乎長汀的媽祖廟建起來了。大概他們當時在潮州接觸較多的是合祀三妃的三聖妃廟，所以在汀州仿造的廟宇仍取三妃合祀的形式，稱為三聖妃宮；汀州新廟建成時還可能從作為模仿對象的潮州某座三妃廟分香或分靈至新廟奉祀，故而潮州的這座三妃廟便成為長汀三妃宮的祖廟。

根據以上的考證，可知長汀三聖妃宮應是汀州最早的媽祖廟，它是經由汀江至韓江航運路線的溝通，由潮州傳至汀州的。這座廟的建立，是汀、潮兩州經濟、文化交流的產物，同時又是兩州經濟、文化聯繫進入一個新階段的標誌。

大體說來，汀州最早一座媽祖廟的創建時間，也可以視作媽祖信

---

1 楊瀾：《臨汀匯考》卷三《典制》、《兵寇》。參見廖群、載念祖《長汀縣令、法醫學家宋慈》，載《汀州客家研究》，汀州客家研究會編，1993年7月印行。

仰最初傳入汀州的時間。不過，如果考慮到建廟之前應有一段醞釀、
準備時期，在此時期應已有一部分常常往來於汀、潮二州之間的官
吏、船工、商人在船上、家中安放小型媽祖塑像加以奉祀；更進而考
慮到作為促進媽祖信仰傳入汀州的汀江韓江鹽運路線的打通是在紹定
年間，而且在紹定年之前即已有私鹽販活躍於潮、梅（州）與汀州之
間，則媽祖信仰最初傳入汀州的時間還應從嘉熙年間往上推，推至紹
定年間，甚至更早一些。

二、明中葉後汀州媽祖信仰的興盛

　　媽祖信仰雖然在宋末即已傳入汀州，但自那以後直至明初，迄
未見到在汀州新建祖廟和舉行各種崇拜活動的記載，所以誠如論者所
言，汀州地區的媽祖信仰「大約自明中葉以後才開始發展」。在有關
縣志的記載和實地調查的資料中，都可以找到充分而有力的證據支持
這一觀點。下面主要根據晚近汀州八縣及龍岩縣縣志的記載，輔以其
他文獻資料和筆者的見聞，將汀州八縣和龍岩縣興建媽祖廟的情況表
列如下：

表4-1　汀州八縣和龍岩縣興建媽祖廟情況表

廟名	坐落地點	創建時間	創建人	資料來源
天后宮	長汀縣城朝天門外桂坊	清道光年間重建，推知始建年代應在道光以前	不詳	《道光長汀縣志》卷一三〈祠廟〉
天后宮	長汀縣東北龍門帽盒山	不詳	不詳	實地調查所見
媽祖廟	長汀縣南濯田鄉汀江岸旁	不詳	不詳	實地所見
天妃廟	寧化縣南塔下街	明永樂七年加封媽祖為天妃之後，康熙二十三年封天后之前	不詳	《康熙寧化縣志》卷七〈廟祠志〉。

		续表		
廟名	坐落地點	創建時間	創建人	資料來源
天后宮	上杭縣南城樓上	清雍正八年（1730 年）	合邑公建	《民國上杭縣志》卷一九〈祠祀志〉
天妃娘娘廟	武平縣溪東鄉，後改在縣城武廟對面	不詳	不詳	《康熙武平縣志》卷三〈祠廟〉，《民國武平縣志》卷一八〈祠祀〉
天后廟	武平縣武東鄉袁田太平山上	明崇禎初年	袁田人林奇卿	《民國武平縣志》卷四〈山川〉及實地調查所得
夫人廟	武平縣萬安鄉下圳村	明清時期	鄉人出外經商者回鄉所建	村中父老所言
夫人廟	武平縣民主鄉溪頭圩小溪旁	不詳	不詳	縣政協幹部林善珂介紹
媽祖廟	武平縣桃溪鄉湘村水口	不詳	不詳	大禾鄉一位退休小學校長介紹
天后宮	武平縣桃溪鄉湘坑水口	不詳	不詳	大禾鄉一位退休小學校長介紹
媽祖廟	武平縣永平鄉崗背水口	不詳	不詳	大禾鄉一位退休小學校長介紹
媽祖廟	武平縣桃溪鄉小瀾溪邊	不詳	不詳	縣政協幹部林善珂介紹
媽祖廟	武平縣下壩鄉政府所在地	不詳	不詳	鄉中父老介紹
天后宮	武平縣下壩鄉石營村	不詳	林姓鄉人創建	鄉中父老介紹
媽祖廟	武平縣桃溪鄉小溪	不詳	不詳	縣政協幹部林善珂介紹
梁山寺	武平縣北梁野山絕頂	不詳	不詳	縣政協幹部林善珂及其他人士介紹
夫人廟	連城縣南門城內	約在明加封天妃之後，清康熙晉封天后之前	不詳	民國《連城縣志》卷一九〈祠祀志〉
天后宮	清流縣縣前武廟隔壁	清嘉慶間（1796—1820 年）	不詳	民國《清流縣志》卷一七〈祠祀志〉
天后宮	清流縣東門城外水東坊	嘉慶之前	不詳	同上
媽祖廟	清流龍津橋頭	清嘉慶之後	不詳	同上
媽祖廟	清流永得里茶亭崗	清嘉慶之後	不詳	同上
媽祖廟	明溪縣西清街武營左	清初	駐防官佐所建	民國《明溪縣志》卷一〈祠廟〉
天后宮	明溪縣東城外白沙橋南岸	清初，應在康熙二十三年晉封媽祖為天后之後	不詳	同上

廟名	坐落地點	創建時間	創建人	資料來源
天后宮	明溪縣東沙溪鄉	清代	不詳	同上
天后廟	永定縣城東關外	嘉慶十三年（1808年）之前	不詳	道光《永定縣志》卷一三《祠祀志》，卷一四《祠廟志》
天后廟	永定高頭鄉東山墟場前	不詳	江姓建	道光《永定縣志》卷一四《祠廟志》
天后廟	永定縣鴨媽潭	乾隆十六年（1751年）	眾鄉合建	同上
天后廟	永定縣高陂	乾隆二十一年（1756年）	眾姓建	同上
天后廟	永定縣西陂鄉	乾隆二十五年（1760年），一說始建於明嘉靖二十一年，建成於清順治十七年，乾隆二十年擴建大廳堂	林登岱邀合族建，一說商人林賈山倡議合族興建	同上，縣文管會及當地人士林秉輝先生介紹
天后廟	永定縣富嶺鄉	嘉慶十九年（1814年）	王姓建	道光《永定縣志》卷一四《祠廟志》
天后廟	永定縣悠灣清水岩	乾隆年間	簡姓建	同上
天后廟	永定縣下洋鄉中川湯子閣	不詳	不詳	方文圖、郭萬昌：《訪問赤水、西陂的天后宮》
天后廟	永定縣悠灣村頭	嘉慶年間	林姓建	道光《永定縣志》卷一四《祠廟志》
天后廟	永定縣坎市	乾隆年間	盧姓建	同上
天后廟	永定縣錦峰鄉爐下壩	嘉慶二十二年（1817年）	盧姓建	同上
天后廟	永定縣南溪	嘉慶二年（1797年）	贈翰林院編修江臨海、例貢江渭川等倡建	同上
天后廟	永定縣堂堡內水口	乾隆四十五年（1780年）	沈姓建	同上
天后廟	永定縣上湖雷陰橋頭	乾隆三十二年（1767年）	熊舟等募眾建	同上
天后廟	永定縣上青坑水口	乾隆年間	鄉人闕調元等倡建	同上
天后宮	永定縣峰市鄉下更樓旁	約在清末或民國初年	運木材的行商「木綱」創建	葛文清《話說客家「小香港」》
天后宮	龍岩縣城外西南，龍門鎮赤水村	創建於乾隆三十五年，嘉慶二十一年（1816年）修，宣統三年（1911年）重修。	眾鄉民同建	民國《龍岩縣志》卷二三《祠祀志》

需要說明的是，這是一張很不完全的統計表。一來不少志書的修纂者站在儒家的立場，對媽祖信仰帶有不同程度的偏見。例如《康熙寧化縣志》作者李世熊就是一個典型。他認為「寧化不知海舶為何物，無故而祀天妃，得無諂乎？[1]」所以對於寧化縣的媽祖廟，只就位於縣城、列入祀典的天妃廟簡單記上一筆，對其他散處鄉間的媽祖廟則一概置之不理。又如民國年間修的《上杭縣志》（卷十九）和《武平縣志》（卷十八），編者對媽祖信仰的態度雖然比李世熊寬容一些，也僅僅是在記述縣城的天后宮（或天妃廟）之後附上一筆：「各鄉建置，所在多有，不備載」而已。以故一些縣志對於本縣媽祖廟的記載難免掛一漏萬，遺漏了大量散處鄉間規模較小的媽祖廟。二來筆者對於閩西客家地區媽祖廟的田野調查尚未完成，因而對現存的媽祖廟的了解還不全面。

儘管如此，從這份統計表中，我們還是可以窺知明中葉以來，特別是清代乾隆、嘉慶以來，閩西客家地區媽祖信仰興盛的狀況。興盛的具體表現，主要有如下幾個方面：

首先是媽祖廟數量多，分布範圍廣。以永定縣為例，確實已做到各鄉、社都有天后宮或媽祖廟。而從武平縣的情況來看，媽祖廟不但城邑、鄉村有，連高山絕頂上也繚繞著祭拜媽祖的香煙。

其次是傳播媽祖信仰的途徑多樣化。我們看到，在表列諸媽祖廟中，有的是官員興建的，也就是官員成為媽祖信仰傳入汀州的主體。細分又有兩種情況，其一是汀州客家人出外為官，接受了媽祖信仰，罷任回籍時在家鄉興建廟宇奉祀媽祖。長汀萬慶寺是一個典型例子。建寺者是明末在宮廷當過侍臣的汀州畫家馬景一。據說他從京回汀時在閩江中遇到風暴，祝禱天妃護佑得保平安，回鄉後遂建了萬慶寺，正廳奉祀釋迦，樓上神龕安放媽祖塑像，上懸「護佑諸方」橫額，成

1　康熙《寧化縣志》卷七，〈祠廟志·天妃廟〉，第417頁。

為兼奉媽祖的佛寺 [1]。其二是外地人到汀州地區做官，把媽祖信仰帶了進來。清初明溪縣駐防官佐在西清街武營左興建媽祖廟，即為一證。

有的是商人興建的，即商人成為傳播媽祖信仰的主體。武平縣武東太平山的天后廟據說是明末商人林奇卿至莆田一帶經商，攜回媽祖神像，進而建廟奉祀的。永定縣峰市的天后宮，是運木材行商木綱創建的。汀州商人經商，東達漳、泉、興化，南抵廣東潮、惠，都是盛行媽祖信仰的沿海地區。他們接觸媽祖信仰的機會多，加之做生意風險大，江上、海上漂泊危險多，比一般人更需要祈求媽祖的庇護。因此商人成為接受和傳播媽祖信仰的另一支重要力量。

有的媽祖廟是新遷入客家地區的移民建的。例如永定西陂林氏，據說其開基祖是明嘉靖年間由福清來永定任職的一位知縣，是著名的九牧林氏的後裔。因避海寇禍亂攜眷定居西陂，子孫繁衍，成為今天的西陂林氏。西陂天后宮就是這支林氏家族在乾隆二十五年興建的（一說始建於嘉靖二十一年）[2]。類似西陂林氏這樣由福建、廣東沿海地區移入閩西客家地區的家族還很多。他們原先有較多的機會接觸和信仰媽祖，入居汀州後為了維持家族的舊有信仰而興建媽祖廟是很自然的。這樣，這些移民也就成為向客家地區傳播媽祖信仰的一支力量。

第三種表現是媽祖信仰成為家族生活的重要內容，起著對內維繫家族內部團結、對外擴大與外族、外鄉、外縣人民的經濟、文化聯繫的紐帶作用。如上表所示，武平縣下壩鄉石營村的天后宮是林姓鄉人

1　見康模生、鄒子彬：《客家母親河的傳說》「建樓的風波」篇，福州：海峽文藝出版社，1993年，第158~161頁。原文稱媽祖為天后，或天上聖母，而明代媽祖尚未有此等封號，故引文中改稱天妃。按此文雖然屬於民間傳說，但所反映的官宦從外地回鄉建媽祖廟傳播媽祖信仰的情節，卻具有歷史的真實性。

2　參見陳容明：〈福建省永定縣西陂村的塔式天后宮〉，載《媽祖研究資料彙編》，福州：福建人民出版社，1987年；方文圖、郭萬昌：〈訪問赤水、西陂的天后宮〉，載《海內外學人論媽祖》，北京：中國社會科學出版社，1992年。

創建的，永定高頭鄉的天后廟是汪姓建的，永定西陂鄉的天后廟是在林姓某一有力人物的倡議下合族興建的，永定富嶺鄉、悠灣清水岩、悠灣村頭、坎市的天后廟分別是當地王姓、簡姓、林姓、盧姓建的。這些由一姓或一族合力建成的媽祖廟，都成為該姓、該族精神生活和文化活動的中心。該姓、該族的成員普遍信奉媽祖，族中祭祀和重要經濟文化活動也都圍繞著所建廟宇進行。在這種情況下，媽祖信仰已不只是若干個人的信仰問題，它已發展為閩西客家地區眾多家族的共同信仰，與廣大族人的精神和物質生活息息相關。這當然是媽祖信仰在閩西客家地區廣泛傳播、深入發展的重要表現，也就是閩西客家媽祖信仰十分興盛的重要表現。

問題是，為什麼媽祖信仰進入汀州後，沉寂了數百年之久，到明中葉後，特別是清朝乾嘉年間以後才發展興盛起來呢？這個問題的答案，應從媽祖信仰自身的變化和汀州客家社會的發展兩個方面去探求。

關於媽祖信仰自身的變化，主要是指媽祖的神性發展了，神格提高了。所謂媽祖的神性，就是人們在造神過程中賦予媽祖的神通，也就是媽祖這一神祇的職司和功能。所謂媽祖的神格，就是媽祖這一神祇在眾神世界中的地位。

我們知道，北宋末至南宋時期，是媽祖被神化的初期階段。此時媽祖形象還深深留著女巫的烙印。南宋人所寫關於媽祖的詩文，往往還明言媽祖「以巫祝為事」、「平生不厭混巫媼[1]」。此一時期媽祖的職司和功能主要是保護海上航行和海事活動的安全，所謂「商舶尤藉以指南，得吉卜而濟，雖怒濤洶湧，舟亦無恙」、「舳艫萬里來往，有禱必安全」、「凡賈客入海，必致禱祠下，求杯珓，祈陰護，

---

1 廖鵬飛：〈聖墩祖廟重建順濟廟記〉及黃公度〈題順濟廟〉詩中語，分見蔣維錟編校《媽祖文獻資料》，福州：福建人民出版社，1990年，第1、3頁。

乃敢行」[1]，說明此時媽祖還只是一位海上航行保護神。此時朝廷加給媽祖的封號，始而是夫人，繼而是妃，但民間一般還是把媽祖視為神女，是莆仙沿海諸地方神的普通一員。這樣的身分和級別，在民間信仰的眾神世界中並不是很突出的。

　　元代以降，佛、道、儒都加緊對媽祖信仰進行滲透和改造。但終元之世，改造的過程並未完成，媽祖作為海上神女，職司安瀾助順利濟的基本性質也沒有改變。

　　在這樣的情況下，媽祖信仰要在閩西客家地區發展、普及確實是很困難的。汀州是山區，與沿海地區的自然條件和社會需求迥然不同，這里的人民以耕讀傳家，輔以樵采狩獵。經常碰到的問題是旱澇、疾疫及毒蛇猛獸為患；基本的社會需求是風調雨順、五穀豐登、六畜興旺、子孫滿堂、老幼平安；讀書人則要求功名順利、仕途通達。滿足這些需求的神靈早有佛祖、觀音、定光菩薩、伏虎法師、蛇王菩薩以及土地、城隍、文昌帝君、魁星等，當然還有眾多與巫覡相結合的富有地方特色的公王、將軍、夫人等。這些神靈切合客家山區人民的願望和需求，其地位也不下於當時的媽祖海神，所以自宋迄元，媽祖信仰在汀州地區難以擴大影響，其信眾只限於少數與汀江航運有關的特殊人群。

　　明中葉後，釋、道、儒對於媽祖信仰的滲透和改造已基本完成。媽祖吸收了觀世音菩薩解厄消災、救苦救難、度脫生靈的神性，又與道教神仙之說、民間龍王傳說互相滲透融合，還與號稱一門忠孝的莆田九牧林氏聯了宗，被塗上一層厚厚的儒家忠孝色彩。朝廷對於媽祖的加封也一再晉級，從天妃而至天后，再晉封為天上聖母；封號字數也一再追加，至清朝嘉慶時已達30個字之多，在諸神封號中遙遙領

1　廖鵬飛：〈聖墩祖廟重建顯濟廟記〉、趙師俠〈莆田酌白湖靈惠妃三首〉、洪邁〈林夫人廟〉詩文中語，分見《媽祖文獻資料》，第1、5頁。

第四章　閩西客家地區的媽祖信仰

95

先。這樣，媽祖的神性就發展到廣大無邊，而且具有極大的適應性，能夠適合儒、釋、道各家的口味，也能夠適應沿海、山區、城鄉一切士庶的需求；其神格也被提升到無可比擬的高度，具有統禦眾神、君臨萬靈的地位。這就為媽祖信仰在閩西客家的發展興盛奠定了基礎。

關於閩西客家社會的發展，也有兩個方面的內容。

其一是經濟文化的發展。由於地處山區、開發較遲、交通不便，閩西客家地區社會經濟的發展水準落後於東南沿海地區。宋元時期，汀州的商品經濟很不發達，對外交往極少。除了靠汀江至韓江的航線與外界保持著微弱聯繫外，整個地區基本上是一個與世隔絕的封閉社會。

明清時期的情況就不同了。此時中國封建社會經濟內部的商品經濟因素有了長足的進步，閉鎖的汀州，也較多地以其山林土產和手工業品與外界交換[1]，從而帶動了汀州社會經濟文化的進步。從此，汀州人出外應舉、做官、經商的多了，外地人來汀州做生意的也多了。總之，汀州與外部世界的聯繫加強了。

其二是新的移民遷入，為汀州客家輸進了新鮮血液。

客家民系的組成是多元的。僅就北方遷入的漢人來說，其主體是五代至兩宋時期自中原或江淮經由江西贛南移入閩粵贛交界地區的居民，但也包括同一時期不經過贛南而經由別的路線輾轉而來的中原或江淮移民。客家民系基本形成後，仍有來自各地的移民不斷遷入客家地區，被同化而成為客家民系成員。前者姑置不論，後者則如永定縣古竹蘇氏，原居閩南同安縣，宋末元初避居潮州，明萬曆年間遷至永定古竹定居[2]。再如前述永定西陂林氏，是明嘉靖間由福清遷來落籍永

1　參見葛文清：〈話說客家「小香港」〉，載閩西客家研究會編《客家縱橫》，1992年9月印行。

2　參見楊彥傑：〈古竹蘇氏的宗族社會與土樓建築〉，收入杨氏著《閩西客家宗族社會研究》，香港：國際客家學會、法國遠東學院等，1996年，第19~46頁。

定的。類似的例子還有很多，無需枚舉。要之，這些家族現在都成了閩西客家的有機組成部分。

明清時期閩西客家社會經濟文化的進步，對外聯繫的加強，以及新的移民的不斷加入，使得閩西客家增強了接受、融合外來文化的活力。在這種背景下，配合上媽祖神性的擴大和神格的提高，主客觀條件相輔相成，終於如水到渠成一般，迎來了媽祖信仰在閩西客家地區發展興盛的局面。

三、閩西客家媽祖信仰的兩種形態

遍布閩西客家城鄉為數眾多的媽祖廟，就廟址的地理位置來觀察，可以分為兩種類型。一種分布在汀江支流黃潭河、永定溪以及滎陽水等境內主要水道沿岸，絕大多數建在水口、溪邊、橋頭等處。另一種則與河流水路無關，隨宜建在村中，甚至坐落在高山上。

這兩種類型的媽祖廟代表著閩西客家媽祖信仰的兩種形態。前一種形態直接繼承了沿海地區媽祖信仰的特點，建廟目的是希望仰仗媽祖的庇佑，求得江河航運的平安順利，或者借媽祖的神力戰勝洪水的威脅，保護人民生命財產的安全。在這種情況下，媽祖的神性仍然是安瀾順濟、救厄消災，與沿海地區作為海神奉祀的媽祖信仰本質是相同的。要說兩者存在差別的話，這不過是將媽祖神通所及的範圍從海洋擴大到江河湖泊罷了。

這一類型可以永定縣境內的天后宮作為典型。例如西陂天后宮處在永定溪上游，宮址就選在溪壩中心，左右兩邊都是溪流。宮為塔式建築，底層主殿供奉媽祖神像，龕上高懸「神昭海表」匾額，係雍正四年皇帝御書賜給臺灣、湄洲、廈門三處天后宮匾額的複製品。大門上的彩繪詩幅曰：「維神顯聖寄斯宮，四海江湖著大功」；正殿楹聯

則借用乾隆皇帝御賜給媽祖的聯句：「忠信涉波濤，周歷玉洲瑤島；神明昭日月，指揮水伯天吳。」這一切無不提示媽祖是海神或水神，其功能是在江湖河海上呈現神威，濟流拯溺，安瀾護航。

又如峰市的天后宮，地處汀江下游西岸一個毗鄰廣東的小河埠上。其地是閩西至潮州航運線上的貨物集散口，在商業上具有特殊重要的意義。但是其上下航線都十分險峻：上游自上杭至峰市江面狹窄，水勢湍急，險灘連綿，是一段俗稱「紙船鐵艄公」的奇險航程；下游就是著名的棉花灘，十里河道中布滿猛石巨礁，無法航行。船到此處，必須停下卸貨起岸，肩挑貨物到十里外廣東大埔的石市，再裝船航運。這麼一個險要去處，格外使人感到大自然的神秘、恐怖，人類的渺小、可憐，因而對於威力無邊，能夠幫助人們戰勝洶湧怒濤和莫測風波的媽祖倍加敬信，迫切需要靠媽祖的神庥保證商旅安全、生意順利。因此，木材行商自發地在峰市下更樓外建起了天后宮，虔誠拜禱媽祖，祈求筏運平安。天后宮中供奉媽祖，還配享「千里眼」、「順風耳」[1]，與沿海不少媽祖廟的布置相仿。從上述建廟動機、祈求內容與廟中布置來看，這座天后宮顯然也是把媽祖作為海神、水神來崇奉的。

再如下洋鄉中川湯子閣的天后宮，宮內楹聯寫道：「滿耳松濤，風護征航通四海；漫山竹影，雁傳歸訊值千金。」[2] 同樣是把媽祖奉為江河湖海航行保護神，寄託著涉江、涉海人家祈求征人平安的美好願望。

永定縣境各天后宮把媽祖作為江海之神來信奉的特點，在這些天后宮祭祀媽祖的祭文中也得到反映，文曰：「惟神菩薩化身，至聖至

1　參見葛文清：〈話說客家「小香港」〉，載閩西客家研究會編《客家縱橫》，1992年9月印行。

2　參見葛文清：〈話說客家「小香港」〉，載閩西客家研究會編《客家縱橫》，1992年9月印行。

誠。主宰四瀆，統禦百靈。海不揚波，浪靜風平。舟航穩載，悉仗慈仁。奉旨崇祀，永享嘗蒸。茲屆仲春（秋），敬薦豆馨。希神庇佑，海晏河清。尚饗。」[1] 可以說，這一祭文相當準確地概括出永定縣各天后宮及汀州境內其他河流沿岸類似的媽祖廟在信仰形態上的特點，即它們都直接繼承了沿海地區媽祖信仰的性質和特點，可視為沿海地區媽祖信仰的繼承形態。

後一種類型則對媽祖信仰的性質作了根本性的改造，武平縣武東鄉太平山的天后廟是其典型代表。其廟坐落在袁田村和袁佘村交界的太平山上，屬袁田村一側。傳說昔年此處山林失火，村民奮力撲救不滅，忽見有一位白衣白裳的仙姑，撐著一把雨傘自山上冉冉而下。仙姑過處，大火自然熄滅了，仙姑也隨即掉頭離去。村民們望著仙姑遠去的身影，隱約見其所穿裙子有泥巴漬痕和擦破的痕跡；再看她走過的山坡，也留下了衣裳摩擦的痕跡。人們這才知道，就是這位仙姑顯靈撲滅了火災。這位仙姑就是媽祖娘娘。

為了報答媽祖娘娘的恩德，村民們開始議論建廟。但袁田、袁佘兩村都希望把廟建在本村的地盤上，雙方爭執不下，便商定燒起一堆茅草，看看草灰被風吹向何處，便在何處立廟。結果風卷草灰飛至太平山山頂一處叫做坑笡的地方，是堪輿家所說的飛天鳳凰風水寶地。這塊地早經袁田村出外經商的村民林奇卿買下，屬於袁田村一方。於是就在該處建了廟，其地就是現在廟址的所在地。為了讓媽祖不再受泥濘路滑之苦，鄉親們又自發背來一條條石板，硬是砌下了那條寬平整潔的悠長石板路。

當地人民認為，上面這則美麗的故事，就是太平山天后廟的建廟緣起。用今天的觀點看，這樣的故事應屬無稽，但卻鮮明地反映出太平山媽祖信仰的一個特點，即當地人民一開始就是把媽祖當作在山

1 （清）巫宜福纂：道光《永定縣志》卷一三〈祠祀〉。

第四章 閩西客家地區的媽祖信仰

區救火的神靈來崇奉，偏離了媽祖海上護航、水上拯溺救厄的本來面貌。再從選擇廟址的做法看，當地的媽祖信仰自始就揉進了占卜、堪輿等巫教因素。

其廟宇的建築和布置也與沿海地區通常所見的媽祖廟有別。廟的規模不大，只是一座兩進的平房，屋前有一片不大的石坪，並無飛簷斗拱、雕樑畫棟、金碧輝煌的氣象，倒是樸素簡單，有類於一般民居。廟門上的對聯是：「發跡莆田瞻興化，顯靈坑笮仰太平」，既追溯了媽祖信仰的淵源，又突現了媽祖在本地的特殊表現。廟內圓柱上的楹聯則是：「德參天、保赤不須人禱、人禱如禱、隨人禱、應賽高堂；慈於聖、通神能藉地靈、地靈益靈、萬古靈、昭稽上世。」表明本廟媽祖具有人禱如禱的萬能神性，主要的神通則是保赤護嬰，而其神通又有求於地靈的配合，即與地方特色相結合。

廟中設三個神座。中間供奉媽祖坐像，像的體積在全廟為最大，像前又置一尊小小的觀音像；左邊神座供奉的是觀音立像；右邊神座供奉吉祥哥立像，其左側平置石碑一塊，上鐫「林氏十二世開山施主林奇卿公」字樣，碑前設香爐供人插香禮拜。這樣的布置突出了媽祖的主神地位，觀音、吉祥哥都處在從屬地位，在廟中陪享香火而已。

觀音菩薩在客家又稱觀音佛祖，本是客家人崇奉的最主要神祇之一。在太平山天后廟中，觀音反居於媽祖之下成為廟中陪神，象徵著在當地人的信仰體系中，媽祖後來居上，取代觀音居於人們信仰的中心地位。吉祥哥是客家特有的一種地方神祇，功能是保佑婦女生育。其神一般是身高尺餘，穿紅底花衣、著開襠褲的男童，石刻、泥塑、木雕皆可。據說婦女向其拜禱，並摸其生殖器，刮下生殖器上的一些粉末回家沖藥服飲，即可有孕，生出「胖阿哥」。顯然，這是古代男性生殖器崇拜的遺風。在一般寺廟裡，吉祥哥通常置在觀音、彌勒之側作為陪祀對象。在太平山天后廟裡，吉祥哥則成為媽祖的陪神。這也標誌著媽祖取代觀音、彌勒的地位成為當地

客家人奉祀的主神。

　　地位的更替還意味著神性的變換。隨著媽祖成為主神，觀音的救苦救難、送子保赤靈應都集中到媽祖身上了。來太平山天后廟朝拜的信眾，有相當一部分就是來求子、求生育平安、求嬰兒免災卻病健康成長的。求子者先要向媽祖拜禱，然後才向吉祥哥拜禱。如果真的生了兒女，還要再來廟中還願，獻上一幅「新丁告」，一則向媽祖報喜，一則在廟中為孩子命名，求媽祖庇佑孩子快快長大，稱為契名。「新丁告」樣式如下：

山

太天上聖母座前契名太

平

新丁告

保佑長命貴富　拜

金生沐恩弟子百　拜

契名的意思是在名字之前冠一表示媽祖的字，如在長汀和武平北部，一般冠一「馬」（「媽」訛為「馬」）字，如「馬金」、「馬壽」等，與姓連起來，就成為「劉馬金」、「童馬壽」等。武東一帶的人稱媽祖為「姑婆太」、「太太菩薩」等，所以契名時在名前冠一「太」字，男孩如「太發生」、「太金生」、「太德生」等，女孩如「太金玉」等，與姓連在一起，就成為「劉太發生」、「林太德生」、「饒太金玉」等。認為在媽祖神前契了名，孩子就能長命富貴，顯然是從媽祖的保赤功能引申出來的一種民俗。

在傳統的媽祖信仰中，媽祖並無保赤功能。武東太平山媽祖的送子和保赤功能，應是緣於民間信仰中各種神祇功能的互相滲透、交叉混淆、移易改動。在這樣的過程中，媽祖把原屬於觀音、臨水夫人和其他神祇的功能吸收到自己身上了。當然，神是人造的，神性的移易改動也是人為的。在媽祖身上集中諸多神祇的神性，是客家山鄉改造媽祖信仰的一個方面。

由於集中了眾多神祇的神性，太平山媽祖就顯現出無所不通、無所不靈的面貌，可以「人禱如禱隨人禱」。事實也正是如此。太平山天后廟雖然規模不大，香火卻極為鼎盛，為全縣之冠。方圓幾百里的人們，包括江西省的尋烏、會昌，廣東省的蕉嶺、平遠諸縣的善男信女都來進香朝拜。每至新年正月和媽祖誕日，香客更是絡繹不絕，把廟宇擠得水泄不通。前來求禱的人們，有求子、求婚姻的，有求升官、發財的，有求讀書、升學的，也有求建屋吉利、出門平安的，想求什麼就求什麼，求什麼的都有。廟中備有詩籤二十八種，每一籤都配有相應的故事，由廟中專人負責解籤答疑。詩籤的內容反映了香客求禱的種類，也間接體現了媽祖神性的範圍。現將其迻錄於下：

1. 奮揚威武在雲間，二十八宿顯毫端。
   風調雨順皆康泰，護國安民萬物沾。

2. 開來繼往號名儒，精義入神秉志虛。
　　養成正氣參天地，竟將名姓榜頭題。

3. 青雲路在青燈下，黃榜名標黃卷中。
　　熟讀尼山經萬卷，丹書龍鳳列三公。

4. 高山平地有黃金，只恐凡人不用心。
　　勤儉改圖創新業，財穀堆山名譽馨。

5. 芝蘭萬種結奇花，明燈發蕊鵲咋咋。
　　大勢將興祥瑞應，四處人才歸我家。

6. 大抵更深方熄燭，古雲久雨始深舟。
　　鐵樹開花非頃刻，蟠桃結子卻悠悠。

7. 功名才子各有時，何必籲嗟似酒迷。
　　但行孝悌存忠信，管他來早與來遲。

8. 前生結得好姻緣，自此相逢親愈親。
　　照下孤燈伴孤影，有朝妻妾詠關雎。

9. 才人作事結成功，理數安排不落空。
　　金石雖然無改變，爾唱我和情意濃。

10. 虎威奮震似雷轟，當局須知一著先。
　　識破機關參勝策，鵲啼不日有佳音。

11. 人說鳳凰我說雞，人說神龍我說蛇。
　　勸爾自新莫依舊，鼓簧飄煽屬虛誇。

12. 世間萬物皆有主，癡心妄想徒辛苦。
　　龍歸滄海虎歸山，彼此各途難相遇。

13. 天地虛空萬物空，人生好似採花蜂。
　　采盡百花釀成蜜，到頭不覺一場空。

14. 一樹色花果精奇，誰料冬來折盡枝。
　　畫水無魚空作浪，鏡中佳果莫充饑。

15. 今朝一事急如星，安敢紆徐緩久纏？

爾自糊塗我不聽，　速去調理始周全。

16. 謀事當從識事者，　使金須用識金人。
　　爾今不速行方便，　過後難逢呂洞賓。

17. 公侯士庶總圖財，　局勢無財事不諧。
　　前途得利風光好，　誰知錯過反成乖。

18. 尋常守分莫貪高，　計較活謀總不調。
　　逞財仗勢招兇惡，　聽信讒言到底休。

19. 燭殘月缺行妖境，　官休財散遇妖精。
　　亂世冤家莫埋怨，　終難脫卻鐵牢城。

20. 棟樑安穩磐石固，　任他狂風猛雨多。
　　雖然目下有驚懼，　貴人陰騭兩相扶。

21. 春和瑞氣靄門庭，　草木含花重重新。
　　鳥啼獸舞龍魚躍，　氣象昭昭家國興。

22. 夏炎農務正當時，　今朝一筆在雲端。
　　天順民安國康泰，　鬼神萬物沐恩光。

23. 不寒不暑是秋天，　秋風清氣秋月明。
　　物當時節無高下，　功完果結福綿綿。

24. 霜嚴雪構是嚴冬，　物極寒冬大不同。
　　松柏枯皮青天綠，　桃梅遍疊滿枝紅。

25. 胸中計策最高強，　何怕旁人說短長。
　　有財有貴全無事，　麟趾呈祥蘭桂芳。

26. 無罪無辜受徒勞，　險陰歷盡見英豪。
　　一旦貴人來相接，　大鵬奮起任沖霄。

27. 理合陰陽配五行，　曰富曰貴曰康寧。
　　夫婦白眉昌厥後，　中和位育享豐年。

28. 巍巍獨坐在峨眉，　文班武列景致奇。
　　錫爾享家多吉慶，　財穀豐登六畜肥。

細細品味這些詩籤的內容，感到其涉及面固然很廣泛，幾乎是無所不包，無所不備，但最集中的話題，不外乎國泰民安、功名順遂、婚姻美滿、家庭幸福、五穀豐登、六畜興旺、知足安分、行仁守義，都緊緊圍繞著耕讀傳家的客家社會需求和社會心理，而與沿海人民漂洋過海的生活和經商致富的心理有較大距離。如果把太平山天后廟的詩籤與莆田、臺灣等地一些天后宮的詩籤進行比較，就會發現，在莆田、臺灣媽祖宮、廟中常見的反映江海航行生活的內容，諸如「風恬浪靜可行船」、「長江風浪漸漸靜」、「欲去長江水闊茫，行船把定未遭風」、「鐵船過海遭水頭」之類的詞句 [1]，在太平山天后廟詩籤中一句也找不到。這樣的差別不是偶然的。它說明客家山鄉人民善於改造媽祖信仰，給媽祖添加了許多神性和功能，但這種改造並不是漫無邊際的憑空臆造，而是受到客家山鄉的生活環境、生活方式的嚴格制約，是按照客家山區人民的生活風貌和現實願望來重塑媽祖形象，改造媽祖信仰。經其改造過的媽祖形象，不再是傳統的作為海神、水神的媽祖，而是作為山鄉守護神的媽祖。

　　作為山鄉守護神的媽祖信仰，已經深入到武東及其附近人民的日常生活中。人們在山野中突遇猛獸，在黑夜中遭逢「鬼物」，或者碰到其他一些突如其來的意外事故，往往會下意識地呼叫「媽祖太太救命！」、「太太菩薩救命!」據說經此一呼，往往逢凶化吉，轉難為祥。以此而論，媽祖與客家山鄉人民的生活，可謂達到了息息相關、水乳交融的程度。

　　就中林姓居民與媽祖的關係尤為密切。林氏子孫把媽祖看作是自己家庭的祖姑；在客家話中，祖姑稱為「姑婆太」，簡稱「姑婆」。所以武東一帶的林姓居民常稱媽祖為「姑婆太」、「姑婆」，媽祖廟

1　這些詞句分別出自臺灣新港奉天宮和莆田湄洲祖廟聖母祠的詩籤，見陳國強主編《媽祖信仰與祖廟》，福州：福建教育出版社，1990年，第105~107、132~133頁。

第四章　閩西客家地區的媽祖信仰

則稱為「姑婆廟」。前述林奇卿獻地建廟，廟中供奉林奇卿牌位；又傳說太平山媽祖神像是林奇卿在莆田經商時覓得迎回來供養奉祀的。這一切無非說明林氏與媽祖有一層特殊的親緣關係。

這層親緣關係在當地與媽祖信仰有關的節俗活動中也有強烈表現。例如每逢舊曆新年，武東一帶照例舉行酬答媽祖神恩的迎神、賽神活動。屆時要將媽祖神像放到神輿裡逐村遊行，但只有林奇卿的後代才能將神像迎回家，供奉在俗稱鴛鴦廳的三棟樓後樓樓廳裡。這鴛鴦廳是兩間毗連的廳堂，是供家族祭祖、停放故世老人靈柩以及子侄結婚拜堂的地方。在家族生活中，它起著敬宗收族、慎終追遠、鞏固族人團結的作用。新春時林奇卿後人將媽祖神像供進此廳，宛如供奉自己的祖宗神主一樣，意味著媽祖與本族子孫團圓過年，享受天倫之樂。可見在林姓人民心目中，媽祖信仰也是尊祖敬宗傳統的一個組成部分。換句話說，宗法血緣因素也融進了媽祖信仰中，或者說宗法血緣關係也在改造媽祖信仰的過程中發揮了作用。

總的說來，以武平縣武東鄉太平山天后廟為代表的媽祖信仰，是媽祖信仰傳到客家山鄉之後，被客家山鄉人民通過多種途徑、多種方法、多種因素改造過的一種信仰形態。它與沿海地區常見的傳統的媽祖信仰有著迥然不同的面貌，應視為傳統媽祖信仰的變異形態。

第五章 臺灣竹山媽祖宮歷史的研究

——以僧人住持與地方官對地方公廟的貢獻為中心

陳哲三[1]

臺灣竹山媽祖宮，也即媽祖廟，匾額名連興宮。稱媽祖宮，是從俗的說法。竹山，屬清代之水沙連保，以林圯埔之名為世所知，係入水沙連內山二十四社之總路。清季開山、撫番、建省，有「前山第一城」之美名。林圯埔之名於1920年日人以遍地翠竹，改名竹山。竹山開發史中，媽祖宮占有重要地位。媽祖宮除了是水沙連保的信仰中心外，也是沿山一帶開墾的業戶，又在竹木對外運輸的過程中扮演重要角色。尤其在清乾隆、嘉慶、道光年間似無另一公私機構在水沙連保比媽祖宮更具支配力。因此之故，對媽祖宮歷史之研究，大有助於對竹山歷史之了解。何況，今日一般人對媽祖宮歷史的認知有許多錯誤，這些錯誤應該早日獲得糾正。

本文之作，即在滿足上述要求。有當與否，敬祈方家不吝指正。

1　陳哲三，逢甲大學歷史與文物研究所專任教授。

第五章 臺灣竹山媽祖宮歷史的研究

一、媽祖宮土地的取得與創建時間

媽祖宮留下的史料不多，所以媽祖宮的歷史隱晦不明。本節先考述土地的取得與創建時間。

有關連興宮的宮址，現在在竹山鎮竹山里竹山路二號，土地坐落是中正段六七九號、七一二號。面積是0.1014公頃和0.0002公頃。0.1014公頃是祠，換算是306坪；0.0002公頃是道路[1]。清光緒二十三年（1897年）的調查是建物152坪，用地248坪[2]。在1950年，劉枝萬的調查是：址在竹山鎮竹山里竹山路三八號。境域270餘坪，基地120餘坪，系磚、木造平屋，規模宏敞[3]。三個史料的面積不完全相符，原因不明。但更早期的面積更大，可能是今日竹山路以西，下橫街以北、農會以東、祖師街以北的一塊土地。道光二十一年（1841年）十月「天上宮住持僧慈玉立給定界配納油香字[4]」提供了一些相關資訊。因為本史料對媽祖宮十分珍貴，摘其大部分如下：

事緣本宮廟地原是李裕蔥、盧友弘二人喜舍，並無契字訂立界址。廟埕左畔只有栽種松樹一樅，右畔栽種莿竹一列，由來已久。近有無知之徒，占廟埕為祖業，搭簝出稅，橫橫雜雜，欺人慢神，致薑筍桃李，無可移頓。茲僧傳聞總董各莊耆街耆公議，俱欲革清公地，礙眾口紛紛不一，難以如意。惟有張佳聲之店，原是李裕蔥林家出賣，前至車路，眾等念其原時喜舍之功不少，許其照契，前至車

---

1 見《竹山連興宮所有土地明細表》連興宮，1998年8月30日，製表王三河。常務監事林山，主任委員許民衡。
2 溫國良：《臺灣總督府公文類纂宗教史料彙編》，臺灣省文獻委員會，1999年6月，第390頁。
3 劉枝萬：《南投文獻叢輯（九）——南投縣風俗志宗教篇稿》，南投縣文獻委員會，1961年6月30日，第89頁。
4 竹山陳藏竹山古文書。

路……逐年配納本宮油香壹錢……不許別人生端爭占。

從這件「立給定界配納油香字」，可以確定水沙連林圯埔街媽祖宮宮址土地是李裕蔥、盧友弘二人喜舍，而當時未有契字以定界址，只是廟埕左畔栽種松樹一欉，右畔栽種刺竹一排，想來松、竹就是界址標記。因為到道光年間有無知之徒，占廟埕搭寮出稅，所以住持僧慈玉請來保內總理、董事、莊耆、街者公議，除了張佳聲外，不准別人爭占。張佳聲所以例外，是因為張佳聲的店就是李裕蔥賣出的店，念李裕蔥當年喜舍之功不小，所以許其「前至車路」，但也不是就任張佳聲占有，他必須每年配納天上宮油香一錢。這裡李裕蔥之店也即張佳聲之店，位置大致在今竹山路和下橫街交叉處之東北一角，就是曾任竹山鎮鎮長林如璋故居一帶。從這一點看，盧友弘喜舍的土地，可能是靠近祖師街的部分。因為缺乏史料，只能做此推測。

以下試討論創建年月。

記載媽祖宮創建年代的史料不多，只有五種，過去也沒有人認真面對此一問題。

最早記載媽祖宮的史籍，是周璽《彰化縣志》，他在《祀典志‧天后聖母廟》有云：「一在沙連林圯埔，乾隆初，里人公建。廟後祀邑令胡公邦翰祿位。」[1] 這裡提到的是「乾隆初，里人公建」。

其次是倪贊元《雲林縣採訪冊》中的「連興宮」條云：「在林圯埔街（縣東二十五里），宮殿三座，祀天上聖母。乾隆中，里人公建。前彰化縣邑令公胡邦翰捐置山租若干，為寺僧香火之資。廟貌巍峨；歲時，村社迎迓，演戲酬神。咸豐丙辰年，孝廉林鳳池等勸捐重修。附祀福建巡撫定公之長生祿位，彰化縣令胡公邦翰祿位、李公振

1　周璽：《彰化縣志》，臺灣銀行經濟研究室，1962年11月，第154頁。

青祿位。」[1]這裡提到的是「乾隆中，里人公建」。

第三是日人1915—1916年的調查，在《南投廳寺廟調查書》中記連興宮「創立年代凡一百二十年前的乾隆二十一年頃。[2]」似為後二說之所本。

第四是陳鳳儀在《竹山郡管內概況》的「社寺廟宇」中說：「乾隆二十一年頃。」[3]

第五是劉枝萬在《南投縣風俗志·宗教篇稿》中云：「沿革緣起不詳」，接著引《彰化縣志》、《雲林縣採訪冊》之文，又云：「相傳，乾隆二十一年居民刈香於北港朝天宮，募捐創建。號稱連興宮，蓋寓『水沙連興旺』之意也。」這裡又提到「乾隆二十一年居民刈香於北港朝天宮，募捐創建。」

第六是《南投縣寺廟名錄》「連興宮」條云：「緣起竹山連興宮（媽祖廟），奉祀湄洲媽祖，係於乾隆七年（1742年）菊月初六日入火安座以來，經有三次大修建，迄至本年（1997年）已有250年之悠久歷史。」[4]這裡提出一個最早而且最詳細的年月日，是「乾隆七年菊月初六日」。

從上引史料，可見最早的道光年間說建廟時間是「乾隆初」，60年後到光緒時說是「乾隆中」，22年後日本人調查是創建於「乾隆二十一年頃」。再15年的1932年繼承前說「乾隆二十一年頃」，又過30年說「相傳乾隆二十一年」，又36年後確定是「乾隆七年九月六日入火安座」。

1　倪贊元：《雲林縣採訪冊》，臺灣銀行經濟研究室，1959年4月，第159頁。
2　《南投廳寺廟調查書》，手寫影本藏中研院臺灣史研究所籌備處，1915年10月至1916年3月間調查。本件係林文龍先生所惠贈。
3　陳鳳儀：《竹山郡管內概況》，毛筆原稿，1932年春，竹山陳宗火先生藏。
4　南投縣政府民政局《南投縣寺廟名錄》，1997年10月，第151~152頁。

表5-1　連興宮創建年代諸說表

序號	創建時間	出処及年代
1	乾隆初	彰化縣志（1832）
2	乾隆中	雲林縣採訪冊（1894）
3	乾隆二十一年頃	南投廳寺廟調查書（1915-1916）
4	乾隆二十一年頃	竹山郡管內概況（1932）
5	相傳乾隆二十一年	南投文獻叢輯（九）（1961）
6	乾隆七年九月六日	南投縣寺廟名錄（1997）

看表5-1，不禁要問，哪一個年份才對？

「乾隆初」是《彰化縣志》在道光初年調查所得，因為寫作時間上距創建的年份約為90年，其他五個史料上距創建年份更久，分別為150年、170年、185年、220年、260年。在沒有新史料的發現下，自以最接近的《彰化縣志》所說為可靠。況且，《彰化縣志》寫作態度十分嚴謹，在寫縣境「天后聖母廟」也表現出這種認真，知道創建時間、人物的，就記；不知道的就缺。知道時間的有7間，不知道的有16間。沙連林圯埔的正是知道時間的最後一間。

劉枝萬1961年寫到連興宮的創建，感到十分困擾。先說「沿革不詳」，又引《彰化縣志》的「乾隆初，里人公建」，繼引《雲林縣採訪冊》的「乾隆中里人公建」，最後竟把日人調查所得及陳鳳儀的「乾隆二十一年頃」說成「相傳，乾隆二十一年……募捐創建」。可見沒有資料可供劉氏判斷何者為是，只好把四個說法全寫下來。

最後一個完整的年月日，乾隆七年九月六日，是在建廟大約260年後忽然跑出來，查不到依據什麼史料。理論上，前面的人更接近事件發生的時代，理應更為正確；後代的人除非有可靠證據，否則不可能知道前人所不知道的事。所以對這一年月日，科學態度是要存疑。

整體說來，《彰化縣志》的「乾隆初」應該最可靠。理由除上面

第五章　臺灣竹山媽祖宮歷史的研究

111

所說寫作時間距創廟時間最近外，另一方面是當時正是媽祖宮的全盛時期，有住持僧人主持廟務，而且沿山一帶以至山區的開墾都要得到媽祖宮的給墾字，也就是都要對媽祖宮繳1/10的租稅。想來媽祖宮對本身權益的維護必然小心謹慎，對相關資料必然小心保存。所以當道光十二年《彰化縣志》纂修時，媽祖宮一定有可資徵信的史料。這一點從上引道光二十一年十月住僧慈玉的「立給定界配納油香字」對喜舍人清楚無誤，可以證明。

二、媽祖宮的名字就是連興宮

現在媽祖宮的廟名匾是「連興宮」，很多人都以為竹山媽祖宮在乾隆初年建廟，就叫「連興宮」。前引劉枝萬之文就是代表。劉氏更進一步說明「蓋寓水沙連興旺之意也。」這樣記述，很有說服力。其實不然。

細讀《彰化縣志》，很清楚地寫廟名叫「天后聖母廟」。可是後人不察，以為那不是廟名。今據志書、古文書、碑刻所見，竹山媽祖宮之名字，計有：聖母宮、媽祖宮、天后宮、天上宮、天后聖母廟、連興宮等六種。茲將各種名字出現時間，依據史料列表如下。

表5-2　媽祖宮名字異名表

序號	名字	時間	史料類別
1	聖母宮	乾隆三十四年（1769）4月	契約
2	媽祖宮	乾隆三十九年（1774）9月	契約
3	天后宮	乾隆四十三年（1778）9月	馬示碑
4	天上宮	嘉慶	契約
5	天后聖母廟	道光十二年（1832）	彰化縣志
6	連興宮	光緒八年（1882）10月	契約

根據上表可知最早記載媽祖宮的史料是乾隆三十四年（1769年）四月的一件杜賣契約。其中提到買賣的標的物是在水沙連林圯埔街尾聖母宮前[1]，到現在，媽祖所在地依舊叫街子尾。從此契約可推當時媽祖宮民間或正名就叫聖母宮。

　　乾隆三十九年（1774年）九月的一件杜賣契約有云：「遞年付媽祖宮抽的」[2] 所謂「抽的」就是一九抽的。似與胡邦翰山租有關，詳後。可知此時媽祖廟民間也叫「媽祖宮」。此一稱呼，歷經230年沒有改變。

　　乾隆四十三年九月二十四日，彰化知縣馬鳴鑣為胡邦翰捐置山租一九抽的所立告示碑，中有「配入天后宮抽的作香油」、「配入媽祖香燈一九之」[3] 之語。可見又有天后宮之稱。此後嘉慶十七年[4]、二十一年[5]，以至道光年間均在契約上出現天后宮。

　　嘉慶十七年（1812年）六月林圯埔天后宮住持僧脫塵所立出墾單字，內文有「配入天后宮香資」，但契約上鈐蓋二方戳記（圖5-1），此二方戳記又見於道光十四年八月的契書。

1　山黃英輝藏竹山古文書原件。
2　竹山黃英輝藏竹山古文書原件。
3　碑上有橫字「正堂馬示」四字，故可名「正堂馬示碑」。原在連興堂右壁，只剩上半。1999年「9‧21」大地震後自牆壁脫掉，現收在正殿右側牆下。該殘碑係林文龍於連興宮舊料堆中所發現。
4　有一件嘉慶十七年六月天后宮住持脫塵的給墾單字即有「配入天后宮香資」。見竹山黃英輝藏竹山古文書原件。
5　一件嘉慶二十一年八月的杜賣盡根契字有「年納林圯埔天后宮租粟臺斗」。見吳淑慈《南投縣永濟義渡古文契書選》，南投縣立文化中心，1996年6月，第60頁。

第五章 臺灣竹山媽祖宮歷史的研究

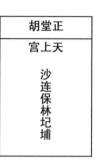

圖5-1　嘉慶十七年六月出墾單

可見一方是廟的，一方是住持僧的。廟的叫天后宮，住僧的叫天上宮。住僧的是「正堂胡」即彰化縣正堂胡邦翰所頒。這一方戳記一直被使用到同治六年八月[1]。到同治十年六月，出現同一形式的戳記，只是「天上宮」改為「天后宮」[2]。也就是把「上」改「后」。而此後便不見這二式戳記的使用。契約上天上宮一直到光緒十三年七月。因此似可推知胡邦翰的時代，乾隆二十七年到二十九年，林屺埔媽祖宮是叫「天上宮」，到馬鳴鑣立碑的乾隆四十三年是叫「天后宮」。

「天后聖母廟」似為道光年間所有媽祖宮的通稱，前引《彰化縣志·祠廟》「天后聖母廟」條可證。另在《官秩志·列傳》「胡邦翰」條在記述胡氏的善政時說，「而惠最無窮者，莫如減則一案」，最令人民感念歌誦不忘，「今沙連天后聖母廟，其後胡公祿位祠，凡遇胡公誕辰，家家慶祝，如奉生佛然[3]」。從可知媽祖宮原來在廟後有「胡公祿位祠」，水沙連林屺埔地方凡是胡邦翰生日，家家慶祝。因為減則二甲作一甲納租，負擔減輕一半。此事詳後。這裡的「天后聖母廟」，

1　見吳淑慈：《南投縣永濟義渡古文契書選》，第118頁。

2　見吳淑慈前揭書，第117頁。

3　周璽：《彰化縣志》卷三〈官秩志〉，臺灣銀行經濟研究室，1962年11月，第103~104頁。

在咸豐元年十月的一件契約出現「聖母宮前[1]」，同治十年六月的契約出現「天后宮聖母」、「聖母」外，較少被使用。

最後，最晚出現的「連興宮」，在光緒八年十月才出現在一份契約中。契中有「年配納連興宮香燈粟貳斗[2]」之語。之後，就是光緒二十年的《雲林縣採訪冊》。現在媽祖宮的廟名匾也就是「連興宮」。想來它是咸豐年間林鳳池重修時起的新名。因為從光緒八年向上推最大的最近的一次大修就是咸豐六年（1856年）林鳳池主持的一次大修。只有這種大修，以及最為地方仰望的大人物才可能更換廟名。

至於何以叫聖母宮、媽祖宮、天后宮、天上宮等等請容另文討論。

三、媽祖宮確有僧人當住持

媽祖宮有僧人當住持，這似乎奇怪。因為媽祖宮拜媽祖，是道教或民間信仰。僧人即和尚，屬佛教。為什麼道教廟宇卻由佛教僧人當住持？這是竹山媽祖宮的個別特殊現象？或是當時臺灣的普遍現象？又可以因為和尚當住持就證明媽祖宮是佛教寺廟嗎？

媽祖宮主祀神是媽祖，俗名林默娘。一般劃歸民間信仰，或是道教。是本土的，不是外來的。媽祖也許是女巫，但不是和尚尼姑。但竹山媽祖宮卻真有僧人當住持。上引《雲林縣採訪冊》記胡邦翰捐置山租「為寺僧香火之資」，已透露此一消息。

劉枝萬在1950年也注意到了。他在記述連興宮的管理時說：「創

1　竹山黃英輝藏竹山古文書原件。
2　吳淑慈前揭書，第111頁。

第五章　臺灣竹山媽祖宮歷史的研究

建未幾，香火鼎盛時便有住僧一人，主持廟務，並管理財產租賦民人事宜。但廢絕於1904年，自1907年以降，改置顧廟一人。」這個說法如果正確，至少從乾隆二十八年（1763年）到光緒三十年（1904年）的140年間是有和尚當住持的。現存連興宮古文物中有一方「沙連堡天上宮敕封二十三位將軍爺並和尚一派蓮座」，可以和此記述相印證。可是「二十三位將軍爺」和「和尚」的史實，除7位和尚的名字外，全無所知。

圖5-2　連興宮敕封蓮座（原物現供奉於連興宮正殿左側）

　　近年永濟義渡契約文書的出土，使水沙連保的研究大有進展，連興宮有僧人當住持一事也在該契約得到證明。林文龍即找到6件有住持僧的契約，並據以列成一表（見表5-3）[1]。最早是嘉慶，最後是同治十年，住持僧為脫塵、志煥、慈玉、什崇，脫塵二張，慈玉二張，志煥、什崇各一張。可知自嘉慶到同治約70年間，有四位住持僧。再查

1　林文龍：《社寮三百年開發史》，社寮文教基金會，1998年，第69頁；又見陳哲三總纂《竹山鎮志》第三篇〈開拓志〉（林文龍撰），竹山鎮公所，2001年12月，第364頁。

永濟義濟以外的契約文書，以及其上面所留戳記，又有更多的發現[1]，茲先立連興宮住持僧表，再來探討。

表5-3　連興宮住持僧及圖記表

序號	年代	相關文字	圖記
1	嘉慶十七年（1812）	立出墾單字林圯埔天后宮住持僧脫塵	（一式）
2	嘉慶	立給佃批人 水沙連保林圯埔 天后宮住僧脫塵	圖記如一式
3	道光元年（1821）	立出給墾字人沙連保林圯埔街天后宮住持僧脫塵	圖記如一式
4	道光十四年（1834）	立給墾字沙連保林圯埔街天后宮住僧慈玉	圖記如一式
序號	年代	相關文字	圖記
5	道光十四年（1834）	親立給墾字人水沙連保林圯埔天后宮住持僧志煥	圖記如一式 又一圖記如二式 （二式）

1　林文龍：《社寮三百年開發史》，第69頁。

续表			
6	道光十八年（1838）	立出給墾字人沙連保林圮埔天后宮住持僧慈玉	圖記如一式
7	道光二十一年（1841）	立給定界配納油香字人水沙連保林圮埔街天上宮住持僧慈玉	圖記如一式
8	同治六年（1867）	立出給墾字人沙連保林圮埔天后宮住持僧慈玉	圖記如一式
9	同治十年（1871）	立給墾字水沙連保林圮埔街天后宮住持僧什崇	圖記如一式，但內文天上宮改天后宮（三式）
10	光緒十二年（1886）	天上宮住持僧智鑒	

　　嘉慶十七年（1812年）的立出墾單字是第一個鈐蓋住持僧圖記的文件，該文件雖是嘉慶十七年，但圖記卻是胡邦翰所頒，則應是乾隆二十八年、二十九年之物，所以圖記上的住持僧該是胡邦翰頒發圖記時的住持僧，因此雖然未見到乾隆時代檔上鈐蓋此一圖記，只能認為是鈐蓋此一圖記的契約均已軼失或尚未出土，不能否認其曾經存在。故可說從乾隆到光緒年間媽祖宮住持僧有5人，140年間5人，一個任期平均28年。其傳承與任住持時間如下：

　　脫塵→慈玉→志煥→什崇→智鑒
　　乾隆　道光　道光　同治　光緒

　　從給墾字看自乾隆到道光元年都是脫塵所立，計三件；慈玉自道光至同治計四件，志煥在道光有一件，什崇在同治一件，智鑒在光緒

一件。其間脫塵的任期自乾隆二十八年到道光元年，約60年。比較同一時段北港朝天宮住持僧竟有14位[1]，而連興宮只有5位，似乎有所遺漏。尤其再和上錄「沙連堡天上宮勅封二十三位將軍爺並和尚一派蓮座」對照，二者幾乎無一吻合。蓮座和尚名字列成傳承表如下：

$$善公→藏宗公→心公→塵戒公→\genfrac{}{}{0pt}{}{定成公}{雍道公}→潭公$$

有人將蓮座認為是觀音亭故物，因為日人來臺觀音亭毀廢，才將神明與蓮座等文物遷到連興宮[2]。從蓮座上「沙連堡天上宮」字樣，即知是媽祖宮舊物，如前所述「天上宮」正是媽祖宮胡邦翰時期的廟名。但是這一方蓮座製作時間甚晚，因為寫「沙連堡」，用「堡」而非「保」，其時間不能早於光緒，也許晚到日據時期。

又圖記第一式「正堂胡」頒給「脫塵圖記」一直用到同治十年，最後一件光緒十二年有無圖記，因未見原件不得而知。此「正堂胡」即彰化知縣胡邦翰，他給脫塵的圖記是最早的圖記，因為一九抽的山租給媽祖宮當香火之資是胡邦翰所捐置，也就是媽祖宮可以將近山荒埔給墾的權利是胡邦翰下放的，所以他頒的圖記也具有法律地位，這個圖記成了媽祖宮權力的依據，因此一直被使用到同治十年，甚至光緒年間。知縣換了再換，住持僧也換了又換，但圖記就是一個，持續鈐用。到同治十年出現的一個圖記，形式印文都相同，就差一個字，「天上宮」變成「天后宮」。另刻圖記的原因可能是舊圖記遺失，只好重刻，重刻時不知原是「天上宮」，而用後來較為通用的「天后宮」。也可能是廟名由天上宮改為天后宮，圖記不能不改。

1　蔡相輝：《北港朝天宮志》，北港朝天宮董事會，1995年，第245~256頁。
2　黃素真：《沿山鄉街的「存在空間」——以林圮埔街為例》，臺灣師範大學地理學系碩士論文，1997年6月，第93頁。

第五章　臺灣竹山媽祖宮歷史的研究

四、媽祖宮中胡邦翰為什麼有長生祿位

胡邦翰是今日媽祖宮中清代三位被供奉長生祿位者之一。一位是乾隆朝福建巡撫署閩浙總督的定長，一位是乾隆朝彰化知縣胡邦翰，一位是道光朝彰化縣知縣李振青（如圖5-4）。從上引《彰化縣志》「胡邦翰傳」可知，道光時廟後有胡公祿位祠，也就是專祠，只供祀胡邦翰。什麼時候又加定長、李振青？可能也是咸豐六年林鳳池大修之後的事。

李振青，貴州興義人，監生，道光三年十月任，到六年三月卸職[1]。他對竹山地區的貢獻是解決了竹木由清水溪、濁水溪放流出售，下游東螺溪洲居民藉埤勒索錢文的糾紛。道光三年七月十七日調處結果「以清濁二溪載竹從觸口溪洲經過，無論大小，首尾共四節為一排，定錢二百文，聽該總正舉出公正之人鳩取，年充沙連保林圯埔天后宮及分配溪洲元帥廟為香燈諸費[2]」。勒石立碑「各宜凜遵毋違」的人便是「特調福建臺灣府彰化縣正堂加六級記大功二次紀錄十次李」的李振青。立碑時間是道光四年五月。這當然使媽祖宮的香燈費更為充足。這是他得享長生祿位之故。嚴格講調處的時間是道光三年七月十七日，李同年十月上任，也就是不是他，應該是前任，前任杜觀瀾道光三年七月署。但又不知是七月十七日以前，還是以後。如果以後，則又是前任的龐周，他是道光二年十月署。如果只是勒石立碑就可享長生祿位，那立「正堂馬示碑」的知縣馬鳴鑣似也該享長生祿位之供奉，因為是他立石將胡邦翰的惠政落實了。

至於定長、胡邦翰都是乾隆中葉任官，都和水沙連保的豁免舊欠、田園減則有關，胡氏則又捐置山租，真是惠最無窮。

1　周璽：《彰化縣志》卷三〈官秩志〉，第80頁。
2　石碑立於竹山媽祖宮右側。

《彰化縣志》「胡邦翰傳」寫他是浙江余姚人，乾隆十七年進士，二十六年調彰化知縣，到任後，興利除害，美不勝記。如置義塚，設留養局等，實心實政，無日不軫念民艱。又說：「而惠最無窮者，莫如減則一案。」本案的原委，志文寫道：

先是水沙連荒埔墾辟成田，已報升科，忽連年水災，沖崩壓壞者，不可勝數；又年不順，成穀無半種。民受課累，日追逋欠。邦翰知民疾苦，為請大吏，備陳情狀。適制憲巡臺抵彰，邦翰即躬導制軍詣勘，跋涉畎畝間，不辭勞瘁；複為哀籲再三。制憲憫其誠，乃為奏請豁免水沖田園數千甲，舊欠供課數萬石。仍請減則，詔報可。

傳文講到二件事，一是豁免舊欠，一是減則。先談豁免舊欠。

追本溯源，向皇帝奏報水沙連保地瘠租重，水沖沙壓，舊佃逃散，查明豁免的人是巡臺漢御史李宜青。

李宜青，號荊川，江西寧都人，乾隆元年（丙辰）進士，掌江南道監察御史，乾隆二十八年五月與滿人永慶任巡臺御史。二人於同年十一月十五日抵臺，次年五月四日離臺[1]。李宜青於乾隆二十九年三月間按巡北路，到達水沙連地區。了解到彰化縣水沙連官莊[2]，原是流寓無業貧民所開墾以資日食。嗣於乾隆十六年已成田園奏報入官，奉文自乾隆十七、十八兩年，每粟1石，折徵銀6錢；十九年以後，概徵本色。所有自乾隆十九年至二十六年止，除正供粟每年應徵2349石，俱經清完外，其應徵餘租，尚欠餘租粟12740石。又十七、十八

1 余文儀：《續修臺灣府志》（上）卷三〈職官〉，臺灣銀行經濟研究室，1962年，第125頁；何孟興：《清初臺灣巡察御史之研究》，東海大學歷史系研究所碩士論文，1989年，第149~151、220頁。

2 有關水沙連官莊可參考柯志明《番頭家——清代臺灣族群政治與熟番地權》，中研院社會學研究室，2001年，第163~167頁。

兩年粟價及節年耗羨餉，尚欠銀6644.8兩。李宜青查出欠粟欠銀的原因，他說：

臣於本年三月按巡北路，據該地民人黃重等以地瘠租重，原佃逃散，不能以現在頂耕之民，匯追十餘年積欠等因具呈到臣。於時猶以佃民未可盡信，沿途體察，咸稱該處地近內山，所在荒埔外，多浮土沙石排列，地本瘠薄。而傍溪環澗，每多沖決，泥去石見，遂成棄壤。舊佃力不能支，逃散屬實。及詢之該縣，與從前檄委臺、諸二縣查勘各令備述情形，亦異口同聲。然督撫所由尚未題請者，蓋以事關額賦，不敢遽行議豁，原屬慎重錢糧之意。[1]

李宜青在奏中建議比照藍興莊官莊丈溢田畝應徵餘租，以舊佃轉徙，經督撫題請恩豁舊例，對水沙連舊佃逃散並田畝坍沒處所，「應請下該督撫另委員履訪確勘，是否屬實，再行奏明辦理。」

因為李宜青沒有在臺灣與滿御史永慶會銜入奏，又沒在回京覆命時上奏，竟是回京日久之後到九月才獨自上奏，違背了慣例，受到皇帝的傳旨申飭。但對李宜青所奏各事，仍交戶部議奏。戶部在十一月五日議奏，有云：

查臺灣府彰化縣屬水沙連地方，民人私墾田園一千五百七十甲零，先據原任閩浙總督喀爾吉善題准照官莊之例徵租。自乾隆十九年為始，概收本色，其十七、十八兩年應追未繳租粟，照依採買定價，每石折收價錢六錢，照數完解等因。嗣據該督冊報前項田園，除每年額徵供粟二千三百四十九石三斗三升七合一勺零，耗粟

---

1 《明清史料》戊編第二本，「戶部為內閣抄出巡臺御史李宜青奏移會」，中研院歷史語言研究所，1954年，第116~118頁；《臺案彙錄丙集》，臺灣銀行經濟研究室，1963年，第309~321頁。

一百九十五石七斗六升八合零外，共應徵租粟二千五百八十九石三斗五升六合三勺零。又十七、十八兩年應徵粟價及節年耗羨餉等銀，除節欠徵收，尚欠銀五千八百八十六兩七錢二分八釐六毫零。經戶部行令催徵完報各在案。……查各省地畝如有水沖沙壓，難施耕種者，例准題豁糧租……現據署閩浙總督定長查明前項田園舊欠各年餘租粟價餉耗等銀，實係地畝坍荒，匯追日積，以致貧佃力難完納，委實無可著追，題請豁免，並將荒缺田園，分別確查，另行題請除糧，應於彼案內查核辦理題覆。

十二月初八日奉旨「依議」。

由上述史實，可見與水沙連地方豁免舊欠粟銀案有關的人，主動上奏的是巡臺御史李宜青。李氏在巡查過程中也「詢之該縣」，這個「該縣」就是彰化知縣胡邦翰。胡氏「備述情形，亦異口同聲」。但證以《彰化縣志》所載：「邦翰知民疾苦，為請大吏，備陳情狀。適制憲巡臺抵彰，邦翰即躬導制軍詣勘，跋涉畎畝間，不辭勞瘁；複哀籲再三。制憲憫其誠，乃為奏請豁免水沖田園數千甲舊欠供課數萬石。仍請減則，詔報可。」則主動人應是胡邦翰，胡氏自乾隆二十六年六月到任，到二十九年三月，差三月就三年，他是親民之官，在二十七年秋就已「親臨駕勘」，他當然比李宜青初來乍到更了解民間疾苦。所以前文所謂「為請大吏，備述情狀」，「躬導制軍詣勘」，「制憲憫其誠，乃為奏請豁免」，其中「大吏」、「制軍」、「制憲」都指總督。那時正好福建巡撫定長署閩浙總督。閩浙總督楊廷璋因案在乾隆二十九年六月二十四日奉諭「解任來京候旨[1]」，另派蘇昌調補閩浙總督。在蘇昌未到任間，由定長署總督之職。定長只是暫時代理，而且從李宜青的奏文及戶

1 《清高宗實錄選輯（上）》，臺灣銀行經濟研究室，1964年，第138頁。

部的議奏，可知定長是在被動的情形下才奉命查明題奏。他並未主動發掘民隱，主動上奏水沙連官莊佃戶的艱苦，只在戶部奉旨查辦時，「查明前項田園舊欠……實係地畝坍荒……委屬無可著追，題請豁免。」定長在查案時有否到臺灣水沙連？不可能。從公文往來時間不到二個月。九月十六日到戶部，戶部十一月五日議奏。判定不可能來回臺灣[1]。所以，上奏的資料來源還是彰化知縣胡邦翰所上報。從此，可以弄清一件事，也糾正《彰化縣志》以來的錯誤，就是胡邦翰陪著勘災的「大吏」，不是巡撫署總督的定長，不是制軍制憲，而是巡臺御史李宜青。

以上是豁免舊欠。以下再論減租。

在上引李宜青奏文及戶部議奏文都未有減租請求。只有戶部奏文之末有：「至將荒缺田園，分別確查，另行題請除糧，應於彼案內查核辦理題覆。」這些後續工作，因為胡邦翰在二十九年十一月卸任，而皇帝批可是十二月八日，所以是後來幾任知縣：韓琮、成履泰、王執禮、張可傳、馬鳴鑣的事[2]。奏文中「荒缺」，是土地業已拋荒不再能耕種；或已被水沖沙壓，不堪耕種。都要報請永遠除去糧籍。要確定荒缺面積，最正確是農民申報，官吏勘查，重新丈量。是不是在上報荒缺案時同時要求減則，因為文獻無徵，不能下斷語。所以對減租的了解，要從其他史料留下的蛛絲馬跡來查考。

永濟義渡文書中有三件彰化縣所頒執照，時間為乾隆二十九年三月、六月、九月，頒給人正是彰化縣知縣胡邦翰。執照中寫有：「彰

---

1 道光二十七年間閩浙總督劉韻珂到臺灣履勘水沙連六社番地之行程如次：二十七年三月二十四日自福州起程，四月十四日自蚶江放洋，次日到鹿港。五月十三日在南投換坐竹輿，由集集入山，二十日出山，由北投回彰化縣城。到此已用去近二個月。何時回到福州，不見記載。但他的《奏勘番地疏》是在八月十六日奏，也即八月十六日前業已回到福州。見劉韻珂：〈奏勘番地疏〉，載丁曰健《治臺必告錄（上）》，臺灣銀行經濟研究室，1959年，第212~228頁。

2 周璽：《彰化縣志》卷三〈官秩志〉，第77~78頁。

化正堂胡為地瘠租重等事今給水沙連保後埔仔莊佃民……今勘實詳請減則，年納充公田園甲分釐毫，現請減則[1]」字樣。自二十九年三月執照看，不是李宜青二十九年九月上奏，十二月皇帝依議才辦的案。而且從該執照係刻板印刷，三月件已是「彰字第貳佰陸貳號」，六月件是參百肆拾號，九月件是肆百玖拾貳號。照此發件數量推估，發件可能要早到二十八年，最晚也當是二十九年年初就開始。那麼，減則一事和李宜青的按巡北路無關。可以確定的是胡邦翰在二十八年已經向上級請求減則了。所以才有「現請減則」之語。而從後來成為事實，可知他的請求獲得裁可。可惜未能見到減則的奏摺。至於減則是如何減？直接文獻也未曾發現。只能自相關史料抽絲剖繭，庶得其真相。

今在乾隆三十六年十月彰化知縣王執禮給曾甯執照[2]，乾隆三十九年十一月彰化知縣張可傳所立「奉憲示碑[3]」，嘉慶五年十月彰化知縣胡應魁所給官批[4]，以及嘉慶十九年彰化知縣李雲龍所立「沙連保地棍阻墾示禁碑[5]」，似可得其蹤跡。茲將相關文字照錄，再為討論。

乾隆三十六年縣給執照有云：「沙連保原報續丈充公田園詳請減則給批輸納在案，今據前後埔仔莊佃呈報墾溢，經本署縣按丈盈溢及築圳難成，詳請列憲將原給印批田園照額輸納，所有盈溢一概照園納租……後開原給耕田園照例輸納外，共墾溢田園每一甲年納官租二石。」之後記「現耕原田園」若干，「今丈溢園三甲一分七釐捌毫伍係陸忽，年應完納課租陸石三斗壹升柒合壹勺」。

1 見吳淑慈：《南投縣永濟義渡古文契書選》，第80、86、87頁。其中第80頁之三月件上缺，後二件完整。
2 見吳淑慈前揭書，第49頁。
3 原碑立於竹山社寮通後埔仔公路右側，「9‧21」大地震倒塌，經整修後存於社寮文教基金會。
4 見吳淑慈前揭書，第94頁。
5 原碑立於竹山和溪厝通林內右側公路邊，後倒塌，今棄置在當地一廢棄屋空地上。劉枝萬作「沙連保地棍阻墾示禁碑」。

第五章 臺灣竹山媽祖宮歷史的研究

乾隆三十九年十一月「奉憲示碑」，一般作「二甲作一甲碑[1]」，其實稱「請免改則升科碑[2]」似較允當。此碑係砂岩雕刻，年久風化，缺字不少，經林文龍辨認得430字，約原碑七成[3]。此碑提供不少史實，分點述之如下。

第一，鄭學海等在前後埔仔等莊報墾田四十甲九分，瘠園一九六甲六分，定例每田一甲完租六石，每園一甲完租二石。

第二，胡邦翰親訊，前後埔仔鳩工築圳，設計動費浩大，又水勢湍急，沖毀堤圳，修理費用不貲，逐年已用去一千數百兩，萬難築成，未便六年升田完賦。又因水沖沙壓，不堪耕種，已經報請減則，每佃可於田頭地角竭力墾補二甲作一甲之額。

第三，乾隆三十三年各佃呈報請改田則，經知縣王執禮丈報，撥抵張天等被沖田園，免改則升科。

第四，各佃於乾隆三十六年五月呈請免改則升科，經蒙於荒缺糧籍案內請列憲，溢田一百三十七甲五分仍然每甲二石完納，又免改則加徵，並於三十九年八月七日奉批允准。

嘉慶五年十月知縣胡應魁給佃戶陳各執照有「原耕田園」、「今溢園」、「共應完租」字樣。

嘉慶十九年正月二十八日李雲龍所立碑有云：

據沙連保和溪厝莊蔡顯等呈稱：竊顯等佃耕沙連瘠土，配納租餉耗銀兩。乾隆二十八年間，佃民石子言等以向隅疾苦事簽呈，蒙前邑主韓，前府憲蔣批：查沙連地瘠租重，准二甲作一甲完納；詳請憲示，奉文如詳飭遵。於乾隆三十年二月間，給各佃印照，准於山頭地

1　倪贊元《雲林縣採訪冊》即作「兩甲作一」碑，見該書第161頁。
2　劉枝萬主張作「田園減則升科諭示碑」，見劉枝萬《臺灣中部碑文集成》，臺灣銀行經濟研究室，1962年，第167頁。
3　林文龍：《社寮三百年開發史》，第64頁。

角墾補二甲作一甲之額。

　　將此四件史料綜合互證，可理出減則史實。

　　水沙連官莊之租額，定例為田一甲六石，園一甲二石。此見「奉憲示碑」。此後因為地瘠租重，舊佃逃散，引出豁免舊欠案，又引出荒缺糧籍案，因此有二甲作一甲田頭地角墾補水沖沙壓的變相減則，以及原耕田園照舊完納，丈溢田園每年納官租二石之減則案。比較其他地方，如草屯地區，田每甲納租八石，則水沙連的竹山地區相對的租負輕薄。所以說竹山地區是因為從嘉慶十九年碑可知原來只是水沙連官莊今社寮地區的減則，也以水沙連之擴大解釋而包含整個水沙連保之範圍，所以和溪厝地方也以「查沙連地瘠租重，准二甲作一甲完納」而「准於田頭地角墾補二甲作一甲之額」。

　　使水沙連保竹山地方人民得享此惠政的官員是誰？從上引乾隆二十九年胡邦翰所頒執照有「彰化正堂胡為地瘠租重等事……今勘實詳請減則」之語，可知胡邦翰最晚在乾隆二十九年初已開始請求減則。參照嘉慶十九年李雲龍碑則知請求減則在二十八年。因碑文有言「乾隆二十八年間，佃民石子言等以向隅疾苦事簽呈」，所謂「向隅」是別人有我沒有。社寮地區減則，和溪厝沒有減則。該碑文透露「於乾隆三十年閏二月間，給各佃印照，准於田頭地角墾補二甲作一甲之額」。這個時間，應該就是減則允准的時間。據此，可知乾隆三十九年「奉憲示碑」是處理社寮地區的特殊情況，而且時間從胡邦翰的乾隆二十六年，一直到乾隆三十九年立碑方告結案。此間牽涉到築圳、水沖、減則、升科完賦等問題。而其最初的發動者就是胡邦翰。而嘉慶五年的執照表示雖然中間經過林爽文之變，「檔柵焚毀」仍然照原耕今溢也即二甲作一甲收租。所以此一惠政應該一直延續到光緒年間劉銘傳清丈才有改變。所以可以得到結論：這件減則惠政，功勞最大的就是胡邦翰。

豁免舊欠是對水沙連官莊的惠政，減則則是對水沙連保的惠政。文獻上除前述和溪厝也蒙減則外，三角潭莊也有契約可資證明[1]。至於直接使媽祖宮興旺，使媽祖宮成為水沙連保沿山一帶的業主的是胡邦翰捐置山租一事。

胡邦翰捐置山租，除前引《雲林縣採訪冊》所云：「前彰化縣邑令胡邦翰捐還山租若干，為寺僧香火之資」外，還有其他更早更詳細的史料印證。這些史料包含乾隆四十三年一方殘碑及契約文書三十二件，前論住持僧節所引契書即其一部分。茲再引數件以為證。

先看乾隆間四十三年九月二十四日的「正堂馬示碑」（見圖5-3），知縣馬鳴鑣在碑文云：「（乾）隆二十七年秋，親臨駕勘，諭……例配入天后宮抽的作香油……竊念為崇神起見，合情相率呈……以安身而寶殿長輝，鐘磬時……（水沙）連保二十四莊民人等知悉……稻穀配入媽祖香燈一九之」這殘碑如對照下引住持僧給墾字則內容更為清楚。但就現存文字，也可知胡邦翰在乾隆二十七年秋，在他上任第二年就到水沙連保親臨駕勘，而且就做了保內沿山一帶土地一九抽的配入天后宮的諭示。

再看媽祖宮住持僧所立給墾字，寫出給墾的法律依據就是來自知縣胡邦翰。給墾單最早的是嘉慶年，最晚的是光緒十二年。道光十四年二件均寫得十分明白，茲錄道光十四年八月件為例（見圖5-5）。該件相關文字照錄如下：

立給墾字人水連保林圯埔街天后宮住僧慈玉為出墾招佃耕作事，緣蒙前邑主胡　奏准施恩，將保內沿山一帶除完正供以外，餘有浮鬆瘠土，山麓洲嶼，不堪報課，配入本宮以為香燈之資。又經邑主馬　示諭

1　竹山陳文學先生藏古文書；又見陳哲三總纂《竹山鎮志》第三篇〈開拓志〉（林文龍撰），第361頁。

立石炳據，付僧招佃開墾，按一九抽的之例以崇神光，以資香祀。[1]

這件契字說得很明白，前知縣胡邦翰奏准施恩，將水沙連保內沿山一帶除乾隆二十八年之前已完正供之田園外，其他浮鬆瘠土，山麓洲嶼，不堪報課，都配入媽祖宮為香燈之資。此事又經胡邦翰之後第五任知縣馬鳴鑣立石示諭，想來是因為胡邦翰奏准後，有佃民不遵辦，所以要立碑重新確認，碑文最末才說：「縣稟以憑拏究，爾等各佃民亦」，意思是向縣稟報就會拏究，佃民不要以身試法。

給墾字及殘碑都說是一九抽的，即是抽的租，抽十分之一的生產量為租稅。但名義上是一九抽的，實際則是定額租。如上引道光十四年八月件，就是「逐年配納香燈租銀壹錢」。又如嘉慶年件，是「逐年願納香燈粟三斗[2]」，道光元年件是「逐年完納香燈租銀穀三斗[3]」。

自現見契約，可知向媽祖宮完納香燈粟或租銀的確是遍及水沙連保的沿山一帶，最南到車店子、頂林，最北則是後埔仔地區。茲將契約標的地名列舉如下：

土名新莊仔樹頭坑、內□仔寮莊、獅尾堀坑口、獅仔頭坑、土名牛崎腳，獅尾屈咬狗坑口、獅仔屈莊、內獐仔寮抄封厝後傍坑、內獐仔寮莊、咬狗坑、咬狗坑莊外暗坑山田、柳寮坑蕉仔潭口、中心崙山后反崙、內獐仔寮竹興莊後壁山、抄封厝內燒灰坑、茭荖崙腳、三層崎、茭層坑、山仔頂、崎仔寮、岩仔坑、竹崙、柿仔林莊、德興莊後、圳頭坑、大埔。

1　吳淑慈前揭書，第101頁。
2　吳淑慈前揭書，第104頁。
3　吳淑慈前揭書，第113頁。

第五章　臺灣竹山媽祖宮歷史的研究

　　上錄都是契約中的地名，獅仔屈莊以上的地名大約在今後埔仔地區，德興莊後以上的地名在今大坑、中心崙、頂林一帶，圳頭坑在今桂林里與延平里交界處，大埔在今德興里，過去的車店子。這個範圍正是清代水沙連保濁水溪南之沿山一帶，大坑部分則已深入山區，其南以田子溪與嘉義縣轄之鯉魚頭保為界。這個現象也可見到清代彰、嘉兩縣在山區的界線。

　　綜上所述，媽祖宮的興建年月，從現在史料，還以《彰化縣志》所記「乾隆初，里人公建」為是。以後各說都缺可靠史料之依據。尤其最晚出的乾隆七年說，雖有年月日，更不可信。

　　媽祖宮的廟地是李裕蔥、盧友弘二人喜舍，當年廟埕左畔有松樹一棵，左側有刺竹一列。李、盧二人照各地廟宇都有功德主的長生祿位，有些有名姓，有些為總牌，如鹿港天后宮之供施世榜長生祿位例 [1]，得享長生祿位之供奉。

　　媽祖宮的名字，現在正式名稱是連興宮，民間則仍稱媽祖宮。依史料，「聖母宮」、「媽祖宮」、「天后宮」、「天上宮」、「天后聖母廟」之名，都在「連興宮」之前出現。

　　這裡有一事需略說明，對媽祖的稱呼，有兩個系統，一個是官方的，一個是民間的。官方的稱呼以宮廷內女性的封號來封謚，宋代先封夫人，晉封妃，元代又晉封為天妃，明代除天妃外，又有聖妃、元君，清康熙二十三年平臺，晉封天后。也就是經歷夫人→妃→天妃→天后的過程。而民間的是姑、娘、媽、祖、婆，也連成娘娘、娘媽、媽祖、媽祖婆。依民間女性自幼到老的人生階段來稱呼，比較親切。比較親切的稱呼，獲救更快速而有效。道光末淡水同知曹士桂來臺赴任，在泉州渡海前到天后宮進香祈求保佑，他在日記裡寫道：「俗謂遇險時，如呼天后娘娘，救濟少緩；蓋須排輿盛服乃出。如呼媽祖

1　鹿港天后宮廟地由施世榜所獻。今天后宮右廂房有一間供奉施世榜長生祿位。

婆，則立即現身，常服不裝飾。」[1]另外，媽祖故鄉莆田地方林姓婦人外出工作時常把兒童帶到廟中，請這位家族中慈祥的長輩照看。方志中記載：「按今莆田林氏婦人，將赴田或採捕者，以其兒置廟中，祝曰：『姑好看兒』，去終日，兒不啼不饑，不出閾，暮各攜歸。」[2]

連興宮之名，最早見於光緒八年十月的一件契約，之後就是光緒二十年的《雲林縣採訪冊》。從光緒八年往上推，同治光緒年間看不到廟史中有大到改名的大事，除非再上推到咸豐四年到六年林鳳池主持的一次重大修建[3]。改用連興宮之廟名，最有可能即咸豐六年。

媽祖宮確有僧人當住持，而且是臨濟宗的和尚。臨濟宗為禪宗之一派，元代以後流行於中國南方，北方則流行曹洞宗。北港朝天宮也是臨濟宗和尚當住持。媽祖宮有住持自胡邦翰時，即乾隆中葉，持續到日治初，約有140年。可惜今廟中僅存一方「沙堡天上宮勅封二十三位將軍爺並和尚一派蓮座」。從「沙連堡」的寫法，不是「水沙連保」，也不是「沙連保」來判斷，這方蓮座出現的時間當在光緒年間，也即清統治的末期，說不定要晚到日治時期。因為「沙連堡」之使用從光緒開始，而普遍於日治時期。這一方蓮座的和尚人數少，名字又與契約所見不相符。所以無法知道住持僧一共多少位？順序如何、名號是什麼？今天能肯定的是：媽祖宮確有住持僧主持廟務140年。

又臺南大天后宮[4]、北港朝天宮、中港慈裕宮[5]、鹿耳門媽祖宮、

1　曹士桂：《宦海日記校注》，雲南省文物普查辦公室，1988年，第150頁。

2　王瑛曾：《重修鳳山縣志》卷五〈典禮志〉，臺灣銀行經濟研究室，1962年，第151頁。

3　連興宮山川殿兩根石柱即咸豐重修留存之物，可證為一次大修。

4　有關臺南大天后宮有住持僧之史實，在蔣毓英《臺灣府志》卷九〈外志、宮廟〉有「後有禪室、付住持曾奉祀。」再劉良璧《重修福建臺灣府志》卷九〈祠祀〉有「杳燈園二十一甲在安定里，年得租票一百二十五石；諸邑令季麒光置，交廟僧掌收」。又高拱乾《臺灣府志》卷九〈宮廟〉有「後構禪室，以住僧焉」。見石萬壽《臺灣的媽祖信仰》，臺原出版社，2000年，第230、242、244頁。

5　許葉金：《中港慈裕宮志》，中港慈裕宮管理委員會，1980年，第413頁。

基隆慶安宮、北投關渡宮、淡水福佑宮、新港奉天宮[1]都有和尚當住持，可能可以確定為當時臺灣普遍的現象。所以學者有如下的看法，「清代臺灣媽祖宮由僧人住持與置產，幾乎是官建與民建媽祖廟的共同特色[2]」。

媽祖宮中長生祿位的問題，定長、胡邦翰、李振青三位是否合適，以及應增應減的考慮，從上文的討論，可以知道定長似無什麼惠政，他只是正好是巡撫署總督，官位最大。李振青解決了放流竹木出口的糾紛，又增加了媽祖宮的香油資。胡邦翰是對水沙連地區貢獻最大，對媽祖宮的財政收入貢獻最大的人。但胡邦翰之所以能有此惠政，他的愛民的理念得以實現，是因為巡臺御史李宜青的巡查訪視，違制上奏。所以，把定長換成李宜青也許更妥當，或者至少應該加上李宜青的長生祿位。當然，要加，還要加喜舍廟地的李裕蒽和盧友弘。因為沒有他們二人的喜舍，哪來媽祖廟。各地媽祖廟的慣例如此。

胡邦翰為水沙連地方做了三件大事。第一豁免水沙連官莊的舊欠，第二請准水沙連田園減則，第三奏准沿山一帶土地墾種以一九抽的租額納入媽祖宮為香燈之費。胡氏果敢地做了一個循吏所該做的事，水沙連地方農民負擔減輕不止一半，這或許是清代水沙連地方繁榮的重要原因之一。胡氏也因此能享水沙連地方民眾290年的香火。

水沙連保之土地，因夾在清水溪與濁水溪之間，雨季颱風，難免水沖沙壓，田園很容易變成荒埔，佃農無以為生，也便逃散。乾隆年間社寮地區開始有水利灌溉工程[3]，但濁水溪洪水暴發，土堤崩

1　王見川、李世偉：《臺灣媽祖廟閱覽》，博揚文化公司，2000年，第30、68、77、91、157頁。
2　王見川、李世偉前揭書，第34頁。
3　永濟義渡文書中有三件足以證明，一件乾隆二十一年十一月的杜賣契約有「今開碑圳，照舊灌溉」、又乾隆二十二年十二月的永杜絕賣契有「東至浮圳」，又乾隆二十六年十一月杜賣契有「帶大圳水肆百伍，長流灌溉，其界址東至浮圳」。又在契末有「一批明，此田原帶咬狗坑圳水灌溉，至乾隆二三年莊眾議築大圳通流灌溉」。咬狗坑圳稱小圳，大圳似即引濁水溪之圳以上三件契書見吳淑慈前揭書，第62、89、91頁。

壞，其情形即前張可傳「奉憲示碑」所云：「因水勢湍急，土堤……迭任……沖……修理動費……不堪耕種。」在知縣大人的履勘，在巡臺御史的奏報，在列憲的複勘轉呈，戶部同意，皇帝批准，水沙連地方豁免舊欠，減則二甲作一甲，溢盈田園依園納租，沿山一帶一九抽的配入媽祖宮為香燈費。在二甲作一甲，在田頭地角補墾，在盈溢田園照園納租的鼓勵下，原來的空地不再任其拋荒，可墾土地都成了綠野平疇。對水沙連地方的開墾大有幫助。另外，媽祖宮享有沿山一帶一九抽的權利，也大為促進沿山丘陵地的墾殖，竹山的竹，如刺竹、桂竹、麻竹、孟宗竹之大量種植都在此一時期之後。大坑、中心崙地區的開發都在嘉慶中葉以後可以證明。竹山媽祖宮成了沿山一帶土地的業主。媽祖宮財源固定而充足，殿宇輝煌，鐘鼓時鳴，成為水沙連地方住民信仰的中心。清代竹山媽祖宮所扮演的角色，已經超過宗教的層面，這可能不是其他地方的神明所能比擬的。

圖5-3 乾隆四十三年告示牌

正堂馬示

特調福建臺灣府彰化縣正堂加

月二十三日據水沙連保佃民

富劉寧賴勤陳守杜猛黃茂

洲媽祖水德配天母儀稱後

聖世紀重海邦沙連立廟共沐福

股平坦者各莊墾辟經丈納課

以資糊口初年新墾少有浮土

荒蕪草依然此乃棄物之地

隆二十七年秋親臨駕勘諭

圖5-4　乾隆四十三年告示牌文字

圖5-5　媽祖宮長生祿位

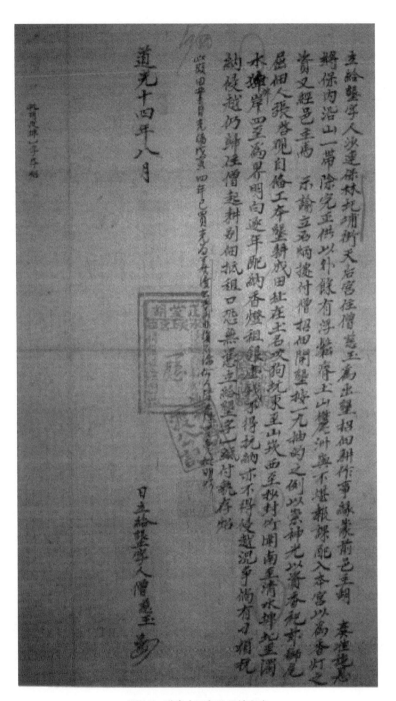

圖5-6　道光十四年八月給墾字

第六章　神明崇拜與傳統社區意識

——閩西武北客家社區的田野調查研究

劉大可 [1]

關於神明崇拜與傳統社區意識的關係，在學術界已有過一些探討，如木內裕子的〈廟宇活動與地方社區〉、林美容的〈媽祖信仰與地方社區〉、蕭鳳霞的〈文化活動與區域社會經濟的發展〉、劉永華的〈文化傳統的創造與社區的變遷〉、鄭振滿的〈神廟祭典與社會空間秩序〉等 [2]。這些研究，就社區類型的選擇而言，木內裕子、蕭鳳霞、劉永華研究的社區為一個鄉鎮，林美容研究的社區為一個縣，鄭振滿研究的社區則居於縣與鄉之間。就神明崇拜的考察內容而言，木內裕子、鄭振滿的研究主要偏重於寺廟，蕭鳳霞、劉永華的研究偏重於儀式，林美容的研究則包括寺廟、香火緣起類型、儀式活動等。

1　劉大可，中共福建省委黨校教授。

2　木內裕子：〈廟宇活動與地方社區——以屏東縣琉球鄉漁民社會為例〉，載《思與言》第25卷第3期（1987年）；林美容：〈媽祖信仰與地方社區——高雄縣媽祖廟的分析〉，載臺灣財團法人北港朝天宮董事會、臺灣省文獻委員會編《媽祖信仰國際學術研討會論文集》，臺灣財團法人北港朝天宮董事會、臺灣省文獻委員會1997年印行；蕭鳳霞：〈文化活動與區域社會經濟的發展〉，載《中國社會經濟史研究》1990年第4期；劉永華：〈文化傳統的創造與社區的變遷〉，載《中國社會經濟史研究》1994年第3期；鄭振滿：〈神廟祭典與社會空間秩序〉，載王銘銘、王斯福主編《鄉土社會的秩序、公正與權威》，中國政法大學出版社1997年版。

我們認為，鄭振滿研究的社區是一個相對比較理想的社區研究類型，林美容研究的神明崇拜則是神明崇拜研究內容比較完整的一種分析模式。本節試圖在方法上兼採二者的長處並作進一步的完善，選擇閩西武北社區為田野調查研究對象，力圖最後在理論上進行總結，並與前人研究形成對話。

本文考察的武北村落社區，位於福建省西部山區武平縣的北部。由於受武夷山脈走向的影響，在武平縣城以北約10公里的地方有一座名叫當風嶺的高山。這座高山使得武平縣南北交通困難，聲息不暢，也使得傳統時期的武平縣北部村落長期處於與外界相對隔絕的狀態。在武平縣北部地方內部，不僅自然生態條件大體相同，而且同屬於汀江支流桃瀾河流域，而長期的歷史發展又使該地區內部社會經濟聯繫緊密，經濟水準接近，社會風俗相似，具有高度的認同感與凝聚力，因而選擇這一村落社區作田野調查研究具有較大的典型意義。

武北現有48個行政村，分別隸屬於4個鄉鎮——永平鄉、桃溪鎮、湘店鄉、大禾鄉。其中屬於永平鄉的有：帽村、昭信、中湍、唐屋、恬下、龍歸磜、瑞湖、溝坑、杭背、田背、崗背、孔廈、梁山、塔里、朝陽；屬於桃溪鎮的有：桃溪、亭頭、興磜、田雁、新田、魯溪、新貢、湘溪、湘坑、洋佘、湘里、小瀾、新華、新蘭；屬於湘店鄉的有：堯山、三和、湘湖、湘洋、七里、店廈；屬於大禾鄉的有：大禾、湘村、大磜、源頭、龍坑、鄧坑、上梧、上湖、賢坑、帽布、坪坑、山頭、大沛。

一、寺廟層次

神明崇拜與傳統社區意識的關係，首先表現在寺廟、神壇的設立

與修建方面。就武北的寺廟與神壇而言，大致可分為四個層次：

1. 武北六十四鄉共同所有。這一層次的寺廟，據目前所知有4座，它們分別是桃溪東林寺、孝經館和小瀾天后宮、黃獅宮。桃溪東林寺初建的具體時間史無記載，查康熙《武平縣志》也未見東林寺的記載，直到民國《武平縣志》才出現這方面的內容。東林寺的建造當在康熙三十八年（1699年）以後至民國這段時間。據一位報告人說，東林寺是民國時期武北最大的一座寺廟，其供奉的穿袍定光古佛高大威嚴，武北大多數村落「打大醮」時都會將其迎去坐中臺，寺內的受戒和尚曾才榮也是主持這種盛大醮事活動的當然人選。

孝經館，又稱為「後局」，其全稱為「武北團練後局」。它的創設與太平天國運動有很大的關係。太平天國運動爆發後，武平縣知縣陳應奎為了防備太平軍入境，令全縣各地普遍建立團練，在全縣設立了前、後、左、右、中五個練局，其中在桃溪設立「後局」。孝經館具體地點建在桃溪村神下，背靠羊角峰，門迎亭頭溪與桃溪河的合溪口，占地約2畝。前面是一座高大的門樓，中間是一塊約400平方公尺的大坪，用於操練；左右兩邊是平房，均可住人；坪的盡頭正中是一座3開間的大樓房，中間是大廳，兩邊是廂房。樓上大廳正中立有3塊神牌，分別供奉「關聖帝君」、「文昌帝君」、「姜大聖人」三尊神。廊簷上鎦金匾書「三聖閣」三字。樓下大廳正中豎一塊大石碑，殤刻咸豐八年（1858年）為抵禦太平軍入武平而死難的30名「團勇」姓名，碑旁有聯文曰：「團成眾志歸忠孝，練就群英樹德勳。」孝經館擁有固定的嘗產，叫「崇文嘗」和「文課嘗」。

小瀾天后宮初建於清嘉慶十九年（1814年），由小瀾富商余天民首倡、武北各村落居民和來往客商自由捐資而成。這座天后宮於「文革」期間被毀，1985年進行了重建。重建後的天后宮，據說大致按原來的模樣，外門樓上刻有「聖之慈」三個大字，左、右二邊是一副對聯：「四海龍魚歸聖化，千秋士女仰慈仁」。大殿神龕塑有媽祖聖

第六章 神明崇拜與傳統社區意識

像，左為千里眼，右為順風耳。在田野調查時，我們發現了3塊重建天后宮時挖掘出來的碑刻和一尊刻有「沐恩弟子隆盛號奉酢，嘉慶丙寅年孟秋吉旦萬聚爐造」的大香爐。這3塊碑刻分別為〈瀾溪天后宮序〉、〈謹將樂助花名列後〉、〈敬塑聖像各信婦捐助啟列〉[1]。從這3塊碑文，我們可以清楚地看到，這座天后宮的信仰範圍和武北社區的若干社會歷史情況。

黃獅宮是另一座由小瀾人牽頭，武北六十四鄉人共同捐資修建的神廟，位於離小瀾村中心約3.5公里的黃獅坑。該廟規模巨大，供奉三官大帝，初建於清末，民國時期還在廟旁蓋了1座3層有48個房間的樓房，供遠近香客住宿之用。舊的黃獅宮三官大帝廟已於「文革」期間被毀，現在的黃獅宮重建於1985年，廟內正堂貼有「十方三寶」的畫像，神龕上設有3塊牌位，中間一塊為「玉封三元三品三官大帝」，左一塊為「梁野山大德定光古佛、三爺古佛之神位」，右一塊為「玉封威靈顯赫玄天上帝神位」，牌位前則設有3尊三官大帝像。神龕旁還立有一尊福德土地神像。據說，現在的這種擺設與舊的黃獅宮廟相差不多。據一位張姓報告人說，由於黃獅宮三官大帝十分靈驗，以往武北大多數村落居民都信仰有加。久而久之，各個村落的人乾脆在自己的地界內建起了三官堂或三官廟，從黃獅宮分香供奉三官大帝。平時他們如遇小病或小問題，就在自己村的三官堂或三官廟去求三官大帝，或在廟裡呼叫黃獅宮三官大帝，如係重病或遇到大麻煩，則仍然要到黃獅宮向三官大帝祈禱、許願方為有效。而各村打三官醮時，常常會前來朝山，如每年的四月半、七月半、十月半三官大帝生日時，湘店鄉的湘湖、劉坊、三背，桃溪鄉的新華、湘里、湘泉坑，大禾鄉的山頭、坪坑等村，都還會到黃獅宮來取香灰回去打醮。

1　參見劉大可：〈小瀾客家的宗族社會與神明信仰〉，載鄭赤琰編《客家與東南亞》（第三屆國際客家學研討會專輯），香港三聯書店2002年版，第107~112頁。

這幾座寺廟均建在河邊和墟市所在地，也是當時武北的社會、經濟與文化的中心地，如瀾溪天后宮、黃獅宮興建時，小瀾為武北的商業、交通中心；東林寺、孝經館的設立時，桃溪不但是武北地理上的中心，而且還是當時的政治中心，均在一定程度上體現了神明崇拜與地理、經濟、政治等方面的關係。

2. 相鄰幾個村落聯合建造。由相鄰幾個村落或幾個宗族聯合建造而成的寺廟構成了武北寺廟的第二個層次，我們在田野調查過程中經常聽說的四大名寺——亭頭太平寺、湘坑寶林寺、龍坑福田寺、昭信田心寺等都屬於這一類型。如亭頭太平寺又被稱作十鄉太平寺，這十鄉分別是：亭頭、田雁、魯溪、定坊、江坑、大蘭園、火夾域、大水坑、老阿山、社上等十個自然村落。湘坑寶林寺也稱作十鄉寶林寺，這十鄉主要包括湘坑、結坑、大禾壩、磜逕、小湘坑、湘湖、沙里、羅坑等十個自然村落。龍坑福田寺當地人稱作「八甲寺」，據說為龍坑、湘村、大禾、貢廈（新貢）、湘坑壩、上梧、上湖、下湖等多個村落所共有。昭信的田心寺則據說為昭信鍾屋、唐屋（村）鄭屋、打狗坑王屋、馬坑曹屋、龍歸磜李屋、下陂馬屋、恬下鄭屋、磜背張屋等「七姓八屋」人所有。

除了這四大名寺外，還有一座與之齊名的寺廟——湘店雲霄寨的雲霄寺。該寺也是由十鄉人聯合建造，現存該寺的碑刻〈重修雲霄古寨緣引〉多次提到十鄉：「東距虞潭、河口，西接堯里、流芳，南連山背、白竹，北毗七里四鄉，尊居十鄉之中，誠為避患之地」；「邀集十鄉道辦團練」；「馬大元帥掌教靈威，鎮守□寨，護救十鄉」；「十鄉同立」等等[1]。顯然這十鄉是指除文中提到的虞潭、河口、堯里、流芳、山背、白竹外，還包括北毗七里四鄉——上七里、下七里、大化、店廈（劉姓除外）等十個村落。

1　劉大可：《傳統的客家社會與文化》，福建教育出版社2001年版，第311頁。

從空間結構看，這些寺廟都在所屬村落的中心位置，如前述雲霄寺「尊居十鄉之中」；龍坑的福田寺與所屬的「八甲」村落，除所在地龍坑外，均相距5公里，其轄區簡直可以說是一個以福田寺為圓心、5公里長為半徑的大圓圈。其他寶林寺、太平寺、田心寺與所屬村落，雖沒有雲霄寺、福田寺這樣規則，但也都大致居於其相關村落的中心，這些村落走小路2.5至5公里可以到達。

這5座寺廟分屬於現今武北的4個鄉鎮，其中太平寺、寶林寺地處在桃溪鎮轄區，福田寺坐落在大禾鄉境內，田心寺地屬永平鄉，而雲霄寺則屬湘店鄉的範圍。這5座寺廟的信仰範圍包括了現今武北4個鄉鎮70%以上的村落，它將武北社區大致分成了5個不同的神明崇拜圈，其主神則分別代表這5個信仰圈的利益，從而又使這些神明分別成為這5個信仰圈的保護神。

3. 全村共同修建。武北寺廟與神壇的第三個層次是村落所有的寺廟與神壇，由多姓村落中不同姓氏、不同宗族聯合建造。這種寺廟供奉的主神，保佑的是全村人的利益，因而也就成為全村的保護神。如梁山村的禪隆寺、小瀾村的滿月堂等都屬此例。梁山村的禪隆寺據說原為梁山村上洋人的地基，由於寺廟前面有一個墩，形似和尚的磬缽，所以做民居不行，但做寺廟倒是一個理想的場所，村民們於是在這裡建起了廟，祀奉定光古佛。據說，該寺原先只有陳、賴、楊、丘、吳五大屋人有份，後來寺前的一坵田與縣城人打官司，因為本村的鍾聖旦原是縣城的一個富戶，在縣城比較熟悉，五大屋人便請他出面幫助打官司，官司打贏後，鍾姓人也分得了一個祿位。該寺在「文革」期間被拆除，變成了一塊草地，1987年村民們自願集資、獻工獻料進行重建，並於1988年春建成。

小瀾村的滿月堂，位於該村陳屋墩的水口，據說此地屬於風水學上「蓮葉蓋龜」的生龍口，係由小瀾陳屋人捐地，張、余、劉及其他姓人聯合捐款興建而成，現已成一片廢墟。據當地報告人說，當年的

滿月堂建築巍峨雄偉，廟門是一座高大的門樓，上書「滿月堂」三個金碧輝煌的大字。廟的正殿天子壁貼有「十方三寶」的畫像，像前正中供奉觀音菩薩，左邊為五穀大神，右邊則為羅公祖師。在前排神座上安放有六七尊三爺古佛像和葉伏虎的像，中間一尊三爺古佛像最高大，為各姓共同捐施，其餘幾尊分別為各姓私立，寄放在這裡。正殿兩側還有十八羅漢、二十四位諸天、華光菩薩等等。正殿的右旁設有土地廟，供奉土地神。類似於禪隆寺、滿月堂這樣的村落寺廟在舊時的武北村落普遍存在。

4. 一個宗族或一個聚落所有。這種寺廟和神壇又細分為二種情況，一種是單姓村落同一宗族建立的寺廟和神壇，如湘湖的興福庵為該村劉姓所建，賢坑的長福庵為該村鍾姓所建；另一種則是多姓村落中單個宗族建立的寺廟和神壇，如永平崗背的天后宮、店廈牛湖下的興隆庵。前者既是村落寺廟、神壇，同時也是宗族寺廟、神壇，其神明自然既是村落保護神，也是宗族保護神；後者則僅僅是某一個宗族的寺廟、神壇，其神明也僅為多姓村落中某一個宗族的保護神。這兩種現象在武北村落中都很常見。

以上種種，反映出武北寺廟構成具有鮮明的層次性，同時也反映了武北神明崇拜的多層次性和複雜性。就某一個典型的村落宗族而言，它通常參與建造了四個不同層次的寺廟和神壇，即依次為整個武北共有的寺廟、相鄰幾個村落聯合建造的寺廟、全村共有的寺廟和神壇、宗族或小聚落共有的寺廟和神壇。其保護神也依次為全武北保護神、跨村落區域保護神、村落保護神、宗族保護神。

二、組織結構

和寺廟、神壇一樣，武北神明崇拜的組織也存在著多種類型，主

要有三大類：一是跨村落、跨宗族的組織；二是村落、宗族出面的組織；三是神明會組織。

跨村落、跨宗族的組織主要是對那些跨村落、跨宗族聯合建造的寺廟進行有效的管理，對共同祀奉的神明定期舉行祭祀。如湘店十鄉共建的雲霄寺，在民國時期擁有相當可觀的財產，僅田產一項每年就可收穀100多擔。這些收入分別作為維修寺廟、一年兩次的會景和濟貧扶窮等開支。為了便於管理和開展祭祀活動，故在組織方面，每鄉推選1名理事組成理事會，然後從10名理事中再選1名為總理事。理事會下設管帳1人，負責管理和公布每年的收支帳目[1]。據當地報告人說，前述瀾溪天后宮、亭頭太平寺、湘坑寶林寺、龍坑福田寺、昭信田心寺等跨宗族、跨村落的寺廟都有這種組織。

這種組織在每年的會景時還要負責組建臨時的會景理事會，會景理事會與寺廟理事會通常是合二為一的。但也有例外，因為有時會景規模較大，區區數人分身乏術，無法管理，需要增加管理人員。另一方面，由於會景的目的是祈保「男增百福、女納千祥」，會景理事會中的香首、醮首作為一種象徵，需要由年長而又有一定身分且夫妻雙全、子孫滿堂、家庭幸福等富有福氣者充當[2]，寺廟理事會數人中有時均不符合這些條件，故需臨時組織。

村落、宗族出面的組織則主要是對村落、宗族的寺廟進行管理和對定期舉行的醮會進行組織管理。如前所述，一般一個大的村內有多種層次的寺廟，有的是屬於某一宗族內部某個房頭所有，有的屬於某一宗族所有，有的則是多姓宗族聯合共建的。這類組織一般每「棚」（譯音）派1至2人作理事，組成理事會，也同樣有總理事和管帳各1

---

1 林泉：〈湘店八里城今昔〉，載《武平縣文史資料》第7輯，武平縣政協1988年印行，第55頁。
2 這可能是當地人思維深處「相似原則」的一種反映，選擇「夫妻雙全、子孫滿堂、家庭幸福」的福首、醮首，祈望當地居民也能像他們一樣「富有福氣」。

人，原則上一姓或一房為1棚，但視姓氏、房派人丁情況，在具體運作時可能進行適當的調整。

但這種理事會組織與醮會的理事會組織是不重合的，因為村落的醮會一般分成兩種組織形式，一種是按棚輪流做頭家組織。當年輪值的頭家則需組成醮會理事會，醮會理事會一般由香首1名、醮首若干名組成。香首、醮首也應符合前述「富有福氣」的條件，由他們全面負責本次醮會的各項活動。此外，還需請村管多名協助做一些零星活。當然，這種組織形式也不是一成不變的，當視具體情況而定。如12年一次的打大醮，因其規模巨大，涉及的人與事都比較複雜，其組織形式也有較大的變化。另一種則是，各姓或各房醮會日期不一致，其醮會輪流做頭家便限於族內或房內，理事會成員自然由族內或房內人員組成。

除跨村落、跨宗族的組織和村落、宗族出面的組織外，還有一種神明會組織。這種組織武北每個村落幾乎都有，如在1949年前，帽村最少有8個神明會，即公王會、天后會、仕進會、婆太會、觀音會、關帝會、兄弟會、義塚會[1]。我們在小瀾、湘湖、湘村、大禾等村調查時也都聽到類似的報告，如在小瀾1949年以前有近20個會——公王會、古佛會、三官會、媽祖會、保苗會、朝山會、放鞭炮會、暖壽會、安全社會、點燈會、蠟燭會、祠堂會、義塚會、兄弟會、華光會、關帝會、茶缸會等。此外，從前述《瀾溪天后宮序》和《文課嘗碑記》看，小瀾村還有大量各種名目的嘗，如孔聖嘗、文昌嘗、朱賢嘗、文會嘗、兩油燈嘗、文課嘗、全慶嘗、盛慶嘗等，這種嘗與會的性質十分相似[2]。

---

1 楊彥傑：《閩西客家宗族社會研究》，國際客家學會、海外華人研究社、法國遠東學院，1996年，第113頁。
2 劉大可：〈小瀾客家的宗族社會與神明信仰〉，載鄭赤琰編《客家與東南亞》（第三屆國際客家學研討會專輯），第125~126頁。

第六章　神明崇拜與傳統社區意識

這些嘗與會大致分為如下三種類型：（1）與寺廟、神壇或某一特定的神明有關的神明會，如公王會、古佛會、媽祖會、三官會等；（2）與祖先崇拜相關的，但又不屬於全族或全房共有的蒸嘗，如安全社會、祠堂會等；（3）與某一特定的目的而組織起來的，如兄弟會、文課嘗、茶缸會等。這三種分類並不是絕對的，它們之間常常存在著交叉的關係。如兄弟會是與某一目的有關，但他們祭祀關聖帝君；設立文課嘗是為了資助讀書人，獎勵實學，但他們又祀奉文昌帝君，也與神明有關。

嘗與會的組織有多種形式。關於嘗，從〈文課嘗碑記〉的碑文看，設立文課嘗的目的是為了「振興實學」、「培養人文」、「激勵士子」，其經費由孔聖嘗、文昌宮嘗、文昌宮嘗第六券、朱賢嘗、文會嘗共同捐助。當然，這些嘗就成為文課嘗的成員。文中「文昌宮嘗第六券」，則又說明文昌宮嘗還分為若干券。由此可見，大嘗中包含小嘗，而小嘗又往往分為若干券或股。

會的情況也大致如此。據小瀾村的一位報告人說，大會中常包含若干小會，有錢人家往往同時加入幾個會。民國時期他的父親就同時加入了三官會、兄弟會、媽祖會等七八個會。

一般而言，每個會的成員是自由組合的，往往幾個志同道合、情趣相投的人湊在一起，各出一些錢來購買田產，就形成一個會。這些田產為會內每個成員共同所有，按每個人出資的多寡分別擁有相應的份額。每年的田產租穀作為每年神明祭祀或特定活動的經費。這些會每年都有固定的活動日期，而這些日期又大都與神明、祖先的生辰、忌日有關。會的活動由成員輪流當頭家組織，頭家負責當年的田產管理和操辦當年祭祀、宴會事宜。每個會除固定活動日吃一餐外，一般年底還按不同份額分配豬肉和租穀。

嘗、會組建的目的也是多種多樣的，有的純粹出於敬神，有的出於樂善好施，有的為了振興實學、獎掖士人等等。但這些嘗、會仍

然有意無意地帶有一定的聚落、宗族、社區代表性，如小瀾村的華光會係余、劉二姓的頭目組成，有二姓對抗張姓人的目的；而兄弟會則是小瀾村張姓頭目與湘村下村第二房人的頭目組成。又如，梁山村的「老人會」，湘村的「首腦會」、「媽祖會」等，是各聚落、各姓氏、各房系的「頭腦公」組成，具有協調村落事務的意識與功能。這種以自願為原則，以出資多少為標準的合作組織，與地域社會的宗族組織、神明組織既相聯繫，又有所區別，成為社區組織的一種重要補充。

三、香火緣起類型

在武北眾多的神明傳說中，以神明靈驗的傳說和神明的來歷為最多，但最為當地人所津津樂道的卻是某一神明如何成為某一地域、某一村落、某一聚落所奉祀的緣起過程。歸納這些神明香火起源的傳說，大致可分為如下數種類型：

1. 某一祖廟分香而來。從某一祖廟分香而來，是武北神明香火緣起最普遍的現象。前述四大名寺——亭頭太平寺、湘坑寶林寺、昭信田心寺、龍坑福田寺均相傳從梁野山定光古佛分香而來，大多數村落的三官堂為黃獅宮三官大帝分香而來。一些寺廟的分香過程，還有一些頗為有趣的故事，如桃溪東林寺的定光古佛相傳從岩前均慶寺分香而來就是一例，據桃溪村一位王姓報告人說：

某年，桃溪村旱災特別嚴重，村民十分著急。張屋人遂牽頭去岩前獅岩請定光古佛來桃溪清醮一日。打醮後，果然十分靈驗，上天降下了及時雨。桃溪村各姓人氏便更加敬重定光古佛，一時香火極旺。不知不覺，定光古佛來桃溪已有不少時日了，該送它回岩前了。但當菩薩抬至桃地坳時，新轎杠斷掉了，虔誠的弟子們覺得事出有因，便

通過僮子拜請問佛。古佛說，桃溪的香火很旺，它願意在桃溪落下。於是，張姓十五世祖嵩磷公前往岩前協商。徵得同意後，嵩磷公付給50個銀元，請岩前人另施一尊佛像。從此，岩前的這尊定光古佛像便留在桃溪東林寺，接受子民的崇拜。

2. 溪中撈撿而來。神明從溪中撈撿而來的傳說，也為數不少，我們在中湍村調查時聽到了一則黑狗公王曾在溪中三起三落的故事：

據說，黑狗公王原來位於牛皮湍，有一次做大水，被大水沖到中湍入水口來了，恰好被一些村民打撈起來，人們問它從哪裡來？它回答說它是牛皮湍的黑狗公王，很靈驗的，如果能把它供奉起來，可以保佑全村。村民們問它需要什麼供品？它說每年要一對童男童女。村民們認為不合算，是自找麻煩，就把它重新扔到水裡。到了村中，黑狗公王又被人撈起來，這次它降低了要求，說不要童男童女，只要一對大豬大羊就可以。村民們仍然接受不了，再把它扔了下去。到了湍下，黑狗公王第三次被人撈起，這時它再次降低要求，說每年只要「蝦公煎蛋禾串板」就可以了。這次村民們認為這個條件可以接受，就對它說：如果我們在水口倒插一棵樹會活的話，就說明你確實有靈驗，那時才供奉你。於是，村民就把黑狗公王安放在湍下水口，並在旁邊倒插了一棵楓樹。果然，幾天後這棵楓樹成活了。從此，村民們就把它供奉起來。

這則傳說與楊彥傑在帽村調查時聽到的有關社公的由來極為類似[1]，都是神明在溪中三起三落，經過討價還價後才供奉起來。此外，我們在小瀾村調查時，還聽到當地的普庵祖師菩薩也是在「做大水」時被打撈起來的。

3. 官設。前述孝經館，即為半官方的機構。太平天國運動爆發

---

[1] 楊彥傑：《閩西客家宗族社會研究》，國際客家學會、海外華人研究社、法國遠東學院1996年版，第109頁。

後，武平縣知縣為了防備太平軍入境，在桃溪設立了武北團練後局，在樓上大廳正中立有3塊神牌，分別供奉關聖帝君、文昌帝君、姜大聖人3尊神。武北後局成立後曾多次與太平軍交鋒，其中清咸豐八年，「因洪秀全餘黨竄入濯田，勢將侵入我邑，該義士張文益等，桑梓關懷，慷慨請纓，督率北區團練鄉勇往黃峰崠拒寇，因眾寡不敵，致有三十人殉難。然因此一舉，該寇不敢侵入武北，地方得安。經縣詳請旨，追贈張文益五品軍功。地方人士欽其忠烈，在北區團練後局，立木主以崇祀。[1]」後來又在後局樓下大廳正中豎有一塊大石碑，刻有此次死於抗拒太平軍的30名團勇的姓名。顯然，孝經館的神明來源具有明顯的官方色彩。

4. 祖先從外地帶回和從本地驅逐出境。這一方面的例子也有不少，如湘湖村的三將福主公王相傳是該村曾中進士，後又任過高官的五世祖劉隆從京城帶回的，據當地報導人說：

劉隆告老返鄉離京前夕，由於他素來崇敬張巡、許遠、雷萬春三將軍「死守睢陽」寧死不屈的氣節，便在其壇前折下一樟樹枝攜帶返鄉，並禱告曰：「這樹枝在湘湖如能插活，則表明三位在天之靈已隨我南返故鄉。」回鄉後種植，果真成活，並逐漸長成大樹。數年後，劉隆命人砍下樟樹，雕成神牌，鐫刻三將大名，囑族人奉祀，而成「三將福主公王」。後人將三將福主公王安置在村口的橋頭，故稱「橋頭公王」。

與祖先設立神明不同的是，當地流傳著神明被祖先驅逐出境的傳說。相傳，劉氏初到湘湖時，村中檀樹頭下住著一位黑狗公王，心腸歹毒，要求村民每年供奉一個獨子種（即獨生兒子）來祭祀他，否則全村疾病橫生、禍患連天。有一年恰好輪到劉家，這可把劉家急壞了。但年少勇敢的千八郎公不信這個邪，決定到閭山去學法。學法歸

1　丘復主纂：民國《武平縣志》，福建省武平縣志編纂委員會1986年12月整理，第406頁。

來後，千八郎公便到檀樹頭下黑狗公王神位前，決意要趕走黑狗公王。黑狗公王顯身說：「你有什麼法術想趕走我？」千八郎公說：「不信,我們就試一試。」於是,就在左手上寫了一個「火」字,一巴掌打到黑狗公王身上，頓時一股烈火從千八郎公手上冒出，將黑狗公王的鬍鬚燒得劈叭響，痛得哇哇直叫。接著，千八郎公又在右手上寫一「水」字，便立即有一股清泉從右手冒出，將火撲滅。把黑狗公王打得連連討饒。於是，黑狗公王表示以後不再要求獨子種作供獻，只要有豬、羊就可以。千八郎公認為豬、羊也還是太貴，執意要將黑狗公王趕出村外，黑狗公王只好一路逃，千八郎公一路趕。趕到大洋泉坰，黑狗公王累得氣喘吁吁，於是再次降低要求說，他就停在這裡，今後只要蝦公粄子來祭就行。千八郎公認為這個地方屬於劉姓人地界，必須將害人的黑狗公王趕出劉姓人的範圍才行，便繼續驅趕他。最後趕到劉坊坳口，快出今日的湘店地界了。黑狗公王再也走不動了，便又一次討饒，表示今後只要有塊神位，其他什麼也不要了。千八郎公說，停在這裡可以，但只能享受湘湖人的屎尿，黑狗公王答應了。於是，劉坊坳口多了一個黑狗公王的神位，但設施非常簡單，只有一棵大樹和一塊青石頭,從來沒有人在這裡燒香掛紙。而湘湖人每逢到小瀾赴墟，行至這裡，遇到要大便、小便，就在黑狗公王神位前方便一番，所以又叫屙尿公王。據說，從此以後，湘湖村劉姓人到此處，如果大、小便就平安無事。相反，如果誰對這位公王鞠躬或祈禱，則會肚痛。

5. 祖先崇拜與神明崇拜的互動。祖先崇拜與神明崇拜在深層次上的互動，也是武北社區神明崇拜一個值得重視的現象。如磜逕、魯溪、小坪坑三個村落的居民都建有自己的仙師宮，分別供奉黃幸三仙和他們自己的家族神高仙一郎、童念二郎和馬仙三郎[1]。關於這些神明的來源，據魯溪村一位童姓報告人說：

1　馬仙三郎原為馬姓人的叔祖，馬姓人絕跡後，其信仰為同是小姓的鄧姓人繼承下來。

高仙一郎、童念二郎、馬仙三郎在年少時，鑒於自己村落人單姓小，備受大姓人的欺負，便結拜為兄弟，按齒排行為一郎、二郎、三郎，相約去閭山學法。但閭山道法三千年一開，當他們一路上歷盡艱辛，到達上杭時，仍無法找到去閭山的路。這時，黃幸三仙來渡他們，化裝成一個身上長著大膿瘡的乞丐，要他們用嘴把膿吸乾了才給他們帶路，高、童、馬三人便先後把膿給吸乾了。黃幸三仙看他們確有誠心，便用竹筒把他們渡到了閭山。高、童、馬三人學法歸來後，都成了有呼喚風雨、駕霧乘雲等多種法術的法師。後世為了紀念這3位法師，也為了感謝黃幸三仙，便在當地建起了廟，同時供奉黃幸三仙和各自的法師，二者都成為當地村落的保護神。

　　這3位法師結拜兄弟，共同學法，死後成神的故事，還見於文字記載，如磜逕《高氏族譜》載：

　　伯祖太承山公，明人也，九世一齊公長子，昆山公其弟也。公諱金，法號仙一郎，配溫、鄭、龔孺人，生子一守俊，傳當時閭山道法三千年一開，公適逢其會。於是結友數人，不計程途飄然長往，果得靈師秘授神術。萬里歸來，直能呼風喚雨，駕霧乘雲。其變化神奇不可方物，都人士以仙目之，以神遇之，蒙其法獲者當不乏人。升遐後符印存昆公祠內，至今用之救急扶危，靈如回應，凡呼籲求叩無不感而遂通。[1]

　　反過來，武北的大多數村落又將神明稱作自己的祖先，如將媽祖稱作「媽祖媷太[2]」，將定光古佛的化身之一——三爺古佛稱作「三叔公」等等。如婦女難產時必須呼叫「媽祖媷太」，而不能呼「天上

1　（清）高攀編修：《磜逕高氏族譜》，石印本，1878年修訂，第85頁。
2　媷太是當地人對女性祖先的一種稱謂，是祖婆的意思。

第六章　神明崇拜與傳統社區意識

聖母」。據說如呼「媽祖嬤太」她就立刻顯靈，及時消災。但如呼叫「天上聖母」，媽祖必須仔細梳妝打扮，以母儀天下的天后形象出現，顯靈較慢，往往等她顯靈已經來不及了。而林姓人甚至還必須稱媽祖為「姑婆」。這種把祖先當神明，反過來又把神明當作祖先的現象，普遍存在於武北社區生活中。

四、祭祀儀式與活動

在武北，神明崇拜最重要、最常見的儀式與活動是打醮。打醮一般每年舉行2至4次，其名目分別有古佛醮、公王醮、保苗醮、朝山醮等。此外，還有12年一次的「打大醮」和一些臨時性的打醮。

1. 古佛醮。古佛醮的醮期，武北各村落一般定在正月初六至二月初一之間，如帽村在正月十四至十六日，湘村在正月廿一至廿二日，湘湖村在正月廿八至二月初一日等等。相鄰村落的醮期一般是接連不斷但又不相重疊，據湘村的幾位報告人說，湘村附近村落的醮期分別為：湘坑壩正月十七日，貢廈正月十八日，大禾壩正月十九日，上梧正月廿日。打醮前一天，頭家一方面派人到當天打醮的村落去迎接定光古佛，等該村的醮事一完場（通常為晚上的11點鐘左右），就把菩薩迎來。另一方面又派人去請和尚或道士，把本村的公王迎接到設在媽祖廟、祠堂、廳堂的醮臺上。等古佛一到，就將其安放在正中神位上。

正日早上，天剛濛濛亮，和尚或道士便開始主持醮事活動，緊接著就是早朝、午朝，村民們在此期間陸續前往醮臺燒香、供奉。早朝、午朝均需放榜，榜文上需將打醮目的、主持法師（和尚或道士）、香首、醮首、理事，以及各戶姓名一一寫清。午朝過後，頭家還需派人扛著古佛到各小聚落，接受各戶子民的膜拜，稱作「遊

境」。各戶都在祠堂或廳堂裡準備好了供品——煎粄、豆腐、齋酥、濃茶等和一二串長鞭炮。古佛一到，各戶立即點燃鞭炮以示迎接，祠堂或廳堂內外頓時鞭炮齊鳴，濃煙滾滾。扛佛者即將古佛安放在香案正中，各戶隨即將祭品上供，接著鳴炮、發燭、燒香。這時，和尚或道士則做懺誦經。做完懺，古佛就立即轉移，各戶子民又馬上鳴炮歡送。遊境的路線不同村落有不同的規定，有的按地理位置，有的則按祖先排行。

打醮完場時（又叫圓醮），還要殺豬或割雞。如係殺豬，將豬扛至醮臺前，面朝天背朝地，用尖刀從豬脖頸斜面刺入心臟，豬血如噴泉灑在地上，灑盡為止。如係割雞，則主持者手握雄雞，面朝上天，用刀割雞脖子，將血淋在地上。此時，另有一人在旁放鞭炮，和尚或道士則在旁高呼送神，請各路神明「有宮的歸宮，有庵的歸庵，無庵無廟的歸天堂」。

2. 公王醮和保苗醮。公王醮一般定在正月古佛醮前後和冬季，保苗醮時間則定在四月中旬禾苗抽穗時節，儀式較古佛醮簡單許多，如公王醮一般就迎接本村的公王，而保苗醮則只需迎接五穀真仙。將公王或五穀真仙迎接到醮臺上後，由和尚或道士主持醮事，村民們到醮臺前燒香、供奉即可。在公王醮這天，有的村落還有一個風俗，即不同聚落、房系的小孩子在聚落間的分界地區要舉行一次擲石子的「戰鬥」，一時喊殺連天，沖來「殺」去，有的被石子擊中，有的被抓去當了「俘虜」，勝者得意洋洋，失敗者垂頭喪氣[1]。

3. 朝山醮。所謂朝山，是到神明香火所源自的廟宇或居民認定的祖廟[2]，去行謁拜之禮，如定光古佛之梁野山，三官大帝之黃獅宮，五穀真仙之林佘崗等等。這些祖廟通常意味著歷史悠久、神明更靈

1　劉大可：〈武北湘村的宗族社會與文化〉，載楊彥傑主編《閩西的城鄉廟會與村落文化》，國際客家學會、海外華人研究社、法國遠東學院1997年版，第287頁。
2　其實很多祖廟並不一定確實具有可考的香火傳承關係，而只是經過人為的認定。

驗、香火更旺盛。朝山醮的日期在武北各村落沒有統一的時間，但具體某一個村落都有自己的規定。朝山醮的基本儀式與上述醮會大體相同，不同的是一方面朝山醮迎接的菩薩是以事先準備好的香旗為代表，以香旗是否在歸途的風中或水流交匯處打結來判定神明是否到位，或將祖廟的香灰包一些回去打醮，從而增加神性[1]；另一方面，每年朝拜的菩薩有的村落固定為某一神明，而有的村落卻不固定，而是在事先確定好的當地人認為最靈驗的若干座山場和寺廟中選擇。選擇的方式有的是輪流，有的則是臨時抓鬮，如亭頭村的朝山醮，日期定在農曆八月廿八日，朝拜的山場和寺廟分別是：永平鳳南山（觀音佛母）、中堡圓通山（觀音佛母）、武東太平山（天上聖母）、上杭紫金山（玄天上帝）、桃溪東林寺（定光古佛）、武平梁野山（定光古佛）、昭信旺龍山（定光古佛）、江西白雲山（羅公祖師）、長汀歸龍山（羅公祖師）、湘湖高雲山（觀音佛母）等12座山場與寺廟。在這些山場與寺廟中，每年只選1座進行朝拜和迎回打醮。

有些村落限於經濟實力或路途遙遠，不能每年去朝山，便在離該村較近的高山上或水流交匯處擎著香旗，望空而拜，祈求香火的接續。神明是否降臨、香火是否接續的標誌也是香旗的帶子是否打結。據礤逕村一位高姓報告人說，礤逕村十一月二十日的朝山醮，由於經費、路途遙遠等方面的原因，他們並不會每年都去朝山，而是每隔二三年去一次，在沒有去朝山的年份，打醮時就扛著菩薩牌位、香旗到河壩上或寨子崠朝天迎接。

4. 打大醮。又叫放焰口，一般每隔12年一次，與普通打醮不同的是：（1）持續時間長，一般要3至5天，甚至更長。（2）和尚的技術要求較高，在附近村落要比較有聲望的，如前述民國時期桃溪東林寺

1　之所以要包香灰，據說是一些寺廟的香火來自祖廟，間隔時間長了會慢慢失靈，故每隔二三年要到祖廟謁祖進香。

的曾才榮，曾經受過戒，只有像他這樣的才能主持這種盛大的醮事。

（3）必須到梁野山去迎接定光古佛，要迎的菩薩也比較多，如事先準備好的畫像觀音、十八羅漢、二十四位諸天、吉祥菩薩、蛇王菩薩、華光大帝，以及公王等統統都要請來。（4）要豎幡竹，外加幡示。

（5）要全堂紙紮，即用竹篾紮成像人、像馬的形象，用色紙糊貼，其中有既高又大的山大人、引路童子、一見大吉、牛頭馬面、金星銀星、十殿閻君等擺設在醮壇左右。（6）要放水燈與放施食，打醮最後一天，醮臺移到村口較開闊的地方，在那兒搭臺安放神佛。下午則要舉行放水燈儀式，即點上7盞油燈，用小塊木板托著，從村中小河的中段開始放下，順水流而下，直至淹沒。和尚口念阿彌陀，鼓手則起勁地吹奏，另有1人則在後面拖竹尾。一到晚上，全村周邊的三岔路口都點上沖天火把，照明鬼神入境，和尚則坐臺念經、拜懺。醮會行將結束時還要放施食（即施給鬼吃的），放施食時把穀搭攤放在寬闊的坪壩上，擺上二三十席，每席放8個碗、8雙筷子、1盤煎粄，1盤豆腐、1盤齋子（米飯），碗上還要斟上酒。派人手擎「一見大吉」在周圍巡迴高喊：「慢慢吃呀！不要搶呀！」這時，四周圍滿了人，其目的是等待時機搶施食（即搶那些盤碗）。等和尚醮事一完場，大鼓一擂，鞭炮響起，大家就「呵！」的一聲，一擁而上，立刻將盤碗搶光了。（7）圓醮時還要殺豬，與普通醮會不同的是，殺豬地點在幡竹下，也不能用割雞代替殺豬。至於其他儀式，打大醮與普通醮會則基本相同。

五、相關的社區意義

前面，我們分別對傳統武北社區神明崇拜的寺廟層次、組織結構、香火緣起類型、祭祀活動與儀式進行了描述與論述，下面我們將

視野再放大一些，進一步探討神明崇拜與社區意識的若干關係，並與前人的研究作適當的比較。

通常所說的社區（community），是「人類學家用以指一群互相依賴的家族、在一個隊群（band）或聚落（encampment），或較大的聚居區，經營共同生活。一個社區能否自給自足並不一定，但一個社會則為經濟上能自給自足的若干社區所構成。那些社區未必是相互依賴的，但它們卻是互相通婚，而且有共同的領土、語言、社會經濟體系及文化遺產的[1]」。概括起來，社區有三個基本要素：第一，人民；第二，人民所居處的地域；第三，人民的生活方式或文化[2]。因此，社區是一個變數，具有場景拆合和伸縮性，而這種拆合和伸縮邏輯所反映的是與「他者」對峙的關係。大的社區可以包括一個或幾個族群，甚至橫跨數省，如彝族社區、客家社區、福佬社區等；而小的社區則限於一個村落、一個宗族，甚至一個房系。

本文所探討的「武北」實際上是一個相對獨立的地域社會——大社區，大社區下又包含若干個中等社區，中等社區下又涵蓋了若干個村落及小聚落的小社區。每個大、中、小社區都是相對獨立的，但又有明顯的關聯性和不同的層次性。就神明崇拜而言，每個不同層次的社區都有中心寺廟，如整個武北有瀾溪天后宮、黃獅宮、東林寺、孝經館，中等社區有五大名寺——福田寺、田心寺、保林寺、太平寺和雲霄寺，小社區有村廟、公王、社公等。這樣，社區與寺廟存在著一種對應關係，如瀾溪天后宮、黃獅宮、東林寺、孝經館等整個武北共同有份的寺廟反映了武北大社區意識，五大名寺——福田寺、田心寺、保林寺、太平寺和雲霄寺反映的是圍繞這些寺廟的中等社區——多個跨村落、跨宗族的中等社區意識，村廟、神壇、社公等反映的則

1　M. Jacobs and B. Stern, *An Outline of General Anthropology*,1947年。引自《雲五社會科學大辭典・人類學》，臺灣商務印書館1971年版，第146頁。

2　林耀華主編：《民族學通論》，中央民族大學出版社1997年版，第163頁。

是村落、小聚落、宗族、房系意識。正是由於這些在漫長歷史過程中通過共同祭祀神明，共同面對瘟疫、旱潦、紛爭等天災人禍，形成的對共同生活的土地、環境熱愛與眷戀的大、中、小不同社區的意識，以及吸引、團結、聚集、組織整個社區的向心力，才使不同層次的寺廟、神壇得以興建。反過來，這些寺廟、神壇的興建，以及通過寄放菩薩，舉行定期、不定期的打醮、廟會，把不同房族、聚落、村落連成一體，促成了社區的凝聚力量，發揮著社區整合的功能，從而又進一步強化了這種社區意識。

　　神明崇拜與社區意識這種互為因果、互為表裡的關係，使得寺廟、神壇成為社區居民的精神支柱，也成為一種象徵和標誌，如公王、社公代表著村落，就像灶君象徵著家庭，分家要另立灶君，滅人之家要「倒灶頭」一樣，分村必然增立公王、社公，亡人村落，也必驅逐其公王、社公。例如，店廈村的大化、牛湖下、浪下、河口、吳潭、羅屋等自然村除共有的公王外，各有一座公王神壇；梁山村的牛姆窩、山背、上洋、下洋、丘屋、鐘屋、吳屋等也是除共有公王外，也分別還有一座自己的公王。湘村劉氏最先在上村開基，在上村的水口設立有上神壇——福主公王，到十二世以後有一支到下村開基並獲得了較大的發展，於是就在下村水口增立了下神壇——十二公王，這樣就形成上村人只有一個公王，而下村人除擁有十二公王外，原來的福主公王仍然「有份」。湘湖村劉姓人占據優勢後，將原先的黑狗公王驅逐出境，設立了自己的三將福主公王，而三將福主公王早先只有一個，後來隨著聚落的增多，逐漸發展成四個：橋上公王、黃屋公王、白竹公王、寨上公王，分別代表一定的聚落，而橋頭公王仍然為大家共同「有份」。這種「有份」與「無份」，很大程度上顯示了社區的社會結構和社區認同的多重層級性[1]。

1　參見劉大可：〈公王與社公：客家村落的保護神〉，載《世界宗教研究》2003年第4期。

　　寺廟神壇是如此，與之相關的神明崇拜活動的組織結構、香火緣起類型和神明崇拜的種種儀式也如此。在寺廟的組織管理方面，如四大名寺及雲霄寺，都是每鄉、屋、姓、甲推選一名理事組成理事會，然後從這些理事中再選一名為總理事。而全村的寺廟管理，也是原則上一姓或一房選派1至2人作理事，組成理事會，顯示出社區內部的村落、宗族、房系結構。

　　神明的香火緣起類型，實際上也蘊含了多種社區文化意象。神明從某一祖廟分香而來，意味著對起源地的重視與強調，也意味著儀式上的隸屬關係；神明從溪中撈撿而來，祖先從外地帶回而來等，一方面說明了神明的神聖性與神秘性，另一方面則顯示了客家先民較遲前來開基的歷史。神明無論從溪中「流來」，還是從外地「引進」，都不是當地固有的，而是從「外」遷來。祖先驅趕土神出境，則象徵著後來的先民戰勝了原先的土著居民，這與「滅人之國必滅其社神」的含義是一致的。祖先與神明的互動，將祖先神明化，對應的是家族意識社區化；而將神明祖先化相應的則是社區意識家族化，這兩種情況實際上折射的是宗族與社會的互動關係。至於神明由「官設」而來，則更是彰顯出它對武北社區的「管轄權」。

　　在神明崇拜活動的儀式中，打醮通常由各姓、各房或按「棚」輪流做頭家，由所有居民共同參與，是一種把社區內全體人員都調動起來、都牽連進去的活動，其社區組織、凝聚的含義亦至為明顯。而與打醮相關的眾多儀式與活動中，如游境、朝山、刈香、包香灰、會香等更是包含了種種社區意識，這些與林美容在臺灣高雄觀察到的媽祖信仰的相關儀式與活動頗有相似之處[1]。神明遊境——神明在其轄境內出巡，以確保境內的平安，表現了神明與境

1　林美容：〈媽祖信仰與地方社區——高雄縣媽祖廟的分析〉，臺灣財團法人北港朝天宮董事會、臺灣省文獻委員會編《媽祖信仰國際學術研討會論文集》，1997年，第99~102頁。

內居民的儀式關係。朝山、包香灰、刈香表面上強調的是香火的分割、分沾與再生的意義。但實際上更多的是展現神明與祖廟的上下隸屬關係，它的正統性與合法性，以及隱含的小社區與大社區的關係。用神明管轄的地盤來劃定界限，以遊神來敬神，這兩種現象都具有神明信仰上的「獨立意義」，即一個單位是否獨立，可以從它有無自己的神，以及它有無把這個神抬出來「遊」的權力來下定義[1]。

不僅如此，武北的寺廟和神壇還是社區的中心，社區內重大事情都在這裡商定和辦理。前述寺廟在空間結構中的中心位置實際上反映的是寺廟在社區中的中心地位。從寺廟功能看，桃溪的孝經館除宗教方面的作用外，還設有崇文嘗和文課嘗，其收入用於獎勵取得秀才、貢生等功名，或後來的中學、中專、大學畢業者。凡武北六十四鄉人中考取功名或獲得畢業者，都先到此報到，然後由理事者派人護送，並雇請鼓手甚至轎子送其榮歸。武北六十四鄉士紳與頭目也常在此議事，受理武北範圍內的民事糾紛案和較小的刑事案，還制定了一整套「烏法」（與「王法」相對而言，屬地方性的鄉規民約），用於調解糾紛，審理案件，維護地方秩序[2]。湘店雲霄寺每年的收入，除作為維修寺廟、一年兩次的會景開支外，還大量用於轄區「濟貧扶窮」等開支。龍坑的福田寺，也有排難解紛的功能，村民如有爭執，旁人往往提議他們到八甲寺門前去「講清楚」。在這裡，寺廟被視為武北各類社區權力的象徵和社會活動的中心，這種以宗教形式建構的社區權力中心，具有較廣泛的社會基礎，對社區生活實行了行之有效的管理和控制，宗教與政治、神明崇拜與社區意識的關係昭然若揭，這與鄭振滿對莆田江口平原研究得

1　勞格文：《汀州府的宗族廟會與經濟·序》，載楊彥傑主編《汀州府的宗族廟會與經濟》，國際客家學會、海外華人研究社、法國遠東學院1998年版，第64頁。
2　參見劉大可：〈論傳統客家村落的紛爭處理常式〉，載《民族研究》2003年第6期。

第六章　神明崇拜與傳統社區意識

出的認識極為類似 [1]。

由此，我們進一步聯想到學術界曾經討論的寺廟與地方社區的關係問題，蕭公權在討論19世紀中國村落組織時指出多姓村中村廟成為地方組織的中心，同時具備與宗祠在單姓村中所占有的地位與功能，也就是這種寺廟有時會成為非宗教性活動的中心而供非宗教方面使用 [2]。而木內裕子在探討臺灣屏東縣琉球鄉的寺廟與地方社區社會活動時則指出寺廟不會成為小琉球的種種社會組織和社會活動的中心。從武北的寺廟功能看，蕭公權的這一認識可以進一步擴大到跨村落、大社區的寺廟，而木內裕子將小琉球的研究結果擴大到「漢人社會中是一個共通的因素 [3]」。是不恰當的，小琉球獨特的地理條件、生產方式和歷史傳統形成了寺廟「在地方社區的團結力的強化並未負有積極的角色」。但這一認識並不完全適用於整個漢人社會。

還需指出的是，武北的神明崇拜圈與歷史上的基層行政區劃、水利交通網絡、經濟交往範圍有一定的聯繫，但並不互相重量。武北的神明崇拜圈與歷史上的基層行政區劃關係方面，前述太平寺、寶林寺、雲霄寺的十鄉，福田寺的八甲，當與里甲制度、鄉里制度有關；而晚清咸豐年間在桃溪設立了武北後局這一半官方的機構，民國時期在桃溪設立了武北區署，反映在神明崇拜方面，則在桃溪先後設立了與武北所有村落有關的孝經館和東林寺，在一定程度上體現了基層行政組織對神明崇拜組織產生的影響。這種情況與臺灣學者在臺灣觀察到的「表示臺灣民間社會的自主性發展，完全是

1　鄭振滿：〈神廟祭典與社會空間秩序〉，載王銘銘、王斯福主編《鄉土社會的秩序、公正與權威》，中國政法大學出版社1997年版。

2　Hsiao Kung-chuan, *1960 Rural China: Imperial Control in the Nineteenth Century*, Seattle & London Univ. of Washington Press, p.278.

3　木內裕子：《廟宇活動與地方社區——以屏東縣琉球鄉漁民社會為例》，載《思與言》第25卷第3期（1987年）。

老百姓的自發性組織，與官方的行政官僚體制無關[1]」有很大的不同，但也與鄭振滿考察的莆田江口平原的村廟組織「往往與基層政權相結合，成為里甲組織和保甲組織的有機組成部分」；「神廟祭典為社區組織提供了必要的框架，因而也就成為社區發展的普遍模式[2]」有較大的差別。

在武北神明崇拜圈與水利交通網絡、經濟交往範圍關係方面，前述武北六十四鄉共同所有的幾座寺廟均建在河邊和墟市所在地，如瀾溪天后宮、黃獅宮興建時，小瀾村為武北的商業、交通中心；東林寺、孝經館設立時，桃溪不但是武北地理上的中心，而且還是當時的政治中心、墟市所在地，均在一定程度上體現了神明崇拜與水利交通、經濟交往中心和政治中心的關係。但前述十鄉太平寺、寶林寺、雲霄寺和八甲福田寺、「七姓八屋」的田心寺等跨村落的寺廟，又並非設在水利交通和經濟交往的中心，而是建在各自信仰圈的中心地。這與多數學者研究得出的經濟圈、交通圈、信仰圈、通婚圈相互重合的中國鄉村傳統社會結構模型並不一致。因此，武北這幾種類型的社區，是與基層行政區劃、水利交通網絡、經濟交往範圍既相聯繫，又不相從屬的一種「民俗社區」或「文化社區」。

1　林美容：〈由祭祀圈到信仰圈——臺灣民間社會的地域構成與發展〉，《中國海洋發展史論文集》第3輯，1988年。
2　鄭振滿：〈神廟祭典與社會空間秩序〉，載王銘銘、王斯福主編：《鄉土社會的秩序、公正與權威》，第198~199頁。

第七章 臺南三山國王廟創建年代考

戴文鋒[1]

一、問題的提出

　　臺南三山國王廟是臺灣最早創建的三山國王廟，現位於臺南市北區元和里西門路三段100號，其位置正好在立人國小斜對面的西門路三段與北華街的交叉口，目前仍保有潮州式特殊的建築風格，因此被臺灣「內政部」於1985年列為「國家二級古跡」。此廟於日治昭和時期為寶町一丁目170番地，境內坪數有1292.13坪，建物坪數為278.4坪[2]。清治時期與開基天后宮（又稱小媽祖宮、水仔尾媽祖宮）同屬於小北門內鎮北坊水仔尾（或稱大銃街）的街境。

　　三山國王廟目前為一座三開間（可分左側殿、正殿、右側殿，參見圖7-1）三進式的祠廟。第一進中間為拜殿，兩側間為天井。第二進正殿主祀三山國王，左側殿為天后聖母祠，主祀天上聖母；右側殿為韓文公祠，主祀韓文公。第二進後面為後埕，後埕後面為第三進，第

1　戴文鋒，臺南大學臺灣文化研究所副教授。
2　《寺廟檯帳（臺南市）》，第75號。

圖 7-1　三開間三進式的臺南三山國王廟

三進正殿主祀三山國王夫人。現有的古匾除了置於正殿門口上方的明太子少保禮部尚書潮陽盛端明撰、乾隆九年沐恩弟子洪啟勳等人所獻立〈三山明貺廟記〉匾（參見圖7-2、附錄1），與乾隆戊辰（十三）年[1] 乾隆皇帝御賜給府城廣東籍義民的〈褒忠〉匾之外（參見圖7-3），就屬右側殿韓文公祠裡的乾隆四十五年〈如潮〉、光緒三年〈重瞻山斗〉二匾與現置於後殿地面上的光緒十年〈群瞻顯應〉匾最具歷史價值（參見圖7-4、圖7-5、圖7-6）。

1　乾隆戊辰年（乾隆十三年），也有學者指出是乾隆戊申年（乾隆五十三年）之誤寫，並擅將乾隆戊辰改成乾隆戊申。主要理由有三：一是乾隆戊辰年前後，清代臺灣文獻並未有粵民助官平亂之記載；二是「申」與「辰」音相近，書匾者極可能誤把「申」書成「辰」；三是乾隆戊申年正與林爽文反清事件有關。不過筆者認為這些都屬合理的推測，但仍應待更直接而有力的論證，否則不應貿然將「戊辰」年直接改成「戊申」年。

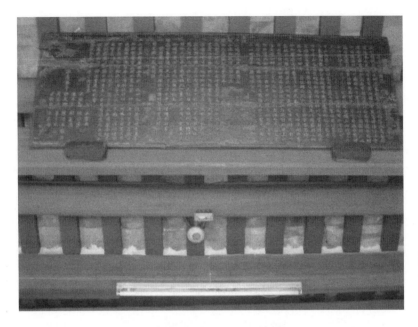

圖 7-2　洪啟勳所獻〈三山明貺廟記〉

圖 7-3　乾隆十三年褒忠匾

圖 7-4　乾隆四十五年如潮匾圖

圖 7-5　光緒三年重瞻山斗匾

　　注：何培夫：〈臺南市寺廟清代匾聯集〉，《臺灣文獻》35：01，於〈重瞻山斗〉匾之調查記
錄似乎有疏漏，其載上款書：「光緒三年歲次臘月吉旦」，下款書：「欽加布政使銜統領臺南潮普
全軍福建儘先補用道克勇巴圖魯方勳敬撰並書。」筆者所調查，其下款實書：「欽加布政使銜統領
臺灣南路潮普營全軍福建儘先補用道克勇巴圖魯方勳敬撰並書。」何培夫之文似將「臺灣南路」略
記成「臺南」，將「潮普營全軍」略記成「潮普全軍」。

圖 7-6　光緒十年群瞻顯應匾

〈群瞻顯應〉上款書：「光緒拾年歲次甲申暑月吉旦」，下款書：「綏靖中營管帶左哨花翎守備陳九齡、楊天存、沐恩湖南省岳州監生殷樹榮、鄧林炎、藍翎把總熊鴻山、陸學泮、方福榮、鄧渭濱、李人和、何達武、何悅升仝敬頌。」何培夫之文將方福榮、鄧渭濱二人記為「□」福榮、鄧「洈」濱。

　　臺南三山國王廟究竟創建於何時？這原本不是問題的問題，因為乾隆十七年（1752年）王必昌《重修臺灣縣志》就已明載：

　　三山國王廟：在小北門內鎮北坊水仔尾。廟祀粵潮州巾山、明山、獨山之神，三山在揭陽縣界。原廟在巾山之麓，賜額「明貺」。潮之諸邑，皆有祠祀。粵人來臺者，咸奉其香火，故建廟云。雍正七年，知縣楊允璽、左營游擊林夢熊率粵東諸商民建。[1]

　　而清乾隆《續修臺灣府志》亦載：

　　三山國王廟：在小北門內鎮北坊水仔尾。雍正七年，知縣楊允

1　王必昌：《重修臺灣縣志》，臺北：臺灣銀行經濟研究室，以下略稱為臺銀本，1962年，卷六〈祠宇志〉，第180頁。

璽、左營游擊林夢熊率粵民同建。[1]

　　清代臺灣縣志、府志雖早已明白記載了臺南三山國王廟創建於雍正七年（1729年），但日治時期前嶋信次於昭和十三年（1938年）提出新的論證，認為雍正七年是舊志誤載，而主張臺南三山國王廟真正的創建年代是乾隆七年，其理由是知縣楊允璽、左營游擊林夢熊於乾隆七年才到臺履任。乾隆七年新說提出之後，影響當時與後人的研究甚巨，至今已歷60餘年，臺南三山國王廟創建年代的問題仍未解決，形成一個懸而未決的疑案。

　　針對此一疑案，本文先對於前嶋信次的乾隆七年新說的論證內容，與新說對於當時及後人對該廟創建年代研究的影響作一回顧之後，再嘗試對前嶋氏所論證的徐德峻〈新建三山明貺廟碑記〉實為臺南三山國王廟延誤10年的誤記；與連景初所論證的〈新建三山明貺廟碑記〉即為臺南三山國王廟10年後的重修、重建等看法，提出質疑與反駁，並說明王必昌《重修臺灣縣志》所載臺南三山國王廟創建於雍正七年的年代並無錯誤，所誤者為廟宇原為潮州移民從潮州的三山國王廟攜帶香火渡臺所奉祀而建立，而修志者為了踵事增華，替粵籍官員增添一筆的「率民」、「倡建」廟宇的事蹟與榮耀，而將創建人由「粵民」強化成為由廣東大埔人楊允璽、廣東海陽人林夢熊二「官員」、「率領粵民」所建。釐清此一關鍵性的問題，才可理解楊允璽雖於乾隆七年才任職臺灣知縣，但臺南三山國王廟的創廟年代確實為雍正七年，兩年代全然不符所產生的疑惑。

1　余文儀：《續修臺灣府志》，臺銀本，1962年，卷十九〈雜紀〉，第647頁。

二、乾隆七年新說及其影響

前嶋信次（1903—1983），東京帝國大學東洋史學科畢業，師事藤田豐八，臺北帝大創校後隨藤田教授於昭和三年（1928年）來臺，在帝大文政學部擔任助手，4年後（昭和七年）轉任臺南一中任職教諭8年，昭和十五年（1940年）離職後返回日本，服務於滿鐵「東亞經濟調查局」，戰後（1951年）任教於日本慶應大學20年，1971年退職[1]。在臺期間，他除了主張「王爺」就是一種純粹的瘟神信仰之外，也提出臺南三山國王廟創建於乾隆七年的新說。前嶋氏於昭和十三年在《科學の臺灣》上發表〈臺南の古廟〉一文提及：

據縣志所載，三山國王廟是雍正七年知縣楊允璽、游擊林夢熊等率粵東諸商民所建，連雅堂通史、大日本地名辭典等皆據縣志而寫成雍正七年。但查閱府志，籍為廣東大埔的楊允璽任臺灣知縣是乾隆七年四月的事，籍為廣東海陽的林夢熊任臺灣鎮標左營游擊也是在乾隆七年。因為廟宇的創建是這二位廣東人主倡，所以一定是乾隆年間的事情。又因前者於乾隆九年、後者於乾隆十年卸任，所以廟的創立一定在乾隆七年至九年之間。也就是說雍正七年應該是乾隆七年的誤寫。但問題複雜的是，臺灣府志的藝文志中保存了徐德峻〈新建三山明貺廟碑記〉一文，文內敘述廟的創建年代是「壬申小春之月動工、癸酉冬季之辰完竣」。也就是「乾隆十七年十月動起工、十八年冬完竣」。費用是二千餘緡……這年代（筆者按：指乾隆十七年）恐怕是（建廟）十年後的誤記。因此，個人認為三山國王廟創建的年代應在乾隆七年十月至乾隆八年冬之間。[2]

1　黃天橫：《前嶋信次先生之略譜及中國、臺灣關係著作目錄》，第70~71頁，《臺南文化》新20。
2　前嶋信次：《臺南の古廟》，第24~25頁，《科學の臺灣》1、2號，昭和十三年（1938年）。本資料委請邱彥貴先生代為拍攝獲取，在此謹以志謝。

第七章　臺南三山國王廟創建年代考

據上引文，前嶋氏因為發現了號召粤民建廟的臺灣知縣楊允璽為廣東大埔人，甲辰舉人，乾隆七年四月到任；而臺灣鎮左營游擊林夢熊則為廣東海陽人，武進士，也是乾隆七年到任[1]。且兩位文、武官員也分別於乾隆九年、十年卸職離臺，所以前嶋氏除了認定乾隆十七年王必昌《重修臺灣縣志》、乾隆二十九年余文儀《續修臺灣府志》所載「雍正七年」，當為「乾隆七年」之誤記之外；也據兩位文、武官員也分別於乾隆九年、十年卸職離臺的年代，先是推斷出臺南三山國王廟應該於乾隆七年至十年間所創建；後來又根據徐德峻〈新建三山明貺廟碑記〉一文，文內敘述廟的創建年代是「壬申小春之月動工、癸酉冬季之辰完竣」，也就是「乾隆十七年十月動工、十八年冬完竣」一語，推斷此碑記是臺南三山國王廟建廟十年後的誤記。因此，最後他斷定臺南三山國王廟創建的年代應在乾隆七年十月至乾隆八年冬之間。

此一考證與推論，不但十分合理，而且有重大的發現，因為臺灣知縣楊允璽、游擊林夢熊到臺履任確實都是在乾隆七年，而在兩人未到臺灣任職之前，王必昌《臺灣縣志》竟有「雍正七年率民建廟」的記載，的確有違常理，不合邏輯，所以前嶋氏才斷言一定是王必昌《臺灣縣志》的誤記。

乾隆七年新說出現之後，關於臺南三山國王廟的創建年代，至今逐漸分為三類說法，一是仍然維持雍正七年舊說，二是贊成乾隆七年新說，三是兩說並陳、但卻傾向贊成乾隆七年新說。茲將三說製表如下。

---

1 楊允璽：廣東大埔人，甲辰舉人，乾隆七年四月任。見范咸：《重修臺灣府志》，臺銀本，1961，卷三〈職官〉，臺灣縣知縣，第112頁。林夢熊：廣東海陽人，武進士，乾隆七年任。見范咸：《重修臺灣府志》，卷十〈武備〉，臺灣鎮標左營游擊，第326頁。

表7-1　雍正七年舊說一覽表

時間	作者	論著名稱	刊名卷期或出版者	頁碼	主張原因
1971	李汝和	《臺灣省通志・卷二人民志・宗教篇》	省文獻會	470	無
1977	林衡道 郭嘉雄	《臺灣古跡集》	省文獻會	177	無
1977	桐峰	《簡述明清兩代寺廟》	《臺南文化》新04	68	無
1978	曾乃碩	《臺灣史跡》	中國文化學院觀光系	184	無
1979	游醒民	《臺南市志・卷二人民志・宗教禮俗篇》	臺南市政府	89	無
1979	洪敏麟	《臺南市市區史跡調查報告書》	省文獻會	157	無
1980	賴子清	《南市寺廟神曆》	《臺南文化》新10	207	無
1983	仇德哉	《臺灣之寺廟與神明（四）》	省文獻會	37	無
1992	瞿海源	《重修臺灣省通志・卷三住民志・宗教篇》	省文獻會	1258	無
1992	楊仁江	《臺南三山國王廟之調查研究與修護計畫》	楊仁江建築師事務所	43	詳下述
1996	李星謙	《三山國王廟與客家人崇拜之緣由》	《國教輔導》35：06	48	無
1996	邱麗娟	《續修臺南市志・卷二人民志・宗教篇》	臺南市政府	20	無
1997	蔡卓如	《臺南三山國王廟特刊》	臺南三山國王廟管理委員會	12.18	詳下述
1998	楊仁江	《臺南三山國王廟修護工程工作報告書》	楊仁江古跡及攝影研究室建築師事務所	43	詳下述
1953	連景初	《三山國王廟》	《臺南文化》03：01	51	贊同新說
1980	該社編	《錦繡臺灣——古都臺南》	臺北地球出版社	166	受新說影響
1981	石萬壽	《臺南市寺廟的建置——臺南市寺廟研究之一》	《臺南文化》新11期	55、73	受新說影響
1986	范勝雄	《臺南市第二級古跡概述》	《臺灣文獻》37：03	97	受新說影響
1988	卓克華	《復興基地臺灣之名勝古跡》	臺北正中書局	45	受新說影響
1989	臺灣「內政部民政司」	《臺閩地區古跡簡介》	臺灣「內政部民政司」	222	受新說影響
1995	何培夫	《臺南市古跡導覽》	臺南市政府	33	受新說影響

第七章 臺南三山國王廟創建年代考

续表					
時間	作者	論著名稱	刊名卷期或出版者	頁碼	主張原因
1996	尹章義	《閩粵移民的協和與對立——以客屬潮州人開發臺北以及新莊三山國王廟的興衰史為中心所作的研究》	《臺北文獻》直74	3	受新說影響
1996	廖財聰	《重修臺灣省通志·卷二土地志·勝跡篇》	省文獻會	240	受新說影響
1996	李桂玲	《臺港澳宗教概況》	北京東方出版社	87	受新說影響
1998	傅朝卿	《人文·自然·府城——臺南市文化資產大展特刊》	臺南市立文化中心	32	受新說影響
1999	郭堯山	《府城文化休閒手冊》	臺南市立文化中心	93	受新說影響
1999	花鬆村	《臺灣鄉土續志》第七冊	臺北中一出版社	106	受新說影響
2000	蕭瓊瑞	《府城故事——臺南市古跡巡禮》	臺南市政府	56	受新說影響
2001	李鎮岩	《臺灣古跡地圖》	臺中晨星出版公司	249	受新說影響
2001	簡后聰	《福爾摩沙傳奇——臺灣名勝古跡》	「行政院」文建會	157	受新說影響
2003	葉振輝	《臺灣開發史》	普林斯頓國際有限公司	173	受新說影響

表7-3　兩說並陳一覽表

時間	作者	論著名稱		頁碼	主張原因
1948	國分直一	《三山國王廟》	《公論報》臺灣風土	第四版	無法確定何者正確
1973	國分直一	《三山國王廟》	《臺灣風物》23：01	41	無法確定何者正確
1995	陳春聲	《三山國王信仰與臺灣移民社會》	《中研院民族學研究所集刊》80期	106	受新說影響
1995	邱彥貴	《嘉義廣寧宮二百年史勾勒（1752—1952）——一座三山國王廟的社會史面貌初探》	《臺灣史料研究》06	83	受新說影響而認為建廟年代是懸案

　　上述三個表當中，表7-1除了楊仁江與蔡卓如之外（理由待後述），將臺南三山國王廟之創建年代寫成雍正七年的學者，大多是未

注意到或者不知有前嶋氏的乾隆七年新說，以致文中不是引用王必昌《重修臺灣縣志》雍正七年建廟之史料；就是未說明其寫成雍正七年的理由，且也未曾提及前嶋氏的乾隆七年新說。

　　只要是已注意到乾隆七年新說的學者，如表7-2、表7-3，無一不是受到前嶋氏的影響而贊同其說。當中只有國分直一雖受到前嶋氏的影響，然則持著較為保留的態度，不直接對其年代下定論，1948年他於《公論報》發表〈三山國王廟〉一文即說：

　　三山國王廟為雍正七年知縣楊允璽、左營游擊林夢熊等率粵東諸商民所建者，連雅堂氏與伊能嘉矩主纂的大日本地名辭典均沿用此說……前嶋氏對這複雜的年代問題……考定其創建年月當是乾隆七年七月至翌年冬季間。關於創建的年代，因與縣志（按：指王必昌《臺灣縣志》）、府志（按：指余文儀《臺灣府志》）的記載不同，令我們發生懷疑。[1]

　　而邱彥貴雖受前嶋之說的影響，但他也認為這是至今尚未解決的疑案，他說：「這件公案肇始於1938年，前嶋信次認為臺南三山國王廟為楊允璽、林夢熊於乾隆七年所創建。這個超過半世紀以上的疑問，再度干擾臺南三山國王廟創建年代的討論。」[2] 對於臺南三山國王廟創廟年代舊說新說之爭，他也不加以評斷。

　　大陸學者陳春聲〈三山國王信仰與臺灣移民社會〉一文，則將「乾隆七年」、「雍正七年」二說並陳同列[3]。但是雍正七年卻是置

1　國分生（國分直一的筆名）：〈三山國王廟〉，《公論報》第四版，第13期〈廟與神專號〉，1948年8月3日。本文後來也收錄於《臺灣風物》23：01。
2　邱彥貴：〈嘉義廣寧宮二百年史勾勒（1752—1952）——一座三山國王廟的社會史面貌初探〉，第83頁，《臺灣史料研究》06。
3　陳春聲：〈三山國王信仰與臺灣移民社會〉，第106頁，《民族學研究集刊》80。

第七章　臺南三山國王廟創建年代考

於括弧之內，也就是說他不但已經注意到了前嶋信次乾隆七年新說，也認為乾隆七年之說較雍正七年之說合理可信，故文中將其年代寫成「乾隆七年（雍正七年）」。

至於直接支持或主張乾隆七年新說的學者中，大多是受前嶋信次新說影響，均以楊允璽等官於乾隆七年才到臺任職為據，來論證王必昌《重修臺灣縣志》雍正七年說的錯誤。例如石萬壽於〈臺南市寺廟的建置——臺南市寺廟研究之一〉文中說：「三山國王廟在哨船港水仔尾元和宮前，雍正七年，旅臺潮州籍官民在知縣楊允璽、鎮標左營游擊林夢熊領導下興建。」隨後注文卻說：「按楊允璽、林夢熊均乾隆七年始履任，建置年應為乾隆七年，今傳雍正七年，疑誤傳。」[1] 范勝雄〈臺南市第二級古跡概述〉一文也說：「三山國王廟：乾隆七年（1742年），知縣楊允璽，左營游擊林夢熊率粵東諸商民建。」其後亦下注文說：「按楊、林二人皆乾隆七年任，縣志載雍正七年建，似誤。」[2] 可見兩人對於臺南三山國王廟創建年代的主張，實質上深受前嶋氏的乾隆七年新說之影響，並且支持新說。

有的則完全不提雍正七年一事，而是將臺南三山國王廟的創建年代，直接改寫成乾隆七年臺灣縣知縣楊允璽等人率廣東籍移民所興建，例如卓克華《復興基地臺灣之名勝古跡》、傅朝卿《人文‧自然‧府城——臺南市文化資產大展特刊》、花鬆村《臺灣鄉土續志（第七冊）》、蕭瓊瑞《府城故事——臺南市古跡巡禮》、尹章義〈閩粵移民的協和與對立——以客屬潮州人開發臺北以及新莊三山國王廟的興衰史為中心所作的研究〉一文，與大陸學者李桂玲《臺港澳宗教概況》等，兩岸學者所提臺南三山國王廟創建於乾隆七年之說法，應係受前嶋氏新說之影響。

1　石萬壽：〈臺南市寺廟的建置——臺南市寺廟研究之一〉，第55、73頁，《臺南文化》新11。
2　范勝雄：〈臺南市第二級古跡概述〉，第97、99頁，《臺灣文獻》37：03。

前嶋氏的乾隆七年新說產生之後，不僅使後來的研究者紛紛支持其說，也使臺南三山國王廟其原為臺灣最早創設的三山國王廟地位受到影響。筆者據清代臺灣文獻統計顯示，清代臺灣創設的三山國王廟共有55座，其中53座是乾隆時期以後所創建，乾隆時期以前所創建者只有2座，均在雍正年間，一是雍正七年的臺南三山國王廟，一是雍正十三年的彰化縣員林鎮三山國王廟（參見附錄2）。如果乾隆七年新說可以成立的話，勢必使得彰化縣員林鎮三山國王廟變成臺灣唯一於雍正時期創建的三山國王廟，進而取代臺南三山國王廟的歷史地位，成為臺灣最早創設的三山國王廟。

三、徐德峻〈新建三山明貺廟碑記〉之解讀

前嶋信次於昭和十三年（1938年）於《科學の臺灣》刊登出〈臺南の古廟〉一文，曾提起徐德峻〈新建三山明貺廟碑記〉，作為臺南三山國王廟創建年代的佐證。並說臺南三山國王廟廟前壁上有一方巨大石碑，或因面風或因石材關係，字跡已完全磨滅，這一方石碑可推測可能就是收錄於余文儀《續修臺灣府志》裡的徐德峻〈新建三山明貺廟碑記〉[1]。之後，連景初、洪敏麟等人亦引用徐德峻的碑記，作為臺南三山國王廟創建年代（乾隆七年）的佐證。徐德峻的碑記內容如下：

臺距揭阻海數千里，邑何以有廟？蓋粵人渡臺者感神威力，有恭

1　其文載：「廟の前方の壁に巨大な碑が一面立てられてあるが、丁度氣節風の方向に表面を向けてゐるためか、或は石質のためか、全く磨滅し、話に聞く泰山の無字碑もかくやと思はれるほどになってゐる。これが恐らく臺灣府志卷二十二に收錄された臺灣府知縣徐德峻の新建三山明貺廟碑記が刻せられてゐたものであらうと想像されるのである。」

敬桑梓之意焉。故郡屬四邑，所在多有；獨吾諸粵莊，曩佩香火東來者，率以禮祀於家，不無市井湫隘（按：潮濕窄狹之意）之嫌。於是蕭成、林振魁等謀祀之，擇地於邑西城廂，鳩金庀材，創為神廟。工始於壬申小春之月，竣於癸酉冬季之辰。

廟既成，僉請於余為文以記……則三山雖在揭，感召即在目睫間，且與羅山之玉峰鍾瑞發祥，閱萬載而常新者矣。屬予秩滿將西渡，爰為記其始末云。[1]

其中「工始於壬申小春之月，於癸酉冬季之辰」一語，也就是於「乾隆十七年動土、十八年完工」的記載，應如何去解讀，才能與其主張「臺南三山國王廟係創建於乾隆七年」的說法，前後互相呼應，前嶋信次、連景初、洪敏麟三人各有自己的解讀。

（一）前嶋信次「延誤」說

徐德峻〈新建三山明貺廟碑記〉所記係於乾隆十七年動土，與前嶋氏原先主張係知縣楊允璽、游擊林夢熊到臺任職並倡建的乾隆七年，兩者竟相去10年之久，所以前嶋氏也曾對臺南三山國王廟的創建年代產生些許疑惑，最後他推論乾隆十七年可能是乾隆七年延誤10年的誤記，並斷定臺南三山國王廟的創建年代是乾隆七年十月至翌年冬季間。

乾隆七年已建成的廟宇，碑記竟明白記載著乾隆十七年動工、十八年完工，如果說碑記所言是指臺南三山國王廟後來「重修」、「重建」之類的「動工」、「完工」，尚有其可能性；如果硬要說成徐德峻的碑記是將臺南三山國王廟的動工年代、完工年代誤記了，而且是各延遲了10年，這種說詞恐怕沒有任何說服力，因為「廟既成，僉請於余為文以記」一語已經清楚指出，廟宇落成時，徐德峻才寫碑

---

1 余文儀：《續修臺灣府志》，卷二十二〈藝文〉，第820~821頁。

記，所以徐德峻撰寫碑記不可能將廟宇的動工、完工年代延誤10年後才記載。「延誤」之說，恐難服人。

（二）連景初「重修」或「新修」說

連景初曾撰〈三山國王廟〉一文，極力證明臺南三山國王廟創建於乾隆七年，力挺乾隆七年之說，但他卻認為〈新建三山明貺廟碑記〉所記乾隆十七年動工一事，絕非前嶋氏所言是延遲10年的「誤記」，而是創建於乾隆七年的臺南三山國王廟於10年之後所「重修」。其文曰：

徐德峻所撰新修碑記，顯為建廟之十年後所重修，例如府縣志，原只稱府志、縣志，若干年後始有重修、續修、新修……由此觀之，徐德峻之新建三山廟記，係原廟（按：即臺南三山國王廟）新修時所記無疑，且廟中現存有乾隆九年所立之廟記，廟非建於乾隆十七年者甚明。[1]

連氏文中認為，「徐德峻所撰新修碑記，顯為建廟之十年後所重修」，即徐德峻〈新建三山明貺廟碑記〉，所記內容係為臺南三山國王廟10年之後所「重修」之事。後文又說：「原廟（即臺南三山國王廟）新修時所記無疑」，然碑記明題為「新建」，既非「重修」；也非「新修」，「新建」與「重修」、「新修」之義相去甚遠，不可混為一談。

昔人於宮廟祠寺之重建整修，必有一定之專用詞彙，且遣字用詞十分精確。若建築物之外貌雖腐敗，結構體尚足以維繫者，其碑記之題額通常稱為「重修」，「修」者「修葺」也，「重修」者「重新修

1 連景初：《三山國王廟》，第51頁，《臺南文化》03：01。本文後來也刊於《臺灣風物》23：01。

第七章 臺南三山國王廟創建年代考

葺」也。如康熙五十四年陳璸所記〈重修臺灣孔廟碑〉即云：

　　榱桷腐朽者易之，缺折者補之，蓋瓦級磚之欹斜者覆正之，牆壁
漫漶不鮮者飾之，基址之坍塌卑薄者增築之，而夫子之廟於是煥然易
舊焉。[1]

　　可見屋之椽桷（承受屋瓦之圓木謂之「椽」，方木謂之「桷」）
腐壞者要汰換之、斷裂者要補充之，覆蓋的瓦片、臺階的磚塊有歪斜
者要扶正之，壁上圖繪或漆色模糊者要鮮明之，地基坍斜下陷要增強
之，此即「重修」之要義也。

　　「重修」是指建築物「創建多年」，例如乾隆三十年〈重修關帝廟
增建更衣亭碑記〉云：「郡城文衡聖殿，創建多年，廟貌巍峨，頗稱
壯麗……爰倡義聿新殿宇，於廟左側，構亭數椽。」[2]但〈新建三山
明貺廟碑記〉說是該廟乾隆十七年動工、乾隆十八年完工，正是「新
建」之義，完全與「重修」之義不符。

　　徐德峻之碑記題額為〈新建三山明貺廟碑記〉，也完全不是連氏
所謂的「新修」，而是明明白白題為「新建」。「新修」與「新建」
意義截然不同，如嘉慶元年哈當阿撰〈新修海靖寺碑記〉云：

　　郡垣北門外有寺，名開元，亦名海會，由來久矣。予奉恩命，兼
鎮來臺，嘗至其地，見夫頹垣毀瓦，神像幾失憑依，思有以新之。[3]

　　可見「新修」乃將舊有建物「重新整修」之義。李閶權〈新修城
隍廟前石道記〉亦曰：

1　黃典權：《臺灣南部碑文集成》，臺銀本，1966年，第13頁。
2　黃典權：《臺灣南部碑文集成》，第62頁。
3　黃典權：《臺灣南部碑文集成》，第159頁。碑現存臺南市北區開元寺內。

臺邑城隍廟在鎮北坊，隘且就蝕有日矣……廟前沙礐之地界近右營，為四出之逵，歲久頹圮，行者病之。刺史褚公暨郡丞方公仰承大憲振理維新之意，屬余巫謀之。[1]

縣城隍廟廟前石路已毀壞，不堪使用，往來不便，於是有「振理維新」之舉，此為「新修」之義也。「新建」與「新修」不同，未有而建之，謂之「新建」，既有之而毀朽時予以新之、修之，謂之「新修」。「新建」是指「前此未有建物，新創建之」建物也。如康熙五十二年臺廈道陳璸所撰〈新建朱文公祠記〉與〈新建文昌閣碑記〉二文，分別記曰：

癸巳（按：康熙五十二年），予建朱文公既成，或問曰：「海外祀文公有說乎？」曰：「有。」……祠正堂三楹，兩旁列齋舍六間，門樓一座。起工於壬辰（康熙五十一年）冬月，至癸巳仲春落成。[2]

京邑之制，右廟左學，前殿後閣。予乃於（朱）文公祠後，謀創建文昌閣焉[3]。

乾隆十二年巡臺御史范咸〈新建明倫堂碑記〉，亦言：

我國家令典，自大成殿外，必有明倫堂以為敷教之地。……獨臺灣一隅，僻在海外，前此郡學明倫堂未建。[4]

臺廈道陳璸這兩則「新建」碑記的內容，清楚地記錄了「朱文公

1　六十七《使署閒情》，臺銀本，1961年，卷四〈雜著〉，第126頁。
2　黃典權：《臺灣南部碑文集成》，第7頁。碑現存臺南市孔廟內。
3　黃典權：《臺灣南部碑文集成》，第14頁。碑現存臺南市孔廟內。
4　黃典權：《臺灣南部碑文集成》，第47頁。

祠」與「文昌閣」都是康熙五十二年時「新建」而成的「建物」。巡臺御史范咸〈新建明倫堂碑記〉更直接說明府學明倫堂是乾隆十二年之前所未建，這三則碑記完全地反映出臺灣府學的規模形制是逐步擴充完備而成的，也明白指「新建」是「前此未有」之義。

道光二年彰化知縣吳性誠〈新建忠烈祠碑記〉亦云：「予故亟為表揚，俾英風亮節，昭昭然照人耳目……前此未嘗建祠，棲靈無所，因與典史捐俸三千金，購城隅西街童監生地半畝，庀材鳩工，建祠三落。」[1]其他如道光六年鹿港同知鄧傳安〈新建鹿港文開書院碑記〉、道光十年廖春波〈鹿溪新建鳳山寺碑記〉、道光十三年曾作霖〈新建南投藍田書院碑記〉[2]等等，所記莫不是當地「前此未建」、「前此未嘗建祠」等「前所未有」的「新建物」。

（三）洪敏麟「重建」說

連景初〈三山國王廟〉一文，影響了洪敏麟的看法，其《臺南市市區史跡調查報告書》一書即謂：

三山國王廟：雍正七年，知縣楊允璽，左營游擊林夢熊率粵東諸商民建。乾隆十七年至十八年（1752—1753年）徐德峻重建。[3]

洪敏麟認為徐德峻〈新建三山明貺廟碑記〉，所記係為臺南三山國王廟於乾隆十七年「重建」之事。然「重建」與「重修」不同，重建是指結構體早已不堪維繫，或者早已「棟毀榱頹[4]」，不堪修葺，其碑記之題額才冠名為「重建」。「建」者，「起造」也；「重建」

1　劉枝萬：《臺灣中部碑文集成》，臺銀本，1962年，第32頁。
2　以上三碑內容分別見《臺灣中部碑文集成》，第32、35、39頁。
3　洪敏麟：《臺南市市區史跡調查報告書》，第32、35、39頁，省文獻會，1979年。
4　乾隆三十三年〈重建烽火館碑記〉，記曰：「茲烽火館宇原建一座，崇祀廣利王，迄今無久，棟毀榱頹。近我同仁，戍守斯土，共襄盛舉，建修前後□座。」《臺灣南部碑文集成》，第157頁。碑原存臺南安平烽火館，日治時期館毀壞後，移置於南門碑林。

者，「重新起造」也。例如嘉慶十年〈重建彌陀寺碑記〉即云：

> 郡東古寺，顏曰「彌陀」，由來舊矣……歷今百有餘年，旁風上
> 雨，瓦棟崩頹，半留佛像……爰於嘉慶己未年鳩工興築，越數年而工
> 告成。茲寺之興，經畫雖依故地，而規模大廓前基，禪房蘭若，寶殿
> 珠林，殆與法華、竹溪並稱海外勝概焉。[1]

可見「重建」非「重修」所可比擬，耗資、耗時、耗力的彌陀寺
竟然耗時6年的重建歲月方告完成，規模也非昔日可相提並論。〈新
建三山明貺廟碑記〉既題為「新建」，絕非「重新起造」的「重建」
之義。

既然徐德峻〈新建三山明貺廟碑記〉已言明該三山明貺廟係「新
建」，絕非前嶋氏所指的是臺南三山國王廟完工後延誤10年的「誤
記」，也非連氏所謂舊廟「新修」與「重修」，也不是洪氏所言舊廟
「重建」，指稱對象當然絕不可能是臺南三山國王廟，而是另有所
指。細讀徐德峻碑記所言「獨吾諸粵莊，曩佩香火東來者」、「於是
蕭成、林振魁等謀祀之」、「擇地於邑西城廂，鳩金庀材，創為神
廟」、「廟既成，僉請於余為文以記」、「則三山雖在揭，感召即在
目睫間，且與羅山之玉峰鍾瑞發祥」等語，其中「獨吾諸粵莊」，
意即指「諸羅縣的客家聚落」，查「林振魁」亦為諸羅縣的「例貢
生」[2]，「羅山之玉峰」也是指諸羅；而「邑西城廂」實則更與王必昌
《臺灣縣志》所記「臺南三山國王廟在小北門內鎮北坊水仔尾」位置
不同，「鳩金庀材，創為神廟」意即「新建」，所以把徐德峻〈新建
三山明貺廟碑記〉當作是臺南三山國王廟，其實正是對舊文獻解讀錯

1　黃典權：《臺灣南部碑文集成》，第182頁。碑現存臺南市東區彌陀寺內。
2　余文儀：《續修臺灣府志》，卷十二〈人物〉，例貢，第468頁。

第七章　臺南三山國王廟創建年代考

誤所造成，而徐德峻所言「乾隆十七年動土，十八年完工」，根本與臺南三山國王廟絲毫不相干。

徐德峻〈新建三山明貺廟碑記〉所指的其實正是嘉義市東區大街裡的廣寧宮，而一般學者在探論嘉義市廣寧宮的創建年代時，也都徵引徐德峻〈新建三山明貺廟碑記〉來說廣寧宮係乾隆十七年所創[1]。《臺灣私法人事編》有一則廣寧宮創建於乾隆十七年更直接的證據，該編載：

諸羅縣：三山國王廟在縣治西門外，乾隆十七年粵民同建。[2]

此條資料，無論是創建年代，或是創建所在位置，均與徐德峻〈新建三山明貺廟碑記〉完全吻合，可見徐德峻〈新建三山明貺廟碑記〉所指的正是諸羅縣治西門外今名為廣寧宮的三山國王廟。所以徐德峻〈新建三山明貺廟碑記〉，所記廟宇其於何時動工、何時完工，完全與臺南三山國王廟無涉；徐德峻碑記所言既然不是臺南三山國王廟後來「重修」、「重建」、「新修」等意，當然不能作為臺南三山國王廟「創建於乾隆七年」之佐證。

四、乾隆七年新說論證上的問題

前文曾提到對於臺南三山國王廟之創建年代，至今仍然直接寫成雍正七年的學者，大多是未注意到或者不知有前嶋氏的乾隆七年新

1　邱彥貴：〈嘉義廣寧宮二百年史勾勒（1752—1952）——一座三山國王廟的社會史面貌初探〉，第83頁，《臺灣史料研究》06。

2　明治四十三年（1910年）臨時臺灣舊慣調查會《臺灣私法人事編》，臺銀本，1961，第一章〈人〉，第二節品性，第三款宗教，第218頁。

說，以致文中不是直接引用王必昌《重修臺灣縣志》，說是創建於雍正七年，而將楊允璽、林夢熊二官於乾隆七年才到臺履任一事置之不理；就是未說明其寫成雍正七年的理由，且也未曾提及前嶋氏的乾隆七年新說。

徐德峻〈新建三山明貺廟碑記〉，是前嶋信次乾隆七年之說最重要的兩項論證之一。不管前嶋氏將〈新建三山明貺廟碑記〉的「乾隆十七年動工」，誤以為是臺南三山國王廟創建於乾隆七年而延誤10年的誤記；或者連景初、洪敏麟誤以為是創建於乾隆七年的臺南三山國王廟，於10年後的「重修」或「重建」，經前文舉證，已失去立論點。

但前嶋氏更重要的另一個立論點是，楊知縣、林游擊確實於乾隆七年才到臺灣履任。所以要否定乾隆七年之說的謬誤，唯一的論證方針就是找出臺南三山國王廟並非楊知縣、林游擊所倡建；或是找出乾隆七年之前臺南三山國王廟已經存在，那麼乾隆七年之說也就自然地失去論證的立足點了。

（一）王必昌乾隆十七年重修縣志的經過

對於乾隆七年新說第一位提出質疑者是楊仁江，其主要理由之一是：

魯鼎梅主修、王必昌總纂的《重修臺灣縣志》，該志刊刻的時間是乾隆十七年。假如臺南三山國王廟是創建於乾隆七年，那麼編纂縣志時，離廟建成還不到十年，而倡建人楊允璽與林夢熊也才卸任不久，對寫志的人來說，在記憶猶新的情形下，會將年代和人物關係弄錯的可能性不大[1]。

若設臺南三山國王廟是創建於乾隆七年，那麼離乾隆十七年成

1 楊仁江：《臺南三山國王廟之調查研究與修護計畫》，第41頁，楊仁江建築師事務所，1992年。

書的《重修臺灣縣志》，約有10年；若設臺南三山國王廟是創建於雍正七年，那麼離乾隆十七年成書的《重修臺灣縣志》，約有23年。雖然理論上10年前的人事關係較之23年前的人事關係，對寫志書的人而言應該是更為「記憶猶新」，但實際上此與「記憶」無關，因為無論是雍正七年還是乾隆七年，修志者王必昌均在大陸，當時尚未親身蒞臺，一直到乾隆十六年才赴臺修志。

乾隆十七年《重修臺灣縣志》是繼康熙五十九年陳文達《臺灣縣志》之後所修，承修者是臺灣縣知縣護理海防同知事魯鼎梅，總理者是臺灣府儒學教授謝家樹與臺灣府儒學訓導林起述，而實際擔任總纂輯者是福建德化縣乙丑科（按：乾隆十年）進士截選知縣王必昌[1]。

再看看《重修臺灣縣志》上述四位主要參與者的一些背景資料：

魯鼎梅，字調元，號變堂，江西新城人（按：建昌府新城縣人），乾隆壬戌（按：乾隆七年）進士，乾隆十四年八月，由福建德化縣知縣調任臺灣縣知縣。[2]

林起述，字明卿，號紹庭，福建沙縣人，廩貢。由長泰學調，乾隆十五年十一月任府學訓導。[3]

謝家樹，字維成，號蘭邨，福建歸化縣人，己未（按：乾隆四年）進士。由建寧府學調。乾隆十七年三月任府學教授。[4]

王必昌，福建德化人，清乾隆乙丑（十年）進士。臺灣知縣魯鼎梅前在德化縣任時，嘗延必昌修志。及調臺灣，乃於乾隆十六年倡重

1　王必昌：《重修臺灣縣志》，〈重修臺灣縣姓氏〉，第15頁。
2　王必昌：《重修臺灣縣志》，卷九〈職官志〉，文職，知縣，第281頁。
3　王必昌：《重修臺灣縣志》，卷九〈職官志〉，列憲題名，訓導，第281頁。
4　王必昌：《重修臺灣縣志》，卷九〈職官志〉，列憲題名，府儒學教授，第280頁。

修「臺志」，致幣聘必昌總纂之。始於翌年二月，竣於十月。[1]

這四人都是乾隆十四年以後才由大陸調職到臺灣任官，謝家樹甚至到了乾隆十七年三月才到臺灣府學任職。可見縣志的修纂最早不會早於乾隆十五年。魯鼎梅、林起述、謝家樹赴臺主要是因為調職，即以國事公務為主，更重要的主纂者王必昌，他才是實際撰寫者。由於魯鼎梅調任臺灣縣知縣之前，任職德化縣知縣期間，嘗延請王必昌修《德化縣志》。及外調臺灣時，以臺灣縣志歷久（1720—1752年）弗修，魯鼎梅憂慮文獻廢墜，乃於乾隆十六年渡海致幣延請王必昌來臺修志。

依據府學訓導林起述〈跋文〉所言，重修臺灣縣志之倡議經過如下：

未嘗不慨然曰：宰斯邑者，奈何弗修？越明季，邑侯魯公欲新之。冬（按：乾隆十六年冬），乃設局，命余（按：府儒學訓導林起述）綜其務。[2]

另外巡臺御史錢琦，對於《重修臺灣縣志》之倡修經過，也有說明，其於縣志〈序文〉則說：

舊有志，擇焉未精、語焉不詳，歲久且多殘闕；魯君變堂，以江西名進士來蒞茲邑，三年之內，時和歲稔，政舉事修，公務餘閒，慨然自在。爰集臺之文士，共相商訂；取舊志之缺者補之，略者詳之，繁者芟（按：刪也）之，訛者正之……書開局於學之明倫堂，始於二

1　吳幅員：《臺灣文獻史料叢刊309種題要》，臺銀本，1977年，第54頁。
2　王必昌：《重修臺灣縣志》，林（府學訓導林起述）跋，第54頁。

月（按：乾隆十七年二月），成於十月。[1]

可見《重修臺灣縣志》是依照舊縣志，增補、修潤、裁剪而成。不管其設局倡修是起於乾隆十六年冬（林起述跋文），還是起於乾隆十七年下月於明倫堂設局修纂（錢琦序文），王必昌於乾隆十六年底才由大陸赴臺負責修志則是事實，既然是依照舊縣志，增補、修潤、裁剪、更改而成，且又在短短8個月內成書，以致發生「雍正七年」創廟、創廟者於「乾隆七年」才到臺灣的謬誤，恐亦難免。

（二）洪啟勳所撰〈三山明貺廟記〉之跋文

臺南三山國王廟正門上方，懸掛有明太子少保禮部尚書潮陽盛端明撰〈三山明貺廟記〉，此匾係乾隆九年歲次甲子上元，由沐恩弟子洪啟勳等人所立。楊仁江對於乾隆七年新說質疑的另一個理由是：

（洪啟勳）落款為「乾隆九年歲次甲子上元吉」，如果此廟創於乾隆七年，成於次年，那麼，立匾時間離廟成不過一年，按一般慣例，似乎不可能不提「去歲廟成」等句，而只說「蒙神庥，咸欣欣建立廟宇，為敦誠致祭之所。」……我們仍以為臺南三山國王廟草創於雍正七年己酉，乾隆七年壬戌由臺灣知縣楊允璽、臺灣鎮標左營游擊林夢熊率粵東商民修建。[2]

其實，王必昌《重修臺灣縣志》只載：「雍正七年，知縣楊允璽、左營游擊林夢熊率粵東諸商民建。」既非「修建」，也非「乾隆七年」。故楊氏所謂「乾隆七年壬戌由臺灣知縣楊允璽、臺灣鎮標左營游擊林夢熊曾率粵東商民修建」一事，或有過度解釋之嫌。

1　王必昌：《重修臺灣縣志》，錢（巡臺御使錢琦）序，第3頁。
2　楊仁江：《臺南三山國王廟之調查研究與修護計畫》，第43頁，楊仁江建築師事務所，1992年。

但若是創設於乾隆七年，而洪啟勳乾隆九年的跋文卻未提及兩年前創建之事，的確令人狐疑。更重要的是，洪啟勳跋文不僅未提及乾隆七年創建之事；連乾隆七年來臺的潮州籍楊知縣、林游擊二位主倡人，同為潮州籍的庶民洪啟勳於乾隆九年所獻〈三山明貺廟記〉跋文，豈敢對倡建二官之姓名、職官，隻字不提、視而不見、聞而不知？

洪啟勳其人，雖然文獻未載，無可稽查，但其在盛端明撰〈三山明貺廟記〉之後，有一段十分重要而且值得深思與推敲的跋文，文曰：

三山國王者，吾潮合郡之福神也。自親友佩爐香過臺，而赫聲濯靈遂顯於東土。蒙神庥，咸欣欣建立廟宇，為敦誠致祭之所；但往往以神之護國庇民、豐功盛烈未知備細為憾。勳等讀親友來翰，適得明禮部尚書盛諱端明所作廟記一篇，甚詳且悉。因盥手繕書，敬刊於左上之廟中。俾東土人士亦有所考而無憾於誠者，未必非神之靈為之也。[1]

細思此文，「吾潮合郡之福神」之語，說明了洪啟勳等人原鄉應是潮州府，當洪啟勳與親友們要渡臺時，就攜帶了三山國王的香火，而終於安然抵臺。由於三山國王「赫聲濯靈」，潮籍移民因蒙神庇佑，安抵臺灣，故親友眾人咸欣然建立廟宇。文中「咸」一字與「咸欣欣建立廟宇」道破了臺南三山國王廟的真正創建者，並非臺灣知縣楊允璽與臺灣鎮左營游擊林夢熊兩位高官要員，而是洪啟勳等潮籍諸親友。

正因是洪啟勳等潮籍諸親友信眾集資創建，洪啟勳覺得一般潮州府的原鄉信眾雖將三山國王視為「福神」，但他們渡臺前只知從原

1 黃典權：《臺灣南部碑文集成》，第37頁。

鄉潮州求得「福神」的香火，以求「福佑」海途順遂，並不知、也不會、更不需要去調查了解他們信仰的三山國王的神歷來源為何，而洪啟勳自己本身對三山國王是何神也搞不清楚，久為「受神之默佑，卻未知所祀何許神也」之深憾所苦，故寫信尋求原鄉親友協助尋根探源，剛好獲得親友所寄來明禮部尚書盛端明所作〈三山明貺廟記〉一篇，乃將〈三山明貺廟記〉之文燒錄於匾，並於廟記之後寫跋，敬獻給廟，作為後人子孫追溯三山國王的神歷來源的參考。

既然，臺南三山國王廟為洪啟勳諸粵民所建，而非楊允璽、林夢熊二官所倡建，楊、林二官於何年到臺任官已顯無關緊要了。

（三）巡臺御史楊二酉來臺任職內的題聯

前嶋信次在〈臺南の古廟〉一文曾提到臺南三山國王廟有巡臺御史楊二酉所題聯文一事，1978年曾至臺南三山國王廟勘查古跡的洪敏麟，於1979年完成的《臺南市市區史跡調查報告書》一書裡，也提到臺南三山國王廟的史跡價值有六項：

一為潮州移民集會所。二為本市唯一現存潮州式建築物亦是本省罕見之粵式廟宇。三有乾隆帝御筆「褒忠」匾額。四廟前有巨大無字碑（可能是知府徐德峻新建三山廟碑記）。五有巡臺御史楊二酉書柱聯。六有「韓文如潮」匾額。[1]

可見巡臺御史楊二酉曾書柱聯掛於三山國王廟內。至於楊二酉之身分，清朝法式善《清秘述聞》載：「兵科給事中楊二酉，字學山，山西太原人，癸丑（按：雍正十一年）進士。」[2]而巡臺御史之設置歷程如下：

1　洪敏麟：《臺南市市區史跡調查報告書》，第159頁，省文獻會，1979年。
2　法式善：《清秘述聞》，卷十五〈同考官〉，類三，乾隆十三年戊辰科會試，第462頁，北京：中華書局，1982年。

巡臺御史：康熙六十一年設，滿、漢各一員，歲一易。雍正十年，二歲一易。乾隆十七年，三歲一易。五十一年，停。其漢御史兼學政，始雍正五年，乾隆十七年停，仍歸臺灣道兼攝。[1]

也就是說，從康熙六十一年（1722年）起，巡臺御史的任期是一年一任，滿、漢輪替，一年滿人，一年漢人。自雍正十年（1732年）起，至乾隆十六年（1751年）止，這20年期間巡臺御史的任期是兩年一任，滿、漢各一人，滿人接任滿人，漢人接任漢人，交接年代是交錯的，所以乾隆一、三、五年是滿御史交接，乾隆二、四、六年是漢御史交接，且由漢御史兼任提督學政之職。而楊二酉任巡臺御史期間正是乾隆四年至乾隆六年，其前一任（乾隆二年任）是山東高密人單德謨；後一任（乾隆六年任）是浙江錢塘人張湄[2]。據此可推知，臺南三山國王廟楊二酉所題聯字，應在其任巡臺御史的乾隆四年至乾隆六年之間。換言之，臺南三山國王廟最遲於乾隆六年之前就已完成建廟工程，所以乾隆七年知縣楊允璽、左營游擊林夢熊等率粵東諸商民所建者之說，顯然與史實不符。

有關巡臺御史楊二酉所獻題的聯字，內容為何，由於前嶋信次、洪敏麟二氏都沒有抄錄下來，本人數次踏勘三山國王廟，並未發現聯文，詢問該廟管理委員會的委員許長泉先生，許先生表示已佚失，甚為痛惜。前嶋信次應當是曾經看過該聯，否則不會任意寫出「字跡極美」的贊詞，但他認為此聯字可能是後人依仿楊二酉之筆跡所書刻的，他說：

1　陳壽祺：道光《福建通志・臺灣府》，臺銀本，1960年，卷一〇七，巡臺御史，第544頁。
2　范咸：《重修臺灣府志》，卷三〈職官〉，欽命巡視臺灣御史，第102頁。其前後任關係如下：白起圖，正藍旗滿洲人，乾隆元年任。單德謨，山東高密人，雍正丁未進士，乾隆二年任。諸穆布，正藍旗滿洲舉人，乾隆三年任。楊二酉，山西太原人，雍正癸丑進士，乾隆四年任。舒輅，正白旗滿洲人，乾隆五年任。張湄，浙江錢塘人，乾隆六年任。

第七章 臺南三山國王廟創建年代考

廟中有古碑數面與楊二酉所書字跡甚美的聯字。楊二酉於乾隆四年任欽命巡視臺灣御史而來臺南，奏建海東書院，於南門內募造秀峰塔，山西太原出身的進士，與三山國王廟並無深厚的關係。而且，他的來臺是廟宇創建之前的事情，所以這副對聯恐怕是後人依仿他的筆跡刻寫的。[1]

由於前嶋信次已經先認定三山國王廟的創建於乾隆七年才是「史實」，故發現了楊二酉所獻題的極為秀逸的聯字，與其所認知的「史實」不符，故就推論是後人模仿之聯字。本人認為此事根本不可能：第一，要模仿楊二酉字跡要有所本，即要見過其字跡，但楊二酉除在此廟題字外，未見他廟有之。第二，「模仿」字體，大抵是書法練習臨摹，而非「題聯獻字」。第三，楊二酉身為「巡臺御史」之官，後人豈敢模仿偽造其字跡，以假亂真？所以在楊二酉曾於「乾隆六年以前在廟宇題聯」的史實與「乾隆七年建廟」的「史實」之間，前嶋氏必須作一抉擇，如果要承認楊二酉的題聯是真跡，那麼乾隆七年新說自然無法自圓其說，而前嶋氏所找出「楊允璽於乾隆七年到臺履任」的重要論據，也將不攻自破。

既然臺南三山國王廟最遲於乾隆六年之前已經創建，知縣楊允璽、左營游擊林夢熊二官員當然未曾參與此事。因此，臺南三山國王廟於大正四年（1915年）《臺南廳寺廟取調書》的調查資料所填寫的是：「本廟是臺南市潮州移住民所建立。」[2]《臺南市宗教團體檯帳》的調查記錄中，提到臺南三山國王廟有一「護法爺會」的「神明會」組織，其「沿革」一項包括兩欄，一欄是有關主神來源，其如是說：「從支那攜帶香爐渡臺者於臺南當地雕刻木像而形成的」；另一欄是

---

1 前嶋信次：《臺南の古廟》，第25頁，《科學の臺灣》1、2號，昭和十三年（1938年）。
2 《臺南廳寺廟取調書》，大正四年（1915年），手稿本，中研院臺史所。

有關神明會緣起，其如是說：「雍正七年，潮州人為了紀念來臺開墾所發起，從支那渡臺的潮州人共十人，各自出錢，以為祭祀費用。」[1]而昭和八年（1933年）相良吉哉《臺南州祠廟名鑑》一書，也記載臺南三山國王廟的沿革是：「當初（按：雍正七年）潮州移民從潮州的三山國王廟攜帶香火渡臺所奉祀建立的，其他沿革不明。」[2] 連橫《雅堂文集》也說：「三山國王廟在鎮北坊，為潮州人所建，以祀其鄉之神。每逢元宵，陳列花仙數百盆，評其優劣。」[3] 這些日治時期調查記錄不但對於所謂的「倡建者」知縣楊允璽、游擊林夢熊根本隻字不提，反而直接指出從潮州攜帶香火渡臺的「潮州移民」，才是臺南三山國王廟的實質建立者，應非偶然。

臺南三山國王廟於乾隆七年所建之說，已失論證之據，王必昌《重修臺灣縣志》記載：

三山國王廟：在小北門內鎮北坊水仔尾。……潮之諸邑，皆有祠祀。粵人來臺者，咸奉其香火，故建廟云。雍正七年，知縣楊允璽、左營游擊林夢熊率粵東諸商民建。

「粵人來臺者，咸奉其香火，故建廟云。」此段文字已充分表達了臺南三山國王廟是來臺粵民所共建，而非粵籍官員倡建；也與洪啟勳於乾隆九年〈三山明貺廟記〉跋文，「自親友佩爐香過臺，而赫聲濯靈遂顯於東土。蒙神庥，咸欣欣建立廟宇」之說，完全相互吻合。而「雍正七年」一詞，也明白說出了廟宇創建的年代，至於「知縣楊允璽、左營游擊林夢熊率粵東諸商民建」一語，極可能是由大陸來臺修志的王必昌為了增踵粵籍官員事蹟，而附帶加上去的「不實」一筆，

1　《臺南市宗教團體檔帳》，檔帳番號7，年代不詳，手稿本，中研院臺史所。
2　相良吉哉：《臺南州祠廟名鑑》，臺北：臺灣日日新報社，1933年，第24頁。
3　連橫：《雅堂文集》，臺銀本，1964年，卷三〈筆記〉，第182頁。

沒想到卻引起「雍正七年」創廟與楊允璽等官「乾隆七年」到臺履任兩者年代不符的謬誤，疑案因此產生。

至乾隆二十九年時，余文儀《續修臺灣府志》雖然是襲取王必昌《重修臺灣縣志》之說，但卻將「粵人來臺者，咸奉其香火，故建廟云」此段文字省略，而直接說是「雍正七年，知縣楊允璽、左營游擊林夢熊率粵民同建」，使得真相離史實越來越遠。

昭和十三年（1938年）前嶋信次提出新的論證，認為雍正七年是舊志誤載，而主張臺南三山國王廟真正的創建年代是乾隆七年，戰後的研究者也紛紛跟隨其說，只有楊仁江、蔡卓如二位提出一些質疑，反對乾隆七年新說，而主張雍正七年舊說。但似乎尚不足推翻前嶋信次之論證，以至於影響層面不大，所以至今仍然有許多論著持續使用乾隆七年建廟說。

綜合觀之，前嶋信次主張乾隆七年新說的立論證據有二：一是徐德峻〈新建三山明貺廟碑記〉，但經本文考論，徐德峻碑記所指的正是諸羅縣治西門外今名為「廣寧宮」的三山國王廟，而非臺南三山國王廟。二是王必昌《重修臺灣縣志》記載：「雍正七年，知縣楊允璽、左營游擊林夢熊率粵東諸商民建」之說，的確有違常理，讓創建三山國王廟的「事件」出現了「年代」與「主角人物」無法吻合的現象。但問題可能出在「年代」記載錯誤；也有可能是出在「主角人物」的記載錯誤，例如「人物」主角原為「眾多粵籍庶民」，可能被修志者增列一二位「粵籍官員」的「職官姓名」而不以為意。

前嶋氏因為一開始即認定知縣楊允璽、左營游擊林夢熊是此「事件」的「主角人物」，故必然以「主角人物」到臺年代作為創廟「事件」的發生年代。因此，當他遇到了乾隆六年以前臺南三山國王廟內確實有巡臺御史楊二酉題聯一事，只好展開這是後人「模仿」而非「真跡」之說。經本文考論，臺南三山國王廟是「粵民」所建，而非「粵官」知縣楊允璽、左營游擊林夢熊所倡建，故知縣楊允璽、左營

游擊林夢熊何時至臺，與臺南三山國王廟的創建完全沒有任何關係。前嶋氏兩個有力的立論根據皆已盡失，乾隆七年之說自然地完全不能成立。

問題是，洪啟勳等人明明說是「吾潮親友佩爐香過臺，咸欣欣建立廟宇」，王必昌《重修臺灣縣志》何以擅作主張，寫成「知縣楊允璽、左營游擊林夢熊率粵東諸商民建」呢？致使臺南三山國王廟的創建年代明明白白記載為雍正七年，與「倡建者」知縣楊允璽、左營游擊林夢熊赴臺履職的年代乾隆七年，兩年代不符的疑案產生，可能原因之一是，王必昌於乾隆十六年冬才受臺灣知縣魯鼎梅之托，赴臺纂修縣志，竟於翌年以短短8個月的時間成書，過於倉促，無心造成謬誤。

可能原因之二是，王必昌為了踵事增華，替粵籍官員增添一筆的「率民」、「倡建」廟宇的事蹟與榮耀，而有意將創建人「粵民」，加以「強化」成為潮州府大埔縣人楊允璽、潮州府海陽縣人林夢熊二官員「率領粵民」所建。查從第一任臺灣知縣康熙二十三年（1684年）沈朝聘起，一直到乾隆七年（1742年）第二十四任的楊允璽為止，這58年間未曾有廣東籍人士任職過臺灣知縣，楊允璽是第一位廣東籍的臺灣知縣。但不管是修志過於倉促，無心造成；還是有意為第一位廣東籍的臺灣知縣踵事增華，王必昌有關臺南三山國王廟的記載，的確是引起後來研究上種種困惑；幸好潮人洪啟勳所獻盛端明〈三山明貺廟記〉後附錄了一段解疑的跋文，而巡臺御史楊二酉也曾於廟裡獻題聯字，疑雲因之得以撥開，讓臺南三山國王廟創建年代的史實稍露曙光。

【附錄1】三山明貺廟記（乾隆九年）

潮之明貺三山之神，其來尚矣。夫潮及之揭陽，於漢為郡，後改為邑。邑兩百里有獨山，越四十里有奇峰，曰玉峰；玉峰之右，有眾石激湍，東潮、西惠，以石為界，渡水為明山；西接梅洲，洲以為

鎮，三十里有巾山，地名霖田。三山鼎峙，英靈所鍾。當隋時失其甲子二月下旬五日，有神三人，出於巾山。自稱昆季受命於天，分鎮三山，托靈於玉峰之右，廟食於此地，前有古楓樹，後有石穴。降神之日，上生蓮花絳白色，大者盈尺。鄉民陳姓者白晝見三人乘馬而來，招己為從者。未幾，陳遂與神俱化。眾異之，乃即巾山之麓，置祠合祭。既而降神以人言，封陳為將軍。赫聲濯靈，日以益著，人遂尊為化王，以為界石之神。唐元和十四年，昌黎韓公刺潮州，霪雨害稼，眾禱於神而響答，爰命屬官以少牢致祀，祝以文曰：「淫雨既霽，蠶穀以成，織女耕男，欣欣衎衎。其神之保庇於人，敢不明受其賜！」宋藝祖開基，劉表拒命，王師南討。潮守王侍監赴禱於神，果雷電風雨；鋹兵遂北，南海乃平。迨太宗征太原，次於城下，忽睹金甲神人揮戈馳馬，師遂大捷，魁渠劉繼元以降。凱旋之日，有旌見城上雲中，曰「潮州三山神」。乃命韓指揮舍人，詔封巾山為「清化威德報國王」、明山為「助政明肅寧國王」、獨山為「惠威弘應豐國王」，賜廟額曰「明貺」；敕本部增廣廟宇，歲時合祭。明道中，複加「靈廣」二字。蓋肇跡於隋、顯靈於唐、受封於宋，數百年來，赫赫若前日事。嗚呼！神之豐功盛烈，庇於國、於民亦大矣哉！

　　潮之諸邑，在在有廟，莫不祇祀。水旱疾疫，有禱必應。夫惟神之明，故能鑒人之誠；惟人之誠，故能格神之明。神人交孚，其機如此，謹書之，俾海內人士歲時拜於祠下者，有所考而無懈於誠焉。

　　賜進士第、資德大夫、正治上卿、太子少保、禮部尚書、前左春坊左庶子、翰林侍讀、經筵講官同修國史郡人盛端明撰。三山國王者，吾潮合郡之福神也。自親友佩爐香過臺，而赫聲濯靈遂顯於東土。蒙神庥，咸欣欣建立廟宇，為敦誠致祭之所；但往往以神之護國庇民、豐功盛烈未知備細為憾。勳等讀親友來翰，適得明禮部尚書盛諱端明所作廟記一篇，甚詳且悉。因盥手繕書，敬刊於左上之廟中。俾東土人士亦有所考而無憾於誠者，未必非神之靈為之也。

時乾隆九年歲次甲子上元吉旦，沐恩弟子洪啟勳、陳可元、許天旭、周奕沛、梁朝舉、洪肇興、伍朝章、舉義忠、陳傑生、曾可誠、洪良舉。

資料來源：《南部碑文集成》，第36~38頁。

【附錄2】清代臺灣三山國王廟建置一覽表

編號	建置年代	廟宇名稱	位置所在	創建者	資料來源
01	雍正七年	三山國王廟	鎮北坊水仔尾	知縣楊允璽、左營游擊林夢熊率粵東諸商民率粵東諸商民建。	重修臺灣縣志，第180頁。
02	雍正十三年	三山國王廟	彰化縣治南員林仔街	粵人建	臺灣私法人事編，第219頁。另彰化縣志，第157頁，則載「乾隆年間」創建。
03	乾隆十七年	三山國王廟	諸羅縣治西門外	粵民同建	臺灣私法人事編，第218頁。
04	乾隆二十年	廣寧廟	三角通街	韓江募建，同治十二年洪大吉董修。	鳳山縣採訪冊，第177頁。
05	乾隆年間	三山明貺國王廟	縣城北龜山麓	潮州耆民合建	重修鳳山縣志，第153頁。
06	乾隆年間	三山明貺國王廟	仁壽里九甲圍莊	不詳	重修鳳山縣志，第153頁。
07	乾隆年間	三山明貺國王廟	埤頭街尾	不詳	重修鳳山縣志，第153頁。
08	乾隆年間	三山國王廟	縣治南街	粵人公建	彰化縣志，第157頁。
09	乾隆年間	三山國王廟	鹿港街	粵人公建	彰化縣志，第157頁。
10	乾隆四十三年	三山國王廟	九塊厝莊（港西）	陳慶祥募建	鳳山縣採訪冊，第177頁。
11	乾隆四十五年	國王廟	新莊街	粵人捐建	淡水廳志，第152頁。
12	乾隆五十四年	廣濟宮	舊治南郊（興隆）	呂鍾募建	鳳山縣採訪冊，第177頁。

第七章 臺南三山國王廟創建年代考

				续表	
編號	建置年代	廟宇名稱	位置所在	創建者	資料來源
13	乾隆五十九年	三山國王廟	鹽埕莊（大竹）	蕭晉期募建，光緒八年謝道董修。	鳳山縣採訪冊，第 177 頁。
14	乾隆五十九年	三山國王廟	四塊厝（港東）	陳春來募建，光緒十四年陳阿喜董修。	鳳山縣採訪冊，第 178 頁。
15	嘉慶元年	三山國王廟	潮州莊街（港東）	張國俊募建，同治五年周同順董修。	鳳山縣採訪冊，第 178 頁。
16	道光元年	三山國王廟	潮州莊街	陳阿漏募建	鳳山縣採訪冊，第 178 頁。
17	道光元年	三山國王廟	大莆林街	街民捐建	嘉義管內採訪冊，第 17 頁。
18	道光元年	國王廟	苗栗街	劉蘭斯倡捐	苗栗縣志，第 161 頁。
19	道光八年	國王廟	新埔堡鹹菜甕三墩莊	不詳	新竹縣志初稿，第 117 頁。
20	道光十年	三山國王廟	六班長莊（仁壽）	鄭興、劉仁募建	鳳山縣採訪冊，第 117 頁。
21	道光十年	三山國王廟	茇藤林莊（港東）	李孟涼募建	鳳山縣採訪冊，第 178 頁。
22	道光十四年	三山國王廟	樹杞林堡城莊	不詳	新竹縣志初稿，第 119 頁。
23	道光十八年	三山國王廟	頭份堡上斗換坪街	不詳	新竹縣志初稿，第 122 頁。
24	道光二十年	三山國王廟	潭底莊（嘉祥）	陳筆募建，光緒二年蔡果董修。	鳳山縣採訪冊，第 177 頁。
25	咸豐二年	三山國王廟	新莊（仁壽）	黃清募建	鳳山縣採訪冊，第 177 頁。
26	咸豐二年	三山國王廟	樹杞林堡九芎林街	不詳	新竹縣志初稿，第 120 頁。
27	咸豐七年前	三山國王廟	大莊（觀音）	蘇排董修	鳳山縣採訪冊，第 177 頁。
28	咸豐九年	三山國王廟	新置莊（港東）	陳豐傳建	鳳山縣採訪冊，第 177 頁。
29	同治三年	三山國王廟	山豬湖	不詳	新竹縣志初稿，第 121 頁。
30	同治四年	三山國王廟	海豐莊（港西）	歲貢生鄭元奎募建	鳳山縣採訪冊，第 178 頁。
31	同治四年	三山國王廟	大埔莊（港西）	劉月鄰募建	鳳山縣採訪冊，第 178 頁。
32	同治五年	三山國王廟	下林仔邊街（港東）	黃長記募建	鳳山縣採訪冊，第 178 頁。

編號	建置年代	廟宇名稱	位置所在	創建者	資料來源
33	同治九年	三山國王廟	樹杞林堡樹杞林街	不詳	新竹縣志初稿，第120頁。
34	同治十年	三山國王廟	樹杞林堡上公館莊	不詳	新竹縣志初稿，第120頁。
35	同治十二年	三山國王廟	加走莊（港東）	張嘉禮募建	鳳山縣採訪冊，第178頁。
36	同治十三年	三山國王廟	九甲圍莊(仁壽)	鄭尚募建	鳳山縣採訪冊，第177頁。
37	光緒元年	三山國王廟	樹杞林堡橫山莊	不詳	新竹縣志初稿，第120頁。
38	光緒元年前	三山國王廟	那拔林莊（嘉祥）	林耀西董修	鳳山縣採訪冊，第177頁。
39	光緒元年前	三山國王廟	右沖莊（半屏）	武生楊應龍董修	鳳山縣採訪冊，第177頁。
40	光緒五年	三山國王廟	猴洞山北麓	粵籍客民捐建	恆春縣志，第224頁。
41	光緒八年	三山國王廟	樹杞林堡□仔莊	不詳	新竹縣志初稿，第120頁。
42	不詳	三山國王廟	保力莊	粵民建	恆春縣志，第224頁。
43	不詳	三山國王廟	斗六堡	粵籍九莊公建	雲林縣採訪冊，第16頁。
44	不詳	國王宮	柯仔壢	不詳	樹杞林志，第65頁。
45	不詳	國王宮	柑仔崎	不詳	樹杞林志，第65頁。
46	不詳	國王宮	南埔	不詳	樹杞林志，第65頁。
47	不詳	國王宮	中興莊	不詳	樹杞林志，第65頁。
48	不詳	國王宮	猴洞莊	不詳	樹杞林志，第65頁。
49	不詳	國王宮	石壁潭	不詳	樹杞林志，第65頁。
50	不詳	國王宮		不詳	樹杞林志，第65頁。
51	不詳	國王宮		不詳	樹杞林志，第65頁。
52	不詳	國王宮		不詳	樹杞林志，第65頁。
53	不詳	國王宮		不詳	樹杞林志，第65頁。
54	不詳	國王宮		不詳	樹杞林志，第65頁。
55	不詳	國王宮		不詳	樹杞林志，第65頁。

資料來源：筆者整理。

第七章 臺南三山國王廟創建年代考

第八章 從三山國王到玄天上帝：臺灣彰化福佬客信仰之觀察

郭伶芬 [1]

　　我們一般對「客家人」身分的認定，除了家譜、族譜的血緣記錄外，大概都以「使用客語能力」、「主觀上認同」為認定標準。但是這樣的標準並不完全適用於福佬客，在臺灣歷史變遷中，許多客家人被福佬人同化，目前他們多數已經不會說客語，有的也不認同自己是客裔，在語言或文化上與說閩南語的福佬人沒有太大的差別，他們是屬於臺灣特殊的隱性族群。彰化福佬客分布的核心主要在埔心、永靖、田尾、竹塘、員林，少數在社頭、溪州、溪湖等鄉鎮。地理上主要分布在彰化平原的中間偏東的位置；小部分偏南。位置剛好夾在西部海線泉州人，和東部八卦臺地漳州人之間，語言文化上受漳州人的影響比較大。

　　民間信仰一向是臺灣社會多數百姓心靈的支撐力量。在臺灣拓墾史，廣東客家帶來三山國王；不分祖籍的移民帶來玄天上帝的信仰，隨著時空的改變，信仰者與被信仰的廟宇本身都發生了很大的變化。現在彰化福佬客人未必都崇祀三山國王，許多人的成長經驗對三山國王十分陌生，就如同遺忘了自己是客家人一樣，他們也遺忘了三山國

1　郭伶芬，靜宜大學副教授。

王信仰，而改信了媽祖、玄天上帝或其他的神明，靈驗與否成了主要的選擇，這樣的演變，可以透過歷史背景來探索。

福佬客基本上的來源是客家，可是臺灣的客家來自福建和廣東兩地，尤其是福建客家在文獻上特別難追蹤[1]。最早開始對彰化福佬客研究的是已故民俗學者林衡道[2]，近年來許嘉明、劉還月、邱彥貴、吳正龍、吳成偉、曾慶國、張瑞和、魏金絨、洪長源、謝英從、陳嬿莊、賴志彰等都從各種角度調查、研究彰化的客家人群與文化。筆者在2001－2003年也曾在此地做過田野調查，發表過福佬客相關文章。本文以過去田調研究為基礎，配合文獻資料，探討福佬客的信仰變遷，重點放在三山國王與玄天上帝的變化，期待對彰化福佬客民俗信仰能有更進一步的了解。

一、彰化福佬客的歷史流變

福佬客是指福佬化的客家人，彰化平原是臺灣福佬客比較聚集，而且也是漳州化比較徹底的地區。可是彰化的福佬客究竟是來臺之後被福佬人同化？或者他們在原鄉時已是福佬客？要找尋這樣的答案，恐怕要從客家源頭、彰化拓墾史兩個方向來追蹤。

1　明清時代留下的臺灣人口記錄只有「閩、粵」之分，無「福、客」之別；到了日據時期，臺灣每一個人的戶籍資料上開始有一欄記載他的種族和籍貫，福佬語系的用「福」字標出，客家語系的則用「粵」字，顯然還是含混不清。二次大戰後臺灣十年一次的人口普查，雖然有特別將外省人以及原住民列出，但是一直沒有分類福佬和客家。近年來臺灣「民政局」或「客委會」都做了許多客家人口的調查，因為隱性客家人太多，調查指標十分複雜，成果感覺還有些模糊。

2　林衡道：〈員林附近的「福佬客」村落〉，《臺灣文獻》第14卷1期，第153頁。

(一) 彰化福佬客的源頭

彰化粵籍客家人群主要來自廣東的饒平、揭陽、陸豐、海豐、鎮平等縣，其中饒平遷徙到彰化的人口最多[1]。饒平縣是廣東最東的縣份，全縣是個狹長的河谷，北半部為客語區，南半部是福佬語區，介於中間接近北方的地區，除了說潮州福佬話，也說客家話[2]。清初遷徙來彰化一般祖籍饒平者，大多來自北半部的客屬，但是在原鄉與南邊說潮州福佬話的鄉居交流也很頻繁，其實在原鄉多少已經受到福佬語言文化的影響，所以到彰化來也容易同化於強勢的福佬族群。

彰化的閩籍客家主要分布於彰化東部平野地帶，有漳州客與汀州客。漳州客大多數來自福建南邊漳州府詔安縣，少數來自漳州府平和或南靖、雲霄等縣，但各縣都不是純客語區，有的還會說與臺灣相似腔調的福佬話[3]。至於汀州府位於福建西邊山區，長汀、上杭、武平、連城、永定等縣均為客家族群聚集之處，生活較苦，外移人口也多。彰化汀州客人數較少，大多數來自永定縣，講客語，而且客家族群意識較強，該地同時也是客家土樓的密集區，永定土樓是著名的建築景觀。

從上述可知，彰化無論是潮州客、漳州客或汀州客，有的在原鄉就和福佬人比鄰甚至混居，互動密切，除了客語，有些人本來就會說

1　例如：永靖是福佬客大本營，70%人口來自饒平。見張瑞和：〈永靖田尾的福佬〉，《彰化縣客家族群調查》，彰化：彰化縣文化局，2005年，第113頁。

2　從語言上來看，潮州人所講的潮州話，聽起來和福建南部所講的漳州話、泉州話類似。饒平縣目前講客家話盛行於北方山區上善、上饒、饒洋、九村、建饒等鎮及新豐鎮的大部分、韓江林場食飯溪村、漁village等地，約占全縣人口的19%。見饒平縣志編輯委員會：《饒平縣志》，《方言篇》，廣州：廣東人民出版社，1994年12月。

3　根據福建師範大學莊初升、嚴修鴻1992-1993年間的調查，現在漳州地區還說客語或閩客雙語的地點包含南靖縣梅林、書洋，平和縣長樂、崎嶺、九峰、國強、人溪，雲霄縣上河、和平、常山，詔安縣秀篆、官陂、霞葛、金溪（今名紅星）、太平。根據1998年吳中傑等人於漳州的訪查，則得知平和縣秀峰、蘆溪、安厚，南靖縣龜洋、船場、金山也都有部分客語人口。見吳中傑：〈臺灣漳州客家分布與文化特色〉（上），《臺灣源流》，2001年6月，第116頁。目前臺灣詔安客話現在只剩雲林二崙、崙背與西螺地區的漳州詔安客保存較佳。

第八章　從三山國王到玄天上帝：臺灣彰化福佬客信仰之觀察

福佬語；有的則來自純客語鄉鎮，只會客語。就如同閩浙總督覺羅滿保在臺灣觀察所說的：

潮屬之潮陽、海陽、揭陽、饒平數縣與漳、泉之人語言聲氣相通，而潮屬之鎮平、平遠、程鄉三縣則又有汀州之人自為守望，不與漳、泉之人同伙相雜。[1]

但是經過了清治時期的混合、鎔鑄，到日據時期，客家原有的語言、生活習慣已經消失，形成我們現代所稱的「福佬客」。根據筆者過去的調查，彰化地區的福佬客有90%以上的人自認是閩南人，這樣的人在彰化約16萬[2]。

（二）福佬客與彰化拓墾史

很多人認為客家是臺灣弱勢族群，人口較少又來臺較晚，只能住丘陵山坡地，或者拓墾沒人要的土地。但從彰化客家的拓墾史來看，客家人來彰化的時間並不比福佬人晚，而且大部分都分布在平原地帶耕作。早在明鄭時代，主將劉國軒為討伐沙轆社原住民而到半線（彰化市）駐防，劉國軒為汀州府武平縣客家人，隨行也有不少客家士兵，雖然說這些客家部隊隨著劉國軒澎湖海戰的失敗，清治時期來臨，多數已被遣回大陸，可是也有少數遺族留在臺灣，其後代都很早取得臺灣的開墾權[3]。

---

1 覺羅滿保：〈題義民效力議敘疏〉，《重修鳳山縣志》，臺灣文獻叢刊第146種。

2 范明煥初步估計全臺福佬客今日約有100萬人。范明煥：〈臺灣客家源流與區域特徵〉，見《臺灣族群社會變遷研討會論文集》，南投：臺灣省文獻會，1998年10月，第103頁。目前彰化平原大約只有五六千人會說客語，而這批會說客語的族群日據時代大多來自桃竹苗，比較晚到彰化。

3 如施世榜的父親施秉（又稱施鹿門）、黃仕卿的父親黃元都是明鄭將領。客家人黃仕卿是社商身分，清治臺灣的第八年（康熙二十九年，1690年），與後代已取得打廉莊（田尾打簾村）的開墾權，康熙四十三年開墾，康熙五十年報課。見《清代臺灣大租調查書》，臺灣文獻叢刊第152種，臺北：臺灣銀行，1963年4月，第22頁。

清初到彰化的一般移民，先走「官道」——從廈門到鹿耳門，再由南逐漸往北到彰化來墾荒。但是部分客家移民由於渡臺限制，加上向官方申請花費較高，大多不循此途，他們先到汕頭附近各港口聚集，再找機會偷渡，鹿港成了客家人來彰化的另一條路徑。康熙年間，鹿港是漁民捕撈烏魚的漁港，同時也是偷渡客進入彰化的重要港口[1]，所以早期鹿港一帶有不少潮州客家人進出，並形成一條潮州街。乾隆四十八年（1783年）鹿港正式開港後，與晉江蚶江口對口通航後，福建泉州移民大批湧入，客家人在鹿港受到排擠，進出海關受到不公平的對待，開始往彰化平原東邊遷移。除此之外，清廷為了應付臺灣的民變，帶來征戰的部隊也有自動報名前來的客家人，戰後有的就在彰化落腳下來[2]。

遷徙頻繁可說是彰化客家人福佬化又聚集的第一個原因。客家人來彰化拓墾初期，並不是一開始就往今天福佬客最多的地區集中。灌溉的水源、易耕的土地最初是吸引他們遷居的誘因[3]，如此再經二次、三次甚至多次移民。因為遷徙頻繁，有機會與福佬人通婚姻、一同受教育、一起參加吃會（大拜拜）等宗教活動，互動多的狀況也使客家人容易被福佬化。埔心江夏堂黃尚娥，祖籍廣東省潮州府饒平縣烏洋鄉，由鹿港登岸後，先到埔鹽鄉撲鼎金農村，後來再到關帝廳（永靖鄉）五汴頭，最後才輾轉來到彰化縣大埔心鄉武西堡大埔心村西門外（即今埔心鄉埔心村黃厝巷現址），其後代還出現一位清光緒十九年（1893年）的武舉人，即黃耀南。這樣的過程，就是客家人初進入鹿港後，先與福佬人雜居共同生活，最後經過諸多原因幾次遷徙，逐漸

1 雍正九年清廷在鹿港設巡檢司一名，壯丁20名以防虎尾溪到大甲溪之間的偷渡客。見葉大沛、趙莒玲：《鹿港小鎮塵封往事》，彰化：彰化縣立文化中心，1996年6月，第8頁。
2 例如朱一貴事件發生時，隨南澳總兵藍廷珍來臺之客家軍人，後來留在彰化在此建立一個客家莊——北莊，以後更多客家人來此，客莊更普遍。
3 永靖最初因為康熙晚期八堡圳完成後其支流通達，後又有十五莊圳完成，吸引客家人前往拓墾。

往客家人多的地方集中，終於落腳下來的典型例子。

這種遷移也跟土地所有權的轉讓有關，清治初期彰化仍是草萊之地，米穀仰賴於臺南、諸羅，生活條件雖然不佳，但是已經吸引南部的有力家族也開始北上到中部來拓墾，由於人力的需求大，不少潮州客也來此被福佬人雇為傭工或佃農，時常隨著墾地而北移，做季節性或週期性的移民，把在臺工作所得供養大陸家人。由於如此，彰化平原雖然是福佬人與客家人共同開墾而成的，但是客家人在拓墾初期經常存著「過客」的心理，客家開發的聚落變化也很大。不少廣東的客家人，把拓墾成形的客莊土地又轉賣與福佬人。雍正五年，廣東人羅泉，開拓新莊仔莊（今埤頭鄉新莊村），但後來賣讓與漳州人廖玉等。乾隆三年前後（1738年），廣東人墾成之牛稠仔莊（今埤頭鄉芙朝村）一帶，亦歸泉州人收買，乾隆十三年，潮洋厝莊（今溪洲鄉潮洋、張厝、菜公等村）附近已墾之地，複為泉州人所移住[1]。

福客之爭時，客家人一失敗往往退出平野，轉入其他地區居住。彰化福客爭地，客家不敵也經常被迫將已墾地讓出，溪州鄉是南部北上的客家人很早就選定的開發地點，康熙五十四年（1715年），廣東人黃利英大墾首，招募同籍佃人初拓東螺溪南「舊眉莊」（今溪州鄉舊眉村）一帶，自雍正而至乾隆間，大量漳州、泉州人移入，並與其爭地，在相互傾軋情況下，廣東人退讓，所墾田業，由福佬富豪收買，至嘉慶初年，此地廣東人漸告絕跡[2]。

戰爭是造成客家福佬化並且聚集的第二個原因。彰化平原有多次的民變械鬥造成福客對立，並影響客家人口大規模流動的現象，最嚴重的是乾隆五十一年（1786年）的「林爽文事變」與道光六年（1826年）的「李通竊豬事件」。前者因為林爽文是漳州人，也是天地會反清的領袖。廣東客

---

1 宋增璋：《臺灣撫墾志》，南投：臺灣省文獻會，1980年，第173~174頁。
2 宋增璋：《臺灣撫墾志》，南投：臺灣省文獻會，1980年，第173~174頁。

家與泉州人支持清政府，一起來討伐漳民，埔心以東的廣東村莊皆被林爽文的漳州部隊焚毀，死傷較重，客家人乃退到埔心防禦[1]。「李通竊豬事件」這一年，客家人又遭遇自林爽文案以來最大的厄運，李通是廣東人，居住在彰化西螺堡饒平厝，伙同李色等土匪竊豬賣銀分用被福佬人告官，後來擴大成為福佬流民攻擊客家的重大案件。家園被焚，廣東客家四處流徙奔逃，最後紛紛跑到關帝廳（今之永靖）堅守防禦，並互相結會[2]。雖然過去林爽文事變中泉州、廣東人曾經合作，事變後泉人的勢力由於得到封賞而逐漸增長，但客家反而受到很大的傷害，帶頭的客籍領袖慘死，埔心一帶也死了不少「義民」。李通事件過後，客家人很自然地為了安全，尋求與漳州人合作，以確保家園的重建與安全，甚至在泉州人較強勢區域的客家人，紛紛搬往漳州或客家人較多的區域集中，這就是我們今日看到的福佬客集中到員林、埔心、永靖、田尾、社頭的現狀。

「建街」行動可說是廣東客家人開始聚居的表現。逐漸往東集中的廣東客家厭倦了遷徙流離，部分人開始展開了都市計畫的行動，嘉慶十八年（1813年）九月，劉經緯、林元梅、徐鳴崗、邱秀章、詹康、陳得耀、詹文光、詹捷甯、張雄方、張蔭、劉玉成、劉仕壯、邱良木、張督、張居賢等共同立了一份「永靖建街的契約[3]」，知縣楊桂森並賜予「永靖」之名，對廣東福佬客而言有重要的歷史意義。在八張契約書中，我們看到廣東客家人主導這個計畫，目的是為了「貿易通商」和「建街聚處」，希望同鄉都能「雖在異地，何殊家

1　謝英從：《永靖一個彰化平原的鄉鎮社區發展史》，臺北：文化大學史研所碩士論文，1991年，第125頁。埔心國小的御賜忠義烈士墓即是紀念此事件的殉難者，目前該烈士墓已遷移到埔心示範公墓。
2　李通與集集到埔里一帶土匪交好，所以有恃無恐伙同李色等土匪竊豬賣銀分用，福佬人黃文潤不甘心，報縣官會同營兵勘緝，李通憤恨糾眾搶劫報復。當時的福客關係十分緊張，在謠言紛紛的情況下，將小事件擴大，蔓延及嘉義、彰化一帶。見周璽：《彰化縣志》，臺灣文獻叢刊第156種，南投：臺灣省文獻會重印，1993年6月，第383頁。
3　《清代臺灣大租調查書》，臺灣文獻叢刊152種，1963年4月，第221頁。

鄉」，所以在關帝廳莊前購買水田十六甲，集六大股資金，共花費銀4680圓，計有82個人入股，名單都是今日員林、埔心、永靖、社頭、田尾一帶，張、陳、劉、邱、詹等福佬客大姓，個中不乏一些地方的秀才，如徐鳴崗、詹捷甯、邱秀章等。契約中提到建立三山國王廟和文祠，表示對家鄉守護神與教育的重視；另還提議大街兩行與三山國王廟前店家，均要蓋瓦不得用茅草，顯然已經注意到景觀設計了。

建街同時永安宮三山國王廟也隨之建立，到道光年間，這個市場已然成形，永靖街成為附近重要的交易中心。但是，在這麼重要的建設上，埔心鄉為數最多的福建詔安客屬黃姓卻未加入，可見在當時的心理上，福建詔安客並不被廣東客家認同。而謝英從在其碩士論文指出：「出資建立永靖街者都是粵人，顯示當時人群分類相當清楚。」[1]這條集廣東人共同的力量所形成的街，其市場圈包括了整個廣東人分布區，福建人其實被排除於外。所以，同樣是客家人，「閩客」與「粵客」在嘉慶、道光年間尚未能合作建立家園；也證明當時民間一般只有「閩、粵」省籍觀念，並沒有強烈「客家」概念。

聯莊可說是造成彰化客家人福佬化的第三個因素。聯莊在清治中、晚期是常見的地方自治組織，官府還會發給聯莊組織的領袖戳記（木刻該職務的印章）和諭帖（官派的文字憑據），門口還可懸盞燈籠，燈籠上寫著「總理」或「大總理」幾個字，表示官府對這個職務的重視[2]。咸豐年間，漳、客籍以武東、武西堡為範圍產生七十二莊的聯莊保甲組織，其目的是為了自我防衛。根據許嘉明的田野調查指出，清治時，彰化漳州、廣東人的聯合，仍然不如泉州人，這應該是他們的結合動機，其人群幾乎包括社頭、永靖、埔心的大部分及員

---

1 謝英從，前引書，第127、128、132頁。

2 郭伶芬：〈清代臺灣大肚保聯莊組織形成之研究〉，《臺灣人文生態研究》第6卷第1期，沙鹿：靜宜大學人文科、臺灣人文生態中心，2004年1月，第3頁。

林、田中、田尾的一部分[1]。結盟除了具有聯莊防衛功能之外，尚具有社會和經濟意義，漳、客籍相互金錢上的往來、互通婚姻、宗族的祭祀、信仰的交流，由此永靖、埔心、員林、田尾、社頭等地客家人在歷史上受漳州人的影響很深。

分布在彰化平原南方的竹塘，性質略有不同。竹塘靠近濁水溪，以務農為主，偏處一隅，雖然偶有小規模械鬥，但受戰亂的影響也較小，此地也是福佬客相當多的地區，詹姓是其中大姓，除了小部分從永靖遷徙而來之外，從族譜看起來，他們都是清治雍正、乾隆時期已經到此地拓墾，異動不大[2]。雖然如此，但是地緣上被福佬人包圍，竹塘的客家人長期與漳州、泉州人混居，也早成了福佬客。

總之，福客融合成福佬客其實是個複雜的課題，其間包括一些個別的差異，很難用一套理論完全涵括。不過彰化客家除了部分漳州客、潮州客在其原鄉有語言福佬化現象，隨著遷徙，福客混居，已零星的融合之外，從上述歷史資料觀察，在道光年間，閩、粵籍移民大致還是清楚分隔的。道光十年（1830年）周璽《彰化縣志》中也記載：「彰化邑庠分閩粵二籍，讀書各操土音，各有師承。」[3]可見在道光年間，彰化學校還分閩、粵籍，而且依學生不同鄉音教學。彰化閩粵移民，從咸豐年間七十二莊成立，到光緒九年（1883年）永靖、社頭、埔心、田尾、員林參加南瑤宮「老四媽會」、「聖四媽會」活動，這段時間可以說是雙方接觸頻繁的時間，也是最主要的福佬化的時間，這種福佬化不僅是語言，還包括生活習慣與文化的認同[4]。所以今天彰化福佬客的特質形成與聚居狀態，大致應該是在清治中葉之後

1　許嘉明：〈彰化平原福佬客的地域組織〉，《中研院民族學研究所集刊》第36期，第171頁。

2　《詹氏族譜》，彰化縣：詹姓宗親會，1993年重修。

3　周璽前引書，第289頁。

4　郭伶芬：〈清代彰化平原福客關係與社會變遷之研究——以福佬客的形成為線索〉，《臺灣人文生態研究》第4卷第2期，沙鹿：靜宜大學人文科、臺灣人文生態中心，2002年7月，第44~45頁。

第八章　從三山國王到玄天上帝：臺灣彰化福佬客信仰之觀察

逐漸定型的，一直到日據時代，雖然還殘留少數人會說客語或認知自己是客家人，但是彰化已經被認為客家人稀少的區域了。

二、彰化三山國王信仰的本土化

明清時期來臺灣的閩粵移民，為求渡海與拓墾順遂，隨身攜帶家鄉的香火或神像，開始為臺灣寺廟撒下種子，因此研究臺灣民間信仰的學者，常把廟宇視為人群開墾的指標，那麼三山國王廟究竟是不是彰化福佬客信仰的指標？雖然現代研究客家信仰的學者曾經提出質疑 [1]，但是筆者認為三山國王廟仍然是追蹤潮州福佬客開發彰化的重要線索。

三山國王指巾山、明山、獨山三座山神，三位一體，祖廟位於廣東潮州府揭陽縣霖田都巾山之麓（今揭西縣河婆鎮），霖田從古至今依然是客家聚落，所以三山國王是客家信仰是毫無疑問的。明代官員太子少保禮部尚書盛端明撰：〈明貺廟記〉記載「當隋失其甲子二月下旬五日，有神三人出巾山，自稱昆季，受命於帝，分鎮三山……潮之諸邑，在在有廟，莫不祗祀。水旱疾疫，有禱必應…… [2]」，文中提到霖田祖廟在隋朝時已出現，「明貺」兩字是宋太宗敕封三神為國王時所賜的廟名，而且指出早期三山國王信仰在潮州各縣的盛況。如果霖田在隋朝時就有三山國王信仰的話，而客家卻是宋以後才遷居到廣東，那麼三山國王山神信仰應該是比客

1　現代許多學者在文章中提出三山國王廟不能當作客家聚落的指標的說法，見邱彥貴：〈三山國王是臺灣客屬的特有信仰？——粵東移民原居地文獻考察的檢討〉，《中研院臺灣史田野研究通訊》23期，南港：中研院臺灣史研究所，1992年，第66~70頁；李國銘：〈三山國王與歐駱人〉，《屏東文獻》，2000年，第3~8頁。

2　盛端明撰：《明貺廟記》，引自王必昌：《重修臺灣縣志》，臺灣文獻叢刊第113種，南投：臺灣文獻會重印，1983年6月，第181頁。

家人早出現[1]，可能原先是當地土著的山神崇拜，後來到廣東潮州人受其影響，而成為具有客家特質的廟宇，晚明之後三山國王隨移民遷徙到臺灣。

清治時期三山國王在彰化興盛起來，除了它們是廣東人的守護神角色之外，民間傳說，大王擅長醫術、二王擅長風水看地理、三王長相威猛可以協助地方驅邪除煞，靠山移民認為三山國王可以防止原住民與盜匪襲擊，所以清治到日據時期在彰化廣受崇拜。時至今日，彰化縣目前以三山國王為主祭神的廟宇共有30間（見表8-1），根據廟方資料，員林鎮中山里廣安宮（1508年）歷史最早，其次是溪湖荷婆崙霖肇宮（1586年）都建立於明代，不過，從臺灣開發史角度來看，兩間廟的建廟年代過早，仍有待考證[2]。除此之外，有18間建立於清治時期，其他則日據時期有4間，光復後有6間，廟宇年代都很悠久，2/3以上都有百年歷史[3]。

但是就如同彰化客家人的福佬化一樣，彰化三山國王信仰同樣也隨著社會變遷本土化了。現代，光從三山國王廟宇外貌來看，已失去原先廣東建築的特色。客家廟宇向來有儉樸取向，粉白牆，屋頂用青灰色瓦，屋脊比較平緩，僅在大脊尾端靠山牆處略為高起，與閩南建築慣用的紅瓦、彎形月梁、燕尾誇張起翹，可說大異其趣[4]。現在的三山國

---

1 羅香林考證認為客家移民自唐末到宋，由河南、皖北渡江入江西或閩南、粵北；再由此地向粵東、粵北移動。如此，三山國王信仰顯然比客家人早出現。羅香林：《客家研究導論》，臺北：南天書局，1992年再版，第62~64頁。
2 荷蘭在臺灣統治的時間是1624—1662年。而廟方資料記載，員林鎮中山里廣安宮（1508年）、溪湖荷婆崙霖肇宮（1586年），比荷蘭早百年之久，從臺灣開發史角度來看，年代是有疑點。
3 其他如：彰化市福安宮（1897年）、永靖永興宮（1925年）、溪湖肇霖宮（1933年）、田尾霈震宮（1902年）為日治時代所建；永靖同霖宮（1979年）、廣霖宮（1986年）、埔心霖震宮（1961年）、竹塘三清宮（1993年）、田尾廣霖宮（1983年）、鎮安宮（1964年）則是民國以後所建；上述之外其他18間都是清治時期建立的廟宇。
4 目前臺灣大概只有臺南三山國王廟保有傳統潮州式風格。見李乾朗：《臺灣建築史》，臺北：雄獅美術，2004年3月，第114頁。

王廟宇建築，花哨的外簷裝修，大脊上剪黏的色彩、紋飾豐富，屋頂有的還有歇山重簷的款式，已經不像廣東廟，與臺灣其他廟宇幾乎雷同。此外，筆者在彰化三山國王廟之內、外都看到設有五營神兵[1]，五營是主祀神明的近衛軍，過去海線福佬人的各姓王爺、媽祖、關帝廟經常設有神龕式簡單小厝或插放令旗、竹符的五營[2]，三山國王廟也因而效法，設五營來負責廟務與地方的安全，這一點也是彰化三山國王廟與原鄉不同之處。

彰化三山國王信仰的本土化受到歷史變遷的影響，我們所看到的彰化三山國王廟宇的處境改變很大，由於移民日多，因祖籍不同而發生分類械鬥，廣東籍客家因人數較少，有的又流離失所，逐漸遷徙至彰化平原東部聚集。失去了原鄉人的膜拜，遂使西部原有之三山國王廟逐漸衰落，或者改由當地福佬人祭祀，三山國王已成為彰化不分族群的信仰。本文舉彰化縣目前四間具有歷史指標性意義的廟宇來觀察。溪湖荷婆崙霖肇宮、員林的廣寧宮、鹿港三山國王廟、彰化市鎮安宮四間都是客家移民直接從霖田祖廟分靈，其中除了溪湖荷婆崙霖肇宮之外，其他三間在道光年間編修的《彰化縣志》已經有記錄[3]。特殊的是，除了員林，其他三個地區現在皆位於福佬分布較多的區域，溪湖、鹿港泉州人多；彰化市則漳州人為主。不過，這種客家廟宇由福佬人奉祀的矛盾現象，是由其歷史的因緣造成的。

彰化市鎮安宮、鹿港三山國王廟都曾經扮演潮州人的會館，在拓

1　如埔心霖鳳宮、霖震宮設有外五營；而奉天宮則設內五營。

2　如鹿港街各角頭都設有五營營位，並年年舉行鎮符儀式。許嘉勇：〈采風擷俗話福鹿〉，《彰化藝文》第37期，彰化：彰化縣文化局，2007年，第12頁。

3　道光年間周璽：《彰化縣志》記載：「三山國王廟：一在縣治南街，乾隆年間，粵人公建。一在鹿港街，一在員林仔街，皆粵人公建。」這三間是指彰化市鎮安宮、鹿港三山國王廟、員林廣寧宮，並沒有荷婆崙霖肇宮。根據《荷婆崙霖肇宮三山國王沿革志》、《荷婆崙霖肇宮志》，溪湖：荷婆崙霖肇宮管理委員會，1974年、1996年兩版本的說法，荷婆崙霖肇宮是開臺祖廟，建於明神宗萬曆年間，歷史悠久。而曾慶國也認同「開臺祖廟」的說法，但年代仍須查考，見曾慶國：《彰化縣三山國王廟》，彰化：彰化文化中心，1997年6月，第131頁。

墾時期，為了保護弱勢同鄉、親友，移民常會興建會館於廟中，三山國王廟往往因此成為潮州同鄉聚會聯誼的場所。鎮安宮出現於乾隆年間，由剛移民到彰化的廣東人共同建立。到嘉慶三年，林金標、張真槐等潮州人鳩資重建，組織成員過去以饒平賴姓福佬客為主兼有一些說著福佬話的潮汕人。當時，福佬客有些在彰化從事魚苗生意，鎮安宮也成為業者聚會之處，一直到昭和六年（1931年）鎮安宮重建時留下的木匾，其中捐款者的芳名，還有「聯益魚種公司」捐「肆拾圓」等字樣，算是捐款的大宗。鎮安宮香火蕭條，清治時期受到戴潮春事變影響。戴潮春是漳州人，同治元年（1862年）戴攻下彰化縣城，彰化不論福、客都四散逃亡，廟宇乏人祭祀[1]。日據後期，魚苗生意沒落，客家漁戶離去，更無人管理[2]。筆者2002年採訪時，看到陽光由屋頂的缺口直射而入，明山國王神像被偷，神龕由鐵籠圍起，斷垣殘壁中透出一股黴味，出口堆滿廢紙箱，牆上貼著一張香客名單，多數是附近的福佬人，鎮安宮目前已拆除重建。

鹿港三山國王廟建立於乾隆二年（1737年），由潮州各縣和惠州海豐、陸豐兩縣來鹿港的移民建立。當時客家人以偷渡方法東渡來臺很多，人微勢弱常被欺負，廟內立有高145公分的「奉憲示禁碑」，是清乾隆五十五年（1790年）二月，客籍監生徐道、廖霖、徐英和、邱子標聯名呈請臺灣兵備道立的碑，以禁止海關人員刁難客家人，任意多索紅包[3]。客家人集體聯合上書，可見當時應該已經有相當的數目來往於鹿港。後來日本人推行市區重劃，該廟被迫往西的現址遷移，民國二十三年（1934年）又因中山路拓寬，山門拜殿都拆除了，門面

1　戴潮春戰敗窮途末路時，投靠粵莊張三顯，顯然戴潮春與廣東客家還維持著友好關係，所以筆者不認為戴潮春會特別去仇殺客家人。見郭伶芬：〈臺灣中部望族的對立與聯合——從戴潮春事件觀察〉，《臺灣人文‧生態研究》第4卷第1期，2002年1月，第46頁。

2　吳漢彬、黃世祺：《彰化縣志》，彰化：彰化縣政府，1990年9月，第98頁。

3　「奉憲示禁碑」原來立在海關港區一帶，後搬到民俗文物館，再搬到三山國王廟內。

看起來有些狹窄。客家人的勢力在鹿港節節衰退，鹿港三山國王廟信眾目前以泉州人為主，已經很少有客家信徒[1]。

　　荷婆崙霖肇宮是溪湖巫厝最早的民間信仰核心，也是彰化三山國王廟祖廟，從該廟分香廟宇非常多，光在彰化就有12座。根據《荷婆崙霖肇宮三山國王沿革志》所記，該廟創始於明神宗萬曆十四年（1586年），廣東省揭陽縣馬義雄、周榆森從故鄉霖田廟請來「敕封三山國王」香火，於鹿仔港登岸，行至霖肇宮現址落腳，因廟地地勢如同小山「崙」，加上故鄉「河婆」之名，為此地取名「荷婆崙[2]」。這裡原來在清代住著一些客家人，在道光年間李通竊豬事件造成閩粵械鬥時被泉州人屠殺，耕地盡被泉州人所占，造成廣東客家人大流徙。這也可以解釋該地有客家人的三山國王祖廟霖肇宮，但是周圍卻住著泉州人的原因。

　　荷婆崙霖肇宮建築本身雖位於泉州人居住區，但廟中的三尊國王的金身與書有三山國王名號的祖牌，則被客家信徒移到埔心、溪湖、永靖、田尾等鄉鎮中建造新廟，分開奉祀。今之埔心苦蕉村霖鳳宮奉祀「敕封三山國王神位」祖牌；埔心舊館霖興宮奉祀「巾山國王」神像；溪湖東溪里巫厝肇霖宮，奉祀「明山國王」神像；田尾沛霖宮奉祀「獨山國王」神像。爾後，形成以荷婆崙為中心，包含東南方二十一村里祭祀圈，造成霖肇宮信徒福、客人群夾雜的現象[3]。

　　媽祖原是閩南一帶的信仰，但由於清朝官員的推廣，在臺灣已經具有橫跨祖籍的特性，變成臺灣一統性的神明。三山國王廟與媽祖

1　曾慶國，前引書，第194頁。

2　明神宗萬曆建廟資料引自《荷婆崙霖肇宮三山國王沿革志》，溪湖：荷婆崙霖肇宮管理委員會，1974，第43頁。如果我們換一個角度，從溪湖東溪里巫厝的歷史來觀察，清乾隆年間饒平人巫為樂、巫勤業兄弟二人遷臺，拓墾彰化縣溪湖鎮巫厝，並帶家鄉三山國王香火在溪湖鎮中山里荷婆崙奠基，很可能乾隆時期是創建年代。

3　二十一村里包括：大王角的舊館、新館、南館、大華、仁里、湳港、同安、同仁八村；二王角的東溪里巫厝、苦蕉村楊莊、獨鰲、敦厚四村里；三王角的海豐、陸豐、柳鳳、竹子、福興、四芳、侖美、羅厝八村；祖牌角苦蕉村；神農大帝角三塊厝。同上注，第44頁。

並祀，目前在彰化也是常見的情形，30間以三山國王為主神的廟宇中（參考表8-1），有10間側殿請媽祖為副祀神，有13間參加南瑤宮的媽祖會，與媽祖廟往來活動頻繁。彰化福、客之三山國王廟和媽祖信仰的交流最特殊的是「七十二莊」的組織，廣東籍以永靖永安宮三山國王廟為中心，漳籍以社頭枋橋頭天門宮媽祖廟為中心，大約在咸豐年間聯合附近廣東及漳州人構成一個超祖籍分類的人群，以對抗泉州人[1]。這種由共同的防禦變成信仰的流通，其中有大半的參與者是客家，由於不斷參加媽祖往鹿港天后宮進香活動，天門宮反而成為「七十二莊」的組織核心，而非永安宮[2]。這樣的變遷也可以看出三山國王與媽祖信仰的消長變化。

員林廣寧宮的例子，剛好呈現當地福、客之間移民信仰的交融與族群的分合關係。員林是福、客共墾混居的地方，福、客籍人數相當，雍正四年（1726年）間完成的廣寧宮也是福、客籍移民花費14年共同合建，福佬客信徒除三山國王之外也在後殿並同祀媽祖，是員林附近包括埔心、大村、社頭移民重要的信仰重心。隨著人口漸增、福客爭端紛起，福佬人趁地震過後廟宇倒塌重修，於是在街北另立福寧宮專祀媽祖，大媽留在廣寧宮，二媽三媽移駕福寧宮。《彰化南瑤宮志》還留著「明治四十五年（1912年）員林廣寧宮大媽接香換傘協議書」，記錄南瑤宮的媽祖往笨港進香回鑾到員林，廣寧宮大媽引導遶境東路，福寧宮媽祖遶境西路，各信徒搶神轎太過熱烈，因而產生糾紛的情形[3]。可見廣寧宮、福寧宮都同樣熱心參與南瑤宮媽祖活動。廣寧宮廟在第一市場前熱鬧地區，香火鼎盛，浮雕門神、泉州白石石柱、屋頂燕尾格式，與臺灣一般常見福佬媽祖廟宇類似。

---

1 許嘉明，前引文，第171頁。
2 一直到今日，福佬客區的七十二莊仍保持十二年迴圈一次，每一次連續舉行三年，以天門宮為中心往鹿港天后宮謁祖進香的遶境活動。
3 彰化師範大學地理系編：《彰化南瑤宮志》，彰化：彰化市公所，1997年9月，第219頁。

　　彰化三山國王廟加入了媽祖信仰的元素，其本土化是顯而易見的，不僅副祀神中供拜著媽祖的神像，連遠在彰化市南瑤宮的媽祖都對福佬客區三山國王廟有著一定的影響。除前述廣寧宮外，彰化三山國王廟有多間參加南瑤宮的聖四媽和老四媽會，聖四媽會早在晚清光緒九年（1883年）由武舉人黃耀南成立，歷史悠久，目前會址設在埔心的五湖宮（宮內媽祖由南瑤宮分香而來，三山國王為副祀神），祭祀圈遍及埔心、永靖、田尾福佬客，信徒自動自發地安排演戲、陣頭遶境、吃會活動等。

　　總之，三山國王廟不管由於福客衝突後客家人的撤退，信徒成了福佬人；还是福佬客信徒受到周邊移民信仰的影響而改奉其他神明，可以看到的是，三山國王廟宇已經不再是廣東客家人的鄉土神了，該信仰已經跨越祖籍，成為臺灣不分族群的信仰。2006年3月12日，在枋橋頭鎮安宮主辦之下，彰化縣36家三山國王宮廟聯會、357名成員組成的進香團赴廣東揭西縣三山國王祖廟進香團，從臺中出發，複包乘金門快輪順利抵達廈門，再轉往揭西縣，成員已經沒有人在談誰是福誰是客了，這已經歸入歷史研究的課題。

三、彰化福佬客玄天上帝信仰的出現與擴展

　　前述三山國王是廣東潮州的山神，是地方性鄉土神。在臺灣歷史中，多數三山國王廟擔任著潮汕會館的角色，是廣東客家人的庇護所。移墾初期彰化三山國王信仰在廣東人多的地區比較興盛，玄天上帝信仰在當時並不那麼受注意，我們在道光十二年間周璽的《彰化縣志》祠廟條，看到三座三山國王廟；卻找不到玄天上帝的記錄[1]，由此

1　周璽：《彰化縣志》，第152~160頁。

可知，玄天上帝廟宇不是地處偏遠名氣不夠，就是廟宇建造較晚。清中葉以來，隨著客家人的福佬化，三山國王的信仰雖未消失，但是並未隨著臺灣人口的增加而擴張，昔日會館鹿港三山國王廟、彰化市鎮安宮的建築老化縮小，歷經滄桑；反而玄天上帝信仰在彰化福佬客區有愈來愈盛的趨勢。

在中國歷史上，玄天上帝屬於北方之神，因為航海者習慣以北方星宿來判斷方位，玄天上帝早在福建沿海扮演海神角色。其神格地位很高，各朝皇帝的分封，讓玄帝具有官神的知名度，屬於全國性、一統性的神明 [1]。其神像在臺灣一般則戴冠，呈武將相貌，雙腳踩著龜蛇，右手持七星寶劍，左手印訣一指朝天，極具特色，也容易辨識 [2]。玄天上帝別稱很多 [3]，彰化福佬客大多親切的稱之為「帝爺公」、「上帝爺」或「上帝公」。

清治臺時期，由於施琅、福康安等征臺將領推廣湄洲島媽祖信仰，玄天上帝的海神角色在臺灣已被媽祖取代，但是臺灣玄天上帝信徒除了把它轉化成屠宰業的職業之神之外，移民也把它帶往近山的平野地帶，驅除邪魔、保佑開墾順利，使玄天上帝逐漸具有山神的性格。民間傳說玄天上帝法力高強，擅長除妖、祛邪、堪輿、治病，頗

1　宋真宗為避聖祖名諱於該年改「玄武」為「真武」，並以其為宋朝的保護神；宋仁宗時賜玄帝為社稷家神，且立為「玄天上帝」；元成宗時，加封真武為「元聖仁威玄天上帝」，成為北方最高神；明成祖朱棣因靖難之役而得位，傳聞崇奉玄天上帝的武當山道士參與該戰役立下大功，玄天上帝廟便被奉為南京十廟之首，並加封真武為「北極鎮天真武玄天上帝」，參考郭伶芬：〈彰化福佬客玄天上帝信仰之研究〉，見《臺灣人文生態研究》第5卷第1期，沙鹿：靜宜大學人文科、臺灣生態研究中心，2003年1月。

2　玄天上帝的樣貌，在大陸武當山多是披髮赤足、著黑袍戰甲的造型，臺灣有的另有康、趙二元帥於兩旁輔佐。趙元帥黑臉，全名趙公明；康元帥紅臉，名康毓，兩人奉玉帝旨意協助玄天上帝，見洪性榮等編《全國佛剎道觀總覽：玄天上帝專輯》，臺北：樺林，1987年，第88頁。

3　常出現在文獻上的就有：真武大帝、玄武帝、真武帝、玄天大帝、上帝公、上帝爺、帝爺、北極大帝、開天仙帝、開天大帝、元武帝、真如大帝、元帝、玄帝、北極佑聖真君、北極聖神君諸稱。

能切合世俗的需要（與三山國王十分類似）。除此之外，玄天上帝又是乩童的守護神、保護小兒的神，這樣的多元神格角色必然會吸引了不少福佬客信徒的注目。根據丸井圭次郎：《臺灣宗教調查》日治大正七年（1918年）全臺玄天上帝廟172座、三山國王119座；而中研院余光弘調查1981年全臺玄天上帝397座、三山國王135座[1]。從統計數字也可看出玄天上帝廟在全臺發展普遍比三山國王廟迅速。

臺灣建於明鄭時代的玄天上帝廟大部分集中在南部或澎湖，彰化平原有沒有明鄭時期建立的玄天上帝廟宇？如果依照廟方的說法，田中順天宮是彰化玄天上帝最古廟宇，傳說明思宗崇禎年間陳姓移民從武當山紫霄宮分靈一尊玄天上帝的金身，自臺南鹿耳門登陸，先到竹塹（新竹）做生意，再輾轉搬到田中，廟內有「北極英靈」木匾一塊，據廟方歷史沿革志說是康熙元年（1662年）修建廟宇神殿時所立，但文字被香煙熏黑看不清年代。但是筆者看順天宮1987年拍的照片，倒是清楚地看到「康熙元年春吉旦」等字[2]。如果康熙元年建廟的話，這一年剛好是明桂王永曆十六年（1662年），時間推算距今已有345年的歷史。

另一間被認為是彰化市最古老玄天上帝廟的是龍山里的古龍山廟。根據該廟所稱，古龍山廟筆建於清乾隆元年（1736年），距今已有271年的歷史，其來源傳說是由清兵奉命東渡鎮臺時，為保行程人舟平安，向湖北武當山迎請玄天上帝香火隨行攜奉，至南部（高雄）西仔灣上陸，歷轉仁武山、臺南安平、南投國姓等地，最後在彰邑（彰化市）落腳[3]。古龍山廟的玄帝是隨著軍隊進入彰化的，這樣的例子其

1　1918年的資料來自丸井圭次郎：《臺灣宗教調查報告書》，臺北：捷幼，1993年9月，第一卷附錄。又1981年的資料來自余光弘：〈臺灣地區民間宗教的發展——寺廟調查資料之分析〉，《中研院民族學研究所集刊》，第53期，1982年，第81頁。

2　《田中鎮順天宮（帝爺廟）歷史沿革志簡介》，田中：順天宮。又洪性榮，前引書，第319頁。

3　洪性榮，前引書，第292頁。康熙元年建廟的說法仍需考證。

實在彰化比較少見。因為彰化靠八卦山一帶福佬客區域，玄天上帝的香火較多是私人從南部或鹿港輾轉傳入；或者由東邊名間鄉松柏嶺受天宮分香而來。其過程一般都是神明神座先在民屋落腳，信徒漸多之後，再搬離家宅成立新廟[1]。

為了對照，筆者將彰化玄天上帝廟與三山國王廟並列，做一個統計表（見表8-1）。表中不僅呈現彰化玄天上帝廟數目遠超過三山國王廟的現象，也看出彰化員林、埔心、永靖、田尾玄天上帝廟相當多。不過，靠近濁水溪的竹塘也是福佬客分布密度高的區域，帝爺廟卻相對的較少。竹塘的福佬客，以關帝爺的信徒較多，只有北天宮與廣雲宮兩間以玄天上帝為主祭神的廟宇。這裡除了詹姓是清治時代移墾而來的之外，其他多數是明治三十五年（1902年）後從桃竹苗的客家聚落地區遷移而來；地緣上受到周邊的二林、埤頭、溪州、北斗影響，玄帝影響力不大，與八卦山沿線的福佬客稍有不同。

表8-1　彰化各鄉鎮玄天上帝與三山國王廟一覽表（以主神為原則）[2]

地區	玄天上帝廟名稱	三山國王廟名稱
彰化市	受天宮、北極宮、古龍山、武玄宮	鎮安宮、福安宮
芬園鄉	受進宮、北玄宮、永清宮	○
花壇鄉	興南宮、三玄宮	三山國王廟
秀水鄉	玄武宮、三聖宮	○
鹿港鎮	集英宮、紫極殿、真如殿、乾清宮（埔崙里）、乾清宮（泰興里）、三帝壇、玄聖宮	三山國王廟
福興鄉	拱辰宮、北極宮	○

1　例如：彰化縣東南方的田尾鄉打簾村是福佬客聚居的村落，村內的受武宮緣起於清朝移民王眛（現今堂主王慶麟之曾祖父）自大陸遷移來臺，為祈求旅途平安，自大陸家鄉攜帶玄天上帝神像與土地公、周倉之小神像一起渡海來臺。開始先暫居於臺南麻豆，後又遷往永靖同安，最後在晚清時，定居於田尾打簾村。見《受武宮沿革志》，田尾：受武宮管理委員會，第5~6頁。
2　玄天上帝資料依據田野調查；而三山國王資料參考曾慶國前引書所整理。

第八章　從三山國王到玄天上帝：臺灣彰化福佬客信仰之觀察

续表		
地區	玄天上帝廟名稱	三山國王廟名稱
和美鎮	武當宮	○
員林鎮	衡文宮、震善堂、震華宮、代天宮、昭安宮、受賢宮、北極宮慈法堂、至賢宮、南天宮、高陽堂、萬年宮、護天宮、天化宮、芳山堂	廣寧宮、明聖宮、廣安宮
埔心鄉	武受宮、國安宮、紫微宮、光正宮、玄聖宮、玄顯堂、玄濟堂、保天宮、武玄宮、玉賢堂、慶河堂、義安堂、聖義堂、聖福堂、聖天宮、東天宮、武聖堂、奉天宮、武玄堂、武興堂、玄武宮	霖興宮、霖鳳宮、霖震宮
永靖鄉	鎮南宮、䫻懿宮、受清宮、參天宮、意善堂、天聖宮、玄武宮、玄元宮、芳濟宮、修義堂、創修堂、受寶堂	永安宮、永興宮、廣霖宮、甘霖宮、同霖宮、霖濟宮
田尾鄉	玄德宮、北玄宮、受武宮、廣興堂、肇天宮、順天宮	鎮平鎮安宮、沛霖宮、廣霖宮
社頭鄉	清聖宮、乾坤宮、福天宮、北玄宮	枋橋頭鎮安宮、保黎宮
竹塘鄉	廣雲宮、北天宮	德福宮、廣萬宮、廣靈宮、三清宮
二水鄉	桃山廟、受玄宮、三玄宮、奉天宮、修信堂、武天宮	○
芳苑鄉	玄武宮、北天宮	○
大城鄉	玄天宮	○
二林鎮	泰興宮、玄聖宮	○
溪州鄉	愛天宮、北聖天宮、興天宮、開天宮	三千宮
埤頭鄉	達平宮、振安宮、順天宮、新吉宮	○
北斗鎮	廣福宮	○
田中鎮	順天宮、天受宮、晉天宮	○
埔鹽鄉	順澤宮、興安宮、保玄宮	順天宮、大安宮
大村鄉	受興宮、北天宮、鎮元宮、玄錫宮、慶安宮	○
溪湖鎮	○	霖肇宮、肇霖宮
總數	111	30

說明：員林出水里廣天宮（主祀關帝爺）、永靖獨鰲村舜天宮（主祀媽祖）、埔心新館村朝南宮（主祀媽祖）、埔心義民村五湖宮（主祀媽祖）、田尾溪畔村朝天宮（主祀媽祖）等廟宇雖拜三山國王，但三山國王在該廟中為副祭神，並非主神，故未列入表中。

可是，福佬客玄天上帝信仰興盛與三山國王有沒有關聯？筆者舉三間廟宇為例，來觀察福佬客居民信仰中心由三山國王轉變到玄天

上帝的情形。彰化縣田尾鄉仁里村（清代舊名三十張犁）一向是漳州人與客家人共同居住的村落。此地住的大多為福佬人，只有彭姓家族為客家人，過去在清治時代並無廟宇，當時三山國王信仰很盛，乃與鄰居海豐崙、陸豐（崙仔尾）、柳鳳、竹仔腳、福興莊、四芳、羅厝共八莊共同信奉海豐崙沛霖宮的獨山國王，日據第五年（1900年）仁里村福佬人堅持要退出該祭祀圈，只剩彭姓客家人繼續祭拜[1]。根據《北玄宮建廟沿革》所記，光復初期仁里村由於飽受戰亂影響，經濟蕭條，民不聊生，當時村內後莊開一口魚池，有人在此投水自殺，亦有投環樹樅，不幸事件接踵而至，致村民人心惶惶。民國三十六年（1947年）首任村長彭賜啟仍召集鄰長、地方耆老研議良策，特敦請松柏嶺受天宮玄天二上帝到村請示，並邀田中舊街賴姓乩童扶乩查察，暫以彭文祥住家為玄天上帝公館綜理全盤事務。民國三十七年（1948年）六月，眾信徒為表示致敬赤誠，仍研議建廟，以便永久供奉，由玄天上帝為主神，命宮名「北玄宮[2]」。由於過去彭姓對獨山國王的信仰，乃將獨山國王列入北玄宮中成為副祭神。

　　永靖鄉天聖宮的例子與北玄宮很類似，明顯地讓我們看到福佬客的信仰由三山國王轉變到玄天上帝的身上，更特殊的是，他們信仰的玄天上帝居然是來自三山國王介紹推薦的。五汴村及光雲村在清代合稱五汴頭，陳、詹、劉是這裡的大姓，尤其光雲村在地人有80%是詹姓，祖籍廣東潮州饒平縣[3]。五汴村陳姓，祖籍廣東嘉應州鎮平縣，這批客家人大抵都是清中葉以前就遷居此地的，今日已成了福佬客。在日據以前以信仰三山國王為主，由於沒有廟宇，他們經常跑到陳厝永

1　根據劉還月採訪地方耆老邱愛火的說法：三十張犁居住的大多為福佬人，只有彭姓家族為客家人，所以三十張犁的居民早就不想參加海豐崙的祭典，卻一直沒有機會，趁著沛霖宮蓋大廟時，紛紛推說沒錢，借機退出。自此以後沛霖宮三山國王就只剩下客家人的村莊共同祭拜。劉還月：《臺灣的客家族群與信仰》，臺北：常民文化，1999年，第47~49頁。

2　彭懷德、洪元振編：《北玄宮建廟沿革》，田尾：北玄宮管理委員會，1989年6月，第1頁。

3　張瑞和：《永靖鄉土資料研究集》，永靖：永靖鄉公所，1995年6月，第171頁。

興宮祭拜獨山國王。根據天聖宮沿革志的記載，光復前後，永興宮三王降乩指示，因轄區太廣，「非其神格所能擔負」，希望信徒迎奉南投松柏坑受天宮之玄天上帝，前來協助鎮莊。由此，居民迎玄天上帝先私設意善堂，並以扶鸞吸收信徒。民國三十八年（1949年）玄帝複降乩指示建廟，遂募款興建天聖宮。在建廟期間，意善堂乃遷往光雲村劉厝，玄帝同時在兩村救世。自此，兩村村民即未參加永興宮三山國王祭祀活動[1]。今日我們在彰化福佬客區的玄帝廟宇，經常看到三山國王（尤其獨山國王）成為副祭神，其原因都很接近。

奉天宮玄天上帝廟位在埔心大溝尾，擔任奉天宮三化堂第四任堂主的曾舜榆，認知自己是福佬化的客家人，根據他所提供的《慶祝奉天宮三化堂開堂七十周年、建宮三十周年史跡》資料，我們了解奉天宮是曾姓家族所建立，大約民國十三、十四年，曾智結先到永靖東興堂（謏懿宮）學習扶鸞，民國十六年（1927年）雕奉關帝、呂洞賓、灶神三恩主於家堂，翌年建立三化堂，曾智結、曾杉為第一任正副堂主，自此開期闡教，民國三十一年開始增奉玄天上帝合奉為四尊恩主，1968年組織玄天上帝會，信徒100多人[2]。但是，為何在民國三十一年（1942年）突然增加玄天上帝合奉為四尊恩主？根據曾舜榆的解釋是因該年大水，河水帶來一尊放在盒中的玄天上帝神像，他們乃奉入神龕中並列為四恩主。我們又採訪了另一位在奉天宮擔任過鸞生的曾輝隆，也得到同樣的答案。無論如何，玄天上帝也參與了扶鸞工作，而且1969年信徒合資動工興建奉天宮。

1　起初玄天上帝各自在五汴村及光雲村內祭拜，雖然分開祭拜，但兩村必定同一天舉行，且祭祀費用仍共同使用，後來兩村主事者因故不睦，祭祀活動遂各自舉行，經費也各自使用。1971年光雲村民釀資建廟，1976年謝土完工，廟名仍為意善堂，兩村遂成為各自獨立的祭祀群。謝英從：〈從「謝平安」祭祀活動看永靖地區的村落〉，《臺灣文獻》第47卷第4期，第77~78頁。

2　《慶祝奉天宮三化堂開堂七十周年、建宮三十周年史跡》，彰化：埔心鄉奉天宮管理委員會，1998年，第23、24、25頁。

上述三間廟宇的資料除了玄帝的出現充滿著傳奇色彩，可以看到光復前後彰化福佬客地區玄天上帝信仰從無到有的實例。我們從另一個角度思考，三山國王與玄天上帝山神的角色與功能十分接近，二次大戰前後生活困苦的狀況下，原先信仰的三山國王無法解決普羅大眾的苦難，很容易轉向性質類似的神明身上，而玄天上帝又有屠夫的傳說，更貼近老百姓的生活，因此被寄予厚望。其中田尾鄉仁里村北玄宮、永靖鄉天聖宮兩間取代三山國王成為村內的信仰中心；埔心奉天宮玄天上帝則充任四恩主成為扶鸞神明。但三間多少都與松柏嶺受天宮有關。北玄宮、天聖宮直接點明來自受天宮；奉天宮則是淹水帶來的神像，雖未提到與受天宮有關，但奉天宮到了三月三日左右也經常到松柏嶺受天宮進香。

　　從上述，我們分析玄天上帝在彰化福佬客區香火鼎盛原因，除了大環境的困頓、神明神格角色類似、很容易被信徒轉換等原因之外，南投縣名間鄉松柏嶺受天宮在彰化福佬客區的影響是不容忽視的。之所以如此，一方面是地緣上的接近；二方面受天宮後來成為臺灣重要的乩童訓練中心，借乩童顯化濟世向外推廣；三方面受天宮玄天上帝的「熱心」，除了經常被請出去問事；又會主動去各地「顯靈」指示，開堂濟世[1]。因此，福佬客區的村莊每遇到邪祟滋擾事件，或仰慕受天宮玄天上帝威名者，往往來請玄天上帝去坐鎮，使其傳播愈廣。如員林受賢宮，埔心天聖宮、意善堂，田尾受興宮、肇天宮、北玄宮、受武宮等的香火都是來自受天宮。另外，有的即使源出中國大陸的玄帝廟，過去由於海峽兩岸的阻隔，返鄉困難；或者本身缺乏文獻記錄，不知源頭歷史，也多選擇受天宮為進香之地。

1　如永靖意善堂之廟壁沿革所記，1946年受天宮二上帝於五汴村詹昭岩信士家中指示，謂「武當山北極三上帝有意鎮五汴村陳氏私宅，開堂濟世」，陳慶重、陳軟二兄弟及詹德鑌、何查某等四弟子立刻召集士紳，協同創設意善堂，安奉玄帝神尊於此。

但是松柏嶺（或稱松柏坑）受天宮的建立如同臺灣許多著名廟宇，都有其神明顯聖的傳說與創立年代不易考證的問題[1]。根據日據時期總督府之調查，明確地指出臺灣的玄天上帝廟受天宮，分香自福建省漳浦縣甘霖社武當山[2]。清道光以後開始由此宮分香、分靈、請令旗到八卦山兩側的南投、彰化一帶，逐漸擴散到全臺。高麗珍在其碩士論文中，提到該廟宇今日「分火單位之多，為全臺玄天上帝廟之冠[3]」。援例於每年三月初三日前後，這些子廟都得回到南投松柏坑受天宮謁祖進香，十分熱鬧。

雖然彰化福佬客地區的玄帝廟宇或者分香自松柏嶺受天宮、或者受其影響年年向其進香。但是彰化福佬客地區的玄帝廟宇仍有著屬於自己的特色，例如松柏坑受天宮並不扶鸞，而是以乩童為天人溝通的媒介，但是彰化福佬客地區的玄帝廟宇除了有乩童之外，另有扶鸞的特色。鸞堂著重在神靈感應的降筆法術上，以書寫神托，替人預言吉凶禍福，日本人名為降筆會。臺灣光復前後，因經歷日據「皇民化」運動的打擊，廟宇一蹶不振，主事者後來發現扶鸞可吸引信徒、凝聚人心；信徒則是因疾病或其他困難無法解決，轉而求助於仙佛。當時又因玄天上帝信仰的興盛，玄帝的驅邪能力符合

1　受天宮的建造源起，根據其沿革志《松柏嶺受天宮概史》所記：順治十四年（1657年）間先民李、陳、謝、劉姓移民定居於松柏坑（現在廟前坑底）墾荒伐木制板謀生，並朝奉自大陸帶來之武當山北極玄天上帝香火，在地墾民傳之，先鳩眾醵資建小祠堂奉祀；清乾隆二年（1737年）農曆三月初三夜，玄天上帝聖誕日，香火突發出燦爛毫光，再經帝爺公指示興建廟宇（現廟址內殿之處）。見藍水木：〈南投縣名間鄉松柏嶺受天宮簡介〉，《臺灣文獻》36卷1期，南投：臺灣省文獻會，第137頁；又《松柏嶺受天宮概史》，南投：松柏嶺受天宮管理委員會，2001年9月，第8、9頁。有學者提出質疑，認為道光二十六年（1846年）受天宮往福建武當山刈香返回後，兩年後廟宇才落成，也就是說道光二十八年（1848年）才是真正建廟時間。見林文龍：《臺灣史跡論叢》下冊，《風土篇》，臺中：國彰出版社，1987年，第123~124頁。

2　資料引自李添春原修、王世慶重修：《臺灣省通志・人民志・宗教篇》，南投：臺灣省文獻委員會，1971年，第309~310頁。

3　高麗珍：《臺灣民俗宗教之空間活動——以玄天上帝祭祀活動為例》，臺北：臺灣師大地理所碩士論文，1987年，第30頁。

鸞堂的需要，如同前述奉天宮，從此將玄天上帝列入四恩主或五恩主中的一位[1]。所以不僅原來不扶鸞的玄帝廟宇為了吸收信徒加入扶鸞，而且原先只拜三恩主的扶鸞廟宇也紛紛加入了玄天上帝，為了廟宇興旺與信徒匯聚可說是最主要的原因。

　　前述彰化福佬客地區的玄帝廟宇加入扶鸞，可以說是興盛的因素之一。在鸞堂之中，永靖永南村的醒化宮扶鸞傳播範圍算是最大的，醒化宮與永靖邱姓福佬客關係十分密切。該宮創建於民國十五年（1926年），今日我們看到參加的堂主或鸞下生也多數姓邱，邱姓來自廣東潮州府饒平縣，邱章舜於乾隆年間渡臺，在永南村邱厝的地方定居下來，其後代人才輩出，有文秀才邱華修、邱詩彩；武秀才邱利見。邱厝大小有三甲八分多，長寬都超過一百公尺，是多護龍的建築，醒化宮建於左院。醒化宮奉祀主神有三恩主、玄天上帝、華佗[2]。除此之外，苦苓腳（瑚璉村）忠實第邱姓家族在永靖也很有聲望。忠實第出身的禮逢、傳庸、添厚、傳甲、傳道、傳造、傳利都是知識份子，日據時期很早到醒化堂學習過扶鸞，並在忠實第內設鸞堂錫壽堂扶乩，協助鄉民求神問事[3]。過去彰化鄉民多數不識字，扶鸞出的詩都是文言，所以鄉內的讀書人會出來擔任廟中包括文乩、鸞生等的工作。

　　在彰化，玄天上帝信仰的接天香活動，也與松柏嶺受天宮不同，卻與三山國王信仰相似。接天香是彰化福佬客地區常見的廟會活動，明清以來由於海峽的阻隔、交通不便，以及近代以來的政、經等因

1　一般鸞壇所崇祀的神為三恩主、四恩主、五恩主三類，根據仇德哉《臺灣之寺廟與神明》記載，四恩主者，即關（羽）、呂（純陽）、張（灶君）三恩主加孔明先師；五恩主即關、呂、張加王靈官、岳飛元帥。仇德哉：《臺灣之寺廟與神明》（四），南投：臺灣省文獻委員會，1983年，第243、245頁。
2　見《醒化寶鑒》，彰化：醒化堂，1996年，第61、65、66、72頁。
3　錫壽堂是今日永靖輔天宮的前身，見邱美都：《瑚璉草根永靖心》，彰化：彰化縣文化局，2005年8月，第80頁。

素，在臺灣彰化一帶所發展出來的一項進香儀式。筆者曾參觀埔心鄉東天宮到王功福海宮接天香活動，東天宮的主祭神包括三恩主、玄天上帝、媽祖五聖合一，接天香的過程通常由神明指示信眾在何時何日何地回祖廟謁祖，因此，信眾必須按神明指示的在廟前廣場置天臺，恭送神明回駕大陸祖廟謁祖；至於謁祖回鑾，也由神明指示信眾到何地、何時接回神明。而通常信眾判斷神明是否回鑾的方法，都是採用乩童感應或是天空出現異象，例如飄來一陣烏雲，即代表神明駕雲回返，即可順利接得香火。簡要地說，接天香是一種不用直接由信徒捧著神像到祖廟進香，而是採用請神明自行回大陸祖廟謁祖朝聖的進香方式，這樣的活動不用買機票，也反映出福佬客人有著客家人節儉的風氣。

接天香在清治時代以三山國王廟較流行，溪湖霖肇宮三山國王引領風潮。道光十四年（1834年），溪湖霖肇宮三山國王原本要到廣東省揭陽縣霖田祖廟進香，後國王因體恤信眾，降乩免去信徒列陣抬輿翻洋越嶺跋涉浪費的進香形式，改由神靈親自駕赴祖家進香，返駕之日，由眾弟子到鹿港接香，此即第一次返鄉進香[1]。之後所有三山國王廟返祖廟進香的活動，均循此方式進行，社頭枋橋頭鎮安宮、永靖鄉永興宮、田尾鄉鎮安宮、沛霖宮等都有舉行接天香的記錄，早期也大都到鹿港海邊，近期則流行到王功福海宮、芳苑普天宮等地。一直到近日，根據曾慶國的紀錄，1995年3月9日，以溪湖霖肇宮三山國王廟為中心，號召五個祭祀團體，往鹿港海邊接天香的活動仍然舉行[2]。2006年3月11日，因參與人數太多，溪湖霖肇宮更大規模地在彰濱工業區舉行。福佬客玄天上帝廟宇晚近以來也受此特殊儀式影響，地點也以王功福海宮最多，其次是芳苑普天宮，這兩個地方都是在芳苑鄉，

1　鄭志明：《神明的由來・臺灣篇》，嘉義：南華管理學院宗教文化研究中心，1998年7月，第353頁。
2　曾慶國，前引書，第383頁。

兩間都靠海，而且都是媽祖廟，儀式也相同，由此可以看到兩個神明信仰交互影響的關係。

　　綜上所述，彰化福佬客信仰的變遷有歷史時空的因素，明清時期來臺灣的移民由於離鄉日久，血緣關係淡薄；加上神明靈驗的事蹟口耳相傳，香火鼎盛的廟宇，自然會吸引不同祖籍的百姓來膜拜，信仰圈因而擴展；反之，該廟宇可能會香火蕭條、日漸衰敗。彰化福佬客三山國王信仰的淡化並非由玄天上帝所造成的，反而是隨著客家人移居彰化日久，本身逐漸福佬化，並隨福佬人熱情參與媽祖活動、奉祀媽祖所影響。同樣的，三山國王廟一方面為了適應社會變遷，一方面在宗教活動中受到其他廟宇的影響，開始脫離了原有的廣東特色，逐漸走向本土化。我們看到彰化福佬客地區三山國王廟也安置媽祖、觀音佛祖、玄天上帝、太子爺並祀，相容並包的情形，印證著臺灣民間信仰神明既多元又融洽的特質。

　　彰化福佬客區三山國王與玄天上帝廟宇的消長，明顯反映出地方信仰的變遷。移墾早期雖有移民將家鄉的玄天上帝由安平或鹿港帶入彰化，最初香火不及三山國王，後來地緣上的因素，受到南投松柏嶺受天宮影響，加上光復前後這段時間，因為戰爭因素，人心惶惶不安，玄帝的神格特質加上扶鸞與乩童並重的形態造成信仰大盛，廟宇擴增迅速，原有的三山國王信仰被納入成為副祀神明。同樣的，由於玄帝信仰的流行，為了增加香火，有的三山國王廟陸續迎請玄天上帝為副祀神，而玄天上帝廟宇的進香活動（如接天香），也受到三山國王廟的影響，呈現地區性的進香色彩，在此也可以看出兩種神明信仰的交互影響關係。

　　臺灣是海島，本身就容易受到各地文化的影響，呈現多元又紛雜的風貌；而隨著時間又會產生整合與分裂現象，客家的福佬化就是一種社會整合；三山國王廟逐漸擺脫移民過去祖籍信仰的特性，也是社會整合。臺灣福、客漢人從傳統的祖籍分類意識中解放出來之後，一

統性的神明玄天上帝就像媽祖一樣，容易獲得大眾的青睞，開始在臺灣福佬客鄉村自然地協助安定社會人心的任務。

第九章 祀典抑或淫祀：正統標籤的邊陲解讀

——以明清閩臺保生大帝信仰為例

范正義 [1]

　　誕生於東南沿海邊陲漳州、泉州交界一帶的保生大帝信仰，據《宋會要輯稿》「禮二十」與「禮二十一」的記載，曾獲得南宋王朝的三次敕封：「醫靈神祠，在泉州府同安縣，乾道二年十月，賜廟額慈濟」，「慈濟廟，廟在同安縣，忠顯侯，嘉定元年五月加封忠顯英惠侯」[2]。明清時期，儘管信徒間仍流傳著保生大帝多次受明皇室敕封的說法，但據我們的考察，這些民間流傳的封號很可能是當時信徒的偽造[3]。像保生大帝這樣在南宋時獲得王朝敕封，而其後未得到王朝的正式承認，同時在漳州、泉州、臺灣一帶存在大量同祀廟宇與信仰人群的神祇信仰，明清的地方官府與民間社會是如何看待它的？這一問題在已有的研究中均未有涉及，但發生類似保生大帝這一現象的神祇在全國又普遍存在，因此，以保生大帝信仰為個案，考察其與王朝、地方官府及民間社會的複雜互動關係，有助於我們理解傳統社會中國家權力在邊陲控制上的多維變通，以及民間社會對此作出的積極

1　范正義：華僑大學副教授。
2　徐鬆輯：《宋會要輯稿》，北京：中華書局，1957年，第848、865頁。
3　參見筆者未刊博士論文：《民間信仰與地域社會》的相關考證。

應對。我們認為，要正確理解保生大帝信仰與官方間的關係，必須把其與其置身其中的特定時空的地域社會相結合，才能得出更為合理的解釋。

自宋以來，保生大帝信仰儘管處於不同的時代背景與王朝不同的政策之下，邊陲社會的信仰人群總是能夠以不同的方式應付不同的存身環境，並使保生大帝信仰在契合王朝的控制意向時，不斷地傳播膨脹。對於明清地方官府而言，他們也沒有一味盲從王朝制定的祭祀法則，在他們應該祭祀與必須撤毀的祠廟間劃出一條界域分明的鴻溝，保生大帝信仰在南宋受過敕封、明清沒有得到王朝封贈的這種特殊性，給予地方官府理解上更為寬闊的伸展空間，可以根據治內的實際情況，對保生大帝信仰是否符合王朝的祭祀法則作出不同的詮釋。

總之，地方官府對待保生大帝信仰的態度，既參考了王朝的祭祀法則，又根據當地保生大帝信仰的實際情況與邊陲社會的實際需求，作出符合地域特徵的理解，可視為是一種地方性話語的表述。用人類學的術語來說，地方官府對保生大帝信仰的理解是功能性的，是他們出於控制邊陲社會的需要而作出的相應舉措。當然，地方官府作為王朝權威在地方上的代理人，他們對待保生大帝信仰的態度，也反映了他們力圖溝通王朝祭祀法則與民間信仰的運作規則的願望。

一、民間社會與保生大帝信仰

針對明清時期未得到王朝敕封的狀況，邊陲社會的保生大帝信徒作出積極的應對策略。首先，針對明清王朝的祭祀體制，信徒一方面不斷地重溫與強調南宋時期保生大帝為王朝所接納的事實，另一方面偽造出明代保生大帝受封的神話傳說。其次，信徒中的精英分子或自己載筆，或延聘儒學聞人及名官顯宦，把保生大帝的形象「儒化」。

第三，在漳、泉民間的宗教實踐上，王朝控制基層社會的精神堡壘——里社，逐漸被奉祀保生大帝的廟宇占據，這既是民間信仰對官方祭祀體制的一種侵蝕，也是民間信仰借助官方象徵（里社），來實現對自身的保護的一種做法，信徒可以借官方祭祀（社祭）的名義，行民間信仰活動之實。

（一）明清時期信徒對南宋封號的重溫與新封號的偽造

在我們發現的資料中，明清保生大帝信徒對南宋封號的重溫，最早的是發現於泉州府南安縣應魁慈濟宮的《吳真人世修道果碑》。碑記撰作於明萬曆壬寅年（1602年），其中不僅指出前述《宋會要輯稿》中提及的「慈濟」、「忠顯」、「英惠」三個封號，還補充了其他數個封號，「理宗寶慶三年，封康佑侯；端平二年，封靈佑侯；嘉熙二年，封正佑侯；四年封沖應真人；寶祐五年，封妙道真君。度宗咸淳二年，封孚惠真君。恭宗德佑元年，封孚惠妙道普佑真君[1]」。清代信徒撰作的保生大帝介紹性文本，在記錄南宋保生大帝封號時，也在記錄「慈濟」、「忠顯」、「英惠」三個封號的同時，指出其他的數個封號。如顏蘭《吳真君記》、林廷璝《保生大帝實錄》、黃化機《吳真人譜系紀略》、顏清瑩《東宮保生大帝傳文序》等，均認為保生大帝在南宋時曾獲得「慈濟」、「忠顯」、「英惠」、「康佑」、「靈護」、「正佑」、「沖應真人」、「孚惠真君」、「孚惠妙道普佑真君」等封號。值得注意的是，明清信徒撰作的文本，對上述這些封號的記錄存在歧見，同一封號在不同的文本中存在多個敕封的年代，而同一年代敕封的封號在不同文本中也有不同的表述。也就是說，這些封號的具體名稱與敕封時間，在明清出現的文本中顯得極為混亂，誠如清光緒間黃家鼎在《吳真人事實封號考》中所言，「各

1　鄭振滿、丁荷生：《福建宗教碑銘彙編·泉州府分冊》，福州：福建人民出版社，2003年，第620頁。

家所載，紛如聚訟[1]」。然而，明清出現的文本對南宋封號記載的混亂，恰恰說明了在這一時期，保生大帝信徒對南宋封號進行了不斷的重溫與強調，以至封號及敕封時間出現了多種版本。

此一時期保生大帝信徒對南宋封號的重溫與強調，在明清王朝，特別是明王朝嚴厲打擊淫祀的環境下，究竟能在多大程度上達到對自身的保護？儘管我們沒有發現直接涉及保生大帝信仰的資料，不過，明朝禮部文獻的相關記載，以及發生在同時期其他神祇上的一些事例，有助於我們理解保生大帝信徒對南宋封號的重溫行為。《大明會典》卷九二〈有司祀典上〉載：「舊典雜列各處山川古神，古今聖賢忠臣烈士，能禦大災、能捍大患、以勞定國、以死勤事，或奉特敕建廟賜額，或沿前代降敕護持者，皆著祀典，秩在有司。」[2]這說明明王朝對前代受到王朝敕封的神祇的正統性，原則上持認可的態度。另據清光緒《莆田縣志》載，龍官顯應廟奉祀龐管，明正德戊辰（1508年），「知縣雷應龍毀折淫祠，茲廟以咸淳敕書免[3]」。宋室王朝對龐管的敕封，使龍官顯應廟在明代逃過了被當作淫祠拆毀的劫難。另如清人楊瀾的《臨汀匯考》載，汀州民間極為崇拜的定光大師，「歷宋至元明近八百年，祀事不絕，元時所頒誥敕亦尚存寺中」。該寺把元代王朝發給的誥敕一直保存到清代，可見其對前代敕封的重視。前朝發給的誥敕，再加上該寺祀神的靈驗，楊瀾作為地方官方的代表，認定定光大師為「汀州土神最靈者，非淫祠也[4]」。前代的敕封，在明清地方官府界分祀典與淫祀時發揮了關鍵的作用。從《大明會典》的記載，以及龐管與定光大師的例子來看，對於民間神祇而言，前朝是

1 黃家鼎：《泉州府馬巷廳志》，〈附錄下〉，1893年校補本。

2 申時行等修，趙用賢等纂：《大明會典》卷九二〈有司祀典上〉，《續修四庫全書》第790冊，上海：上海古籍出版社，第627頁。

3 廖必琦、宮兆麟、宋若霖：光緒《莆田縣志》卷四〈建置·寺觀〉，臺北：成文出版社，1968年，第170頁。

4 楊瀾：《臨汀匯考》卷四〈山鬼淫祠〉，光緒四年（1878年）刻本，第40頁。

否得到王朝的敕封，其影響將延續到當代地方官府對該神祇是否淫祀的認定。由此，明清時期保生大帝信徒執著於對南宋封號的重溫與強調，無疑是在明清時期王朝未予正式承認的情況下，爭取地方官府支持的重要途徑。

明清時期信徒偽造新封號的實踐，主要是以神話的形式進行的。最早記錄保生大帝在明初受封的資料，是明萬曆何喬遠的《閩書》。該書《方域志·白礁》曰：「皇朝永樂十七年，文皇后患乳，百藥不效，一夕夢道人獻方，牽紅絲纏乳上炙之，後乳頓瘥。問其居止，云某所，明遣訪之，云有道人自言：『福建泉州白礁人，姓吳名夲，昨出試藥，今未還也。』既不得道人所在，遂入閩求而知之。皇后驚異，敕封『恩主昊天醫靈妙惠真君萬壽無極保生大帝』，仍賜龍袍一襲。」[1]其後，信徒對保生大帝於明初受封的故事加以誇大渲染與轉相傳抄。如清初顏蘭〈吳真君記〉記載保生大帝因洪武助戰，功封「昊天御史醫靈真君」，其後，又繪聲繪色地描述保生大帝入宮「懸絲診帝后」的離奇傳說，並指出這一經歷又促使王朝頒給「萬壽無極保生大帝」的封號[2]。乾隆間李光地為家鄉安溪石門的保生大帝廟撰《吳真人祠記》時，也稱讚保生大帝「嘗至京師診帝后疾，係線察脈，隔幔炙乳……自宋南渡迄於明初，累蒙封號[3]」。林廷璝於道光元年（1821年）編著的《保生大帝實錄》，在記錄了明王朝對保生大帝的數次敕封外，還指出當時王朝「特敕龍袍一襲，敕造宮殿，宏壯巍峨，煥然一新，儼然與王居相敵[4]」。此外，顏清瑩的《東宮保生大帝傳文序》、黃化機的《吳真人譜系紀略》、許邦光的《譜系紀略

1 何喬遠：《閩書》卷一二〈方域志·泉州府同安縣〉，福州：福建人民出版社，1994年，第274~275頁。
2 顏蘭：〈吳真君記〉，見嘉慶《同安縣志》卷一〈壇廟〉，第5~6頁；林廷璝：《保生大帝實錄》，見《吳真君傳》，上海：宏大善書局，1933年石印本，第12~13頁。
3 李光地：《榕村全集·續集》卷五，清道光九年（1829年）李難迪刊本。
4 林廷璝：《保生大帝實錄》，見《吳真君傳》，第12~13頁。

第九章 祀典抑或淫祀：正統標籤的邊陲解讀

序》、楊浚的《白礁志略》等信徒撰作的介紹性文本，都一再地對明王朝頒給的封號加以重複與強調。

明清時期，撰作碑記與介紹性文本的地方精英，大多是地方上的文人階層，他們並非對王朝的祭祀體制毫無所知，為什麼他們還一再地重溫與強調這些偽造的封號呢？可能有兩方面的原因。一是，這些地方精英均是保生大帝的虔誠信仰者，那些偽造的封號可以在王朝嚴厲打擊淫祀的風聲鶴唳中，增強他們與民間信徒信仰保生大帝的信心。其次，明清時期地方精英偽造出封號並對其一再的重溫與強調，可以產生眾口鑠金的效果，使虛幻的內容變為實在的社會影響，並顯著地影響到地方官府對待保生大帝的態度。地方官府是王朝權力在地方上的代言人，如果他們相信或默認這些偽造的封號，那麼他們就會對保生大帝信仰持支持的態度。歷史證實，地方精英的這種做法獲得相當的成功，我們容後再敘。

（二）明清時期保生大帝形象的「儒化」

在宋代的資料裡，保生大帝生前是一個醫生，去世後雖表現出許多的靈異，但在其信仰人群的識覺裡，也只能算是「歿而有靈」，還沒有被改造為士大夫式的人物。如最早記載保生大帝信仰的楊志〈慈濟宮碑〉，只談到保生大帝生前「弱不好弄，不茹葷，長不娶，而以醫活人，枕中肘後之方，未始不數數然也」；死後「靈異益著，民有瘡瘍疾疢，不謁諸醫，惟侯是求。撮鹽盂水，橫劍其前，焚香默禱，而沉痾已脫矣[1]」。到了明代，隨著王朝對民間信仰的控制愈趨嚴厲，未被明王朝正式承認的保生大帝信仰，開始被其信仰人群進行有意的「儒化」，以改善保生大帝信仰的存身環境。

位於漳州長泰龍津橋畔奉祀保生大帝的慈濟宮，曾於永樂年間延

1　陳鍈、鄧廷祚：乾隆《海澄縣志》卷二二〈藝文志〉，臺北：成文出版社，1968年，第256頁。

聘當地名儒唐泰為該宮撰作碑記，可說是明代保生大帝形象「儒化」的濫觴。長泰慈濟宮建於元代，為監邑忽都火為防「水頻歲災城」而建。洪武間，署教諭事章參以祠不載祀典，改建為龍津書院。永樂壬辰年（1412年），溪水暴漲，書院沒為荒墟。翌年，鄉耆朱彥輯徵得官府同意，於舊地重建慈濟宮。由於有前次被改為書院的教訓，地方精英在重建時，特意「構堂五間，奉神棲堂，以前為社學端蒙教堂，以後為齋廊蔬圃贍緇流[1]」，通過宮廟與社學相結合的形式，以求得該廟存在的合理性。儘管如此，仍心懷忐忑的地方精英們，還試圖通過其他途徑來賦予該廟祀神的正統性。新宮於永樂甲午（1414年）秋落成後，適當地名儒唐泰與蔡子計「觴於宮」，地方精英們不失時機地延請唐泰為該宮撰作碑記。

　　唐泰，長泰人，為慈濟宮撰寫碑記時，雖還未登第，但其「資稟穎異，一覽輒成誦，經籍無不通曉，尤邃於易」，深得邑人器重。在〈長泰縣慈濟宮記〉中，唐泰對慈濟宮祀神與儒學的關係進行精彩的辯正。唐泰首先指出釋道異於儒之處在於「求諸妖魔之術以祈福田」，這不合於儒家祭祀的本意。接著，作為一名儒者，他表達了對龍津書院「以水故圮，神像以遷故存」現象的遺憾，因為這會在民眾心中造成儒學正統「不能砥柱中流」的印象。儘管如此，唐泰在對祀神之道與儒學之道進行類比後，認為儒與釋道二氏又是相通的，他對「慈宮之建，務民敬神，並用智者」的現象表示贊許。最後，唐泰得出結論，認為「神附於學，亦得與聞吾道，不為妖邪祟孽乾正[2]」，因此不能列為淫祀。唐泰登永樂十三年（1415年）進士，曾任祁州知州，後以文學辟召，御試稱旨。後返鄉侍養父母，教授生徒，「四方之士，受業者日眾，乃築草舍百餘間以居之。隨材誨誘，皆有成就，

1　張懋建修，賴翰顒纂：乾隆《長泰縣志》卷一一〈藝文〉，臺北：成文出版社，1975年，第715~716頁。
2　乾隆《長泰縣志》卷一一〈藝文〉，第718頁。

如陳布衣真晟、謝侍郎璉、林修撰震、陳考功疊，皆出其門[1]」。由於唐泰在地方文人階層中擁有的普遍影響力，其為慈濟宮撰作碑記也就無形中賦予了該宮以正統標籤。把保生大帝廟宇設於社學旁側，讓其聆聽儒學之道，這是明代保生大帝形象「儒化」的發端。

到明萬曆年間，保生大帝信仰帶有的士大夫形象愈加鮮明。萬曆壬寅年（1602年）由泉州郡庠生謝甲先書丹的應魁慈濟宮〈吳真人世修道果碑〉，在記載保生大帝升化時，其描述如下：「至丙子年五月初二日，上帝聞其道德，命真人捧詔召卒，卒乘白鶴白日升天，衣則道，冠則儒，劍在左，印在右，計在五十八年。」[2]這時保生大帝身穿道袍，頭戴儒冠的形象，說明當時的地方精英已把保生大帝視為一個通曉道術的儒者。

清乾隆間，大學士李光地[3]也在〈吳真人祠記〉中，為家鄉的保生大帝信仰披上一層溫情脈脈的儒學面紗。李光地先以理學的觀點對古代的人神關係作出詮釋，指出成神之人在生前「皆有齊聖淵微之德，敬恭寅畏之心，精白純和之行，故能通於陰陽，交於神明，統理吉凶變化災祥之道，以為天地山川神鬼之紀。是故其生也，人而神之，歿則祀典載之。至於精神之所憑依，猶足以禦災捍患，翊世休明，水旱劄瘥，靡求不感」。就是說，生前有道德，死後能為民捍患的，才能成神，被列入祀典。具體到保生大帝，李光地認為其年少時「心潛六合，氣運五行」，卒之日「鶴雁蔽天，道服儒冠而化……此余所謂生為神人，歿載祀典者與。惟其不遇明王，使之理幽明、和上下，故托於仙老之倫而以真人稱，而非世之怪神者比也[4]」。在李光

---

1 乾隆《長泰縣志》卷九〈人物〉，第443~444頁。

2 鄭振滿、丁荷生：《福建宗教碑銘彙編・泉州府分冊》，第620頁。

3 李光地，安溪人，儘管在朝為官，但在參與家鄉公共事務活動時，是以地方紳士的身分發言的，所以我們把其列入為保生大帝信仰辯護的民間社會的地方精英的行列。

4 李光地：《榕村全集・續集》卷五。

地的筆下，保生大帝不僅符合其對古代人神關係的詮釋，而且頗具儒家氣質，去世時「道服儒冠」，他被列入仙老之屬是因為「不遇明王」。通過把保生大帝的形象儒化，李光地把保生大帝信仰與淫祀劃清了界線，「非世之怪神者比也」。

道光元年（1821年），林廷璝的《保生大帝實錄》進一步把保生大帝加以「儒化」。林廷璝指出保生大帝「幼而歧嶷，穎悟絕倫，既長，博稽載籍，過目成誦，凡天文地理禮樂刑政諸書，罔不淹通講貫」。表明保生大帝生前精通儒學之道。此後，保生大帝「由貢舉舉授御史[1]」，獲得儒家的功名。到了道光戊申年（1848年），在海澄生員顏清瑩的潤色下，保生大帝士大夫的形象漸趨飽滿。顏清瑩〈東宮保生大帝傳文序〉開篇即指出「自古羽化登仙者眾矣！求其有學問、有經濟、有事功，超出乎凡俗，不流於凡俗，而為凡俗所愛戴，傳諸天下後世而不忘者，未有若大帝之道大而德洽群生者也！」言下之意，保生大帝與其他神祇崇拜相較，最大的不同在於他是一位有學問、有經濟、有事功的士大夫式的人物。接著，顏清瑩對保生大帝的士大夫形象進行具體的描述，「帝氏吳，諱夲，泉之同邑白礁紳士也。少而穎異，長博經書，凡天地之理靡不究，岐黃之藝罔不稽。生平以護國庇民為主，濟人利物為先，由貢舉登御史，赫赫名顯一時[2]」。可以看出，顏清瑩在重溫林廷璝儒化了的保生大帝形象的同時，進一步指出他生前為白礁的紳士。紳士是傳統社會中對文人階層的統稱，顏清瑩稱保生大帝為紳士，表明在當時地方精英的眼中，保生大帝已被徹底儒化。

（三）鄉村里社與保生大帝信仰

明朝建立後，面對宋以來民間社會神祇信仰繁盛而又蕪雜的現

1　林廷璝：《保生大帝實錄》，見《吳真君傳》，第7頁。

2　顏清瑩：〈東宮保生大帝傳文序〉，見《吳真人傳》，臺北：保安宮，1979年翻印本，第1頁。

實，要想對之進行全面禁革是力不從心的，任其放任自由，顯然又是統治者不願看到的。於是，明太祖採取折衷的途徑，試圖以建立上自天子、下至府州縣以至鄉村的鬼神祭社制度，來實現對神祇信仰的全面控制，「立大社稷，統天下司、府、州、縣。縣有社稷，統各里，里各有社稷[1]」。與社祭相配套而並行不悖的是厲祭與城隍之設。通過在全國各地普遍設立社祭、厲祭與城隍，王朝就以一種上下統屬的祭祀等級關係，控制了民眾的日常信仰活動。

但是，在民間社會的實踐上，明太祖建立起來的全國性的鬼神祭社制度，似乎從來都沒有真正成功過。與王朝權力對地方的控制範圍相仿，鬼神祭社制度也只在縣級的地域單位以上才得到真正的貫徹執行，而在縣屬的鄉村，雖曾一度普遍建立起里社組織，但到了明中後期，鄉村的里社組織大多處於「名存實亡」的狀態，民間神祇紛紛進駐社壇，原來「壇而不屋」的祭壇建起了殿堂，社與稷的木主變成了衣履光鮮的神像，民眾在王朝社祭的名義下，進行著民間傳統的信仰活動。如泉州府惠安縣，早在明隆慶年間（1567—1572年）葉春及任泉州府惠安縣令時，已發現當地的社祭制度只維持在縣一級，鄉村的里社大多被民間神祇所侵蝕，「今有司惟祀縣社稷，各里多廢，乃立淫宇，一里至數十區，借而名之曰：土穀之神。家為巫史，享祀無度[2]」。此後，漳、泉各地的里社紛紛被民間神祇占據。有關里社組織向民間神廟的演變過程，鄭振滿先生在〈神廟祭典與社區發展模式——莆田江口平原的例證〉一文中，以莆田江口為例，已有很好的論述，這裡我們不贅言[3]。

在漳、泉一帶，隨著明清時期保生大帝信仰在所屬各縣鄉的深

1　葉春及：《惠安政書》附《崇武所城志‧里社篇》，福州：福建人民出版社，1987年，第343頁。

2　吳裕仁：嘉慶《惠安縣志》卷一一〈壇廟寺觀〉，第343頁。

3　參見鄭振滿：〈神廟祭典與社區發展模式——莆田江口平原的例證〉，《史林》1995第1期。

入傳播，占據鄉村里社的，有相當多數是保生大帝。當然，由於這些占據里社的保生大帝廟宇，絕大多數是名不見經傳的小廟，登不上縣志的大雅之堂，所以縣志上很難找到對這類廟宇的記載。幸運的是，道光《廈門志》對廈門島上保生大帝占據里社的情況有較為翔實的記錄。據該志卷二〈分域略·祠廟〉載，「福壽宮，在打鐵路頭左邊，祀吳真人、天后二神。即福山社。」「和鳳宮，在鳳皇山下島美路頭後街，祀吳真人、天后二神。即和鳳社。」「懷德宮，在石埕街頭，祀天后、吳真人二神。即懷德社。」除詳細載明以上三廟與里社的關係外，修志者還在《祠廟》篇末加上按語，點明廈門里社被保生大帝普遍占據的事實，「各鄉社俱有社神祠。若澳溪社之會靈宮，東邊社之高明宮，尾頭社之美仁宮，西邊社之豪士宮，鼓浪嶼岩仔腳之興賢宮，內厝澳之種德宮，皆祀天后、吳真人之神，不及備載[1]」。此外，民國《雲霄縣志》也為我們留下了有關這方面的重要資訊。《雲霄縣志》卷二二〈叢談〉在記錄雲霄民眾的信仰狀況時談到：「自郡邑至村落輒數十家為一社，建立祖祠，以祀其先，又各立祠，春秋祈報，亦猶行古之道。考祈報所祈，惟玉鈐陳將軍辟土開疆，功在生民，報祈最盛。其餘各方所祀，大約能為民禦災捍患者。如在各鄉之祀吳真人大帝，及天后娘娘，皆生而為人，沒而為神，俎豆香馨，自當有永。」[2] 據我們考察，在漳、泉所屬各縣中，雲霄的保生大帝宮廟分布是較為稀疏的。然而，根據《雲霄縣志》提供的這條資料來看，該縣立社祭祀的神祇除開漳聖王在數量上獨占鰲頭外，其次就數保生大帝與媽祖的宮廟為多。據此，我們可以推測，漳、泉那些保生大帝宮廟空間分布更為密集的其他縣市，如信仰起源地的同安與海澄縣，占據里社的保生大帝宮廟數量就更為可觀了。

1　周凱：道光《廈門志》卷二〈分域略·祠廟〉，廈門：鷺江出版社，1996年，第48~52頁。
2　徐炳文、鄭豐稔：民國《雲霄縣志》卷二二〈叢談〉，臺北：成文出版社，1975年，第740頁。

第九章　祀典抑或淫祀·正統標籤的邊陲解讀

此外，我們在保生大帝信仰的祖宮龍海白礁慈濟西宮與廈門青礁慈濟東宮收集到的清代與民國留下的碑刻裡，發現有大量的捐獻者留下的記錄為「××社」，這些記錄，應該就是保生大帝進駐里社後，沿襲了原有里社名稱的緣故。另外一些記錄則題為「××社××宮」，則很可能是保生大帝占據里社後，信徒另起的廟名。東宮留下的碑刻中，嘉慶十九年（1814年）〈重修慈濟祖宮碑記〉載有的這類名稱有：高樓社、溫厝社、柯井社、田邊社等。咸豐甲寅年（1854年）〈重修慈濟祖宮碑記〉的記錄有新安社、青焦社、院前社、吾貫社、書陽社、林東社、盧坑社、廟兜社、漸尾社等。光緒二十二年（1896年）〈重修慈濟祖宮碑記〉的記錄有龍店社、龍徑社、廟兜社、玉蘭社、上湯社永福堂、林墩跳頭社、吾貫普元宮、漳濱社、三都劉山社、廟兜社延壽堂、尚庵社、渡東社、花洋社、北溪赤橋社、高瀨社、碧溪社、新村社、官田社、內宅社、院內社等。西宮留下的碑刻中，也發現不少這樣的記錄。嘉慶四年（1799年）〈重修祖宮碑記〉（原碑未有題名）的記錄有昆山社、官潯社篁津宮、寮里社、石島高井社萬壽宮、金墩社燕翼堂、花宅社、南山社、溪邑翰林社嘉應廟、墩尾社、安民社、水頭社澤水宮、烏石社延福堂、湯岸社、林埭社龍阪宮、劉營社龍山宮、山坪洪社、唐源社、梁厝社等。嘉慶二十一年（1816年）〈白礁祖宮重修捐題姓氏緣銀碑記〉的記錄有馬鑾社清鑾宮、大嶺社萬安宮、龍山社聖果院、充龍社龍山宮、杏林社朝元宮、高浦鄭甲社鼇江宮、烏礁洲頭社篁津宮、谷山社龍興宮、南山社寶蓮宮、金墩社燕翼堂、張茂社鼓山宮、高浦中甲社鼇江宮、翰林社嘉應廟、碧溪社鳳山堂、金門瓊林社、方堂社等。光緒四年（1878年）〈重修慈濟祖宮捐緣姓氏碑誌〉的記錄有福保社等。1923年〈重修慈濟祖宮捐緣姓氏碑誌〉的記錄有正義社、候嶺社等。以上我們列出的是在東、西祖宮碑刻中留有「社」字標記的記錄，據我們估計，這些碑刻上的大部分宮廟均為

地方志所未記載的，應該都是那些分布在鄉村里的小廟，甚至就是那些侵蝕里社後形成的宮廟。

　　總的來說，明清時期民間社會採取的上述措施，不論是重溫與強調前代的封號，或是偽造新的封號，或是將保生大帝形象儒化，還是鑽了王朝社祭制度的空隙，其目的顯然主要是針對地方官府的。在對民間神祇的敕封愈發嚴厲的明清王朝，保生大帝的信仰人群已很難爭取到王朝對其奉祀神祇的承認，於是，地方官府作為王朝權力在地方上的代言人，便成為信徒所爭取的主要對象。地方官府是王朝打擊淫祀的執法者，只要地方官府認同了保生大帝信仰，也就可以保護這一信仰的健康發展。

二、地方官府與保生大帝信仰

　　作為王朝權力在地方上的代言人，地方官府不僅要與其治理下的民間社會發生密切接觸，還要直接對王朝的任命負責。除了收稅及保護民眾的日常生活與正當權利，消弭破壞社會秩序的危險因素外，地方官府還要負起在治內宣導王朝教化的重任。當然，王朝制訂的許多政策法令，包括祭祀制度，是一套死的規矩，而全國各地的情況千差萬別，地方官府在執行這些政策法令時，就存在一個如何把這些死的規矩靈活地運用到地方上的問題。相對於閩臺一帶的保生大帝信仰而言，其情況更顯複雜。保生大帝信仰在漳、泉、臺一帶的邊陲社會擁有大量的同祀宮廟與信仰人群，南宋時曾多次得到王朝的敕封，但在明清卻又沒有獲得王朝的正式承認。保生大帝信仰的這種複雜情況，使得地方官府操作起來得更加謹慎小心，過於嚴厲的打擊可能會傷害信徒的感情，引起眾多信徒對地方官府的群起反對，造成社會秩序的混亂；同樣，對這一信仰的積極鼓勵，又直接違背了王朝的祭祀制

度，保生大帝畢竟未得到王朝的正式承認。另一方面，保生大帝信仰的這種複雜情況，特別是位處東南邊陲、遠離政治中心的地理條件，也可以使地方官府在處理上有更大的靈活空間，可以根據治內的實際情況來決定對保生大帝信仰應採取的態度。

（一）地方官府對當地保生大帝信仰正統性的適度肯定

地方官府對保生大帝信仰正統性的適度肯定，首先表現在不少縣志的修志者對明清時期信徒偽造的明代敕封採取一種默認的態度。地方官府對保生大帝偽造封號的默認，最早可追溯至明萬曆何喬遠的《閩書》。何喬遠在該書裡記錄了保生大帝顯靈入宮治癒文皇后乳疾而獲得敕封「恩主昊天醫靈妙惠真君萬壽無極保生大帝，仍賜龍袍一襲」的殊榮。此後，漳、泉府縣志大多在接受《閩書》觀點的同時，增加一些民間信徒中流傳的新說法。康熙《同安縣志》在卷一〈叢祠志〉認為「明敕立廟於京師，永樂七年，封萬壽無極大帝，廿二年封保生大帝」。嘉慶三年（1798年）續修的《同安縣志》在卷一〈壇廟〉「慈濟宮」詞條裡重複了康熙志的說法。乾隆《泉州府志》在卷一六〈壇廟寺觀〉中接受保生大帝「明永樂時，進封保生大帝」的說法，同時在卷六五〈方外〉「吳夲」的詞條中，轉錄了《閩書》的記錄。乾隆《海澄縣志》也認為保生大帝「慈濟著靈，與宋代相始終，明興仍獻異中宮」。乾隆《安溪縣志》卷九〈仙釋〉也認為「自宋迄明，敕封十五次，為無極保生大帝」。直到民國時期纂修的《同安縣志》、《南安縣志》、《金門縣志》等，都一直沿襲著對保生大帝在明初獲得封號的認同。縣志大多是由知縣擔任主修，並召集全縣地方精英合作完成的一種集體成果，縣志中對保生大帝明初封號的承認，即意味著地方官府對信徒偽造的這些敕封的一種默認。

與地方官府對保生大帝信徒偽造的明代封號的默認相表裡的是，一些府縣志在纂修體例的安排上，也喻意著對保生大帝信仰的支持態度。如乾隆《泉州府志》的修志者表達了地方官府對列入該志卷一六

〈壇廟寺觀〉廟宇的選擇標準：

　　古嚴非族之祀，必功德之足以永世而利民者，斯享其報。自佛老教行，紺宮丹室，幾遍寰區。泉當宋初，山川社稷不能具壇，而寺觀之存者，凡千百數，益信五季將佐，割據紛爭，識罪福己，非為民也。自是以後，祀典日修矣。而木泥之偶，雄將軍溫某郎，蹈天隨子所識者，亦複不少。今自春秋二舉所及之外，非唯其棲可撤者，志不為存。即或名號顯然，而捍患禦災，非在茲土，比諸子胥祀吳而不祀楚之例。若夫巳公茅屋，道貫星壇，彼自游方之外者，第聽之可耳。

　　《泉州府志》修志者除對佛、道二教的寺觀持較為寬容的態度外，在對官民日常祭拜的神廟的選擇上是相當嚴苛的，就連那些受到王朝敕封的神祇，也嚴格按照「祭不越望」的準則，即神祇的功德不在茲土者，不予收入。我們發現，在如此嚴厲的準則下，該志《壇廟寺觀》收錄了府治花橋慈濟宮、南安縣武榮鋪慈濟真人祠、同安縣白礁慈濟宮等奉祀保生大帝的宮廟，表明地方官府對這些宮廟的正統性是認可的。

　　另如嘉慶《同安縣志》卷一〈壇廟〉的纂修，修志者所秉持的態度與《泉州府志》頗為相似：

　　聖人以神道設教，有功德於民者，斯享其報。記曰：能禦大災則祀之，能捍大患則祀之。同邑山川百神，設壇立廟，由來已久。他如聲靈赫濯，護國家、庇人民，亦所當敬，非此族也，不在祀典。

　　當然，與《泉州府志》相較，嘉慶《同安縣志》放寬了對收入〈壇廟〉廟宇的限制，在收入祀典神祇的同時，那些與地方建立了利益關係的其他神祇，即「聲靈赫耀，護國家、庇人民」的神祇，也進

入了修志者的視野。在這一原則下，收入嘉慶《同安縣志‧壇廟》而與社稷、山川、城隍、天后等祀典神廟並列的保生大帝宮廟，有位於東嶽行宮左的真君廟、白礁慈濟宮、萬壽宮、福壽宮、和鳳宮、懷德宮、通利廟等。其中的福壽宮、和鳳宮、懷德宮，即我們前述保生大帝占據廈門社壇後改建的三個宮廟，修志者把之列入〈壇廟〉，即表示承認它們的正統性。這一事實也再次證明了我們前面提出的觀點，即保生大帝占據鄉村的里社，信徒能夠借助王朝社祭的正統性，來進行對民間神祇的信仰活動。

光緒間校補的泉州府《馬巷廳志》，在神祇能否與當地社會建立利益關係的原則下，進一步放寬對入選廟宇的限制：

凡食報於民，非有禦大災、捍大患者，謂之淫祀。《白虎通》曰：淫祀非福，蓋將破人以瀆媚之惑也。然苟生而為英，死而為靈，其於水旱疾疫，不無裨補，則非淫祀者比。夫迎佛崇祀，使梵唄之聲於今不衰者，亦以其能護國安民也。有類乎此者，詎可沒之哉！

在此原則下，收入該志卷一〈廟宇〉的保生大帝宮廟有通利廟、保生廟、龍騰宮、武德宮等。

修志者的上述做法，即把部分保生大帝宮廟收入府縣志的《壇廟志》，與社稷、山川、文武廟、城隍、天后等祀典神祇相並列，是對民間保生大帝信徒的一種莫大鼓勵，因為它代表著地方官府對保生大帝信仰的認可。關於這一點，雖然我們還未發現直接的佐證資料，但從南安縣詩山鳳山寺的廣澤尊王信徒，特別關心省府縣志中對鳳山寺的記錄一事，可以發現一些眉目。清光緒間南安舉人戴鳳儀纂成《郭山廟志》（郭山廟即鳳山寺），吳魯為之作的〈序〉指出：「我泉郭山威鎮廟，在南安縣治之北，崇祀保安廣澤尊王，《通志》載於城隍之次，所以崇正祀則秩典禮也。」戴鳳儀的自〈序〉，也對此點持認

同意見：「且《通志》次郭廟於城隍，《郡志》列郭廟於壇廟，又非若徐真君、鄭文叔、保生帝、清水祖師之入方外傳也。」[1] 由此，我們可以推知民間保生大帝信徒對奉祀神祇能否列入府縣志的《壇廟志》，應當也是極為關注的。

　　馬巷地方官府對保生大帝信仰的提倡，主要表現為兩方面，一是奉祀保生大帝的通利廟，馬巷地方官府「每逢月朔，必循例詣香焉[2]」；二是把民安里的保生廟，作為馬巷廳的迎春之所。通利廟在馬巷四甲大街，「朱子簿同時過此，曰：五百年後，必有通利之所，里人因此建廟。」保生廟在趙崗鄉，「里民私建，廳治既設，迎春於此[3]」。馬巷地方官府循例赴通利廟詣香，也就是把通利廟當作官方祀典廟看待；根據《清會典》的規定，迎春是地方官府的年例大事，把保生廟作為迎春之所，表明地方官府對保生廟的正統性是頗為認同的。為什麼馬巷地方官府會把里民私建的通利廟與保生廟視為官方廟宇？這與通利廟和朱熹間的牽連有一定關係，但更重要的原因，恐怕要從馬巷當地的保生大帝信仰狀況來分析，黃家鼎在〈吳真人事實封號考〉一文中，對馬巷保生大帝宮廟之多深有體會，「馬巷一彈丸地而祠廟特多。附署四甲大街有通利廟，祀保生大帝吳真人，每逢月朔，必循例詣香焉。嗣催科下鄉，見劉五店有龍騰宮，柏埔鄉有武德宮，趙崗鄉有保生廟，皆棟宇宏敞，禱者犇走喘汗，所祀俱吳真人也[4]」。在這種情況下，地方官府希望通過對奉祀保生大帝的通利廟與保生廟的認可，來安撫當地的保生大帝信徒，從而有利於當地的日常社會秩序的維護。

　　地方官府對當地保生大帝信仰的適度提倡，據我們估計，很可能

1　戴鳳儀：《郭山廟志》，北京：中國文聯出版社，1999年，第22~25頁。
2　黃家鼎：《馬巷廳志》，〈附錄下〉。
3　黃家鼎：《馬巷廳志》卷一〇〈廟宇〉。
4　黃家鼎：《馬巷廳志》，〈附錄下〉。

第九章　祀典抑或淫祀‧正統標籤的邊陲解讀

是當地的保生大帝信仰已與地方社會建立起有目共睹的利益關係。如地方官府默認保生大帝明初的封號，說明他們相信保生大帝曾在明初救治過皇室，而地方神祇與皇室扯上關係，可以使當地獲得更多的聲望資源。府縣志中把保生大帝宮廟列入《壇廟志》，也說明地方官府承認保生大帝是能夠為地方上「禦災捍患」的祀典神祇。當然，神祇與地方社會建立的這種利益關係，主要是通過神祇顯靈的方式得以實現的。神祇顯靈的故事，其內容往往是虛幻而又荒誕不經的；但這些靈跡在信徒心中造成的心靈震撼，即其所造成的普遍的社會影響，卻又是實實在在的。正是這種普遍的社會影響的存在，神祇信仰與地方社會間利益關係的建立才成為可能。如甲第真人廟，在泉州城西甲第巷內，奉祀保生大帝，明天啟乙丑（1625年）曾由進士、侍讀吳載鼇重修，並贈額「高真留處」。康熙乙未（1715年）進士、內閣徐霞彩再次重修。上述的兩次重修，都是由在朝任官的地方紳士主持的，也就是說，這時候的甲第真人廟還未引起地方官府的重視與支持。

乾隆辛亥年（1791年）春夏之交，泉州大旱，「府州縣禱雨於廟，雨即大霈，官民忭悅」。這次祈雨有應，甲第真人廟通過顯靈的方式與當地社會建立起民眾有目共睹的利益關係，引發了地方官府的關注，「同安邑令張學溥贈匾曰『甘雨隨車』，馬巷分府樊晉贈額曰『霖雨均沾』[1]」，同安與馬巷的地方長官均前來致贈謝匾，表示對該廟的支持。另如清代列入臺灣安平縣官祭中群祀的興濟宮。興濟宮奉祀保生大帝，其起源據稱肇始於鄭成功征臺時，部將隨身攜帶的香火所遺，最初由里人建小廟奉祀。後來影響逐漸擴大，嘉慶二年（1797年）〈重修興濟宮碑記〉記載的捐資人，有水師提督、兵備道兼學

1　周學曾：道光《晉江縣志》卷六九〈寺觀志〉，福州：福建人民出版社，1990年，第1660頁。

政、副將、參將、游擊等武將，及知府、知縣等文官，當時重修總捐資共2104圓，其中文武官員就捐了1410圓，占一半強。道光十七年（1837年）興濟宮再次重修時，又有大批文武官員捐獻鉅資。但興濟宮能夠列入官祭中的「群祀」，不僅與上述文武官員的支持有關，更重要的是在同光間的開山撫荒活動中，該宮以顯靈驅疫的靈跡建立了與地方社會的利益關係。據光緒八年（1882年）立於興濟宮的一副楹聯附記記載：

同光戌亥間，有開山撫荒之役，降災役，竭誠祈請，疫不為厲，所謂功德在民者。詳奉欽差撫部批飭地方官朔望拈香，春秋致祭，以答鴻庥……敬順輿情焉，壬午春月前署臺灣兵備道提督學政臺灣知府周懋琦熏沐拜贊。[1]

正是因為在開山撫荒之役中，興濟宮與地方社會確立了利益關係，地方官府才會向王朝請求把興濟宮列入群祀。也就是說，地方官府是根據地方上的保生大帝信仰的實際情形，以及邊陲社會的實際需求，來確定官府應對之採取的態度的。

（二）祀典與淫祀之間
　　——一些地方官府眼中的保生大帝信仰

在王朝認可的祀典神祇與力圖禁毀的淫祀之間，還存在大批介於二者之間的祠廟。宋代一位叫何志的官員已看到了這一現象，他認為「將諸神刻板地分成祀典內與祀典外兩類，實屬荒唐」，而應將諸神分成三類，「已賜額並曾封號者作一等；功烈顯著、見無封額者作一等；民俗所建，別無功德，依法所謂淫祠者作一等」。韓森指出，何志

1　轉引自漳州吳真人研究會編：《吳真人學術研究文集》，廈門：廈門大學出版社，1990年，第291頁。

第九章　祀典抑或淫祀·正統標籤的邊陲解讀

當時已看到「在被官府承認與官府想要壓制的兩類祠廟之間，還存在著大量中間狀態的祠廟，這是很有意義的 [1]」。王健則通過對蘇州的個案研究，認為明清時期在祀典與淫祀之間，也存在著大量的民間私祀，它們的存在使得國家與民間社會在信仰領域中較少正面衝突，形成了一個比較寬闊的緩衝帶 [2]。相對於保生大帝信仰而言，其得到前朝敕封及在當代（明清）未被王朝正式認可的雙重身分，使得地方官府對之採取的態度有較大的伸展空間，除前述一些地方官府採取的適度的鼓勵與提倡外，對於那些未能與地方社會建立明顯的利益關係的保生大帝宮廟，地方官府把其性質定位在介於祀典與淫祀之間，既不加以提倡，也沒有隨意禁毀。

地方官府的這一態度，在一些府縣志對保生大帝封號的處理上有明顯的反映。如光緒《漳州府志》在記述保生大帝史事時，僅提到南宋敕封的「慈濟」、「忠顯」與「英惠」三個封號，而於明初偽造的封號隻字不提 [3]。令人訝異的是，清代臺灣纂修的府縣志，絕大多數也只記述了南宋敕封的這三個封號。如余文儀《續修臺灣府志》載為：「按真人名夲，泉之同安白礁人；生宋太平興國四年，醫藥如神。景佑二年卒，里人祀之；部使者以廟額為請，敕為『慈濟』。慶元間，敕為『忠顯』。開禧二年，封英惠侯。臺多漳、泉人，以其神醫，建廟獨盛。」 [4] 絲毫沒有涉及明初的封號。另如周瑄的《諸羅縣志》也只記錄了南宋敕予的三個封號，並在文末又加上「至於保生大帝之稱，則不知何所據矣 [5]」。這些府縣志沒有記錄保生大帝明初的封號，表明這些地方官府認為明代王朝是沒有正式承認保生大帝信仰的，即把保生

1　韓森：《變遷之神：南宋時期的民間信仰》，杭州：浙江人民出版社，1999年，第82頁。
2　王健：〈祀典、私祀與淫祀：明清以來蘇州地區民間信仰考察〉，《史林》2003年第1期。
3　沈定均、吳聯熏：光緒《漳州府志》卷四〇〈古跡‧宮廟〉，第31頁。
4　余文儀：《續修臺灣府志》卷一九〈雜記‧寺廟〉，臺北：大通書局，1984年，第646頁。
5　周鍾瑄：《諸羅縣志》卷一二〈雜記志‧寺廟〉，臺北：大通書局，1984年，第283頁。

大帝視為明清祀典外的神祇。

　　地方官府秉持的這一態度，在修志者收錄壇廟的態度，即對當地保生大帝宮廟列入府縣志的分類上，也可以明顯察覺。如光緒《漳州府志》在卷四〈古跡‧宮廟〉中收錄了奉祀保生大帝的長泰慈濟宮、詔安慈濟宮、青礁慈濟宮、漳州漁頭廟等，但在篇末的按語中，修志者指出：「廟祠之大者，有司春秋致祭，既載之祀典矣。茲之紀也何居？唐陳將軍元光開漳有功，理宜廟祀一方。其餘相沿已久，存其名，所以留其跡也。夫神降於莘，左氏記之，渭陽汾陰，綱目雖譏而必錄，況有不盡然者乎！」看來，修志者儘管認為保生大帝的祠祀是不適宜的，但還秉持寬容的「有舉莫廢」的態度。胡建偉《澎湖紀略》顯示出的地方官府對待保生大帝信仰的態度，也頗值得我們加以深究。《澎湖紀略》卷二〈地理紀‧廟祀〉開篇即表達了地方官府對祀神的總的態度：

　　《傳》曰：國之大事，在祀與戎。自天子命祀而外，下至於州縣，凡有守土之責者，莫不竭虔盡敬，率乃典常，以修歲祀，孔惠孔時，罔或忒焉。禮曰：祭則福。蓋言祭而誠則受厥福也。又曰：淫祀無福。若濫祭則亦何福之有？唐狄仁傑毀天下淫祠四千七百餘所，誠以惑人耳目、亂人心態、敗人風俗，愚夫愚婦赴之若渴、慕之如飴，燒香結會，大為世道人心之蠹者，大可不懲也。況閩俗人情浮動，信鬼而尚巫，如迎賽闖神、崇奉五帝（閩人稱瘟神為五帝），則尤為淫祀之尤者也。督憲蘇、撫憲莊痛悉其弊，凡有土木之偶，盡毀而投諸水火，於乾隆三十二年六月恭奏奉旨嚴禁，斯真振頹拯弊之一大政也哉！其習俗相沿，無愆於義者，則亦例不禁焉。澎湖自歸版圖以後，即設有專官以鎮斯土，以主斯祀。雖無山川、社稷、風雲雷雨諸壇與夫文廟春秋釋菜之禮，而奉文致祭，載在國典者，歲時肇舉，斯亦守土者之所有事也。至於一十三澳，澳各有廟，士庶奉為香火者，率皆土神，因地以祭；均無

敗俗傷化，與闇神、五帝二事相似為淫惡之祀，在所必禁也，則亦仍之
而已。[1]

上述引文明顯地透露了地方官府對待民間祠廟的慣例式的做法：
在祭祀王朝認可的祀典正神之外，對於那些「習俗相沿，無忿於義
者」，即雖未被王朝承認，但對社會秩序沒有危害的祠廟，「則亦例
不禁焉」。具體到澎湖，地方官府對於「載在國典」的祭祀，歲時肇
舉；而對於澎湖一十三澳的土神廟，地方官府認為雖未被王朝承認，
但「均無敗俗傷化」，與淫祀不能相提並論，即這些土神廟介於祀典
與淫祀之間，官府的處理方法就是「則亦仍之而已」。我們發現，列
入該志一十三澳土神廟的，其中就有兩座奉祀保生大帝，「真人廟，
廟一在崎里澳，一在奎壁澳[2]」。看來，地方官府也是把當地的保生
大帝視為介於祀典與淫祀之間的神祇。

上述現象在其他縣志中也有反映。如乾隆《海澄縣志》在卷二
〈輿地志〉、卷一七〈名跡志〉與卷一九〈方外志〉中收錄當地的保
生大帝宮廟，而不是在卷三〈祀典志〉介紹這些宮廟。嘉慶《雲霄廳
志》也是在卷一六〈名跡〉中收錄保生大帝宮廟。乾隆《長泰縣志》
是在卷一二〈雜志〉中收錄保生大帝宮廟的。康熙《詔安縣志》是在
卷四〈建置志〉收錄保生大帝宮廟的。康熙《平和縣志》是在卷一二
〈雜覽志〉收錄保生大帝宮廟的。此外，我們前面列舉的那些未記錄
保生大帝明初封號的臺灣府縣志，也大多在〈雜記志〉或〈古跡志〉
中收錄保生大帝宮廟。

對於在前朝（南宋）得到王朝敕封，而當代（明清）未能得到王
朝正式承認的保生大帝，地方官府將之視為介於祀典與淫祀之間的神

1　胡建偉：《澎湖紀略》卷二〈地理紀‧廟祀〉，第36頁。
2　胡建偉：《澎湖紀略》卷二〈地理紀‧廟祀〉，第36頁。

祇，據我們估計，很可能是這些地方的保生大帝宮廟未能與當地社會建立明顯的利益關係，從而也就未能引發地方官府的重視，最終被作為「習俗相沿，無惡於義」的祠廟處理。

（三）地方官府對保生大帝信仰的彈壓

明清時期在王朝嚴厲打擊淫祀政策的影響下，福建的一些地方官府也在當地展開了禁毀淫祠的運動。在地方官府展開的禁毀淫祠的運動中，保生大帝有前朝的敕封，受到的衝擊還不明顯。據我們掌握的資料，明清時期地方官府對保生大帝宮廟的禁毀主要有兩例，均發生在明代的長泰。

第一次發生在明洪武年間，署教諭事章參以長泰龍津橋畔的慈濟宮「不載祀典，遷其神，改建龍津書院[1]」。章參以慈濟宮是否為明王朝祀典所承認為標準，保生大帝的宋代敕封顯然無法發生庇護作用。但其後不久發生的戲劇性的故事，證明章參的這次禁毀行動是不成功的。永樂壬辰年（1412年），書院被暴漲的溪水漂沒為荒墟。翌年，鄉耆朱彥輯徵得官府同意，於舊地重建慈濟宮，並求得當地名儒唐泰為之撰作碑記。這一事件正像我們前引的唐泰的說法：「書院以水故圮，神像以遷故存。嗚呼！風頹波靡，斯文止教，不能砥柱中流，而依草附木之精，反竊其功。」這一事件驗證了保生大帝的靈應，驗證了元監邑忽都火建該宮以鎮水災的先見之明，也就是說，該宮通過這一事件，重新與長泰地方社會建立了有目共睹的利益關係，很顯然會得到後來官府的認同。

另一次禁毀是發生在嘉靖年間，嘉靖《長泰縣志》載：「真君宮，在縣治東，俗祠吳真君，推府黃卓峰廢。」[2]

總而言之，在對民間神祇信仰控制極為嚴厲的明清時期，位處

---

1 乾隆《長泰縣志》卷一一〈藝文〉，第716頁。
2 嘉靖《長泰縣志·寺觀》，上海：上海書店出版社，1990年，第834頁。

東南沿海邊陲的民間社會與地方官府在解讀當地保生大帝信仰的正統性時，沒有在祀典與淫祀之間劃出一條界線分明的鴻溝，而是從當地保生大帝信仰的實際情況與邊陲社會的實際需求出發，來理解該信仰在當地存在的合理性。在前朝得到王朝敕封，而明清未能再次爭取王朝承認的情況下，明清民間社會的信徒為使得保生大帝信仰重獲正統性，或重溫南宋封號，或偽造明初封號，或使保生大帝的形象儒化，或借助王朝社祭的正統名義行民間信仰之實。而地方官府對待保生大帝信仰的態度，既參考了王朝的祭祀法則，又根據當地保生大帝信仰的實際情況與邊陲社會的實際需求，在當地保生大帝宮廟是否與地方社會建立利益關係的前提下，作出符合地域特徵的理解。

第十章 明代陳靖姑傳說試探

陳兆南[1]

　　中世紀以來福建一帶的居民，擁有豐富的民間信仰，明馮夢龍治壽寧時，就曾感慨地說：「俗信巫不信醫，每病必招巫師迎神。」清人梁章鉅也說：「吾鄉多淫祠，凡人家疾病災殃，四出祈禱，率多荒誕不經。」[2]黃仲昭纂《八閩通志》卷五十八〈祠廟志序〉云：「閩俗好巫尚鬼，祠廟寄閭閻山野，在在有之。其間祀典所載，及禮所宜祀者，無容議矣；其有肇自古昔，功業雖不甚著，而載之舊志者，亦不可棄；其他妖妄不經，悉在所當去，以祛誣惑。」[3]編者黃仲昭雖已刪去了許多「妖妄不經」的淫祠不錄，但他仍保留了高達516座的祠廟記錄（見表10-1），豐富的民間信仰，更創造了神祇與豐富的民間傳說。

1　陳兆南，逢甲大學中文系副教授。

2　馮夢龍：《壽寧待志》，上海：上海古籍出版社，1993年，第12頁；梁章鉅《退庵隨筆》卷十，臺北：新興書局，1987年，第254頁。

3　弘治《八閩通志》卷五十八〈祠廟〉，第3218頁。明代福建方志著錄全境的祠廟詳略不一，而黃仲昭弘治《八閩通志》是知見的閩方志中最詳者。

表10-1 明《弘治八閩通志》所見祠廟統計表

地 名		數量	地 名		數量
福州府	閩 縣	20	汀州府	汀州府	18
	侯官縣	10		寧化縣	3
	懷安縣	20		上杭縣	5
	長樂縣	7		武平縣	2
	連江縣	11		清流縣	5
	福清縣	15		連城縣	4
	古田縣	9①		歸化縣	3
	永福縣	7		永定縣	1
	閩清縣	7	邵武府	邵武府	16
	羅源縣	7		泰寧縣	4
福寧州	福寧州	19②		建寧縣	3
	寧德縣	7		光澤縣	3
	福安縣	8③	興化府	莆田縣	47
建寧府	建寧府	22		仙遊縣	21
	甌寧縣	11		平海衛	3
	浦城縣	10	泉州府	晉江縣	35
	建陽縣	17		南安縣	7
	鬆溪縣	6		同安縣	6
	崇安縣	8		德化縣	1
	政和縣	11		永春縣	5
	壽寧縣	1		安溪縣	3
延平府	南平縣	12④		惠安縣	2
	將樂縣	5		永寧縣	2
	尤溪縣	5⑤	漳州府	龍溪縣	19
	沙縣	19		漳浦縣	5
	順昌縣	3		龍岩縣	4
	永安縣	2⑥		長泰縣	2
				南靖縣	4
				漳平縣	2

備註：

①萬曆《福州府志》卷十八〈古田縣〉云：順懿廟，在縣東三十里。

②萬曆《福寧州志》卷二云：順懿廟在西門外，廟名順濟宮，成化十六年建。

　　③萬曆《福寧州志》卷二云：順濟行祠在一都洋頭，正統初重建。萬曆《福安縣志》卷二云：封崇福太后元君。

　　④嘉靖《延平府志》卷十三載此地有順懿行祠。

　　⑤嘉靖《延平府志》卷十三載尤溪縣有順懿廟。

　　⑥萬曆《永安縣志》卷八載有臨水堂。

　　與林默娘並稱為福建兩大女神的陳靖姑[1]，她的傳說也在明代時獲得長足的進展。因為道教研究者指出宋元以來，皇室對道教的正面態度[2]，使道教的發展神速，這一宗教發展史的背景，對陳靖姑傳說的影響可謂不小，惟學者雖有此認知，卻未能清楚說明此時傳說的發展變化[3]，本文將試圖結合明代方志及筆記的文獻資料，描繪自宋元以後到明代之間陳靖姑傳說的變化。

　　文獻的考察顯示陳靖姑故事，到明代之際，已經奠定了三種陳靖姑形態的發展基礎，這三種形態分別是：（一）道術精湛的魔法女；（二）獨立性的女神；（三）群組性的女神。這三種從明代的傳說記錄析分而出的形態，它的發展時間卻早晚各異，茲析陳於下。

1　郭伯蒼《竹閑十日話》卷五云：「閩多女神，國朝祀典，女神僅二，莆田天上聖母、古田臨水夫人也。」

2　宋元時期道教的發展，得力於皇室的協助。如宋徽宗、元世祖忽必烈等，他們賜封道教神祇，禮遇道士的事蹟，都激勵了道教信徒。參見（日）窪德忠《道教史》第五章「道教的新發展與舊道教」，蕭坤華譯，上海：譯文出版社，1987年7月，第211~245頁；莊宏誼《明代道教正一派》，臺北：學生書局，1986年11月，第2~4頁。

3　徐曉望《福建民間信仰源流》，福州：福建教育出版社，1993年12月，第329~348頁；徐曉望〈臨水夫人考〉，《海峽兩岸文化交流史料》第一輯，福州：華藝出版社，1990年，第17~33頁。

一、魔法女陳靖姑（10—13世紀）

陳靖姑的傳說，源起10世紀末期的史事，清吳任臣《十國春秋》卷九十九〈陳守元傳〉附〈靖姑傳〉云：

靖姑，守元女弟也。常餉守元於山中，遇餒嫗，發簞飯飯之，遂授以秘籙符篆。與鬼物交通，驅使五丁，鞭笞百魅。永福有白蛇為孽，數害郡縣，或隱跡宮禁，幻為人形。惠宗召靖姑驅之，靖姑率弟子作丹書符，夜圍宮，斬蛇為三，蛇化三女子，潰圍出，飛入古田井中。靖姑圍井三匝，乃就擒。惠宗著詔曰：「蛇魅行妖術，逆天理，隱淪後宮，誑惑百姓。靖姑親率神兵，服其餘孽，以安元元，功莫大焉。」其封靖姑為順懿夫人，食古田三百戶，以一子為舍人，靖姑辭讓食邑不受，乃賜宮女卅六人為弟子。後數歲逃居海上，不知所終。[1]

守元為閩縣人，五代時的道士，受閩主王璘（即惠宗）的重用，而且權傾一時，但是據吳著《十國春秋》本傳所云，陳守元的道法與稟賦是大有問題的。他不僅利用「左道」取信於閩國二主惠宗、康宗，操控君位的繼承，又將國家的人事任免權、法律等權力一手獨攬，並利用此特權收取賄賂，嗾使皇室朝廷耗費鉅資，鑄造惠宗與李耳的純金塑像，建造三清殿祀之。後王昶通文末年（937年）皇室發生政變，守元身為國師卻化妝潛逃，致途中遭亂兵殺死[2]。此外《十國春秋·譚紫霄（峭）傳》稱譚氏道法得自陳守元的無知，文云：

1　引自吳任臣《十國春秋》卷九十九，《影印文淵閣四庫全書》第466冊，臺北：臺灣商務印書館，1983年，第242~243頁。

2　道士陳守元亂閩本末，另參見司馬光《資治通鑒》卷二七七、卷二八二，臺北：文化圖書公司，1974年，第1929~1960頁

守元斸地得木劄數十，貯銅盎中，皆漢張道陵符篆，朱墨如新藏，棄而不能用，以授紫霄，紫霄盡皆通之。[1]

〈虞皋傳〉又稱守元因瞧不起虞皋，錯失仙隱授法的機會，都說明了史家對陳守元的否定態度。

吳任臣編《十國春秋》的態度有別於一般史家，阮元《四庫全書總目提要》說明他為了彌補歐陽修《五代史》時略而不詳的缺點，他說：

采諸霸史、雜史及小說家言，並證以正史，匯成是書……其諸傳本文之下，自為之注，載別史之可存者……其於舊說虛誣，多所辨證。

吳氏的陳靖姑史料，其實來自明人輯的《晉安逸志》，此書今逸，但這段史料尚錄存於明人徐𤊹輯錄的《榕陰新檢》[2]，茲將在後續的討論說明之。唯吳氏剪裁此事入史，除了說明陳靖姑實有其人以外，更企圖表現吳氏讚美她於其兄不同的異能和識見，她不濫用法術為自己謀私，甚至辭謝官府的犒賞而隱遁海上。史家記載明顯的貶兄褒妹，影響到日後這一對魔法兄妹的傳說地位了嗎？

我們不敢遽論福建當地人遺忘他們異能的原因，是否因為不能原諒哥哥的行為，或者是這對兄妹一死一隱的不同依歸的行跡造成，然不論如何，事實是自宋元以來他們崇奉陳靖姑的態度一直很保守。不但陳靖姑的信仰圈[3]不及晚出的林默娘，即便是建廟樹碑的記錄，

1　吳任臣《十國春秋》卷九十九，《影印文淵四庫全書》第466冊，第243頁。
2　徐𤊹輯《榕陰新檢》卷六〈方技〉，上海：上海古籍出版社，1995年，第1~3頁。此書有萬曆三十四年（1606）吳洵美的序。
3　表10-1載明代方志登錄的陳靖姑祠廟，集中在以古田縣為中心的閩北區域；但到了漳泉地區，就要等到清代的方志才見記錄。柳田國男的傳說圈理論，於此得到充分的印證。

也寥落得很。她最早的文獻記錄出現在13世紀初，南宋理宗寶慶年間（1225—1227年）晉江人洪天錫任古田縣知縣[1]，曾撰寫碑文記其事本末，這恐怕是目前最早的記錄了[2]。如果我們假定閩王朝的亡國（945年）與陳靖姑隱跡海上的可能原因有關[3]，那麼我們也能理解10世紀以來，陳靖姑傳說只在民間信仰者間默默沉潛的原因。信奉者對她的傳說，如同對其他福建的魔法女的傳說一般，即便是受民眾普遍熟知[4]，卻只停留在驚歎魔法女的異能崇拜而已。

二、獨立女神順懿夫人

陳靖姑傳說何時脫離魔法女傳說，雖然難以精確地評估，不過僅存的資料顯示到元季（1367年）的時候，她已經朝向一個女神化的傾向發展，因此，南宋到元朝末年兩個世紀間，成為可能的關鍵時期。這段期間的記載並不多，包括了三則直接的記錄與兩則可能的記錄。三則直接記錄，包括了南宋洪天錫撰的碑文、元人張允明的《卷憶妙記》與元人張以寧的《臨水順懿廟記》；兩則可能的記錄為《晉安逸志》的記載以及被《新刻出像增補搜神記大全》迻錄的《楓涇雜

---

1 陳鳴鶴《東越文苑》卷五：「洪天錫，字君疇，晉江人，寶慶二年進士，為監察御史。好直言骨鯁，中貴人嬖幸者皆恐，毋敢縱，然亦以此不得立朝與論議。度宗即位，累擢之不起，最後召為刑部尚書，詔守臣趣之，既而，進顯文閣直學士御劄。日至，終不起。所著有《味言發墨》、《楊岩文集》。」（第17頁）
2 張以寧《臨水順懿廟記》稱洪天錫著有碑文，但洪的碑文今日已亡逸無可考。
3 閩王朝於西元946年為南唐所滅。我假定閩王朝的亡國與陳靖姑遁隱有關，因為閩王朝的另一位得寵的道士譚紫霄，也在閩亡後棲隱於廬山。見《十國春秋》卷九十九，第14頁。
4 典型的例子是馬仙信仰。馮夢龍《壽寧待志》「香火」條云：「民間佞佛者，男奉三官，女奉觀音⋯⋯唯馬仙則不問男女，咸虔事焉。馬仙者，建安將相里人，俗名馬五娘，適人一年而夫亡，誓不嫁⋯⋯一日欲渡溪，值暴漲，乃仰傘水面，乘之以濟，見者異焉。⋯⋯值天旱，鄉人與迎，祈雨立應。姑死畢葬，白日飛升。」（第12頁）

錄》。洪天錫碑文今逸，張允明的《卷憶妙記》卻苦覓未得[1]，茲僅就此五則記載，說明期間發展出的兩系陳靖姑傳說。

《晉安逸志》與《楓涇雜錄》兩則可能的記載，它們均未表現出與其他明末陳靖姑傳說記錄的一致性，反而都保留了陳靖姑傳說魔法女部分的特徵。如它們記載了陳靖姑的靈異能力，像《楓涇雜錄》稱她小時就具預言的能力，化紙木無生命的物體為有生命的蝶鳶。《晉安逸志》也稱她受到魔法家族傳統與魔法老嫗的教導，得到上乘的道法，起死回生，收服女鬼和虎精。《晉安逸志》和《楓涇雜錄》的記錄，說明了信仰者仍流傳著一些舊系的陳靖姑傳說，雖然這些傳說被指為荒誕不經的。茲附其文於後，《晉安逸志》云：

陳靖姑，閩縣人，五世好道。靖姑少孤，與其兄守元力田牧畜，守元食牛山中，靖姑餒而遇餒嫗，即發其簞飯飯之，別以己食進兄。嫗因托身焉，靖姑母事之，不敢有缺。嫗病蛆，靖姑跪而吮之，無何，嫗死，靖姑為棺殮畢葬。一日守元出，靖姑為守牛，渡牛而溺。忽見紫府嚴麗，前時餒嫗雲衣月披，迎立而笑曰：「兄來何遲？」遂授以神篇秘錄。

居歲餘，見靖姑於寶皇，寶皇大悅，乃拜真官得主、地上鬼神。賜鶴馭歸家。守元見之大恐曰：「妹既已為魚鱉餌矣，何遽如許？」靖姑告之故，乃竊發嫗塚，但衣被而已。於是，為靖姑再拜求其術，願得通籍金闕，望見寶皇顏色。靖姑上書請之嫗，嫗報曰：「上下有等，幽顯有章，道俗有別，神之紀也，而兄凡品也，安取禮而見上帝？無已，得授方列於漢文成、五利之屬，足矣。」其後守元以方得幸於閩王鏻父子，封天師，賜甲第、車馬、帷幄、器物，為之築壇，

1 日人廣田律子稱張著《卷憶妙記》為陳靖姑傳說的首見者，參廣田律子《中國女性神祇及其藝術表現》，見《夫人戲：陳靖姑地方神研究資料之一》，浙江：日本國中國民俗研究會等，1993年，第4~9頁。

築黃金為寶皇，奉祠之。

　　靖姑既善符籙，遂於鬼物交通，驅使五丁，鞭笞百魅。嘗詣郡城，道遇荒塚，得遺骸，卷以簀而禁之，須臾，肉骨起拜曰：「妾繇王宮人也，姓班氏，不知易幾世矣，嫗實生我，請得以身事嫗，備除門之役所甘心焉。」靖姑遂畜為弟子。鄉有虎魅，能變形為人，靖姑劾系降之，使為遠遊前驅。

　　永福有白蛇為魅，數為郡縣害，或隱形王宮中，幻為閩王后以惑王，王及左右不能別也。王患之，召靖姑使驅蛇，靖姑率弟子為丹書符，夜圍王宮，蛇化為三女子，潰圍飛出，靖姑因驅五雷，追數百里，得其首於閩清，得其尾於永福，各厭殺之。其頭奔入古田臨水井中，於是靖姑乘勝從他道馳入古田，圍井三匝，蛇乃就女人服，繫頸自縛，箭貫耳、抱馬足請降。諸弟子或言誅蛇，靖姑曰：「蛇千歲之精，亦天地一氣，且已服又殺之，非太上好生之意。」乃以蛇屬部伍，使長居井中，還報閩王。閩王曰：「蛇魅行妖術，逆天理，隱淪後宮，誑惑百姓。斧鉞所不能傷，虎狼所不避，今靖姑親率神兵，斬首級，服其餘孽，以安元元，功莫大焉。」其封靖姑為順懿夫人，食古田三百戶，以一子為舍人。靖姑辭讓食邑不受，乃賜宮女三十六人為弟子，建第臨水，使者存問，相屬於道。後數歲，靖姑逃去，隱居海上。（徐燉《榕陰新檢》卷六〈女道除妖〉）

　　但13世紀後陳靖姑的信仰群中，有些信徒不甘如此的沉寂而頗思振作。南宋寶慶（1225—1227年）年間，福建古田縣陳靖姑祠廟的建立，無疑是期間最重要的事。古田縣的廟宇被視為陳靖姑的祖廟，古田縣也是陳靖姑傳說圈的核心。這座主祀陳靖姑的廟，由一位地方新科進士洪天錫所創，雖然洪的碑文不存，未能進一步地觀察而略顯遺憾，但這位正直的官員願為執役興建的實情，顯示陳靖姑信仰群顯著發生變化——這座首度由具政經地位的官員加入興建的祠廟，其祀

神自非淫祠之屬。這情形後來到至正七年到八年（1347—1348年）重修陳靖姑廟時，陳靖姑信仰群往上階層發展的軌跡愈顯。元代重修古田籍耆老張以寧（1301—1394年）[1]撰〈臨水順懿廟記〉以記其事。全文云：

古田東去邑三十里，其地曰臨川，廟曰順懿，其神姓陳氏，肇基於唐，賜敕額於宋，封順懿夫人。英靈著於八閩，施及於朔南，事始末具宋知縣洪天錫所樹碑。

皇元既有版圖，仍在祀典。元統初（1333—1334），元浙東宣慰使都元帥李允中寔來謁廟，瞻顧諮嗟，曾廣其規未克就緒。及至正七年（1347年），邑人陳遂嘗椽大府，慨念厥初，狀神事蹟，申請加封廉訪使者親核其實。江浙省臣繼允所請，上之中書省，眾心顒顒，翹俟嘉命。會遂以光澤典吏須次於家，於是致力廟宮，祗迓殊渥。帥諸同志請於監邑承務公觀，由典史魏、薛上下翕合，抽俸倡先，雄貲巨產，聞義悅從，檜襄祈禱，遠邇來者，歡忻樂施。遂斥金褚、鳩工徒，新作香亭外內者二六，神祠生成宮各一，重修儀門，前殿后寢梳妝之樓，下馬飲福之亭，像設繪飾，丹漆杇槾之工，咸極精緻。前甃石垣以翼龍首，後浚水渠以殺潦勢，又辟生祠以報承務公之德。經始於丁亥（1347年），迄戊子（1348年）春落成，狀麗輝煥，怵心駭目。邑之耆老敬祭聳觀，以為有廟以來，未觀斯盛。殆山川炳靈，明神垂鑒，待人與時勃然奮興者也，請為記之。以寧惟吾閩之有神，光耀宇內，若莆之順濟漕海之人，恃以為命，有功於國家甚大，綸音薦降，褒崇備至，今順懿夫人禦災捍患，應若影響，於民生有德，豈淺淺哉？廷議必有處矣。遂也能出心力，因時建績，民不勞勩，亦可謂

---

1 張以寧，字志道，古田人。有俊才，博學強記，人稱小張學士。泰定中以春秋舉進士，官至翰林侍讀學士。明滅元，奉史安南，家於古田縣翠屏山下，學者稱為翠屏先生。

難已。遂記其事，且系以詩曰：

　　瞻彼臨川，新宮峨峨，六珈象服，如山如河；

　　維帝好生，神能大之，維民敬祀，遐不愛之；

　　峨峨新宮，鎮彼臨川，維子赴母，人心同然；

　　粳稻滿家，既多牲酒，神人具醻，疵癘罔有；

　　不恤不殰，民生振振，於千萬祀，事我明神。

　　洪武乙丑（1385年）歲春正月吉旦，邑人張以寧撰。[1]

元末參與重修古田祖廟的陳靖姑信仰群眾中，包括了現任的朝廷中央官員、地方官員與重要士紳，並不是孤例。入明之後，屢見其事。福寧州的成化二年（1466年）竣工的陳靖姑廟，是州判與士紳重修的[2]。福安縣的順濟行宮，也是正統（1436—1468年）間完成的[3]。雖然也有部分的地方官員的毀淫祠措施[4]，但多數的地方政府已經對陳靖姑信仰不持負面意見。因此陳靖姑信仰的結構變化，可以從陳靖姑傳說觀察到。從表10-2的六項主題情節分析結果看來，陳靖姑的誕生、獲得法術、試煉、除妖、結局、神跡顯靈等內容的傳說，大量地出現在信徒的記憶中，此也同時顯示了信仰民眾所進行的一個繁複的造神工程。陳靖姑的信仰從一個法術女的禮贊，上升到女神的崇拜。

1　萬曆《古田縣志》卷十二〈藝文志〉，第27b～28b頁，此文亦見錄於辛竟可等修乾隆《古田縣志》卷五《壇廟》，第13b~14a頁。但文後的題記省略不錄。
2　參見史起欽萬曆《福寧州志》卷二〈祠祀志〉，第65頁。
3　參見陸以載纂萬曆《福安縣志》卷二〈祠祀志〉，第134頁。
4　參見鄭慶雲等纂嘉靖《延平府志》卷十三〈祠祀志〉，第623~630頁。載縣主毀淫祠。

表10-2　明代文獻陳靖姑傳說情節分析表

傳說性質 情節類型		情節描繪傳說	解釋性傳說
甲 誕 生 故 事	仙緣血緣	觀音指甲投胎所生（繪圖搜神）	天妃之妹（五雜俎）陳林李氏三神（林記）
	人間家族	兄陳二相，義兄陳海清（繪圖搜神） 嫂嫂（福寧乙志）	父昌母葛氏（晉安／閩書／福寧/乙志／福州／繪圖搜神） 祖玉夫昌母葛氏（古田） 孤兒（晉安） 夫劉杞（八閩1／古田／福寧乙志／福州） 未婚而殁（出像搜神）
	出生時地	唐大曆元年正月十五（繪圖搜神）	唐大曆二年（閩書／八閩1／古田／福寧乙志／出像搜神）
	異象徵兆	祥光、異香及群仙護送的金鼓聲（繪圖搜神）	
乙 魔 法 故 事	法術類型	驅五丁、百魅、五雷（晉安） 丹書符（晉安）	傳廬山術（福安） 符籙驅使鬼神（晉安）
	法術來源	老嫗傳法（晉安） 閭山洞主傳度（繪圖搜神）	
	預卜未來		先事言有無（出像搜神）
	點木成兵		剪紙為蝶囓木為馬（出像搜神）
	辟穀		辟穀術（出像搜神）
丙 試 煉	溺水	助兄放牛溺水死（晉安）	
	流產	脫胎祈雨秘泄致死（古田／福寧乙志）	
丁 除 妖 伏 魔	除蛇精	收服閩王宮的蛇怪（晉安） 殺臨水白蛇洞蛇妖（閩書／古田／福州） 古田蛇妖為害，兄二相 收蛇精被困，靖姑學法，破妖法救兄（繪圖搜神） 蛇有異稟不死，鄉民杷靖姑（繪圖搜神）	
	收虎精	收虎魅為前驅（晉安）	
	納鬼魂	收孤魂為弟子（晉安）	

续表		
傳說性質＼情節類型	情節描繪傳說	解釋性傳說
戊 結局 ｜ 王室封賞	封食邑不受（晉安） 賜宮女36人為弟子（晉安）	閩王封為順懿夫人（晉安） 宋淳祐封為順懿夫人（古田／出像搜神） 宋淳祐賜號順懿，封慈濟夫人（福州） 封為崇福廣利太后元君（福安） 唐憲宗封為順濟（福寧乙志） 唐王敕封都天鎮國顯應順意大奶夫人（繪圖搜神）
｜ 隱居	隱居海上（晉安）	
｜ 殉亡	秘泄流產（古田） 嫂嫂窺其作法，秘泄流產致死（福寧乙志）	
己 神跡顯靈故事 ｜ 解救產難	匿名除蛇救徐清叟家產婦（閩書／古田） 救後唐王后產婦（繪圖搜神）	保胎（五雜俎／繪圖搜神） 催生護幼（繪圖搜神）
｜ 祈雨		祈雨（八閩1／古田）
己 神跡顯靈故事 ｜ 求子嗣		求嗣續（八閩1／古田／福寧乙志／五雜俎）
｜ 治療痘疹		保兒痘疹（福寧乙志）
｜ 航海庇護		海上祠祝（五雜俎）
｜ 浮木蓋廟	蓋廟工程受阻，大水協助運大木，完成廟宇（林記）	

　　注記說明：「五雜俎」，謝肇淛撰，《五雜俎》卷一五；「福寧甲志」，明殷之輅、朱梅編纂，萬曆四十二年刊，《福寧州志》卷四；「福寧乙志」，明史起欽、林子燮編纂，萬曆二十一年刊，《福寧州志》卷二；「八閩1」，明黃仲昭編，弘治四年刊，《弘治八閩通志》卷五八；「古田」，明劉曰暘、陳薦夫編，萬曆三十四年刊，《萬曆古田縣志》卷一二；「閩書」，明何喬遠編，萬曆四十四年刊，《閩書》卷一四七；「福安」，明陸以載編，萬曆二十五年刊，《萬曆福安縣志》卷二；「福州」，明喻政修編，萬曆四十一年刊《萬曆福州府志》卷一六；「晉

安」，明無名氏編《晉安逸志》，收徐燉萬曆三十四年刊《榕陰新檢》卷六；「林記」，明林一寧《臨水宮記》撰，引自民國八年李熙修《政和縣志》卷二二；「繪圖搜神」，元明間刊《三教源流聖帝佛祖搜神大全》，王秋桂《中國民間信仰資料彙編》第二種；「出像搜神」，明萬曆二十一年刊《新刻出像增補搜神記大全》，王秋桂《中國民間信仰資料彙編》第三種。

　　整個陳靖姑的傳說，不再局限於陳靖姑法術異能的展現，而是傳述她不凡的前世今生，並得法成神後為民眾除妖驅魔，最後造福人類而自我犧牲的造神工程。其值得注意犖犖大者，包含如下數事：

　　第一，陳靖姑生於唐朝大曆初年間（766年或767年），較陳守元早生100多年。

　　第二，陳靖姑為了黎民蒼生的苦難，她懷著身孕冒險作法祈雨，雖然獲得回應，卻不幸流產而死，臨終前仍憾恨不已，宣稱死後將為產婦作守護神。

　　第三，陳靖姑死後仍顯靈異，屢次顯聖救護受災厄的皇室和平民婦女。

　　第四，陳靖姑的事蹟不僅生前已受皇室的禮遇，後來也迭受歷來君主的賜封。

　　神格化後的陳靖姑傳說，不但完全擺脫了與陳守元的關係，更選擇了對抗瘟疫的職能和護持婦女孕產恐懼的職能，作為陳靖姑信仰發展的後續方向。換言之，陳靖姑傳說已由一個舊系統的魔法女傳說，升級到斬魔神祇和婦女守護神。

三、群組性女神——陳、林、李夫人

　　陳靖姑的信仰發展到明代晚期，變化的不止在從魔法女到除妖守護女神的神格變化方面，而且在神祇的組合結構上，也發生擴大到群組神的現象，明人林一寧〈臨水宮記〉敘述當時崇奉臨水夫人的廟，

其廟中不只有一尊主神，而是由陳靖姑與林氏、李氏三位女神產生的女神群組為崇祀神。其文云：

臨水宮，在順令門外百步許，祀順懿夫人陳、林、李氏三神於中。襘禳祈禱，應若影響，且當周道，矚目者眾。邑人黃興吳訓魏升彭樟，慨舊宮卑陋，不足以妥神靈聳瞻望，乃於弘治丙辰（弘治九年，1496年）募緣鳩工，建正殿三楹，宏敞深邃，丹漆黝堊，壯麗偉觀。前為溪流，作亭其上左為屋三間。始事於是年正月上元日，落成於八月中秋日，為工五百有奇。金用若干兩，餘金買民田三百，歲收所入以充祭祀之需。先是材木運至水次時，元旱溪涸，且興工屆期，董事者計無所出，一夕忽然大水，順流至宮前，其神靈默相之力歟？咸懼歲久事湮，徵余記以垂永久。[1]

陳、林、李夫人群組神祇的信仰，對陳靖姑傳說的內容來說，不僅是量的擴充，更是信仰神祇的全能全職化的表現。陳靖姑的傳說到明清之際，出現了女神群組的崇祀行為，將獨立祀神擴大為由陳靖姑領頭的群組祀神，顯示了陳靖姑的神祇位階的變化，而在日後清代的里人何求《閩都別記》小說和清季不詳人氏的《臨水準妖傳》小說，陳靖姑的主體故事都承繼此一變化。

陳靖姑的傳說是在明代改變完成的，從13世紀以後，重新以一個完全不同於舊系傳說的陳靖姑在她的信眾間流播。她的傳說也選擇了瘟疫恐懼和女性生育恐懼的母題與妖異非常的焦慮心理發揮，並獲得迅速的迴響。她與林默娘不同，雖然兩人的身分是如此的近似，從一位魔法女傳說，成長為一系列的女神故事，但她確實走了比林默娘更遠的路。

1　李熙纂《政和縣志》卷二十二〈祠祀志〉，第29a~29b頁。

第十一章 臺灣三平祖師信仰起源問題新探

——三平義中與三平寺

張志相 [1]

一、三平祖師信仰研究回顧

　　1983年臺灣省文獻會出版《臺灣之寺廟與神明》一書，該書撰述人仇德哉在書中針對三平祖師做了如下的敘述：「有謂三坪祖師即三平祖師，或稱三平大師及三平太師，又稱三平僧，為福建漳浦之高僧。據漳浦縣志略謂，祖師法名義中，深研禪易，預卜生死靈驗，韓愈被謫潮州，與祖師多交往，交至厚，祖師歸寂，韓愈自潮州至漳浦送葬，唐吏部侍郎王諷曾撰有三平太師碑記。按：三平祖師應為佛門祖師，祭祀為道教，姑從之。」[2]仇德哉以《漳浦縣志》為據，概括性地描繪了三平祖師信仰來源。這是臺灣民間信仰研究先驅者中較早為三平祖師信仰探源的作品，儘管該文在史實敘述上容有待商榷之

1　張志相，逢甲大學歷史與文物研究所專任講師。

2　引文參見仇德哉：《臺灣之寺廟與神明》，臺中：臺灣省文獻會，1983年6月，第4冊，第29頁。事實上在1979年仇德哉自行出版的著作《臺灣廟神傳》中，已作了同樣的陳述。參見仇德哉《臺灣廟神傳》，斗六：自印本，信通總經銷，1979年，第464頁。

處 [1]，但對三平祖師信仰研究而言，該文確實在某種程度上起了補白的作用。緣自清代與日據時期以來，臺灣對於三平祖師信仰的理解非常有限，無論是臺灣方志，或是宗教寺廟調查成果（如社寺檯帳、宗教調查報告書）、宗教專著（如增田福太郎作品）等作品，其內容對於三平祖師或者忽略、疏漏，或見登錄，但都未曾有進一步的分析與釐清 [2]，這種情況直到20世紀60—70年代仍未有改變。前輩學者劉枝萬代表著作之一的《南投縣風俗志宗教篇稿》中，曾針對竹山鎮的三坪院有所分析，但針對主神部分亦僅言「本神來歷失傳，莫考 [3]」。1977年人類學者莊英章在其名著《林圯埔》中也曾以祭祀圈理論，小篇幅地處理竹山三坪院祖師廟與當地社會關聯 [4]，但或是限於篇幅？或是限於史料？該書於主神來歷仍未觸

---

1 仇氏所引系康熙陳汝咸修：《漳浦縣志》卷一九〈雜志·古跡〉中之「侍郎亭」一條，但該條文之末段，曾引蔡如松說法，以辨敘述內容之誤，未知仇氏何以忽略此點，同時同書同卷「舊物」部分對三平大師碑也有所辯駁，更重要的是同書卷十六《人物志》中即收有三平傳記。仇氏未能引用，殊為遺憾。《漳浦縣志》臺灣所見多為成文出版社據民國十七年石印本影印，此本自閩閣傳至方外傳之三平前段部分脫落，未知仇氏是否受此影響？參見《漳浦縣志》，臺北：成文出版社，1968年12月，第1237、1506、1522頁。又該縣志大陸上海書店曾另據民國二十五年朱熙鉛印本出版，參見《漳浦縣志》，上海：上海書店，2000年，第175頁。

2 丸井圭治郎：《臺灣宗教調查報告書（第一卷）》確實登錄了三平祖師，但未有進一步敘述。參見該書第七章〈信仰の對象〉，臺北：捷幼出版社，1993年9月，第31頁。增田福太郎在《臺灣の宗教》第二章關於臺灣寺廟主神清水祖師生平傳說的相關解說後段，另立一小節討論了臺灣的祖師公相關問題，但不知何故，缺漏了三平、慚愧等祖師。參見增田福太郎《臺灣の宗教》，臺北：南天書局，1996年8月2刷，第36、37頁。又此書中譯本參見黃有興譯《臺灣宗教信仰》，臺北：東大圖書公司，2005年5月，第140、141頁。社寺檯帳中關於臺灣各寺廟主神種類的統計，可參見劉枝萬編〈臺灣省寺廟教堂名稱/主神/地址調查表〉，文刊《臺灣文獻》11卷2期，1960年6月，第37~236頁。或參見瞿海源撰《重修臺灣省通志·住民志·宗教篇》，南投：臺灣省文獻委員會，1992年，第1022~1030頁之《臺灣各寺廟主神種類統計表》，兩者關於三平祖師登錄情況也有前述類似情形

3 引文參見劉枝萬：《南投縣風俗志宗教篇稿》，南投：南投文獻委員會，1961年6月，第74頁。二年後，劉氏新編〈清代臺灣之寺廟〉一文情況亦同，參見劉枝萬《清代臺灣之寺廟》四、五、六期抽印合訂本，臺北：臺北文獻，1963年12月。

4 參見莊英章：《林圯埔——一個臺灣市鎮的社會經濟發展史》，臺北：中研院民族學研究所，1977年，第158、159頁。

及。凡此種種，都可看出長期以來臺灣對於三平祖師陌生狀況之一斑[1]。在歷經長期的研究沉寂後，事至1997年有了新的突破，簡炯仁在探討高雄燕巢鄉開發史過程中曾對燕巢鄉三平祖師廟進行探討[2]，該文中對三平祖師部分以漳州平和縣三坪風景區管委會出版的《廣濟大師與三平寺》一書為基礎資料[3]，不僅較為詳細地說明了三平義中生平，對其信仰性質也有所推論。繼莊英章之後，1998年黃素貞更以專文探討竹山三坪院[4]，該文以方志、口碑等間接性史料為主，自鄉土神視角出發，對三坪信仰形成，與竹山三坪院信仰進行分析、推論，且進一步詮釋其內涵的多重性質。進入21世紀後吳季霖、石奕龍等人，又分別撰文探討了三平祖師信仰職能與傳說之象徵意義[5]。這些新的研究不約而同地顯示，隨著臺海兩岸的交流日益頻繁，直接史料與對岸的相關研究成果，逐漸為在臺發表的三平研究論述所利用、援引，特別是關於三平生平基本史實建構，與其信仰在福建生成、發展的部分情況更顯示出此一傾向。推

1 仇氏之前論及三平來歷問題相關著作，另有林衡道：〈臺南市各祠廟祀神之調查研究〉，《臺灣文獻》13卷4期，1962年12月，第100頁。林氏且將清水、三平、顯應三位祖師均視為同一人；另外江家錦《臺南市志稿・住民志・宗教篇》（第23頁）與《臺南縣志・人民志・宗教篇》（第141頁）、遊醒民《臺南市志・人民志・宗教篇》（第98頁）等戰後新纂志書中也存在類似的問題。這些前輩學者，都是當年在民間宗教著述或方志纂修等各方面具有一定代表性的作者，故而本文以他們為討論對象，並借此向前輩學者表達敬意。他們雖受限於時空環境因素，但仍盡力作田調及研究工作。另外關於臺灣對於神祇來源若干待商榷之處，大陸學者顏章炮，曾撰寫專文辨誤，其中即包括三平祖師一章節。參見顏章炮：〈臺灣民間若干神祇由來辨誤〉，《臺灣研究集刊》，1995年第2期，第41~46頁。

2 參見簡炯仁：〈由「嚴禁侵占番界審斷碑」論「官莊」對高雄縣燕巢鄉的開發〉，《臺灣文獻》48卷3期，1997年9月，第31~52頁。

3 參見王雄錚編：《廣濟大師與三平寺》，平和縣：三坪風景區管理委員會，1988年。多年前筆者在燕巢進行三平寺廟田調，得知簡氏曾對燕巢開發有所專論。事後，透過莊姓友人協助，筆者獲贈簡先生之論文抽印本與三平寺相關資料，先生隆情，特此申謝。

4 參見黃素貞：〈鄉土與鄉土神——林圯埔街三坪院祖師公信仰的內涵〉，《臺灣人文》第二號，1998年7月，第151~173頁。

5 參見吳季霖：〈宋元以前福建民間中造神與傳說的關係——以定光古佛、三平祖師、清水祖師為核心〉，《中國文化月刊》2001年1月250期，第24~45頁；石奕龍〈三平祖師降「眾祟」的傳說及其象徵意義〉，《臺灣源流》，2004年冬季刊，第136~139頁。

第十一章 臺灣三平祖師信仰起源問題新探

究個中成因，一方面是學術研究自然趨勢、需要，以及解嚴後隨著臺灣民間信仰研究風氣進一步開展、細緻化，類似三平信仰等相對小眾信仰的研究成果漸次獲得開拓、深化所導致的積累。另一方面，20世紀80年代後，對岸學者發表了不少探源臺灣民間信仰的著作，而這些著作無論是一般性著作或專論，基於地緣優勢或是其他現實目的之需求、牽引，面臨史實探源階段，他們在釐清基本史實上往往有著相對的清晰與準確性。就三平信仰論述而言，即使在通論或綜論性質的福建民間信仰書籍中即普遍可見，譬如林國平或徐曉望對於福建民間信仰專著中即可見到[1]。這說明三平信仰在福建南部地區有其普遍性。另外若就專論而言，顏亞玉的《三平史考》一書，無疑是一部令人注目的學術專著。該書三篇分別就三平義中禪師、三平寺、三平寺周邊歷史人物等三方面，從基礎史料考索出發，透過史料的辨析與史實的釐清，豁顯三平信仰的基本面貌[2]，可謂截至目前，關於三平信仰研究方面最為特出的學術專著。其後，顏氏續撰專文討論了閩南三平信仰在歷史上的演變與流布過程，探索該信仰的歷史成因，並兼及三平與清水祖師相互間的關聯[3]。另外李莉、張曉松等人，也都有專文討論三平信仰相關問題[4]。以上多位大陸學者相關研究的援引利用，對於

1　參見林國平：《福建民間信仰》，福州：福建人民出版社，1993年，第265~281頁。或徐曉望：《福建民間信仰源流》，福州：福建教育出版社，1993年12月，第四章第二節，第208、209頁。其中林國平以專節討論三平義中禪師及其信仰現象；文中並提及臺南三平廣濟宮。

2　顏亞玉：《三平史考》，廈門：廈門大學出版社，1993年。

3　參見顏亞玉：〈閩南三平祖師信仰的形成與發展演變〉，《中國民間宗教研究》2001年第3期，第114~120頁；顏亞玉：〈三平史幾個問題的再探討〉，《廈門大學學報》1999年第1期。

4　大陸學者對於三平研究非僅限於上述所及，本文僅選擇性例舉。近幾年在一些綜合性的新著作中顯示出來，他們也已注意到三平信仰流布（如其他地區的三平寺廟）、三平信仰與其他信仰相互關係之變化狀況等問題的探討，前者如張曉松討論了漳州市的初華坊，後者如李莉全面性地討論閩臺三平與清水祖師信仰的歷史演變。當然更為全面寺廟調查與更為深刻的歷史研究仍有待來日。張曉松〈試論民間信仰的現實性——以漳州地區為個案〉，《漳州師範學院學報》2007年第4期，第123~126頁；李莉〈閩臺祖師公信仰的歷史嬗變〉，《福建高等專科學校學報》2008年第5期。

深化臺灣三平信仰研究，無疑具有正面效果。但與此同時，如何聯結兩岸當前研究成果，進而比較、分析兩岸不同時空下的三平信仰，是日後值得進一步探索的目標。在此之前，我們且以當前研究成果為基礎，一方面自歷史學視角出發，重新審視現有研究成果與鉤稽、檢討舊有史料，嘗試描繪出一個較為完整的三平義中新貌。另一方面也針對三平寺、三平祖師信仰與其流布等相關問題作一綜合性考察，以求較為全面而深入地理解三平祖師信仰根源，並期盼研究成果，可作為他日臺灣三平祖師信仰新研究的踏石。

二、三平祖師信仰的歷史根源——「禪師」義中 (781—872) 之外

　　歷史上的義中，誠如仇德哉所言是佛門高僧，更準確地講是南禪名僧。他的法嗣關係燈錄僧傳載之甚明，自不需多言[1]。但義中作為唐代高僧，不能自外於時代環境，當時佛教僧人普遍與士宦交遊，且多有兼習多宗現象，義中生平史料是否也顯露出此點特徵？值得我們關切。因此重新審視史料，構築歷史上義中的新形貌，對於探究三平祖師信仰形成的根源是有其必要性的。是以本節將分別針對義中作為禪僧經歷相關問題與「禪僧」身分外的義中面貌及其影響作出評估，以

1　關於義中法脈關係如下：六祖慧能→青原行思→石頭希遷→大顛寶通→三平義中。對此歷來並無爭議。最近三平寺方完成寺志編修，寺志纂修出版是可喜可賀之事，志中內容對於保存研究三平信仰將產生不少效益，例如大事記部分、三平祖師信仰及其影響部分、碑文輯錄等，凡此對於整體了解、掌握三平祖師信仰形成與分布均有幫助。筆者也於此受益不少。但在另一方面書一如其他志書一般，錯漏、抵牾、待商榷之處存在自是難免。以義中法脈之流衍為例，自來對於義中之後繼情況敘述並不明朗，但寺志附錄引釋蓮舟《靈山正弘集》說明義中「法系」，明顯與禪宗史常識有所差異，因此對其「法系」敘述應持保留態度才對，可惜的是編者對此資料性質與相關內容未能進一步說明。參見三平風景區管委會編《三平寺志》，平和縣：三平風景區管委會，2008年，第257、258頁。

增加我們對於三平義中的認識深度。

（一）禪僧義中的經歷問題

現今留存三平義中生平史料中，依其性質可概分為三：第一類為碑銘，第二類為佛教史傳，第三類為方志類。各類中出現時間較早且較要者計有：唐吏部侍郎王諷撰〈漳州三平大師碑銘並序〉、萬曆偽碑〈三平山廣濟大師行錄〉（以下簡稱廣濟行錄）[1]、南唐泉州招慶寺僧靜、筠編著《祖堂集》卷五〈三平和尚〉、北宋僧道原編著《景德傳燈錄》第十四〈漳州三平山義中禪師〉等。由於後兩者所述側重三平之禪學，僅王諷碑述其家世、僧侶經歷較為清晰，因此以下引述該碑部分內容作為認識義中生平的討論基礎。

得菩提一乘，嗣達摩正統，志其修證，俾人知方，則有大師，法名義中，俗姓楊，為高陵人，因父仕閩，生於福唐縣。年十四，從宋州律師玄用剃髮，二十七具戒。先修三摩缽提，後修奢摩他、禪那，大師幻悟法印，不汩幻機，日損熏結，玄超冥觀。先依百巖懷暉，歷奉西堂、百丈、石鞏，後依大顛。大師寶曆初到漳州，州有三平山，因芟薙住持，敞為招提。學人不遠荒服，請法者常有三百餘人。[2]

1　王諷原碑已亡佚，今所留存碑銘是北宋姚鉉《唐文粹》所收錄。據四庫提要與顏亞玉的意見，姚鉉似有刪削書中所收原文章內容的可能，筆者同意這種看法。參見顏氏前引書第183頁。就三平碑銘而言，文中敘述義中閩門人母喪而閉關七日一段，雖可成文，但若就閉關效用而論則似可認為其語有未竟之處。是刪削，抑或脫落？值得留意。王諷碑全文參見《唐文粹》卷六四（臺北：商務印書館，1983年）影印文淵閣四庫全集部283；V.1343，第1344~39、1344~40頁。又筆者所用系《唐文粹》，臺北：世界書局，1972年，卷六四，第7、8頁。該碑又收入清董誥編《全唐文》卷七九一（北京：中華書局影印，1983年）V.8，第865、866頁。廣濟行錄系託名王諷所作之偽碑，木制王諷碑銘至宋已毀壞嚴重，是有重修之舉，該碑歷宋元明凡四修，萬曆朝始刻石為碑，成為今日的廣濟行錄。關於王諷碑文的相關考證問題，參見顏氏前引書第二篇之五《王諷碑》，第179~191頁。又廣濟行錄文字內容，參見《廣濟大師與三平寺》，平和縣：三坪風景區管理委員會，1988年，第42~46頁。此碑又收入葉清童主編《三平寺》，平和文史資料專輯總第十二輯，平和縣：政協平和縣委員會文史資料委員會，1995年，第47、48頁，或新修《三平寺志》，第138~140頁。

2　引文參見姚鉉：《唐文粹》卷六四〈漳州三平大師碑銘並序〉，第7頁。

王諷此段所述有兩點值得關注，一是義中出身問題，另一是修行經歷。依王諷所述，義中出身士人家庭，殆無疑問，且他對儒家經典有一定的熟悉度，所以碑文後段王諷提及，他曾與義中談易、論刑獄，王諷並稱許他能適道、適權。士宦家庭出身，且年十四即行披替，義中的這種情況，雖於唐代並不罕見，但針對他的選擇，也有了解的必要。中唐以後在士人群體間普遍存在著儒佛兼習的狀況，並且隨著科舉制的擴展，進士地位獲得提升與重視，因而士人讀書山林寺院，以求及第的風氣甚盛，在此過程當中士、僧彼此間交流已然促進[1]。另一方面中唐以後不僅禪宗大為盛行，官員中不乏「作官習禪，去官問道」之例，而士人間也始終存在著「始儒終佛」或「三教兼習」的社會風氣，此觀之當時文壇領袖動態，即可略知一二，柳宗元、劉禹錫、白居易、獨孤及、盧綸等都是上述風氣中的著例[2]。無疑地這種風氣對於義中個人與家庭的選擇將產生影響，《景德傳燈錄》所載丹霞天然禪師（739—824年）年輕時的經驗，將有助我們進一步了解義中出家選擇的歷史背景。茲轉引如下：

　　鄧州丹霞天然禪師，不知何許人也。初習儒學，將入長安應舉，方宿於逆旅，忽夢白光滿室。占者曰：解空之祥也。偶一禪客問曰：「仁者何往？」曰：「選官去。」禪客曰：「選官何如選佛。」曰：「選佛當往何所？」禪客曰：「今江西馬大師出世，是選佛之場，仁者可往。」遂直造江西。[3]

1　關於唐代士大夫與佛教關係一個較為整體的探討，參見郭紹林《唐代士大夫與佛教》，開封：河南大學出版社，1987年8月，特別是該書第二、三章分就不同主體相互性（士大夫與僧人）與不同層面的交流現象作出具體分析。
2　關於中晚唐士人與佛教關係較為細膩的分析，則參見張曼弓：《漢傳佛教與中古社會》第四章第三節《唐代士人的「始儒終佛」》，臺北：五南書局，2005年4月，第229~255頁。
3　引文參見《景德傳燈錄》卷第一四，第310頁。收入《大正藏》第51冊，史傳部3。臺北：新文豐出版公司影印，1983年1月。此事亦見於南唐釋靜、筠編《祖堂集》卷第四〈丹霞和尚〉，鄭州：中州古籍出版社，2001年，第144、145頁。

第十一章　臺灣三平祖師信仰起源問題新探

丹霞天然與義中之師——大顛寶通，同出石頭希遷法嗣，其時去義中出家尚未為遠，社會有「選官、選佛」見解，可知義中年少出家自有現實性的因素存在，非單純如廣濟行錄中所言，僅係其天性所趨的自然結果[1]。要之，三平的出身背景與中唐以後社會風氣及習尚，這些情況對於三平日後在漳州得與鄭熏、王諷等官宦交遊起了重要的作用，並且進而對漳州弘法事業產生關鍵的影響。

其次，聯繫前引王諷碑銘文所顯現的禪修經歷相關問題，也有可留心之處。針對義中的禪學思想，顏亞玉認為他受到石頭希遷一系禪學之影響[2]，石頭禪法依據楊曾文的見解，它具有「人有佛性、即心即佛」、「理事圓融、物我一體」、「自悟自心、不需外求」等特點[3]。由碑銘和留存之義中語錄看來，顏氏論斷確有所據。但義中先後轉益多師，游走青原、南嶽兩系門下，且其先後諸師禪法又有不同程度之發展面貌，今僅憑碑銘或語錄，其佛學整體面貌難以驟下判斷。燈傳中「嗣法」判斷，通常與當事人「證悟」經驗有直接關聯，或者碑銘所述義中禪法與石頭禪法存在某種程度共通性，此點當是日後義中被視為嗣法於大顛寶通的論據之一。然另就義中之修行次第而論，王諷言其先修三摩缽提，後修奢摩他、禪那，此種修行次第，明顯與六祖慧能「定慧不二」觀有所差異，似近於北宗見解。今《景德傳燈錄》曾述義中言：「若要修行路及諸聖建立化門，自有大藏教文在。若是宗門中事，汝切不得錯用心。」[4]此言所述雖顯義中對門徒的示教仍側重「自性自悟、即心是佛」的南禪路數，但也顯示義中對於「依經解教、藉教悟宗」的修行之路並不否定。因此義中對佛教之整體觀

---

1 筆者按：廣濟行錄中即以三平出生祥瑞、幼不喜葷辛，說明三平出家背景。這是佛教史傳中常見以命定、天性等因素說明僧人出家的解釋模式。

2 參見顏氏前引書，第47~50頁。

3 關於石頭希遷一系的禪法特點的討論，參見楊曾文：《唐五代禪宗史》第七章第三節〈石頭希遷及其禪法〉，北京：中國社會科學出版社，1999年，第290~305頁。

4 引文參見《景德傳燈錄》卷第十四，第316頁。

念，當不為南禪觀念所限。此點若置於義中長期居留北方、行腳經驗與唐代佛教諸宗派發展蓬勃來看，將別有意義。義中生平儘管自宋代後即被傳燈錄定位為禪門南宗高僧，但若就今留存義中相關史料考察，其身分面貌同其佛學觀念一樣也不為禪宗所局限，因此也當有重新予以釐清的必要。

（二）「禪僧」義中之外

就現有史料審視義中經歷，我們可推斷義中與律宗存在密切關係，義中應為禪律雙修。一方面，義中個人早年長期跟隨宋州律師玄用修習，且曾師事懷海──禪門規式的建立者。另外一方面，唐代僧人禪律雙修情況頗多，且百丈建叢林規制以前，禪僧多依律寺，在此風氣影響下義中受到律宗影響自是自然之事。再者，義中曾在未開發的三平山建招提，一時間從者300人，為維持團體生活的持續化，僅憑義中個人卓越的組織及領導能力是不足的，義中個人對於戒律、規制的熟悉才是最重要的憑藉。而長期共同生活所需糧食也是問題，南禪自馬祖道一以降建立的農禪傳統，特別是義中追隨百丈懷海的經驗，可以是日後在三平山區開荒取法的物件。因此認為義中與其徒眾在山間依禪門規式，行普請法，自力自食，也是合理的推斷。而在民間傳說中義中教導毛人耕織，更當是據此事實延伸而出，此點也可作為義中熟悉農禪傳統的印證。因而日後三平寺即使遭逢會昌法難，義中與其徒眾仍能在三平山待機而起。據上述種種跡象看來，義中是一禪律兼習僧人必可肯定。

其次，義中除了熟悉律制外，同時他與密教也存在關聯。由於現存義中傳記，主要是宋代禪師所撰寫燈錄為主，而燈錄撰寫者向來對於神通異行未充分重視，甚至持反對態度，因此燈錄史料對於神跡事件少有著墨。但就此而言，現存義中相關史料也並非全然無跡可尋。王諷碑銘中曾記錄二件頗為奇特之事，轉述如下：「大師一日疾背疽，閉戶七日不通問。洎出，疽已潰矣。無何，門人以母喪聞，又

閉戶七日不食飲。」前一事記義中因背發疽而閉關，病不藥而愈。作者王諷其人其事，今日留存相關史料不多，我們無法確知他本人是否屬「不語怪力亂神」之流。但值得注意的是，其友人曾頌他在浙東致力改革舊俗[1]，儘管改革內容今日我們已無從得知。若單就碑銘寫作內容來看，王諷通篇所重為禪之玄理。他曾與義中論禪、論易，其情況一如魏晉士大夫與道人之清談。而伴隨士大夫談玄論理，釋老經教逐漸為其熟悉，並進而接受，唐宋時期此風仍盛。而中國士大夫一向對於「鬼神」之事，多半不置可否，甚之者且嗤之以鼻，大加撻伐。因此我們雖未能知王諷確實態度，但就整體情況推斷，儒家傳統觀念對王諷行動所產生的可能制約是始終存在的，也不應被忽略。與此同時，王諷本人對此事勢必相當詫異，但又感到無以解釋，否則不會將它寫入碑銘。碑銘最後，王諷如此總結義中行事：「觀跡知證，語默明焉。觀證知教，權實形焉。體用如一，曷以言宣。太素浩然，吾師亦然。觀其定容，見其正性。不閱外塵，朗然內淨。智圓則神，理通則聖。師能得之，隨順無競，吾之行止，師何以知。得性之分，識時之機，達心大師，邈不可追。」更加說明王諷對於義中知其行止，恐不僅止於訝異，而是對於類似天眼通、他心通的佛教神通現象存在著莫名的驚奇與神秘感。

　　另外義中這些事蹟，就佛教觀點而論，實別有意涵。閉關禪定是獲致神通的途徑，因此義中此舉很難不讓人將之視為是一神通顯現的結果。觀過去佛教僧傳，其中也不乏以陀羅尼、咒術治病的相關記載，因此義中閉關自療，似與佛教神通觀間彼此可予以聯繫。至於後一事則更顯奇特，義中聽聞門人喪母而閉關七日，所為何來？結果又如何？王諷全文並未予以說明。是碑銘本即如此？抑或事涉玄怪王諷自我節制（不語怪力亂神）？還是碑

1　關於王諷生平相關討論，參見顏氏前引書，第192~198頁。

文有所脫落？遭後人（如姚鉉）刪削？義中為門人喪母閉關，若是為之進行一般性的功德儀式，自然無須閉關。因而此事唯一而合理的解釋，即是義中閉關誦行經咒密術，為之度亡、滅罪，甚且如涉神怪，也存在為之解厄的可能。此點詮解或有「添補」史實之感，但仍屬合理的推斷範圍。總結上述兩事而言，我們雖未能全然確定碑銘此記載，真與陀羅尼密術或「神通」有關，但也可讓我們對燈傳的「禪僧」義中面貌有所質疑，因此進一步考察義中其他相關史料，再行論斷，相信將可更清楚地描繪出義中的另一形貌。

除上述外，清光緒三年（1877年）沈定均增刊《漳州府志》，該書卷四十〈古跡〉曾述及漳州開元寺曾存有唐代「咸通塔」[1]，其上留有刻文。但此塔經人為破壞，現僅存部分殘片。幸得方志與金石資料曾為之著錄。其中全文著錄的有福建方志局纂修之《福建金石志》與陳榮仁輯《閩中金石略》[2]。此塔建置於咸通四年，塔上所刻是密教主要經典《佛頂尊勝陀羅尼經》經文。「咸通塔」刻文起首段落部分文字為「佛頂尊勝陀羅尼經序　漳州押衙兼南界游奕將王剏及母陳大娘妻林八娘男薰發願造此寶幢宣義郎前建州司戶參軍劉墉書」；末段刻文字為「朝議郎使持節漳州諸軍事守漳州刺史柱國崔兗　大德僧義中文古寺主貞素……維咸通四年歲在癸未八月辛酉朔廿一日辛巳建立鐫字湯惟晟」。類似的塔在三平山毛氏洞巨岩上也有一座，該塔確實建置年代不明，民間傳說是義中所建，用以鎮壓山鬼。塔上也刻有「尊勝

1　參見沈定均增刊《漳州府志》，臺南：登文印刷局，1965年10月，卷四《古跡》第38頁。案：此漳州志是以乾隆李維鈺修纂漳州志為底本進行增刊。

2　參見福建通志局纂：《福建金石志》卷三〈尊勝陀羅尼經幢〉，收入《石刻史料新編》第二輯《地方類十五》，臺北：新文豐出版社1979年，第11087~11092頁。經文亦著錄於清陳榮仁輯《閩中金石略》卷一〈尊勝陀羅尼經幢〉，收入《石刻史料新編》，《地方類十七》，第12871~12877頁。另外馮登府輯《閩中金石志》卷二〈咸通塔佛頂尊勝陀羅尼經〉則僅收經前序文部分刻文，此書亦收入《石刻史料新編》，《地方類十七》，第12672、12673頁。

咒語和真言[1]」。讀金石志文，知所謂「咸通塔」實為尊勝經幢，非一般所謂的塔。此種尊勝經幢始見於唐代，歷宋元以降各朝均可見之。它普遍地被豎立於寺院領地與墓道旁，隨著時間流轉，衍生出多種不同形式與內容的經幢[2]。經幢一般材料多以石制為主，唐人常以「石幢」、「寶幢」稱之。在唐代石幢上所刻經文，以密教之佛頂尊勝陀羅尼經為主。此經早在北周即有沙門闍那耶舍譯本。現有研究成果顯示唐代此經譯本計有三個系統十二個譯本[3]。其中佛陀波利譯本，因種種不同原因造成該譯本流傳最為廣泛，例如帝王提倡（如代宗大曆十一年曾下令天下僧尼誦讀該經，並限一月日精熟）、佛陀波利的五臺山神話傳奇等。同時該譯本又通過各地經幢的豎立，對唐代社會影響深遠。一般信徒咸信尊勝經幢「塵沾影覆」，其「破地獄」功能尤為唐人重視。事實上尊勝經幢的功能廣泛，在過去僧義林曾以「震攝魔魅，驚駭神鬼，賊除障累，增益勝福」來總括性地說明此陀羅尼經幢的主要功用[4]。而新近的研究者劉淑芬依據傳世造幢記所作出的整體分析指出，該經幢被信徒認為具有祭拜供養、刻石傳經、拓揚流傳、超薦親人或亡者、滅罪、鎮土地鎮海眼、禳災祈福、延壽祈福、報德建幢等九種不同宗教功用[5]。就在尊勝經幢的功能被信徒認為如此廣泛的情況下，配合上密教在盛唐之後又勢力大盛，因而密教相關經咒

---

1 毛氏洞上石幢，真實狀況不明。方志與金石資料未見著錄。《寺志》，第203、204頁；《廣濟大師與三平寺》第203、204頁與葉清童編《三平寺》第203、204頁，三種資料對此均未有詳細說明。或說石上刻尊勝咒語真言，或說石上所刻為六字真言的明王咒。筆者雖曾探看，但無從登岩細勘，故亦無法確定其真實狀況。

2 學界對於經幢的起源與性質具有不同的解釋，新的研究認為它是一種法舍利塔。關於唐代經幢起源演變、流傳狀況及其宗教功用等相關問題，最近劉淑芬做了傑出的探討，參見劉淑芬《滅罪與度亡——佛頂尊勝陀羅尼經幢之研究》，上海：上海古籍出版社，2008年。

3 關於尊勝經的譯本問題及其流傳狀況，參見李小榮：〈佛頂尊勝陀羅尼信仰〉一文，收入氏著《敦煌密教文獻論稿》（北京：人民文學出版社，2003年7月）第二章，第42~73頁。

4 參見義林：〈尊勝陀羅尼幢記〉，《全唐文・唐文續拾》卷八，這裡轉引自夏廣興《密教傳持與唐代社會》，上海：上海人民出版社，2008年，第206頁。

5 參見劉淑芬：〈經幢的宗教功用〉一文，收入劉淑芬前引書附論部分。

也隨之播散。唐人不僅在政治文化及社會生活受到密教薰染，密教諸神與陀羅尼也因其效用，很快地為社會廣泛階層所接受，並在全國各州縣傳播開來。風氣所及，漳州開元寺與三平山都豎立尊勝陀羅尼經幢[1]。開元寺咸通尊勝經幢可確定即為唐代最流行的佛陀波利譯本，而三平山則仍待確定。身為開元寺的大德僧義中何時接觸尊勝經咒，雖未能確定，但由在他出生前五年朝廷下敕令，要求僧尼熟誦該經情況判斷，可能在北方追隨律師玄用時期，就已接觸密教相關經咒。大中年間義中因漳州刺史鄭熏之邀來到開元寺，咸通四年（863年）在開元寺，他以大德僧身分與漳州刺史崔克等人共同參與尊勝經幢之建置，此時期的義中當然對密教經咒已相當熟悉。至於三平山尊勝經幢，儘管未能確定豎立者與其時間，但由豎立位置來看，奉守經文「安高幢上、或安高山、或安樓上，乃至安置窣堵波中」意，巍巍豎立於山上巨岩頂，期望經幢塵影所及範圍越發廣泛，而「眾生所有罪業應墮惡道，地獄畜牲、閻羅王界惡鬼、阿修羅身，惡道之苦，皆悉不受，亦不為罪。」據此看來豎立者用心頗深。民間盛傳經幢為義中所立，若由前述經幢的宗教功能加以推斷，恐非空穴來風，而是當有幾分事實成分在。若事屬真，則顯示義中對於經文內容的熟悉情況。

統觀經幢一事而論，佛頂尊勝陀羅尼經與明王咒都是密教傳持的經咒，故而義中與密教間必有所關聯，若進一步配合王諷碑銘所記涉及神通二事推斷，義中對密教經咒也當有所修習。類似義中禪密兼修情況，於唐代非屬特例。案之史實，佛教初來東土之際，不少僧人與陀羅尼密術關聯緊密，釋慧皎《高僧傳》中〈神異〉、〈習禪〉等篇記錄不少僧人施行咒術的例證。據此，可知密法的流行之一斑。有唐

1　關於尊勝陀羅尼及其流行因素背景的簡要討論，參見呂建福〈尊勝陀羅尼及其信仰〉一文，收入氏著《密教論考》，北京：宗教文化出版社，2008年6月。關於唐代社會與密教的關係，一個較全面而廣泛的分析，參見夏廣興《密教傳持與唐代社會》，特別是該書四、五、六三章分別就密教與唐代政治、社會、民俗風情部分的討論。

一代隨著「純密」的建立與風行，更促使僧人兼習密法咒術。中晚唐禪宗勢力勃興後，禪僧兼習密法亦所在多有，禪與密結合更形緊密，不少禪僧雖名禪僧，但也具密教色彩 [1]。是以義中無論基於社會習尚或是弘法需要而兼習密法咒術，當可理解。

總結以上所論，我們看到三平義中作為禪門南宗的著名禪師，傳燈錄突出此一形象，多數人也依這一視角認識三平義中。事實上唐代不少僧人兼習多宗，其真實情況較燈錄所記更為多面向，義中就是最佳例證。義中固然是禪師身分，但從他對於戒律與密法咒術相當熟悉的情況加以判斷，義中必是禪、律、密並修。唐末五代以後福建地區民間盛傳義中種種神通法力──降伏並驅使山鬼、收服蛇虎為侍者等，顯見民眾是以密法咒術的角度認識義中，此點無疑和北宋以來陸續編纂的燈錄文獻記載大異其趣。唐代僧人如義中一般兼習多宗情況，是值得我們予以留意的現象。若單論三平祖師信仰形成發展，義中禪師的出身背景與兼具密、律的身分，不僅讓他能自在地置身於士大夫與僧徒間弘法，求得佛教事業穩定發展的基礎，同時也提升信眾對他的信賴感，這對於日後佛教取得更為廣泛的社會基礎幫助匪淺。總之，神跡常是宗教信仰得以擴展的原點，義中通曉密法咒術，必然是他日造成民眾三平祖師信仰的歷史根源。

三、三平寺與三平祖師神話形成

三平祖師信仰的形成與發展，歷經唐宋元明清各朝，以迄於今。三平寺及祖師神話積累現象，與三平祖師信仰的發展息息相關，在特

1　關於禪與密教關係的討論，參見嚴耀中：〈禪與密教〉一文，收入氏著《漢傳密教》，上海：學林出版社，1999年，第206頁。又見夏廣興前引書第三章第三節，第154~171頁。

定的社會經濟條件配合下，藉由兩者相互作用，三平祖師信仰得以擴展。因此對於三平寺自身發展與祖師神話形成進行追溯，勢必為理解祖師信仰源流的關鍵。本節循此分論之。

（一）環三平寺周邊問題的思索

依據今日三平寺狀態而言，三平祖師信仰最為奇特之處，寺院同時兼具佛教寺院與民間祠廟雙重特性。作為福建歷史名剎，三平寺的空間布局與神祇配置，是地域歷史長期積澱的結果，非清代多次重修事實所能涵蓋、解釋。按照廣濟行錄說法在唐末五代前，三平寺基本格局即已奠定。廣濟行錄記載大中十年（856年）建觀音殿、咸通元年（860年）建祖師殿，三平塔則是義中圓寂後徒眾另建。但廣濟行錄創建沿革敘述是否真實，不能無疑。一者行錄定型於明代弘治至萬曆年間，去唐已久。再者依時代背景來看，也有斟酌必要，寶曆初義中到漳州，會昌法難後不知是否受到釋廣慧隱居三平山曹岩禪修故事影響，義中選擇三平山建昭提[1]。依當時、當地環境條件與義中師承關係來看，初期的三平寺係屬私建，規模有限，故稱昭提。並且義中作為百丈懷海的親炙弟子，昭提有可能如百丈清規主張——不立佛殿，唯樹法堂。宣宗以後佛教復蘇，福建地區佛教發展蓬勃。依照王榮國的統計，唐代福建共建寺院715所，其中福州有349所；建州有238所；泉州有99所，而漳州、汀州各僅15所與14所。其中宣宗朝迄於唐王室覆滅期間，福建即興建有516座寺院[2]。且同一時期福建寺院的發展有漸趨向山區擴展的現象。因此就整體大環境與義中／官方關係日益密切化兩者來看，三平寺是有擴張的可能性。但若進一步思及咸通七年

---

1 三平寺初建年代有寶曆元年（825年）與會昌五年（845年）兩說，顏亞玉根據《祖堂集》記載，推斷會昌五年較為可信，茲從之。參見顏亞玉〈三平史幾個問題的再探討〉，《廈門大學學報》1999年1期。

2 參見王榮國的統計，參見氏著《福建佛教史》，廈門：廈門大學出版社，1997年9月，第47頁，「唐代福建寺院興建區域分布表」。

（866年）以前義中主要活動地區是州治所在的開元寺，他是否能有餘力，兼及漳州山區招提？又不能不令人懷疑。

進入宋代後，福建佛教較之唐五代發展更為蓬勃。兩宋時期福建路的佛教發展，依據黃敏枝研究顯示，不單在寺院數量大幅增加至1500餘所，並且在文化、地方公益事業（如造橋、鋪路等）經濟發展（水利興修、開墾山區、地方財政支助等）等不同層面，對福建地區造成重大影響[1]。雖然兩宋時期福建佛教整體發展環境依然有利於三平寺存續擴展，但該寺僻處漳州山區，交通條件與當地整體社會經濟程度，又對其發展形成限制。從現有史料不難發現寺方長期後繼乏人，難以得到官紳支援，因此三平寺整體發展似呈衰落現象。資料顯示兩宋時三平寺曾獲得龍溪蔡如松、顏師魯及孫頤仲等人支持而得到短暫重振。顏氏祖孫知悉三平寺，固然與其關懷鄉土之心有關，但龍溪曾是義中晚年居留之地，且該地長期存在三平真院，這些條件無疑是顏氏決意重修該寺的重要催化劑。至於顏氏重建規模是否已奠下今日三平寺基本格局，史料不足證，故不得其詳。但由北宋末僧雲岳與元代僧如璧都是受郡命擔任該寺住持情形推斷，三平寺在宋元時期當為十方制寺院，因此規模當不致太小才是。行錄中曾提及觀音殿、祖師殿、三平塔等建築，顯示明代弘治年間以前這些建築即已存在。由建築布局來看，今昔殿宇配置，觀音殿名稱顯然與清代不同。清代大雄寶殿內仍供奉觀音，但供奉主體卻是如來，可見三平寺重修過程中殿宇神祇配置與名稱曾有轉折。考之史實，唐以前佛教寺院建築規制，常以塔作為崇拜主體，因此塔建於殿前或有獨自之建築院落，宋以後崇拜主體轉為殿宇，複以禪宗流行，塔常建於殿前兩側或殿宇後方[2]，行錄

---

1 參見黃敏枝：〈宋代福建路的佛教寺院與社會經濟的關係〉，收入氏著《宋代佛教社會經濟史論集》，臺北：臺灣學生書局，1989年，第119~164頁。

2 關於塔的建築空間布局變化，參見張馭寰：《中國佛塔史》，北京：科學出版社，2006年，第四章〈宋代佛塔〉，第102~105頁。

的建築描述，明顯的並非六朝隋唐舊制，也與唐宋寺院「伽藍七堂」之制有所異同。唐宋七堂之制雖因地、因教而有所不同，不過寺院建築布局通常依照佛、法、僧三者布局，山門、天王殿、佛殿、法堂、藏經閣分處中軸線上，祖師堂、大士殿等建築物常作為寺院配殿或附屬的獨立院落建築而存在，但行錄中的三平寺則是山門、觀音殿、祖師殿、三平塔序列開展。前半的山門（含天王殿）、觀音殿（可視為佛殿）屬佛教建置無疑，也是作為佛教寺院建築的最基礎要素。但祖師殿與塔作為單獨的殿宇，且直接建於佛殿之後，明顯差異於佛教寺院規制，迄於清乾隆重修後，名稱已轉成塔殿（實際為塔廟，是三平寺諸殿中人潮最為擁擠之處），明顯較接近明清時期建築布局方式。這其間的變化，無論是舊基改築或屬新建，明顯帶有民間祠廟風格，可視為佛教寺院與民間祠廟建築彼此間的混同，這也是佛教長期世俗化自然衍生的一個結果。值得思索的是三平寺的這種轉化，未確知是否與宋元以後佛教世俗化發展趨勢存有聯繫？宋代人風行結社拜塔，而此種習俗的形成又與國家祭祀、佛教世俗化中對觀音信仰、祈雨儀式的重視關聯深切[1]。雖然文獻上無法確知三平寺是否曾舉行祈雨儀式，但行錄所記觀音殿與三平塔

---

1 關於宋人拜塔風行情況，一個簡要的分析描述參見皮慶生《宋代民眾祠神信仰研究》，上海：上海古籍出版社，2008年10月，第四章〈祈雨與宋代社會〉，第143~203頁。皮氏指出宋代官方緣於祈雨而崇重僧伽大師，影響所及，僧伽大師及其塔之信仰也在民間普遍流行。關於僧伽大師（或稱泗州佛、文佛、泗州大聖等，被認為是觀音化身）生平與崇拜現象的相關討論，參見黃啟江《泗州大聖與鬆雪道人》（臺北：臺灣學生書局，2009年3月）一書。黃氏書中曾轉引林斌：〈泗州大聖信仰對中國文化的影響兼對舟山博物館藏岑港出土石像的考證〉一文指出，宋元以後福建地區廣泛存在以泗州為名的寺院庵堂，總計達23座。筆者查核其所依據的黃仲昭《八閩通志》（福州：福建人民出版社，1990年5月）發現福建地區確實有此現象，不過其建置年代能確定為宋代者較少，主要仍為元明時期。當中與日後臺灣移民來源關係較密切的泉州府有4座，漳州府則有3座，這說明元明時期福建地區僧伽崇拜確實仍然盛行，至於其具體影響則仍待評估。另外清王瑛曾纂乾隆《重修鳳山縣志》、《寺觀》內記錄了鳳山縣城西也建有泗州院，由此看來明清時期閩臺地區的泗州佛信仰及其存在形態，可以是日後進一步探索的對象。

同時存在，並列於建築中軸線上，不由得令人作此聯想。雖寺院創建沿革資料不全，事難有確論。但宋元時期佛教世俗化現象日趨顯著，觀音信仰的崇重與拜塔風俗等事則是確定的歷史發展事實，此等現象與三平寺內觀音殿取代佛殿，祖師殿取代法堂情況的形成，是否存在著相互性令人感到興味。總之，三平寺作為佛寺特質的漸形淡化，民間祠廟性質強化，這些現象當與「廣濟祖師」稱號的出現、普遍使用及其崇信[1]；祖師殿、三平塔等建置布局的形成等發展狀態，一併予以考慮。如此對於明代以前三平祖師信仰的形成、發展的理解增進當更有幫助。

　　明清時期是三平寺重建的高峰期，其建築布局民間俗以「三平寺，免看，三落半」稱之。現存關於該寺相關重修的碑文記錄顯示，明清兩代計有8次之多，其中萬曆、乾隆年間都曾大規模重修殿宇[2]。寺院重修資金來源，以現存兩方乾隆重修碑文為例，雖然依然由官紳領銜募化，同時也有不少太學生題名碑上，但商號與私人信徒所占名額卻更多。而在其他時期由寺僧主導，十方信眾募緣的重建工程，如康熙、嘉慶之修築工程，一般民眾恐怕才是主要資金來源。此點和宋代寺方多依賴官方與仕宦的情況略有不同。間接表現出漳州地區社會經濟較前提升和活躍狀況，同時也是民眾對三平寺影響力日漸加深的結果。民眾影響力自宋元以來持續增加，帶來的影響是寺院更加傾向民間祠廟方向發展。其結果之一是寺廟神祇供奉狀況及其配置的改變。民國以前三平寺神祇供奉、配置狀況，除了佛教神祇如彌勒、如來、觀音、伽藍神等被歸併整合於大雄寶殿外，另外增添了許多非佛教神祇。例如大雄寶殿配祀有陳元光夫

---

1 「廣濟」稱號未能確知何時出現，也未能確認其性質是師號，還是塔號？北宋末寺僧雲岳即提及此一稱號。鑒於宋代政府賜師號情況浮濫，因此義中有可能在宋代得到此一稱號。

2 關於三平寺的維修記載，參見〈話說三平寺今昔〉一文，收入前引《三平寺》一書，第11~13頁；三平風景區管理委員會編：《三平寺志》，《大事記》，第8~47頁。

婦坐像，祖師殿祀有祖師與蛇、虎兩侍者，塔殿除祖師、侍者公外，另供有石鞏[1]、檀樾主潘榮、顏頤仲[2]。三平寺的這種民間祠廟特性，是該地地域歷史發展積累的結果。這現象和同一時期閩西、粵東地區有著類同性。基於國家政治控制力強弱、社會移民開發等歷史背景相近性，汀、漳、潮三州交界區域當視作一整體進行考慮之。以閩西汀州宗教為例，該地域發展基本特點，有論者認為是「佛教禪師、道教道士直接轉化為民間信仰的神明，且以佛教禪師為突出，沒有經歷宗教充分發展的過程[3]」。其言就僧道的多重身分而論，不無道理。但寺廟轉化的發生應非直接的、一時的造成。誠然國家宗教主導化過程在汀州受到資源取得、文化發展程度、地理環境與交通條件，甚至當地的族群關係等不同的外在因素制約，使得宗教未有充分發展[4]，從而經由時間積累容易造成寺院、神祇性質轉化現象的形成。但因藉由國家力量傳播的佛、道二教，本身成分都異常混雜，它在傳播過程中並非總是與民間信仰習俗處於相互對立情況，其彼此間相互滲透、吸收，進而使得轉化過程逐漸成形，因此具有該地域歷史特性的寺院與民間祠廟並存現象也就產生。

　　類似閩西的狀況也存在於漳州山區。以三平寺為例，當義中駐錫三平山時期，該地除土著外，漢人丁戶相對較為稀少。義中建招提弘法，立足於該山區實屬匪易。更何況無額寺庵，若非地處邊陲山區或州縣優容，依唐之宗教相關法制恐更不易求得發展。會昌法

1　按燈錄說法，義中是大顛寶通法嗣，但寺中所奉卻是石鞏，此事似與石鞏和義中間「活人箭」公案的廣為流傳有關，寺方不無借此突顯義中「神聖」性用意。
2　佛教寺院雖祀有祖師或開山和尚及檀樾主，但所供為牌位，非造像，也少有單獨成殿現象。
3　引文參見林拓：《文化的地理過程分析——福建义化的地域性考察》，上海：上海書店出版社，2004年，第274頁。
4　這些因素的分析，參見林拓前引書，第267~274頁。林氏將閩西視為唐宋國家宗教主導化及其瓦解的地理過程中一種變異情況。

難時期的三平寺能穩定持續，與日後義中應刺史鄭熏之邀，往赴州治開元寺，接受「大德」榮銜[1]等事當有其連帶關係，在唐代三平寺借此總算站穩腳步。入宋以後寺方得到龍溪士紳的支持得以重振，明清時期多次重建也是由士紳倡首，因此總體看來，官方、士紳力量在歷史上是維繫三平寺發展的必要支柱。因此三平寺供奉非佛教神祇，可視為是歷史時期該寺政治與社會關係的一種轉化。寺院即是國家/社會、紳宦/民眾/寺僧等多方權力競逐的場域。這些佛教與非佛教神祇的合祀現象，各自按照其支持者權力關係變化，獲得寺院殿堂的配置區域。大雄寶殿祀有集政府命官、開荒英雄性質於一身的陳元光，塔殿的侍者公、石鞏與檀樾主奉祀，正是不同權力競逐的最好表徵。因此大雄寶殿、祖師殿、塔殿的序列關係確立與各殿內的配祀關係，不能單純視做承繼國家法制、佛教傳統或民間意願的結果，它象徵著明清時期官方與民間；寺院與祠廟；士紳與庶民相互間勢力的折衝。其間也隱喻著國家與社會權力關係的變化。正因為如此，三平寺始終保留某種程度的佛教色彩，並未隨著明清時期民間力量的崛起，完全轉化為民間祠廟，從而也成就三平寺的雙重特性。自歷史發展來看，三平寺的雙重特性，既是各方勢力匯合的一個結果，但也讓該寺更容易為信眾或官紳所接受，故而對寺院成長存續而言，這些未嘗不是有利因素。

（二）三平祖師神話的形成

三平寺擴展除了官紳協力外，漳州民間社會力量的長期支持也是重要因素。安史亂後福建地區社會經濟隨著流民的湧入，不僅沿海地區發展獲得提升，五代宋初山區開發更為加速。就一般民眾所接受的佛教觀點而論，較之高深玄妙的禪學義理，以果報、輪回思

1　唐代「大德」一辭並非高僧泛稱。唐初是僧官職位或代宗以後則為德高位尊之榮寵。詳細參見張蔂弓前引書，第157頁。

想為基底，禮敬三寶、布施、修廟造像等興善積德實際作法，毋寧被民眾接受的更為容易、自然。前節已論三平義中所具的密教色彩，三平祖師信仰如麥子落土般，正待機萌芽。觀明清時期漳州地區的方志如漳州府志、龍溪、漳浦、南靖、平和等不同縣志，普遍地都採錄了三平祖師神話傳說，而內容所述也多相仿於三平寺內之廣濟行錄。這些漳州地區流傳的三平祖師種種神話，不但表露出民眾是如何接受祖師信仰問題，並且也在日後轉成祖師信仰擴展的動力來源。因此今日不少論者，多以廣濟行錄作為探究與觀察祖師信仰發展的指標。例如前引顏氏專書論文或黃素貞、石奕龍、吳季霏等人前引文，都有據此討論三平信仰發展的現象。現今研究顯示廣濟行錄最晚在明代嘉靖朝前已大致定型，其源頭則可溯至北宋大觀四年（1110年）僧雲岳重修王諷碑銘題識。木制碑背原題：「世之比擬廣濟大師鬼窟活計，乃謂小乘。如斯言議，涉在常情，俗諺井談，道聽塗說。況觀音大士楞嚴會上，佛頂光中，獨證圓通，故能十方諸國土，無剎不現身，聖愚皆資，非為鬼趣。以此知之，可謂具大無畏者耶？」[1]雲岳所言的三平「鬼窟活計」，具體內容不得而知，但依雲岳用觀音變化濟度眾生的菩薩行，對比三平「鬼窟活計」的小乘道判斷，當與民間盛傳義中降服並禁制山鬼於洞窟一事有關，論者也據此認定三平神話傳說，最晚在北宋時期已流傳甚廣。

考之史實，「鬼窟活計」一語並非始自北宋，雲岳此語似是承自玄沙師備（835—908年）或漳州保福從展（？—928年）。《祖堂集》與《景德傳燈錄》分別記錄了兩人的相關言詞（以書籍流通而論，傳燈錄宋代流傳更廣，雲岳有可能是自傳燈錄中得知此語）。《祖堂集》卷十〈玄沙和尚〉中記玄沙師備及闉人曾有「正知你鬼趣裡做活計」語，同事《景德傳燈錄》卷十八〈玄沙師備禪師〉記載更為詳

---

1 引文參見王雄錚編：《廣濟大師與三平寺》附錄，第45頁。

第十一章 臺灣三平祖師信仰起源問題新探

細，但用語改為「情知汝向山鬼窟裡做活計」；同傳中另述及玄沙曾三次提及「鬼窟活計」語[1]。另外《祖堂集》卷十一〈保福和尚〉中漳州保福和尚曾對問者回答「山鬼窟汝自作得」，而《景德傳燈錄》卷十九〈保福從展禪師〉傳中也述及保福，分別對長慶與另一僧人使用「情知和尚向山鬼窟裡做活計」與「恁麼即山鬼窟裡全因今日也」詞語[2]。由此看來「鬼窟活計」在雲岳使用之前，即在福建寺院中被普遍使用[3]。此語之流傳，若置入福建佛教歷史背景中加以觀察，意義更能豁顯。首先就玄沙、保福兩人師承關係來看，後兩人均得法於雪峰義存，其法嗣關係上溯如下：青原行思—石頭希遷—天皇道悟—龍潭崇信—德山宣鑒—雪峰義存，比對義中師承，顯見雙方同出青原、石頭一系，具一定親近性。其次自時空關係而論，玄沙、保福兩人都是活躍在唐末五代的福建名僧。義中咸通年間出任漳州開元寺大德僧時，玄沙已在福州芙蓉山出家；保福生年不詳，但他是十八歲在福州大中寺落髮。兩人不但都出生在福建，玄沙是閩縣人；保福與義中同是福唐縣人。並且弘法事業也都以福建為主，因此兩人當對三平義中事蹟不陌生。最後再就義中弘法過程思考，《祖堂集》述三平義中行誼曾述及：「……後至西院大潙興世，眾中好事者十數人，往彼請而方轉玄關……自是法道聲揚寰海，玄徒不避瘴癘之地，奔而遠湊。」揆之文意，義中名聲宏揚與西院大潙興世一事有關，西院即大安（793—883年），也稱懶安，俗姓陳，福唐縣人。幼在福建黃檗山出家，為長沙潙山靈祐法嗣。咸通七年應福建觀察使李景溫之邀，至福州弘法，居福州怡

1　分別參見《祖堂集》，第335頁；《景德傳燈錄》，第345、346頁。

2　分別參見《祖堂集》，第370頁；《景德傳燈錄》，第354、355頁。

3　「鬼窟」一詞是禪門慣用語，但就其使用脈絡而言，多是泛語虛指，未若本處所見具有實際指涉物件（即三平）。按之玄沙、保福言詞脈絡，其使用文意似顯承轉貌，或許晚唐五代福建寺院所用之「鬼窟活計」一詞是「奪胎」而來。

山西院，大化閩城廿餘載 [1]。相關西院的記載中有幾事值得關注。一是他與義中有同鄉之誼，另一是他與義中一樣均曾師從石鞏與懷海。按《景德傳燈錄》的〈三平義中傳〉與《宋高僧傳》的〈大安傳〉所述，兩人面對石鞏張弓反應各異，但同受石鞏肯定則頗為類似。義中師從大顛事在元和十四年，之前則是跟隨石鞏。而大安則是元和十二年赴江西參懷海與石鞏，因此兩人極有可能在此期間內即已熟識。至咸通年間兩人分任福州、漳州佛教榮職。因福州是當時福建佛教重心所在，所以義中聲名在福州地區的播散，理當與大安有所關聯。在此同時，前引文中所謂「好事者十餘人」，往赴三平請益一事，恐非單純為義中禪學玄理而去。《祖堂集》中的大安是位具有明顯神異色彩的僧人，他在靈祐門下時，即被同門認為是「定光佛 [2]」，由此看來所謂「好事」，當與「佛教神通」有關。與這些「好事」徒接觸後，義中作為「高僧」的名實，方得到印證與擴展。要之，咸通年間是義中弘法事業的關鍵期，福州地區的僧侶透過大安與若干「好事」僧人的讚揚，也對義中事蹟具有熟悉度，因而日後雪峰義存門下的玄沙與保福語錄中的「鬼窟活計」，與流傳民間的三平降服山鬼神話是具有一致性的 [3]。

1　關於西院大安《祖堂集》有傳，見卷一七〈福州西院和尚〉，第556~559頁。又見《景德傳燈錄》卷九〈福州大安禪師〉第267、268頁。又見贊寧：《宋高僧傳》卷一二〈唐福州怡山院大安傳〉，〈大正藏〉，臺北：新文豐出版公司，1983年修訂版，第50冊《史傳部2》，第780、781頁。又本文關於大安事蹟，另外也參考了王榮國的考訂，參見《福建佛教史》，第87~89頁。

2　此所謂定光佛並非臺灣所熟悉如淡水、彰化的汀州均慶寺的定光佛（即北宋釋自嚴），而是指佛經上的「燃燈佛」。事實上唐宋時期各地流傳定光佛應化傳說，連宋太祖、高宗都與定光佛應化有關。詳細參見劉長東《宋代佛教政策論稿》，成都：巴蜀書社，2005年，第一章第二節〈讖言〉，第20~39頁。又關於閩西定光佛信仰較為完整而詳細的研究，參見謝重光〈閩西定光佛信仰研究——以其身世、宗教屬性、形成傳播情況及相關民俗活動為中心〉一文，收入譚偉倫編《民間佛教研究》，北京：中華書局，2007年，第32~62頁。

3　另外值得注意的是，據新修《三平寺志》顯示福州羅源縣起步鎮是存在三平祖師廟，可惜該書未能對其創建沿革有所敘述。參見《三平寺志》，第103頁。

如上所論，三平「鬼窟活計」在唐末五代時期，即在福建寺院中流傳，如此也說明三平寺當時應在福建地區仍有一定的知名度。進入明清兩代，三平信仰有了大幅度發展及擴張的現象，歸納這些現象可知其變化趨勢有三。一是寺廟重修、神話趨向定型，主要集中於此一階段。二是祖師治病功能獲得信徒的充分宣揚。三是信徒分布範圍的再擴展。關於第一點，唐宋以來祖師神話傳頌，多以表彰祖師神通為主。祖師與山鬼鬥法、山鬼建寺、收服蛇虎、毛氏洞禁制山鬼等，其情節設計頗類於話本、小說。但明清時期除將祖師神通敘述予以定型化外，也經由信眾許願靈應故事（如明王志道求子得應故事），為祖師增添新的神話，進而為祖師信仰擴張帶來時代新動力。時至20世紀末，三平寺與祖師的相關文獻重纂風氣仍未止歇，甚至出現了漫畫版（連環畫）的祖師神話故事集 [1]，姑不論其編纂、刊行之目的為何，此現象的實質效果總是對祖師神話的再肯定，也使今日祖師信仰得以再延續。

第二點，統觀文獻記錄所述祖師神通顯現功能，除降妖伏魔外，藥籤與侍者公治病現象是格外引人注目的。藥籤，民間傳說也是義中所作，或許義中生前曾留有藥方？但藥籤之事仍缺乏實證，也無從確知其製作時間。而侍者公信仰，依方志記錄，南宋顏頤仲因侍者公顯聖而決意重修寺院。此說若為實記，似乎意味著宋代信眾間即已存在侍者公信仰。另外如單論祖師治病功能，它不僅是山區醫藥相對不發達情形的一種反映，同時藉由此點，也讓三平祖師信仰功能，與其他閩粵地區禪師信仰明顯有所差異。唐宋時期出現在閩粵地區的眾多禪師信仰，其最顯著的職能多與祈雨、逐疫關聯。受到唐宋密教風行與泛化影響，唐宋時期僧人參與國家祭祀

1　除了前引王雄錚、平和縣委員會文史委與三平寺方纂輯出版文獻外，在香港也出現了連環畫冊，參見張俊達總策劃《三平祖師公傳奇》，香港：香港文學報社出版公司，2002年。

（中央或地方政府）情況日益普遍化，因此僧傳中不少僧人都有為地方祈雨記錄。以閩粵為例，著名的汀州定光、泉州清水、潮州慚愧等禪師信仰傳說中，祈雨、逐疫都是其信仰功能中最為重要的特點，但這種情形在三平祖師信仰中似未起有重要作用。與逐疫不同，三平藥籤或侍者公所治之病多為日常生活中常見疾病，顯現三平祖師信仰與信眾日常生活結合的更為緊密[1]。推究個中成因，除了山區特殊醫療環境外，祖師神話原型所顯現功能，似是制約日後祖師信仰功能發展的重要成因。義中禪密兼修，祈雨、醫技固然都屬密法內容之一，但義中生前並未見有祈雨相關記載（未知此是否受到當時山區農業未普遍發達影響所致），反倒是其自身「背發疽」，不藥而愈一事，更惹人注意。此事若對比於宣宗背發疽而卒，更顯示義中的特殊性[2]，也更易於博得信眾對於三平治病功能的信賴。民眾普遍盛傳義中善於醫病或為事實，但它更是信仰祖師神通的心理映射。尤有甚者，信徒倚重祖師治病功能，影響所及，原為義中部屬的「蛇侍者」，也因長期追隨祖師之故，被信眾認為精通醫術，進而乾隆三十六年在侍者公嶺上立廟。其廟前青草也被視為療方，被信徒加以利用。總而言之，藥籤與祀者公治病傳說對祖師信眾範圍的擴大化產生了重大作用，庶民信眾的增加也使三平寺俗世性格得到了強化。

　　第三點，現有資料顯示，宋元時期漳州地區是三平信仰的主要地區，依明代縣制而論，南靖、平和、龍溪、漳浦、雲霄等縣，是其信仰核心地區。明清以後隨著漳州地區的人口移動，祖師信仰分別朝著閩粵其他地區與海外傳播。新近的田野調查資料顯示，潮州

1　明代宣德十年（1435年）南靖縣山城村民曾往三平寺迎請祖師前往驅瘟鎮邪，是較為少見的祖師逐疫記錄，參見《三平寺志》，第11頁。
2　王諷在碑銘中特書義中背疽一事，不無可能是刻意藉此對比宣宗因服道士丹藥致背疽而卒。

與汀州、福州都存在三平祖師信仰[1]。而過去潮州志中關於三平之師大顛的相關資料顯示，兩人傳說彼此間有混同現象[2]，也間接說明個中情況。這種信仰播散情況，似與宋元以來客家先民在閩粵交界區域的遷徙行動有關。信仰三平祖師的永定縣盧姓家族資料顯示，該家族成員明清時期分別在汀、漳、潮三府間流轉遷徙，正是最好例證[3]。與此同時，一些研究資料也顯示在泉州地區，信眾有將清水祖師與三平祖師合祀現象，並且傳說兩祖師係兄弟關係[4]。這些情況在在說明，明清時期祖師信仰已較宋元時期有所擴大，信徒範圍已超出漳州地區，擴展成為漳、泉、汀、福、潮諸府信徒的共同崇奉物件。入清以後隨著康雍乾承平時期逐漸積累的人口壓力，閩粵海外移民現象日漸顯著，三平祖師的信徒也擴展至南洋（如印尼有三間三平祖師廟）與臺灣地區。

統合上述來看，知晚明清初三平寺重建高峰期與神話定型，處歷史上同一時段。兩者間的重合關係並非偶然造成。口傳的祖師神話是寺院吸引信徒膜拜的原始動力，明代重刻的廣濟行錄，意味著將神話予以確定化與權威化，傳統文化中「碑」本身即象徵著權威，而碑文內容則是可證的靈驗事蹟。刻碑所代表的定型化神話，將對信徒更具說服力。而被輾轉傳述的部分碑文內容，也以不同形式被載入日後編修的地方志與民眾的集體記憶當中，從而保證了歷來信徒對祖師崇拜

---

1 關於三平祖師寺廟分布狀況的一般描述，參見三平風景區管理委員會編《三平寺志》，第95~106頁。另外汀州府永定縣陳東鄉廣聖殿分祀有廣濟與三坪祖師，信徒說明廣濟祖師是自潮州請來，三坪祖師則是自平和迎請。詳細參見涂祥生、盧真福《永定縣陳東「四月八」迎神活動》，收入楊彥傑主編《汀州府的宗族廟會與經濟》，國際客家學會，海外華人研究社，法國遠東學院，1998年，第1~30頁。

2 大顛與三平都有猛虎跟隨傳說，而據《潮州府志‧叢談志‧異部》所載，則有將三平毛侍者傳說與大顛混同情況。這裡轉引自王雄錚前引書，第81頁。

3 參見前引涂祥生、盧真福：〈永定縣陳東「四月八」迎神活動〉一文，由此文也可看出隨著移民世代的遞轉，後代信徒已難分辨廣濟與三平實為同一人。

4 參見顏亞玉與吳季霏前引文。

的信心。另就實際情形而言，明末清初當山區經濟發展達到一定程度後，三平寺屢次重修始有可能產生。伴隨明清國家控制的逐漸深入，與經濟交換關係密切化，山區人口流動頻繁現象是以產生，而這些都是促進祖師信仰擴大的重要媒介。就在明清時期屢次重興的三平寺，與不斷被民眾傳述的祖師神話，兩者的交互作用中，三平祖師信仰逐漸獲得了擴張，祖師香火也隨之播散至移民所到之地。

　　臺灣三平祠廟常將「三平」書為「三坪」。明清福建方志以「三平」者，登山者必歷三險三平始達，故名之。但清代書為「三坪」者非限於臺灣一地，雲霄、永定等地也都如此，甚至平和縣三平寺方所保留清咸豐重修碑也書為「三坪」。此種書法固然是訛寫，但其意義並不限於此。明清時期作為佛教寺院的三平寺民間祠廟性格益形突出，顯示民眾並非以「禪宗高僧」視角認知義中，「塔殿」之所以成為信徒朝拜的主要場所，其來有自。釋義中生前固然是「禪僧」，但他同時也兼習密法、戒律。唐末五代即已流傳義中的「神通」故事，宋元以降祖師降妖伏魔的法力深受庶民的信賴，如小說般的祖師神話廣泛地流傳並逐漸趨於定型。明清時期隨著三平祖師信仰功能的普化，祖師神話再度被增添，信徒信仰動力得到增強，也促使信徒範圍不斷地再擴張，從而信徒也更熱情地參與了三平寺的重修事宜，三平寺建築形貌也在這一歷史過程中被型塑。凡此種種均足以說明，庶民所接受、認知的祖師，始終是那個擅長經咒法術，神通法力高強的「祖師」形貌。因而「三坪」的書法形式，正是祖師信仰具有濃厚庶民性的表徵，當祖師信仰香火播散後，他鄉的新修祖師廟宇，幾無例外地多以民間祠廟面貌出現，而非以佛教寺院被信徒們創建，「三坪」書法形式真義也在此被彰顯出來。

　　清代乾嘉時期閩粵移民入墾臺灣日眾，這些移民原籍分別來自閩粵各州府縣。而就在移民遷臺前，三平祖師香火已然廣布在閩粵地區的某些州府縣境內，因而信徒分別自家鄉三平祠廟攜帶祖師香火遷

臺。今日臺灣以三平、三坪、廣濟等不同稱號的祖師主祀祠廟，總數約為16座，這些祠廟創建沿革資料顯示其香火來源非僅平和三平寺一端，來自泉州者亦有之；島內分香者亦有之，因此臺灣各三平祖師祠廟的分香祖廟，實是多源並出的狀況[1]。同時移民們對於祖師了解複受到自身成長環境與特殊認知角度的局限，因而原鄉的祖師理解差異也隨之傳進臺灣各地，甚且存在著差異擴大化的情形。就在此種歷史背景下，歷清代臺灣諸方志到戰後新修方志等文獻記錄，其相關記述內所呈現，針對三平祖師的陌生感情況，也油然成形。

1　關於臺灣三平祖師祠廟與信仰狀況，筆者目前正另撰專文處理，就目前筆者所見資料而言，臺灣三平祠廟香火源起多方，事屬確定。

第十二章 臺灣齋堂個案研究

——以大溪齋明寺為中心

吳學明[1]

　　齋友為奉祀佛祖而建立的佛堂，稱為齋堂。齋友為齋教的信徒，齋教又稱在家佛教，是出自中國佛教的一派，屬於禪宗的臨濟宗。齋教信徒俗稱食菜人，他們不圓顱方服出家，居市井營生，以俗人身分維持佛教。因此齋友只需要朝夕佛前誦經，守持佛戒，不食葷肉，不飲酒。他們經常寄食於齋堂或佛寺，幾乎與僧侶過同樣的生活；有些居住在自己家中，娶妻各自營生，朝夕於佛前禮拜讀經[2]。齋教可分為龍華、先天、金幢等三派，齋明堂尚屬龍華派。

　　齋明寺是建於清代的齋堂，原名齋明堂，1938年為因應「皇民化」運動，改名為齋明寺，並成為日本曹洞宗的一個寺院，至1999年又移歸法鼓山聖嚴法師，成為法鼓山的一個寺院。原本屬於齋教的齋堂，在其發展的過程有何轉折。或許透過對齋明寺發展歷程的研究，

1　吳學明，臺灣中央大學歷史學研究所專任教授。
2　增田福太郎：《臺灣の宗教》，臺北：南天書局，1996年，第96～100頁。西岡英夫，《臺灣人の觀音信仰と菜食人生活》，第25頁。出版資料不詳，但該文鈐有「昭和十一年五月三十日西岡英夫氏寄贈」字樣，出版時間應在昭和十一年（1936年）。王見川：〈龍華派齋堂的個案研究——安平「化善堂」〉，收入氏著《臺灣的齋教與鸞堂》，臺北：南天出版社，1996年，第115頁。

可以觀察臺灣齋堂發展的大勢。

本文分成大溪的歷史發展、齋明寺的沿革、齋明寺的社會關係、法鼓山接辦齋明寺等四部分加以觀察，期能重建對齋明寺歷史演變的認識。齋明寺在不同的歷史階段有不同的名稱，故本文討論的過程，使用各階段的名稱。一般泛稱，則以今名稱之。

一、大溪的歷史發展

齋明寺位於桃園縣大溪鎮，屬大漢溪左側臺地員樹林地區（今大溪鎮光明里齋明街153號），所在地形屬於河階臺地，在史前時代，已有人類活動[1]。在漢人入墾之前，大溪河階地區是平埔族宵里社的活動區域，附近內山則有泰雅族出沒；由於泰雅族有獵首的習慣，對來此開墾的漢人造成威脅。此外，龜崙社和宵里社在本區同享有土地的業主權[2]。有謂漢人入墾大溪地區，是由臺北盆地沿大嵙崁溪上溯，開墾沿溪荒地[3]。其間又有粵人謝秀川、賴基郎為宵里、龜崙二社管事，招佃開墾大嵙崁一帶土地（可能在今大溪街區一帶）。又有粵東人邱、廖、古、張、戴、倪等姓人士，分段拓殖，石墩莊（今大溪鎮月眉里）至內柵（今大溪康安里）及田心仔莊（今大溪一心里）一帶因而開闢[4]。《臺灣地名辭書》也載明到1788年（乾隆五十三年）大嵙崁已建立肆街的基礎，頭寮、尾寮等處也形成小村莊。嘉慶七、八年間又有陳集成編民社，設隘寮，由田心仔（今大溪鎮一心里）進墾三

1　艾耆：《大溪鎮志》，桃園：大溪鎮公所，1981年，第3~4頁。
2　毛玉華：《大溪的開發與產業變遷》，南投：暨南國際大學歷史系碩士論文，2001年6月，第13頁。
3　張素玢、陳世榮等撰：《北桃園區域發展史》，桃園：桃園縣立文化中心，1998年8月，第80頁。
4　盛清沂：〈新竹桃園苗栗三縣地區開闢史〉（上），《臺灣文獻》第31卷第4期，1980年12月，第174頁。

層荒埔（今大溪鎮福安與華美二里）[1]。

　　道光到同治年間，大溪地區續有開墾，1867年（同治六年）八芝蘭人潘永清曾集資募丁，分為十股，大舉開闢大嵙崁一帶山地，甚至深入至阿姆坪（今大溪鎮復興里）。之後續有「黃安邦」、「金永興」等墾號，集資募丁，繼續往內層開墾八結、湳仔溝（今大溪鎮復興里），種植雜糧茶樹，並制腦外銷。大嵙崁在開港後的榮景，因泰雅族的反彈，四出掠殺，不但墾民搬離，大嵙崁街也受到影響。1886年（光緒十二年）劉銘傳設撫墾總局於大嵙崁，北路的腦務總局也設在大嵙崁街。劉銘傳以兵勇替代傳統隘丁，防駐山區，進剿拒歸降的「生番」，劉銘傳曾親至大嵙崁督師。隨著原住民的歸降，漢族墾民陸續進墾近山土地，如阿姆坪、水流東等處（今復興鄉三民村）[2]。

　　可見大溪地區的土地開墾工作，在嘉慶年間大抵已告一段落，1818年（嘉慶二十三年）板橋林家因受漳泉械鬥的影響，而自新莊搬遷到大嵙崁，並於下街興建通議第，可見其一斑[3]。其後一方面由於林家在大嵙崁的積極經營，加上同治、光緒年間，開採樟樹熬製樟腦油，帶來巨大利潤，開墾人潮再現，尤其是光緒年間開山撫番的工作，為今大溪帶來更大的人潮，據以進墾內山。

　　隨著淡水開港與大嵙崁地區樟腦、木材等資源的開採與茶樹的種植，為大嵙崁帶來繁榮的契機。當時在臺北的外國洋行，大都在大嵙崁設有分行或辦事處，總計當時大嵙崁街上有三四百家大大小小的商行[4]。大嵙崁不只是附近山區物品的吞吐港，連遠在今新竹、苗栗的

1　伊能嘉矩：《大日本地名辭書》續編第三臺灣，東京：富山房，1909年，第45頁。
2　盛清沂：〈新竹桃園苗栗三縣地區開闢史〉（下），《臺灣文獻》第32卷第1期，1981年3月，第149~153頁；伊能嘉矩：《人日本地名辭書》續編第二臺灣，第45頁。
3　許雪姬：《板橋林本源園林研究與修復》，臺北：臺灣大學土木工程研究所，1981年，第35頁。
4　吳燉文：《大嵙崁盛衰記》，收入大溪公學校編《大溪志》，桃園：大溪公學校，昭和九年，第39頁。

第十二章　臺灣齋堂個案研究

關西、竹東和南莊等地所出產的茶葉和樟腦等貨物，也多挑運到大嵙崁，再利用水運運往臺北出口[1]。

日本據臺之際，大嵙崁地區曾經強烈反抗，日本派軍征討，居民頗受影響[2]。在清末原本已開墾成的水田，在日本據臺初期變成「一片茫茫無際的草原」，這是「由於主權更替，隘丁和墾地的主人都棄地出走，別地方的蕃人乘虛焚燒房屋，再度出沒於其地」所造成[3]。隨後日本商行開始進入設腦灶熬腦，大嵙崁很快恢復昔日榮景。據資料顯示日據時期大嵙崁街區中酒家、茶店、娼館、旅館、飲食店充斥，大漢溪旁的碼頭每天停泊250艘左右的貨船[4]。

以上所述為大溪地區開發之概況，然而與齋明寺地緣關係較密切的應是大漢溪左側員樹林地區的開發。大漢溪左側以南興、埔頂、員樹林和番仔寮等地與今八德、平鎮、龍潭等鄉鎮為鄰，尤其是齋明堂所在的員樹林地區與平鎮緊鄰。史載1736年（乾隆元年）閩人開墾員樹林地區。1755年（乾隆二十年）漳州人袁朝宜開墾粟子園、缺子一帶荒埔（大溪瑞興里）[5]。1765年（乾隆三十年），又有移民開墾大嵙崁左岸地區，建立埔頂（今大溪鎮仁善里）、員樹林（今大溪員林里）和番仔寮（今大溪鎮瑞源里）等莊。埔頂莊並且於1775年（乾隆四十年），創建漳州人守護神開漳聖王廟仁和宮[6]。之後仍有霄里社將土地給墾的資料，1778年，霄里社通事、甲頭等將員樹林之埔地招得蔡來、洪天及鄭明等人前來開墾[7]。

1　楊秋煜：《大溪的「店」之空間構成探討》，桃園：中原大學建築所，1999年，第19頁。

2　廖希珍：《大嵙崁沿革志》，手稿，明治四十二年二月，第6頁。張朝博先生提供影印本。

3　伊能嘉矩著，楊南郡譯：《臺灣踏查日記》（上冊），臺北：遠流出版社，1996年，第77頁。

4　吳煥文：〈大嵙崁盛衰記〉，收入大溪公學校編《大溪志》，第134~137頁。

5　盛清沂：《新竹桃園苗栗三縣地區開闢史》（上），《臺灣文獻》第31卷第4期，1980年12月，第174頁。

6　伊能嘉矩：《大日本地名辭書》續編第三臺灣，第43頁。

7　《清代臺灣大租調查書》第二冊，臺北：臺灣銀行經濟研究室，臺灣文獻叢刊第152種，第373頁。

由上述資料可見，大溪地區初墾時，族群相當的複雜，有閩人和粵人陸續進墾。到1874（同治十三年）年，當時大姑嵌莊有閩籍43戶，計157人，其中男丁66，女口54，幼孩29，女孩27；員樹林莊則屬粵籍，有民27戶，計88人，其中男丁23，女口27，幼孩15口，幼女23口；安平鎮莊粵籍32戶，男丁52，女口45，幼孩23口，幼女26口[1]。可見，大漢溪河東與河西兩地的居民在祖籍上有相當大的差異，大溪街一帶是閩南人的生存空間；齋明寺所在的員樹林地區和鄰近的平鎮地區，則屬於客家人的天下。這種現象到日據中期以後並未改變，與員樹林緊鄰的地區多屬粵籍移民的社群。茲將1922年的漢族祖籍調查資料中與員樹林地區相近之街莊移民祖籍別，表列如表12-1。

表12-1　大溪鄰封街莊祖籍表

街莊別	移民祖籍別			閩粵百分比	
	第一位	第二位	第三位	閩籍	粵籍
大溪街	漳州府 78.7	泉州府 9.1	嘉應州 6.0	91.7	8.0
平鎮莊	嘉應州 67.8	潮州府 22.9	惠州府 5.1	4.2	95.8
龍潭莊	嘉應州 50.3	惠州府 22.4	潮州府 17.0	10.4	89.6
八塊莊	漳州府 84.7	嘉應州 14.3	泉州府 1.0	85.7	14.3
中壢莊	嘉應州 44.2	漳州府 26.4	潮州府 3.4	26.4	50.0

　　資料來源：陳漢光：〈日據時期臺灣漢族祖籍調查〉，《臺灣文獻》第23卷第1期，1972年3月，第94頁。

1　《淡水新竹廳檔案》，編號12403之49；《淡新檔案（三）第一編行政》，臺北：臺灣大學，1995年，第328a~350b頁。

二、齋明寺的沿革

（一）齋明寺的歷代住持

齋明寺目前供有「齋明寺開山歷代住持暨長生祿位牌」，所列歷代住持分別為：第一代住持釋性悅、第二代住持黃普瑟、第三代住持胡普惠、第四代住持普梅、第五代住持江普乾、第六代住持江會觀[1]。

第一代住持李阿甲是受戒剃度的出家眾，或只是一名齋公，值得觀察。李阿甲法號釋性悅，是出家眾的法號，齋明寺所保存的資料，提到他「出家受戒於南海普陀山法雨寺[2]」。目前齋明寺仍供奉李阿甲自法雨寺請回的觀世音菩薩，並保有自法雨寺攜回且刻有「法雨寺」字樣的寶缽，證明齋明寺與南海普陀山法雨寺的淵源。但究竟李阿甲何時剃度成為「性悅法師」，其師承及受戒的確切時間和地點，均無可考[3]。但日據時期的資料顯示「本堂建立前，有食齋人名李阿甲，以自費建佛堂，親自禮拜讀經，因而皈依者日眾[4]」。或曰「本寺建設前，食菜人李阿甲氏，自費以設佛堂，自禮拜讀經[5]」。臺灣社會稱齋教信徒為「食齋人」、「食菜人」或「菜食人」[6]。因此，李阿甲可能原是一名齋教信徒，後來才剃度出家。

1　齋明寺供奉長生祿位牌。據第六代住持會觀的女兒江金暉小姐表示，該功德牌在其父親在世時即已將其姓名寫上。又該長生祿位牌以「齋明寺」為名，因此是本寺改名齋明寺後才設置的。

2　江澄坤：《莊嚴寶地——員樹林曹洞宗齋明堂》，手稿，無頁碼與撰寫時間。

3　文化大學陳清香教授的研究表明，「這尊供在大雄寶殿佛龕內的觀音像，由於造型古樸，有可能就是性悅開山請自南海普陀的那尊」。參見陳清香：〈大溪齋明寺的傳承宗風〉，《中華佛學學報》第13期，2000年7月，第311頁。

4　徐壽：《全臺寺院齋堂名跡寶鑒》，昭和七年，1932年。

5　施德昌：《紀元二千六百年紀念臺灣佛教名跡寶鑒》，「新竹州福份山齋明寺」，昭和十六年（1941年）出版。

6　西岡英夫：《臺灣人の觀音信仰と菜食人生活》，第22頁；增田福太郎：《臺灣人の宗教》，第96頁。

再者，最初齋明寺是否為一座專供食菜人禮拜讀經的佛堂，似乎亦有討論的空間。《齋明寺沿革》提到李阿甲自南海返臺後，「見本地山水靜逸，乃結草庵，供奉由南海請回之觀世音菩薩，靜修度眾，寺名福份宮[1]」。其他資料論及齋明寺最早的沿革時，均有福份宮的稱謂，今齋明寺入寺牌樓背面尚題有「福份山」三字。[2]「宮」乃是臺灣民間宗教廟宇常用的名稱。根據尹章義的研究發現，臺灣早期佛教和道教，以及民間崇拜、官方祀典，都呈現互補的現象，都是常民崇拜一視同仁的對象，佛教僧侶也成為各類寺廟急需的主持人，某些僧侶還成為媽祖信仰的推動者[3]。當時齋明堂奉祀的本尊是觀音佛祖，從祀金童、玉女，配祀釋迦文佛、哪吒、太吒、韋馱菩薩、五顯靈官大帝。左龕奉有三官大帝、北極大帝、福德正神、保安尊王、司命帝君、張天師；右龕供奉天上聖母及千里眼和順風耳。在左右廂各崇祀地藏菩薩和齋教的羅祖師[4]。齋教禮拜諸神以觀音、釋迦為主，龍華派尚有阿彌陀、三寶佛和關帝，從祀神祇有三官大帝、太子爺、媽祖和注生娘娘等[5]。可見，從齋明堂在日據時期主神及從配祀情形，也可以發現當時的齋明堂也是神佛並祀的現象。因此日據時期齋明堂的觀音信仰仍停留在民間佛教的階段[6]。齋明堂除了龍華派信仰的神祇之外，民間宗教的神祇的供奉，可能與早期福份宮的歷史歷程有關，或為滿足附近居民的需求所致。因此，齋明寺所保留的寺廟櫺帳底稿稱該堂有700名信徒[7]。1938年的「曹洞宗聯絡寺廟認可願」附件，則注

1　江金曄撰《齋明寺沿革》，1999年8月。
2　入寺牌樓立於齋明街入口處。
3　尹章義：〈佛教在臺灣的開展〉，收入江燦騰主編《臺灣佛教的歷史與文化》，臺北：靈鷲山般若文教基金會國際佛學研究中心，1994年5月，第41頁。
4　《大溪寺廟櫺帳》，《齋明堂》，手稿本，無頁碼，中研院民族所影印本。
5　增田福太郎：《臺灣人の宗教》，第100頁。
6　顏尚文：〈赤山龍湖岩觀音信仰與嘉義赤山堡地區的發展（1661—1895）〉，嘉義：中正大學歷史學系研究所「南臺灣鄉土文化」學術研討會論文集，2000年9月，第605頁。
7　《寺廟櫺帳》，齋明寺留存，未注記資料年代，手稿，無頁碼。

第十二章 臺灣齋堂個案研究

明有現住僧侶及住眾32名，信徒人數1200名[1]。因此齋明堂最早的形態，有可能是一般民間宗教的寺廟發展而成。

齋明堂第二代住持黃士琴，又名黃琴，其生平今已不詳。根據大溪寺廟檔帳所載顯示，1873年（同治十二年）地方士紳江排呈、簡清雲、林登雲等深感佛恩，因此捐獻員樹林莊的原野和茶園，充當祠廟用地，其餘之土地瞨耕給黃琴栽種茶樹。有了建祠廟土地後，由大溪街、員樹林附近居民募集獻金，起建廳堂，在距福份宮原地60公尺處興建瓦茸堂宇，完工日期不明。黃士琴法號普瑟，此時並將福份宮改名齋明堂，成為齋教龍華派的齋堂[2]。第三任住持胡阿九，法號普惠，其生平亦不可考。

第四任住持江連枝，相傳江連枝禮葉普霖為師，法號普梅。其生年不詳，1912年出任齋明堂住持，至1925年止。史載普梅位列齋教龍華派的「清虛」，就九品階位而言，僅次於「空空」與「太空」二階。關於齋明堂所屬的系統，歷來學者推論應屬一是堂[3]。根據寺廟檔帳所載，齋明堂的本山，是福建省福成縣一是堂，與齋明堂有關的「太空」是中壢郡平鎮東勢的葉標泰。檔帳進一步提到齋明堂「清虛」階級以下的齋友，皆由同堂太空授予，齋明堂祭祀之際，要請太空臨席[4]。根據鄭志明的解釋「清虛」是「傳法師」，「太空」是「堂主」[5]。陳清香曾引李添春的看法，認為當時龍潭並無名為葉普霖

1　《曹洞宗聯絡寺廟認可願》，手稿本，1938年12月。

2　《大溪寺廟檔帳》，《齋明堂》；江金曄：《齋明寺沿革》，1999年，打字稿，第1頁。

3　陳清香認為「隸屬於一是堂派的可能性較高」，參見氏著〈大溪齋明寺的傳承宗風〉，《中華佛學學報》第13期，2000年7月，第314頁。林美容亦認為齋明堂屬龍華派一是堂，參見氏與張昆振合著〈臺灣地區齋堂的調查與研究〉，《臺灣文獻》第51卷第3期，2000年9月，第227頁。

4　《大溪寺廟檔帳》，《齋明堂》。齋教龍華九階分別是「空空」、「太空」、「清虛」（又稱「清熙」）、「四句」、「大引」、「小引」、「三乘」、「大乘」、「小乘」等九階位。

5　鄭志明：《臺灣的宗教與秘密教派》，臺北：臺原出版社，1991年，第75~76頁。

的「太空[1]」。但根據檀帳所載，平鎮確有「太空」，而且就是葉標泰[2]。目前齋明寺所供奉的長生祿位，確有葉普霖其人，可能是葉標泰的法名[3]，長生祿位雖未注明葉普霖是否位列「太空」階，但其人確實存在，江張仁的報導或有其可信之處[4]。因為葉普霖是日據時期相當活躍的齋教人物，根據王見川的研究，斗六龍虎堂的沈國珍（法名普力）與一是堂派總救周普經的兒子，具交情，1929年周普經曾到臺灣尋找兒子，並親授傳燈八名，周普霖名列其中[5]。此外，他對南瀛佛教會的組成也出力甚多。1921年3月21日，葉普霖出席新竹的協議會，並被推為新竹的創立委員（三人）。南瀛佛教會成立之後，又被推為幹事（十三人）[6]。

據聞江連枝後來又禮鼓山聖恩法師為師，又取法號雪年。或謂普梅可能在1912年曾赴鼓山，因而禮鼓山聖恩和尚為師。陳清香推論聖恩和尚在臺傳法的時間，應該在1912年到1926年或1927年之間，其法脈除了齋明堂之外，尚有回善堂（位於楊梅）、湧光堂（位於平鎮）、石雲堂（位於龜山）等[7]。因此可能是聖恩和尚親到臺灣傳法，而非普梅曾到鼓山。惟實況如何，並無具體資料可供進一步討論。

普梅任內曾於1913—1924年先後舉辦六場「過光場」儀式，是齋明堂最盛的時期。雖然自普梅以來，齋明堂與鼓山法脈關係密切，但其任內的光場儀式，受戒齋友仍以「普」字為名，可見並未改變齋明堂的本質。

第五任住持江澄坤，法名普乾，是桃園縣龍潭鄉三和村的客家

1　陳清香：《大溪齋明寺的傳承宗風》，第314頁。
2　《大溪寺廟檀帳》，《齋明堂》。
3　齋明寺所供奉的長生祿位。
4　陳清香：《大溪齋明寺的傳承宗風》，第314頁。
5　王見川：〈日治時期的「齋教」聯合組織〉，收入氏著《臺灣的齋教與鸞堂》，第146頁。
6　劉寧顏：《重修臺灣省通志》（卷三住民志宗教篇）第一冊，南投：臺灣省文獻會，1992年，第115~118頁。
7　陳清香：《大溪齋明寺的傳承宗風》，第315、318頁。

人，原姓張，後來給江連枝當養子，改姓江，並與其童養媳簡瑞珠結婚。他出生於1890年5月7日，1904年到1907年在大溪郡龍潭莊仰漢書房接受漢文教育。曾於中藥鋪任藥童，善書法。1913年開始於齋明堂任職，1925年4月5日出任齋明堂住持[1]。由於與鼓山聖恩法師的關係，另有法號常一，他接任住持後繼續於1926年舉辦一次光場，受戒華齋不再以「普」字為法號[2]。可見，普乾受正信佛教的影響漸深。普乾於1939年過世，得年49歲。

第六代住持江張仁，是江澄坤的長子，出生於1918年，1939年9月12日江澄坤過世，旋即在長輩的決議下，以22歲的年齡，接任齋明堂的住持，距1999年9月11日，聖嚴法師接任後舉行的晉山典禮，正好60年[3]。江張仁畢業於曹洞宗臺灣中學林（今臺北市私立泰北中學），1939年取得「布教師補」資格，1940年於基隆月眉山靈泉寺受菩薩戒，戒師為靈泉寺善慧法師[4]。茲將齋明寺歷代住持表列如表12-2。

表12-2 齋明寺歷代住持姓名一覽表

代別	姓名	齋教法名	佛教法名	任期	備考
第一代	李阿甲		釋性悅	？	曾往南海普陀山法雨寺受戒
第二代	黃士琴	普瑟		1873—？	
第三代	胡阿九	普惠		？—1912	
第四代	江連枝	普梅	雪年	1912—1925	先師葉普霖後師聖恩和尚
第五代	江澄坤	普乾	常一	1925—1939	
第六代	江張仁		會觀	1939—1999	

---

1 昭和十三年（1938年）八月江澄坤履歷書。手稿，共兩面，江金暐小姐提供。

2 齋明堂啟建七天光場法會新乾坤眾氏名法號備忘錄。手稿，無頁碼，原件由江金暐小姐提供。

3 訪談第六代住持江張仁三弟江守德先生得知。據稱八位長輩包括其叔簡連倉，大溪士紳江宗超和員樹林頭人黃文樹等。江守德先生1934年出生，畢業於臺北師範學校（今臺北師範學院）任教於桃園，1991年退休，在1993年以前一直住在齋明寺，課餘協助處理齋明寺文書業務，對齋明寺往來人脈相當熟悉。

4 昭和庚辰年（1940年）基隆市月眉山靈泉寺給江張仁（會觀）「護戒牒」，江金暐小姐提供。《江張仁長者生平事略》，1999年9月。

（二）齋明寺的興修

齋明寺的前身福份宮初建於何時？有的說建於1850年（道光三十年）；有的說建於1852年（咸豐二年）；有的說建於1873年（同治十二年）[1]。歷來諸說紛紜，已難考證。蓋臺灣寺廟初多興建草寮，奉祀唐山帶來的神明，待居民稍有能力再葺瓦屋。福份宮應也是如此。史載1873年（同治十二年）地方士紳江排呈、簡清雲、林登雲等獻地後，並由大溪街、員樹林附近居民募集獻金，起建堂廳，在距福份宮原地60公尺處興建瓦葺堂宇。因此今齋明寺廂房，供有大檀越主江士香、江排呈、簡清雲，先代董事林登雲等之長生祿位[2]。因此福份宮由草寮改建成瓦屋的時間應在1873年（同治十二年），但詳細日期不詳。

根據寺廟櫺帳資料顯示1885年（光緒十一年）林登雲又發起大溪、龍潭、員樹林地方募集資金，聘請三坑子林阿來增建拜亭[3]。今齋明寺改建時間，也有不同的講法。寺方傾向於1911年興工改建，至次年完工的說法[4]。而日據時期的寺廟櫺帳，無論是大溪寺廟櫺帳、或齋明寺所保存「大溪郡役所」的櫺帳底稿，均注明「大正四年（1915年）堂宇破損且狹隘，經由江健臣、黃近水等發起在大溪郡大溪街、員樹林募集一千六百圓，聘得桃園郡八塊（今八德鄉）名匠葉金萬改築。同年十月動工，次年二月完工[5]」。齋明堂重修的時間，因而存在兩種說法，何者為正確，實難定論。

根據江次雲和江次吉於辛亥年（1911年）所獻的石柱對聯；江

1　陳清香：《大溪齋明寺的傳承宗風》，第309頁。

2　齋明寺所供奉的長生祿位。

3　《大溪寺廟櫺帳》，《齋明堂》，手稿，無頁碼。

4　不著撰者：《莊嚴寶地——員樹林曹洞宗齋明堂》，手稿，無頁碼。文中載道：「興第三次改築之工，即明治四十四年，高廣殿宇，新建東西兩廂，至翌大正元年皆告竣。」江金曄撰：《齋明寺沿革》，1999年8月，無頁碼。

5　《大溪寺廟櫺帳》，《齋明堂》，手稿，無頁碼。

第十二章 臺灣齋堂個案研究

裕成、江宗慶在1911年所獻的石柱對聯；1912年江健臣所獻「法雨均沾」的匾額。石柱立於齋明寺正殿內。似乎1911年興工次年完工的論點可以被接受。因此在齋明寺所留的大溪寺廟檯帳底稿，徑行將動工興建的時間由「大正四年」（1915年）塗改成「明治四十四年」（1911年）。但寺廟檯帳的資料又如何解讀？現存齋明寺的正殿，尚有兩枚匾額。一是門額的匾，是1915年由信士黃炳南、黃鑒清所獻立的「慈光普照」匾；另外在觀世音佛像的上方另有一1915年由街莊眾信士敬立的「慈雲遠被」匾。這兩塊匾額應是齋明寺被視為1915年重修的主要證據，齋明寺目前也還供奉「本堂重建董事黃君官章鑒清長生祿位[1]」。因此，可能是1911年改建，1912年完工[2]。1915年街莊眾信士獻的匾，有可能是落成典禮時所獻。1926年又增築第二進之東西廂房[3]。

三、齋明寺的社會關係

齋明堂地處大溪地區，自其興建始，即與大溪地區士紳關係密切；且與鄰近的龍潭、平鎮地區具地緣、交通和祖籍等多重的關係。因此大溪、龍潭地區的廟宇興廟建醮祭典，往往要前來恭請觀世音佛祖前往作客。尤其是員樹林一帶的三元宮、瑞源宮、仁和宮和永昌宮等，每年的平安戲或元月的迎媽祖均會來請佛祖[4]。附近居民雖然可以主動到齋明堂來向佛祖祈求，但齋明堂與一般地方寺廟不同，並無一

---

1 匾額仍高懸齋明寺梁上。黃鑒清長生祿位目前供奉於齋明寺左廂。
2 雖難定論但應以1912年完工較為可能，齋明堂第一回光場建在1913年，其新乾坤眾氏名法號備忘錄載道「重建齋明堂啟建七天光場法會」。應是為慶祝重建完成而建光場較為可能。
3 不著撰者：《莊嚴寶地──員樹林曹洞宗齋明堂》，手稿，無頁碼。文中即載明1912年12月舉行落成儀式。
4 根據第六代住持江張仁三弟江守德之報導。今只剩下員樹林的三元宮。

定的「祭祀圈」或「信仰圈」存在。附近居民前來祭拜，也都以素菜為供品，與一般民間寺廟不同。

（一）齋明寺的交際網路

齋明堂曾舉辦了七回光場法會[1]，由參與法會的人士資料，可以觀察齋明堂與地方的關係。茲將齋明堂七次光場法會的資料表列如表12-3。

表12-3　齋明寺歷年光場一覽表

光場回次	光場時間	男眾	女眾	合計	備考
第一回	1913 年	13	35	48	*
第二回	1916 年	6	20	26	
第三回	1919 年	28	60	88	
第四回	1920 年	19	29	48	
第五回	1921 年	19	29	48	
第六回	1924 年				**
第七回	1926 年	10	38	48	***
小計		95	211	306	

資料來源：齋明堂啟建七天光場法會新乾坤眾氏名法號備忘錄。

說明：*男女人數原名冊中未注明，所列資料是根據其姓名加以判斷後統計而成。**第六回光場資料疑不全，故未加以統計。***第七回光場分別載明長齋男9名、女29名，華齋男1名、女9名合計48名。

由各回光場受戒信眾人數可見，其人數大致維持48人的規模，第二回因為受到大正四年西來庵事件的影響，人數減少成26人，但當事件告一段落之後第三回光場人數反而增加到88人。可見西來庵事件對齋明堂並無太大的影響。此外，從受戒的男女眾人數可發現女眾人數

1　又稱「過公場」，是龍華派練習鑽研法式教義同時增進法階的修行。參見增田福太郎：《臺灣の宗教》，第100頁。

遠多於男眾。

若以受戒者姓名觀察，參與者應多屬於附近地區的客家婦女。以第一回光場而言，35名女眾中，以「妹」為名字的有30名。第二回20名女眾中以「妹」為名者有18名；第三回60名女眾中，以「妹」為名者有54名；第四回光場29名女眾中，以「妹」為名的有15名；第五回光場沒有以「妹」為名的女眾；第七回以「妹」為名的只有4人[1]。

齋明堂的歷次光場每回七天，期間必須準備相關人員的飲食，需要相當多的勞力支援。而這些支援的勞動力，多為齋姑齋友，據稱這些齋姑齋友多數來自平鎮的東勢村，以及龍潭的客家人[2]。可見，與齋明堂往來的食菜人，以員樹林附近的平鎮和龍潭地區為多，且多屬婦女。參與齋明堂光場法會者多屬客家人士，應可從以下三點觀察。

（一）根據清同治末年統計，員樹林地區多屬客家移民；（二）與齋明堂關係密切的龍華派大空葉標泰為平鎮人士；（三）主持光場的普乾原屬龍潭子弟，又曾在龍潭接受教育，龍潭地區屬客家移民。

再者，從歷屆光場法會新乾坤眾氏法號備忘錄所錄參與者法號可知，第一回到第六回均以「普」字命名；1926年11月由第五代住持江澄坤主持第七回光場時有了變化。長齋者仍以「普」字為名，但華齋的女眾已改採不同的命名方式，如常修、常信、雪梅、慧意、慧白、慧良、慧寬等[3]。此種法號是依鼓山聖恩法師系統而來，鼓山的排字順序是：雪→常→會（慧）→真。取「雪」字輩者與江連枝同輩，取「常」字輩者與江澄坤同輩。可見齋明堂的發展，到江澄坤時發生很大的改變[4]。

1　齋明堂啟建七天光場法會新乾坤眾氏名法號備忘錄。手稿無頁碼，原件由江金曄小姐提供。客家地區女子多以「妹」為名，雖不是全部如此，但可做一觀察的指標。

2　訪談第六代住持江張仁三弟江守德先生得知。

3　齋明堂肇建七天光場法會新乾坤眾氏名法號備忘錄，手稿無頁碼。

4　陳清香：《大溪齋明寺的傳承宗風》，第315頁。江澄坤齋教法名「普乾」，佛教法號「常一」；江張仁無齋教法號，取佛教法號「會覩」。

再者，齋明堂後來設有功德堂，並於1929年興建萃靈塔，以供奉往生住眾牌位和靈骨，後來也接受附近居民的供奉祖先牌位。1978年增建萃靈塔，供人寄放祖先靈骨。如果以1929年、1978年萃靈塔的興建，以及增建時地方人士參與的情形加以觀察，可以發現齋明堂的交際網路。茲將齋明寺萃靈塔兩次修建，倡議士紳姓名分別表列如表12-4、表12-5。

表12-4　1926年倡建齋明寺萃靈塔士紳一覽表

姓名	住所	備考
江澄坤	員樹林	齋明寺住持
江健臣	大溪	曾任員樹林區長、大溪街長、東瀛物產信託株式會社社長
黃近水	員樹林	員樹林支持齋明寺之頭人
許梓桑	基隆	曾任基隆街長
許太山	臺北	
吳火土	基隆	與木柵指南宮關係密切
黃文樹	員樹林	黃近水之侄
劉金標	龍潭	
游朝芳	龍潭	曾於第四回光場受菩薩戒

　　資料來源：齋明寺住持會觀，「齋明寺萃靈塔沿革」碑，1980年立，現存齋明寺萃靈塔；林進發編：《臺灣官紳年鑒》，臺北，民眾公論社，1932年，新竹州之部，第46頁；訪第六任住持會觀居士之弟江守德先生和大溪耆老簡瑞仁先生得知。

表12-5　1978年倡議改擴建齋明寺萃靈塔士紳一覽表

姓名	住處	備考
江張仁	員樹林	齋明寺住持
顏滄海	基隆	基隆顏國年長子
詹煌順	龍龍	桃園縣議會議長
鍾秋桂	桃園	金蘭醬油董事
范文正	桃園	金蘭醬油董事

续表		
姓名	住處	備考
江宗津	大溪	江排呈第六房序標之次子。江士香公祭祀公業管理人，萃靈塔土地管理人
江支淵	大溪	江健臣參子宗超之次子
黃聰嚴	員樹林	黃文樹之弟
顏朝邦	基隆	顏國年之庶子
許地亭	臺北	許太山之子
吳德旺	基隆	吳火土之子
李萬方	齋明寺	住齋明寺之外省人士，吃齋信佛，是一名相士。
簡建德	大溪	

資料來源：齋明寺住持會觀，「齋明寺萃靈塔沿革」碑，1980年立，現存齋明寺萃靈塔；江宗津：《江排呈公族譜》，桃園大溪，1996年初版，派下系統圖第3、4頁（大溪黃瑞緣小姐提供）；訪談江張仁三弟江守德和大溪耆老簡瑞仁兩先生。

由以上兩表可以發現1929年倡建齋明堂萃靈塔時9位倡建者除齋明堂住持江澄坤外，其他8名住員樹林者中有黃近水及其侄兒黃文樹，員樹林黃家歷來對齋明堂均相當支援，是員樹林地區極力支援齋明寺的家族。江家是大溪地區的大姓，江健臣則為江家的重要人物，他曾任員樹林區長、大溪街長，是大溪地區有力人士。劉金標和游朝芳是龍潭人，與來自龍潭的江澄坤有一定的地緣關係。兩人生平不詳，但根據齋明堂光場法會新乾坤眾氏名法號資料可見，游朝芳在1920年曾參與齋明堂第四回光場法會，取法名普丈[1]。此外，許梓桑、許太山、吳火土等均來自基隆或臺北。

1978年齋明寺增建萃靈塔，所列倡議士紳除第六任住持江張仁外，計有12人。其中員樹林仍然是黃家代表，但由原來2人減為1人；大溪江家由1人增為2人，並增加大溪另一大姓簡家1人；來自基隆、臺北的除了原來的吳家和許家外，又增加了基隆顏家，且有2

1　齋明堂肇建七天光場法會新乾坤眾氏名法號備忘錄。1920年十一月十九日第四回光場。手稿無頁碼，原件由江金曄小姐提供。

名，合計4名；此外增加了桃園縣政經界的人物，如詹煌順是當時桃園縣議會議長，鍾秋桂和范文正都是金蘭醬油的股東，三人均有祖先牌位或靈骨寄放在齋明寺。倡議士紳包含員樹林、大溪、龍潭或地方政經界人士，均可看出齋明寺和地方的關係。但基隆、臺北聞名人士何以和齋明寺關係如此密切，是為探討齋明寺歷史值得注意觀察的問題。

齋明堂第四任住持普梅，禮鼓山聖恩法師為師，聖恩法師誦經時字正腔圓，聲音洪亮，表現了純正的鼓山腔，普梅的唱讚聲韻全都出自聖恩的傳授[1]。因此齋明堂後來的住持普乾和會觀，其經懺均以莊嚴肅穆出名，據聞辜顯榮的告別式功德即由普乾主持、陳查某夫人過世舉行四十九日的法會，最後出殯的功德法會則由會觀師主持。其餘各地寺廟的法會亦經常延請齋明寺的住持前往主持，如木柵指南宮農曆九月一至九日的拜斗儀式曾由普乾主持，林口竹林寺和三峽清水祖師廟元月份的法會多有齋明寺住持的行跡[2]。他們不但讓齋明寺的聲名遠播，且為齋明寺帶來充裕的經費和人脈。

顏雲年、國年昆仲，是日據時期臺灣的礦業鉅子，建立「臺陽礦業」王國。顏氏家族在基隆地區舉足輕重，國年雖不如其兄雲年聞名，但雲年在1923年過世後，國年承繼兄業，他曾先後出任基隆街協議員、同風會副會長、臺北州協議員，1929年亦膺任臺灣總督府評議會員[3]。從資料顯示，基隆顏家與齋明寺關係密切。雙方往來的因緣，一說是吳火土原來在顏家工作，其夫人吳賴蔭介紹顏國年之妻，拜齋明寺第四代住持普梅師為師，從此兩家關係密切，子弟以伯叔相稱[4]。

1　陳清香：《大溪齋明寺的傳承宗風》，第318頁。
2　訪談第六代住持江張仁三弟江守德先生得知。
3　林進發：《臺灣官紳年鑒》，臺北：民眾公論社，1932年，第106頁。戴寶村：〈創建臺陽礦業王國——顏雲年、顏國年〉，收入張炎憲、李筱峰等編《臺灣近代名人志》（第二冊），臺北：自立晚報，1987年，第51~62頁。
4　訪談第六代住持江張仁三弟江守德先生得知。訪談第六代住持江張仁之女江金曄小姐得知。

第十二章　臺灣齋堂個案研究

也有可能是與基隆月眉山靈泉寺善慧法師而建立的關係，顏雲年與許梓桑一直是靈泉寺的主要護法，他們踴躍捐助才使靈泉寺的硬件建設得以完成[1]。顏家與齋明寺的關係，由以下數事可以得知。

（1）1930年齋明堂創建萃靈塔時，捐款名單中尚無顏家成員的姓名。[2]但到1978年，改修增建萃靈塔時，基隆顏家顏滄海捐20萬圓，顏朝邦、顏滄波分別捐10萬圓，顏朝元捐6萬圓，顏滄濤捐4萬圓，顏滄溟捐2萬圓。顏滄海等六人均為顏國年之子，捐款合計52萬圓。占信徒捐款數3385650元的15.36%[3]。

（2）1957年齋明寺建齋明橋，顏雲年之子顏欽賢是發起人之一，橋落成時還親自參加啟用典禮。至於其捐款情形則不明[4]。顏欽賢在臺灣光復後曾任臺灣省參議員，熱心佛教事務，曾任中國佛教會臺灣省分會第二屆常務理事[5]。

（3）齋明寺內眾多的文物，諸多是基隆顏家成員所捐獻的。如1939年6月顏德潤、顏惠霖、顏甘霖、顏祥霖、顏瑞霖、顏恭子（以上雲年房）等以及顏滄海、顏滄浪、顏滄波、顏滄溟、顏滄濤、顏滄江（以上國年房）等所分別獻納的銅製燈檯座一對，木製燈檯座一對。此外尚有顏國年、顏滄海、顏滄波等與其他信眾所同獻的大殿雕花供桌[6]。

許梓桑本姓胡，後為基隆許姓人家為嗣，為人處世溫厚篤實，處世圓融。1901年12月授佩紳章，1903年任基隆街莊長，富貲

---

1 江燦騰：〈日據前期臺灣北部新佛教道場的崛起——基隆月眉山靈泉寺與臺北觀音山凌雲寺〉，收入氏編：《臺灣佛教的歷史與文化》，第56~59頁。
2 「民國十九年萃靈塔創建樂捐芳名」碑中，並無顏家成員姓名。本碑應為擴建時重刻，故碑文上稱為「民國十九年萃靈塔創建樂捐芳名」，現存於齋明寺萃靈塔。
3 齋明寺住持會觀，「齋明寺萃靈塔沿革」碑，1980年立，現存齋明寺萃靈塔。
4 訪談第六代住持江張仁三弟江守德先生得知。
5 林普易、李添春等著：《臺灣宗教》，臺北：眾文書局，1995年，第389、395頁。
6 以上文物目前齋明寺仍在使用中。其中以神桌雕工精美，是由基隆匠師胡瑞錦所製造。但製造時間不詳，惟國年於1937年逝世，故應在1937年之前所獻。

產[1]。基隆月眉山靈泉寺，是日據時期臺灣佛教四大門派之一。善慧法師在建寺過程中，曾獲得許梓桑的極力贊助，才於1908年將大殿蓋成，並取名為「月眉山靈泉寺[2]」。許梓桑之夫人禮聖恩法師為師，取名雪悟；與江連枝同屬禮聖恩之弟子，因這層關係與齋明寺往來頻繁。因此許梓桑夫人在1940年去世後，許梓桑將夫人連同女兒的遺骨，安奉在齋明寺；甚至許梓桑及其妻女在齋明寺也奉祀長生祿位[3]。

（二）齋明寺與當時臺灣佛教界的關係

在日據時期臺灣佛教界，有所謂的四大門派，即基隆月眉山靈泉寺派、臺北觀音山凌雲寺派、苗栗大湖法雲寺派以及高雄大崗山派[4]。其中前三者均與大溪齋明寺關係密切。

基隆月眉山靈泉寺的創寺法師善慧法師，為基隆人士。在落髮為僧前曾於1896年和母親郭氏皈依齋教的龍華派，1900年禮基隆當地龍華派的張太空為師，正式皈依為龍華派的齋徒。1902年到福建鼓山湧泉寺受戒為僧，成為福建鼓山系的法師，1906年月眉山靈泉寺落成，在臺灣與中國均享有極高的叢林聲望。善慧法師曾於1910年農曆四月初八日佛誕節，在靈泉寺為在家信徒兩眾首次傳戒，有30餘人受戒[5]。

觀音山凌雲寺的崛起在本圓法師接任住持後展開，本圓法師俗姓

---

1 臺灣總督府：《臺灣列紳傳》，臺北：臺灣日日新報，1916年4月，第26~27頁。

2 江燦騰：〈日據前期臺灣北部新佛教道場的崛起——基隆月眉山靈泉寺與臺北觀音山凌雲寺〉，收入氏等主編：《臺灣佛教的歷史與文化》，第51、56頁。

3 陳清香：《大溪齋明寺的傳承宗風》，第318頁。參見齋明寺功德主長生祿位牌。佛祖神像左側，牌上除列許梓桑外，尚有許李幼法名「雪悟」、許氏琇法名「常寂」、許氏嬌等四位。陳清香文中提及許梓桑之妻法號為「雪娥」當為「雪悟」之誤。

4 江燦騰：〈日據前期臺灣北部新佛教道場的崛起——基隆月眉山靈泉寺與臺北觀音山凌雲寺〉，收入氏等主編：《臺灣佛教的歷史與文化》，第51頁。

5 江燦騰：〈日據前期臺灣北部新佛教道場的崛起——基隆月眉山靈泉寺與臺北觀音山凌雲寺〉，收入氏編：《臺灣佛教的歷史與文化》，第51~57頁。

沈，也是基隆人，他與善慧同時接觸來自中國鼓山的佛法，並於1900年到鼓山受戒，較善慧晚九年返回臺灣。在他回基隆時善慧已在基隆建立靈泉寺，本圓為求發展，乃捨曹洞宗而就臨濟宗，並前往凌雲寺。善慧與本圓分別成為北部兩大寺院的住持，對北部佛教的發展產生關鍵性的影響[1]。

苗栗大湖法雲寺位於苗栗縣大湖鄉觀音山麓，初是地方士紳吳定連、劉緝光等人倡建佛寺，期間巧遇剛從福州學佛返臺的妙果法師（1884—1963），因而定下建寺的計畫。並由妙果法師返福州湧泉寺，力請覺力法師（1881—1933）來臺。覺力乃於1913年應邀來臺，開創法雲寺。覺力先前曾於1909年來臺，駐錫於觀音山凌雲禪寺。再度來臺引起各方信眾紛紛來皈依。繼覺力法師的是妙果法師，妙果本身是桃園縣人，18歲皈依於齋明堂，後來拜覺力為師，1912年受具足戒，於湧泉寺剃度為僧，並與覺力同力創建大湖法雲寺和中壢月眉山圓光寺[2]。

善慧與本圓兩法師雖然分屬曹洞宗和臨濟宗，但兩人在南瀛佛教會之後有較多的合作機會。齋明堂第四任住持普梅法師，曾拜鼓山湧泉寺聖恩老和尚為師，而靈泉寺善慧法師和凌雲寺本圓法師均與鼓山湧泉寺關係密切。1923年11月11日凌雲寺首次舉行為期七天的傳戒法會，傳戒大和尚由本圓親任，羯磨師就是鼓山湧泉寺的聖恩法師，靈泉寺的善慧法師則任導戒師[3]。可見，在1923年之際，齋明堂已和靈泉寺及凌雲寺建立良好的關係。1940年基隆月眉山靈

1　江燦騰：〈日據前期臺灣北部新佛教道場的崛起——基隆月眉山靈泉寺與臺北觀音山凌雲寺〉，收入氏編：《臺灣佛教的歷史與文化》，第70~73頁。

2　王見川、李世偉：〈日據時期臺灣佛教的認同與選擇——以中、臺佛教交流為視角〉，收入兩人合著《臺灣的宗教與文化》，臺北：博揚文化，1999年11月，第70~73頁。訪談第六代住持江張仁三弟江守德先生得知。

3　江燦騰：〈日據前期臺灣北部新佛教道場的崛起——基隆月眉山靈泉寺與臺北觀音山凌雲寺〉，收入氏編《臺灣佛教的歷史與文化》，第76頁。

泉寺舉行授戒法會，由靈泉寺開山住持善慧法師擔任傳戒大和尚，羯磨阿闍黎就由觀音山淩雲寺的本圓法師擔任[1]。

齋明寺與日據時期臺灣北部靈泉寺、淩雲寺和法雲寺等三大寺院關係密切，由以下所列現象可見。

（1）齋明堂第四任住持普梅（任期1912—1925），曾拜鼓山湧泉寺聖恩老和尚為師。善慧法師和本圓法師在基隆同時接觸由鼓山傳來的佛法，並在鼓山湧泉寺受戒為僧，善慧屬景峰法師的徒弟；本圓的戒師則為振光老和尚。

（2）齋明堂第五代住持普乾（任期1925—1939）的長子江張仁（會觀），在1932年入當時的「曹洞宗臺灣中學林」（今私立臺北泰北中學），並於1935年三月畢業[2]。

（3）妙果法師在剃度前因地緣關係曾在齋明堂受菩薩戒，後來師覺力和尚成為佛教僧侶，是北部佛教界活躍的人物，曾同時擔任大湖法雲寺和中壢月眉山圓光寺開山住持。由於他的關係使齋明堂與當時佛教界關係密切。

（4）善慧法師和本圓法師曾多次親臨齋明堂，其中1916年善慧法師和本圓法師曾同時蒞臨齋明堂；南瀛佛教會成立之後普乾因善慧法師和本圓法師的關係，積極參與活動，三人均參加1925年3月24日的第十回總會，並有合影留念。1939年農曆十一月初八日，靈泉寺善慧法師曾親自參加普乾法師圓寂百日追思法會[3]。其關係之密切，由此可見。

1　林德林：《曹洞宗靈泉寺同戒錄》，基隆靈泉寺，1940年，第4、5頁。原件由江金曄小姐提供。昭和庚辰年（1940年）基隆市月眉山靈泉寺給江張仁（會觀）「護戒牒」，江金曄小姐提供。
2　私立曹洞宗臺灣中學林長島田弘舟發給江張仁卒業證書。第271號，江金曄小姐提供。
3　朱其麟：《臺灣佛教名刹》（前部），臺北：華宇出版社，1988年，第488頁。

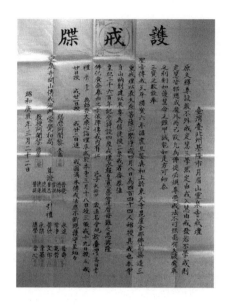

圖12-1　1940年3月22日授會觀護戒牒

　　（5）會觀（江張仁）是齋明寺第六代住持（任期1939—1999），他在24歲時受戒，受戒地點就在基隆月眉山靈泉寺。當時任傳戒大和尚的是靈泉寺的開山住持善慧法師，任羯磨阿闍黎的就是觀音山淩雲寺的本圓法師[1]。會觀法師並於1941年2月，邀請自中國返臺的學問僧宗斌法師，到齋明寺講授「般若心經」，並集結成《心經要釋》，尹章義譽為「臺灣佛學史上劃時代的義學著作[2]」。宗斌法師出家前曾往苗栗大湖法雲寺要求出家，被家人追回。剃度後於1933年到天台乞法，遊歷中國各大叢林。1940年返臺，被當局視為危險人物，基隆登岸之後，就被軟禁月餘，在觀音山淩雲寺本圓法師等人的保釋下獲得

1　林德林：《曹洞宗靈泉寺同戒錄》，基隆靈泉寺，1940年，第4、5頁。原件由江金曄小姐提供。昭和庚辰年（1940年）基隆市月眉山靈泉寺給江張仁（會觀）「護戒牒」，江金曄小姐提供。
2　尹章義：〈臺灣高僧天台龍象——宗斌法師（1911—1958）的生平與思想〉，《輔仁歷史學報》第8期，1996年12月，第246頁。

自由[1]。宗斌法師應邀到齋明寺講經應與本圓法師有關。

（三）與日本曹洞宗的關係

在日本據臺之際，臺灣寺院的負責人對寺院未來的命運感到惶恐，約有上百間的臺灣寺院和日本曹洞宗簽約，成為日本曹洞宗的附屬寺院，企圖藉日本佛教界的庇護，平安渡過危機[2]。待臺灣政局穩定之後，由於臺灣佛教原本與大陸佛教關係密切，尤其是福州鼓山湧泉寺僧陸續來到臺灣宣揚佛法，如善智、妙密、聖恩、覺力等法師；臺灣的僧侶也以前往大陸寺院為更上一層修行的途徑，如靈泉寺的善慧、淩雲寺的本圓、法雲寺的妙果等法師。因此兩岸間僧侶往來密切，也都在兩岸享有相當高的名聲。日本的在臺僧侶對此種現象加以利用，形成江燦騰所謂的「日、中、臺三角關係的佛教聯誼[3]」。

在此背景下，臺灣的僧侶一方面和大陸佛教界關係密切，如靈泉寺善慧法師在1911年起帶領門徒渡海到大陸，拜訪上海、天童、杭州、普陀山等佛教重要道場；返臺後，足跡又遍及全臺，親訪臺灣各處寺廟與齋堂，以建立友誼。另一方面善慧也積極和日本佛教界建立關係，在1907年他應邀加入日本在臺曹洞宗的僧籍，後來他所領導的靈泉寺，也與日本曹洞宗建立長期良好的合作關係。1912年他更在蔡桂林秀才的陪同下，到東京請經，並拜訪曹洞宗大本山總持寺管長石川素重。在素重的協助下，善慧順利請回訓點大藏經一部[4]。

1915年發生西來庵事件，此次民變有眾多的齋堂及齋友涉案，對臺灣宗教界產生巨大的刺激，引起臺灣總督府展開全島性的宗教調

1　尹章義：《臺灣高僧天台龍象——宗斌法師（1911—1958）的生平與思想》，第241~246頁。

2　《曹洞宗海外開教傳道史》，轉引自江燦騰：〈日據前期臺灣北部新佛教道場的崛起——基隆月眉山靈泉寺與臺北觀音山淩雲寺〉，收入氏等主編《臺灣佛教的歷史與文化》，第62頁。

3　江燦騰：〈日據前期臺灣北部新佛教道場的崛起——基隆月眉山靈泉寺與臺北觀音山淩雲寺〉，收入氏等主編《臺灣佛教的歷史與文化》，第55頁。

4　江燦騰：〈日據前期臺灣北部新佛教道場的崛起——基隆月眉山靈泉寺與臺北觀音山淩雲寺〉，收入氏等主編《臺灣佛教的歷史與文化》，第58頁。

查，以便掌握全臺灣各種宗教信仰的背景與生態，進而防止類似事件的再度發生。丸井圭治郎主導此次調查事務，1917年總督府內務局成立社寺課，並以丸井為課長。在丸井的主導下完成了各縣市的宗教檔帳，並將多年調查的資料整理成《臺灣宗教調查報告書》第一卷，書中將齋教視為有別於臺灣傳統佛、道之外的一個教派[1]。

此外，西來庵事件對臺灣宗教界還有兩項重大的影響，一是南瀛佛教會的成立，一是臺灣佛教中學林的設立。先是先天派黃玉階早在1908年曾有籌設全島性宗教組織的構想[2]。待西來庵事件發生，臺灣南北的齋教徒或齋堂負責人，由於害怕被西來庵事件所牽累，紛紛設法表態，或接受日本佛教會曹洞宗的保護。黃玉階提議組織一全島性的佛教組織，得到丸井的支援，因此在1921年2月初召集善慧和尚與本圓和尚商量，並積極展開籌畫的工作。南瀛佛教會因而於1921年4月4日在臺北萬華舉行成立大會。南瀛佛教會所標榜的目的在於「涵養會員之智德、聯絡日本內地之佛教以圖振興佛教，開發島民之心地」，為達到此一目的得「舉行講習會、研究會及演講會」，並發行雜誌[3]。南瀛佛教會組成的過程中，和齋明寺關係密切的葉普霖，不但是新竹州的創立委員，大會成立之後又被推為幹事；善慧和尚和本圓和尚與齋明堂向來關係良好。凡此，均為齋明堂與南瀛佛教會建立起橋樑。齋明堂的住持，早以個人身分參加南瀛佛教會，1932年齋明堂更以團體的身分加入，成為該會第24個團體會員[4]。次年8月5日南瀛佛教會第六

1　丸井圭治郎：《臺灣宗教調查報告》（第一卷），臺北：臺灣總督府，1919年，第79~82頁。

2　李世偉：〈身是維摩不著花——黃玉階之宗教活動〉，《臺北文獻》直字第117期，1996年9月，第168~169頁。

3　江燦騰：〈日據前期臺灣北部新佛教道場的崛起——基隆月眉山靈泉寺與臺北觀音山凌雲寺〉，收入氏等主編《臺灣佛教的歷史與文化》，第64頁。劉寧顏：《重修臺灣省通志》（卷三住民志宗教篇）第一冊，第113~118頁。

4　昭和七年（1932年）二月廿三日，「南瀛佛教會給新竹州大溪郡齋明堂團體會員證」，團第24號。原件由江金曄小姐提供。

任會長安武直夫指定江澄坤任南瀛佛教會理事[1]。可見，對於南瀛佛教會，當時齋明堂的住持普乾法師也積極參與。甚且留有普乾法師參與1925年3月24日南瀛佛教會第十回總會的合影[2]。

西來庵事件後，日本曹洞宗布教總監大石堅童為加強現代佛教知識，以消除迷信，因而有了設置佛教中學林的構想。其初期的目標是加強就學者的日語能力，以利銜接日本佛教教育，學制採三年制，每年招收學生25名，分本科和研究科二級。1917年4月正式開學，初期招收的學生中出家僧侶和在家信徒各占其半。1922年擴建校舍，改稱私立曹洞宗中學林。1935年採五年制，又改名為私立臺北中學[3]。齋明寺第六代住持江張仁，出生於1918年1月7日，1935年3月22日畢業於曹洞宗臺灣中學林[4]。

可見西來庵事件，對齋明堂不利影響的時間相當短暫，此由各回光場受戒信眾人數可見。齋明堂各回光場的人數，大致維持48人的規模，第二回光場在西來庵事件的次年（1916年）舉行，因此參加的人數減少成26人。但當事件告一段落之後，第三回光場（1919年）人數反而增加到88人[5]。可見，西來庵事件對齋明堂並無太大的影響。相對地，由於事件後臺灣佛教界出現全島性的佛教組織，並成立佛教教育機構，這些現象反而使齋明堂對外建立關係，有助於其發展。

---

1 江澄坤履歷書。手稿，共兩面，江金曄小姐提供。

2 朱其麟：《臺灣佛教名剎》（前部），第488頁。江燦騰：〈日據前期臺灣北部新佛教道場的崛起──基隆月眉山靈泉寺與臺北觀音山淩雲寺〉，收入氏等主編：《臺灣佛教的歷史與文化》，第60~61頁。

3 江燦騰：〈日據前期臺灣北部新佛教道場的崛起──基隆月眉山靈泉寺與臺北觀音山淩雲寺〉，收入氏等主編《臺灣佛教的歷史與文化》，第67頁。

4 昭和十年（1935年）三月廿二日「私立曹洞宗臺灣中學林長島田弘舟給江張仁卒業證書」，編號第277號。原件由江金曄小姐提供。

5 齋明堂啟建七天光場法會新乾坤眾氏名法號備忘錄。手稿，無頁碼，原件由江金曄小姐提供。

　　在「皇民化」運動時期來臨時，齋明堂如何轉變也是值得觀察的重要議題。就搜得的資料顯示，日據時期齋明堂得到相當的發展空間。雖然與齋明堂住持江澄坤和江張仁個人的條件與努力有關，但和接受加入日本曹洞宗的保護也有一定的關聯。日據時期該堂的簡史開宗明義提到「原為龍華派，現曹洞宗之大溪街員樹林字福份城齋明堂[1]」。可見，齋明堂原本屬於齋教龍華派的齋堂，後來改宗歸到日本曹洞宗。其納入日本曹洞宗的時間為何，值得觀察。

　　「皇民化」運動積極推動之後，齋明寺有兩件值得觀察的事情。一是住持江澄坤（普乾）於1938年8月向日本曹洞宗提出編入僧籍的申請[2]。同年12月9日曹洞宗臺灣布教總監高田良三正式認可齋明寺為曹洞宗聯絡寺廟。發給齋明寺寺籍編入證，齋明堂更名為齋明寺應在此時[3]。根據該申請書附件履歷書所載可見，江澄坤在齋明堂住持任內即向當時大溪街洞宗布教所主任村上壽山研究。並於1919年1月6日在大溪街曹洞宗布教所的受戒法會受戒。1925年12月8日在新竹州新竹寺住持佐久間尚孝得度。1930年4月9日起參與新竹寺住持所主辦的佛學講習會講習佛學七天。1938年5月29日發起組織大溪佛教護國團，普乾法師被推舉為副團長[4]。1939年1月18日江澄坤得到曹洞宗務院教學部長奧村洞麟授予僧籍登錄證[5]。

　　另一件是江張仁的申請納入僧籍。現存江張仁的僧籍編入願有兩種，一種是1939年8月14日的申請書，書中提及1935年4月8日，就大

1　曹洞宗齋明堂簡史，手稿，無頁碼。（撰寫者可能為第五代住持江澄坤，時間不詳，江金曄小姐提供）
2　齋明寺江澄坤「僧籍編入願」，手稿，一面。江金曄小姐提供。
3　昭和十三年（1938年）十二月九日曹洞宗臺灣布教總監高田良三給齋明寺認可證；昭和十三年（1938年）十二月廿日臺灣曹洞宗布教總監高田良三給齋明寺寺籍編入證附件。均由江金曄小姐提供。
4　昭和十三年（1938年）八月江澄坤履歷書。手稿，共兩面。江金曄小姐提供。
5　昭和十四年（1939年）一月十八日曹洞宗務院授予江澄坤「僧籍登錄證」，教第39號。江金曄小姐提供。

溪郡大溪街齋明寺住持江澄坤得度。所列師僧為江澄坤[1]。另一種是同年9月的申請書，此件與前申請書不同處，在於將受戒師僧由江澄坤改成新竹市南門街新竹寺住持佐久間尚孝，受戒時間未更改[2]。在短短的兩個月時間兩度提出僧籍編入申請，且將受戒師僧修改，其原因值得商榷。有可能是8月的申請書被退回，要求將師僧更改為佐久間，以合曹洞宗法脈。在修改師僧及所屬法脈之後，其申請隨即獲得批准，在同年10月10日由曹洞宗務院教學部長藏山光瑞依曹洞宗僧籍法，發給江張仁「僧籍登錄證」，證書教第76號[3]。1939年12月21日鈴木天山授予江張仁任臺灣齋明寺駐在布教師補[4]。1940年4月8日新竹寺天山尚孝授予江張仁佛祖正傳血脈書（圖12-2），血脈書載曰：「佛戒者，宗門之一大事，因緣也。昔日靈山少林曹溪洞山天童永平總持妙高，嫡嫡相承來而到吾，吾今授汝，汝從今身到佛身，能護持，莫令違失矣。至切！至切！」[5]由血脈承繼表，可見江張仁的法脈屬日本曹洞宗系統[6]。可見，「皇民化」運動時期，日本有計劃地將臺灣寺院轉與日本佛教銜接，齋明寺血脈轉為日本曹洞宗永平寺系統，即在此一環境下改變，也是臺灣大多數寺院在「皇民化」運動時期求生存的途徑。今日齋明寺大殿佛龕牆面上仍保有兩枚徽章，分別是日本京都永平寺寺徽和曹洞宗徽，就成為此段歷史的印證。

1 昭和十四年（1939年）八月十四日齋明寺江張仁「僧籍編入願」，手稿，共兩面。江金曄小姐提供。
2 昭和十四年（1939年）九月江張仁僧籍編入願，手稿，江金曄小姐提供。
3 江張仁資歷表，手稿，無頁碼。江金曄小姐提供。昭和十四年（1939年）十月十日曹洞宗務院發給江張仁「僧籍登錄證」。江金曄小姐提供。
4 鈴木天山頒予「臺灣齋明寺住職江張仁任臺灣齋明寺駐在布教師補」，昭和十四年（1939年）十二月廿一日，手稿。江金曄小姐提供。
5 昭和十五年（1940年）四月八日新竹寺天山尚孝授予張仁孝宗佛祖正傳血脈。手稿。江金曄小姐提供。
6 此承嘉義中正大學歷史系所顏尚文教授示知。

第十二章　臺灣齋堂個案研究

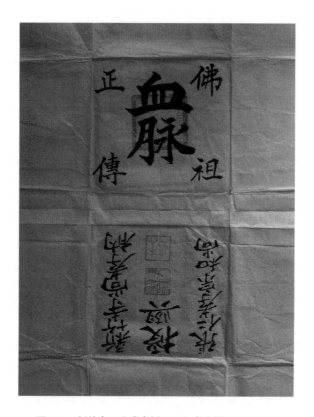

圖12-2　新竹寺天山尚孝授予張仁孝宗佛祖正傳血脈

　　二戰後，臺灣大環境發生變化，日本教派勢力由中國佛教所取代。江張仁仍積極參加佛教界之活動，不但參加中國佛教會且曾任中國佛教會第十、十一、十二屆理事共十二年；臺灣省佛教分會監事二十四年；桃園佛教支會常務理事、理事、監事前後達四十二年[1]。

1　1953年中國佛教會發給江張仁之會員證及附冊，原件由江金曄小姐提供，《江張仁長者生平事略》，1999年，江金曄小姐提供。戰後臺灣各寺廟必須重新登記，才能成為中國佛教會或中國道教會的成員，個別僧道必須重新受戒取得新度牒，才能登記成佛教會的會員，其所屬的寺院才能取得寺廟登記書，參與理監事的選舉。

四、法鼓山聖嚴法師接辦齋明寺

二戰後臺灣齋教趨於式微，應該是不爭的事實[1]。但歷來對齋教式微的原因，則有各種不同的解釋。宋光宇認為自從日本人強制將齋教納入佛教後，引起和尚入占齋堂的現象，加上大陸齋教面臨新的困境，使臺灣的齋堂「無法再得到住在福州總壇的升座任命，發生了齋堂的主持人無法遞補的現象。再加上宗教寺廟管理辦法的實施，和尚就大批的進占齋堂[2]」。林萬傳研究先天道，認為1949年後，與大陸祖堂斷了聯繫，無法定期派員指導及授職；而且戰後隸屬佛教會，佛教僧尼得以進駐齋堂，加上一貫道的競爭取代，均造成先天道的式微[3]。江燦騰則認為先天道，要求進道者不能嫁娶，和在家佛教的特質是相矛盾的。而且在專業化和普及化兩方面齋教不及佛教，這才是齋教發展上最大的困境。因為齋教內不少齋姑或齋友受戒為僧尼，使得專業人才更形稀少；加上臺灣教育的普及化、佛書的出版日趨發達、人間佛教理念盛行等，使得出家僧尼更積極地介入社會公益活動[4]。

以上諸家說法各有所本，各有其著眼點與長處。本人對於齋教並無特殊研究著力尚淺，無力亦無意提出新說。唯個人在研究齋明寺的個案中，發現一個大家都忽視的現象，就是經濟的因素。誠如文中所述，齋明寺仰賴的收入部分是萃靈塔靈骨的寄放和信眾祖先神牌位的奉祀。更重要的經常性收入，是住持與齋友四處為人誦經持法的禮金。齋明寺住持向以誦經腔調莊嚴受人敬重，因而受禮聘四處赴富家

1　江燦騰：〈戰後臺灣齋教發展的困境〉，收入氏著《臺灣佛教百年史之研究（1895—1995）》，臺北：南天出版社，1996年，第321~322頁。
2　宋光宇：《天道鉤沉》，臺北：元祐出版社，1983年，第22頁。
3　林萬傳：《先天道研究》，臺南：青巨書局，1985年，第268頁。
4　江燦騰：〈戰後臺灣齋教發展的困境〉，收入氏著《臺灣佛教百年史之研究（1895—1995）》，第329頁。

的生日法會、功德法會或經懺，收入禮金甚高。但後來不只齋明寺後繼無人，其他搭配誦經的伙伴也日漸凋零，由於住持年事高，不再接受各方誦經的請托，其經濟收入減少。齋明寺第六任住持會觀主持齋明寺60年，曾有其風光歲月，終至後繼乏人，並非其後人不再吃齋事佛，而是因教育普及，各有其固定的工作，僅業餘協助齋明寺的事務，面對佛教團體專業化經營的競爭，齋明寺昔日景象難再。當然強將此現象解釋成齋明寺因無法普及化以致衰微亦無不可，但以專業化而言，齋明寺住持所領導的誦經團，其專業化一定非今日一般佛教誦經團所能比擬的。

總之，近年來齋教在臺灣發展的大勢趨於衰退，齋明寺亦不例外。會觀年老後即考慮住持承繼的問題，然家人無承繼的意願，雖然初創及歷年修建承蒙地方人士出錢出力。但為維持齋明寺創立以來法脈不致變質，因此考慮將齋明寺交予正信佛教經營，以維法脈。乃積極尋覓才德兼備，並具有宏觀與前瞻視野之人士接任，使齋明寺能革新再造、永續經營。因此，於1998年3月江張仁居士主動派其女兒江金曄居士前往法鼓山，力邀聖嚴法師接任齋明寺第七任住持兼管理人，經過11個月的磋商，於1999年1月22日舉行交接典禮，成為法鼓山實踐佛教事業的一環 [1]。

綜上所述，齋明寺的歷史沿革，經由福份宮、齋明堂、齋明寺到今日成為法鼓山的一環。顯示齋明寺由民間信仰的性質轉變成齋堂，再由齋堂轉變成日本曹洞宗系統的寺院。戰後日本佛教勢力由中國佛教勢力所取代，齋明寺住持仍積極參與佛教會的組織與活動。近年來隨著臺灣社會變遷，正信佛教興起，與齋明寺領導人的凋零，無以為繼，法鼓山佛教系統乃取而代之。

福份宮如何轉成齋明堂，今已不可考。但可確知的是在「皇民

1　江金曄：《齋明寺沿革》，1999年8月14日，第2頁。

化」運動之前，齋明堂仍維持民間佛教的性質。齋明堂屬於齋教龍華派系統，不但與鄰近齋堂往來密切，且與正信佛教支派的往來亦相當頻繁，尤其是與當時中國福州鼓山系統的聖恩和尚從往甚密，並透過聖恩的關係與基隆靈泉寺、觀音山淩雲寺建立良好關係；同時與具地緣關係的大湖法雲寺關係密切，使齋明堂的住持，在當時臺灣佛教界相當活躍，齋明堂仍深受大陸佛教影響。

齋明堂雖然屬於齋教系統，但與日本佛教界維持相當的關係。齋明寺住持不但參加曹洞宗受戒法會，且於會中受戒。「皇民化」運動展開後，齋明堂成為日本曹洞宗系統的寺廟，並更名為齋明寺。這並非齋明堂特有的現象，應該是臺灣大多數寺院在「皇民化」運動時期求生存的途徑。

歷來齋明堂的住持所組成的誦經團，獨具特色，透過功德法會，活躍於桃園、臺北和基隆地區。其人際網絡不以齋堂為限，在日據時期同時與臺灣本地佛教界、中國佛教界及日本佛教界均維持相當密切的關係。戰後雖然仍稱為齋明寺，並積極參與中國佛教會的活動，但仍維持齋教菜堂的傳統。近年來隨著正信佛教的盛行，加上農村人口流失，齋明寺住持之子弟雖然也持齋念佛，但多往城市發展，使齋堂生命力的活水受到影響，因乏人承繼造成萎縮，終至無法延續齋教菜堂的傳統。此種現象是否為臺灣齋堂發展的普遍現象，值得觀察。

第十三章 追尋祖先：閩臺《江氏族譜》
的比較分析

楊彥傑[1]

　　中國民間族譜的編撰，其基本目標有兩個：一是「收族」，即把某個祖先傳下的後代都用一定形式編排記錄下來，以便使族人能夠相親相愛，做到尊卑有序、人倫不乖；另一個是「敬宗」，即追尋祖先的來歷，以讓族人能夠了解自己的源頭，所謂木本水源，不忘根本。換句話說，民間族譜的編撰其基本作為都在於尋求本宗族的源和流，最終目的是為了團結族人，起到正本清源、凝聚人心的作用。

　　學術界對族譜刻意追尋祖先的作法是頗為關注的，尤其對民間族譜喜歡攀附名人、瞎編亂造的作法早有很多批評，這對於學者清醒認識族譜價值，正確使用族譜資料起到很好的作用。但問題是，如果我們把民間族譜追尋祖先的努力當作一種社會文化現象來看待，它的結果儘管是錯的，但卻是一種歷史過程。族譜編撰者「創造歷史」的動機為何？如果是編撰者當時某種社會現實的反映，那麼這個追尋的歷程怎樣，經歷了什麼變化，對該宗族的歷史文化構建代表著什麼意義？諸如此類的問題倒是值得探索。

1　楊彥傑，福建社會科學院客家研究中心研究員。

本文擬利用筆者接觸到的閩臺《江氏族譜》，對主要分布在閩、粵、臺兩岸的「客家江氏」追尋祖先的歷程作一番討論，目的不僅在於理解民間族譜「歷史創造」的真實含義，同時也希望通過這個個案研究，對閩臺族譜作為學術資源的開發利用做一種嘗試性的探索。

一、客家江氏的分布與族譜資源

江氏分布範圍甚廣，而且支派眾多。本文集中討論的所謂客家江氏，是指早期來自寧化、開基於上杭，後來繁衍於永定、平和、詔安以及廣東潮州等地，再從這些地方遷往臺灣的這支江氏。他們在閩、粵、臺族人甚眾。在永定縣高頭鄉，江氏族人幾乎近萬；而在詔安縣霞葛鎮、平和縣大溪鄉，江氏人口也都在數千之列。筆者曾研究臺灣南部的鹿陶洋江氏，他們的開基祖就是從詔安霞葛遷去的[1]。在清代中後期，臺灣中、北部先後建起兩座供奉定光古佛的廟宇，其主要參與者也都是來自永定的江氏族裔[2]。由此可見，我們探討的這支以閩西為主要根據地的客家江氏，在閩、粵、臺等地是一支人數眾多、有密切關聯的宗族群體。

這些據說擁有同一個祖先的江氏族人，他們之所以聯為一體，其重要依據就是族譜。江氏修譜起源於明代中葉以後。據目前所見，最早修譜的是永定和詔安江氏。如永定縣高頭鄉一篇寫於清康熙年間的《續編濟陽宗譜弁言》云：他們宋元時期的族譜無存，至明朝開始才有族人陸續編譜，流傳後代。「大明（萬曆）四十六年秋（1618年）

1　楊彥傑：〈移墾歷史與宗族文化的構建──以鹿陶洋江氏宗族為例〉，「第一屆南瀛學國際學術研討會」論文，臺南，2005年10月。

2　楊彥傑：〈臺灣北部的汀州移民與定光古佛信仰──以淡水鄞山寺為中心〉，載賴澤涵、傅寶玉主編《移民信仰與客家社會》，臺北：南天書局，2006年，第277~304頁。

心泉公續編一次，又崇禎十六年（1643年）十五世元欽公、元標公同續編二次，又大清順治十六年（1660年）十六世際雲公續編三次，又康熙十年辛亥歲（1671年）十七世浣槐公字景斌續編四次，自明萬曆至今歷年七十有四。」[1]可見在短短74年間，永定江氏已經密集地修了四次譜，目的就是要把散居各地的宗親房派都儘量匯集起來，並形成系統。這種現象在修譜初期是很常見的。

詔安江氏的修譜也經歷了這樣的過程。據世居井邊村（今屬詔安縣霞葛鎮）的江鴻漸於康熙二十五年（1686年）寫的一篇〈匯輯增刪族譜小引〉云：詔安江氏的族譜因戰亂「亦或傳或不傳。迄崇禎年間我濟公始修之，霖宇公續修之，家太史禹門公潤色之，迄今又五十餘年[2]」。五十多年修了三次，平均每隔十幾年就編修一次，這與永定縣江氏早期修譜的頻率差不多。

這些初期草創族譜的資料來源，有很多是根據家族口傳記載下來的。如詔安最早修譜的江我濟在《譜序》中說，他當年（天啟、崇禎年間）80餘歲，小時候經常在祖父身邊詢問家族之事，「承祖父口授，複得映臺私譜，內紀一二事實可信而可傳者，修為私家譜[3]」。崇禎六年（1633年），第二個修譜的江霖宇也說：「先朝被難，譜失其傳」，「早歲詢祖父志其遺言，得其大略，稱原籍自唐宋祖居寧化，轉徙上杭、永定，迄元世分居二都林婆陳東坑，至泰定年間遭難子遺三人，因肇基於井邊。」[4]可見這兩個人對早期宗族歷史的記述都得自於祖父口傳，即把江氏族人世代相傳的口碑故事用文字書寫下來。然而很值得注意的是，不管是永定江氏還是詔安江氏，他們在明中葉以後各自修起來的家譜，都異口同聲說祖先來自寧化，後遷居上杭，

1　江俊昭編撰：《江姓大宗譜》，彰化縣員林鎮興里江姓詒謀堂，1995年，第13頁。
2　詔安縣霞葛鎮《江氏族譜》，光緒三十三年（1907年）手抄本。
3　〈我濟公重修古譜序〉，載廣東《陽江市江氏族譜》，第12頁，2004年重修本。
4　詔安縣霞葛鎮《江氏族譜》，江霖宇〈序〉。

再從上杭分遷永定、詔安、平和、潮州等地（待後詳述），這似乎表明在修譜初期他們家族內部已有祖先來自同一個地方的說法。這種異地同源的早期集體記憶究竟是如何產生的，已經很難追溯，但卻為後來各地江氏進行實質性聯合提供了重要的基礎。

客家江氏早期的族譜都是各自編修的，而且都沒有刊刻，一直處在各個不同房派族人不斷抄錄增補的狀態，直至20世紀60年代以後才出現一些地方編修的印刷本，近年尤多。因此要研究這支異地同源的江氏群體，族譜資料顯得相當豐富又極其零散。有趣的是，在這些資料中，大陸近期新編的所謂江氏房譜、家譜、族譜、宗譜，大都把早期的譜序和其他資料都刪除或重新整理了，而清代遷臺的江氏族人有的卻抄錄了相當完整的資料並接上自己的世系，予以刊印。如彰化縣員林江姓詒謀堂近年編印的《江姓大宗譜》，就是由遷臺祖的兒子於同治九年（1870年）返回大陸原鄉抄錄再帶往臺灣續修的，裡面保留了同治年間大陸祖居地——永定縣高頭鄉江氏北山房的族譜風貌和原始資料。因此，利用這些現存於兩岸的江氏族譜進行比照分析，有利於我們釐清某些不容易覺察的歷史線索，其中江氏族人如何追尋祖先的歷程就是一個重要方面。

二、從永定譜系到上杭譜系

前面已經談到，明中葉以後，永定江氏和詔安江氏已經各自開始了修譜的歷程，而且他們對祖先來源的記述同質性很高。先看永定族譜記載始祖至第四代來歷：

古云未有汀州先有寧化，此縣原係江西省贛州府所轄，後唐開汀，江家始祖在寧化石壁村移來上杭勝運里綿村九磜居住，傳下族

大，移遷城內住者有之，又移各省州縣住者有之。開山始祖前代失記，不知幾代祖生一世祖江百念四郎、姚丘氏六娘，二世祖江百五郎、姚馬氏四娘，三世祖江百七郎、姚戴氏八娘，夫婦自杭移來開永定金豐里大溪村土名寨下居住，生下七男列後。[1]

這段記載之產生不會遲於康熙年間。從上述文字看，有三點值得注意：（1）他們對遠祖的記憶越早越模糊，只記得曾經住在寧化石壁，但繁衍幾代並不清楚。（2）從寧化遷到上杭開基有清晰的記述，不僅記載夫婦姓名，而且繁衍三代。（3）第三代到永定開基以後生下七男，即以永定為中心再播遷其他地方。

再看詔安譜的記載。康熙二十五年（1868年）江鴻漸據古譜抄錄的〈石壁起基源根序〉云：

大唐元和間，自濟陽堂遷居於此矣。因唐末黃巢作亂，渡江而東，四方雲擾，兼此地毗鄰江西，土瘠狹隘，農業勤苦，詩書禮義之化邈然寡傳，遂族人謀擇地而居之。族人安土重遷，我祖因挈家自移於本州島上杭縣屬下地名綿村九磜（今屬永定縣勝運里）居住，生下三子。高祖歿後葬石燕嶺下。[2]

又，抄錄《金豐創興》和《金豐分派》云：北宋末年，汴京失守，上杭遍地盜寇，田土荒蕪，「迄寇削盜平之後，上司榜文招墾，我高祖三子緣是憑官招募永定縣金豐里苦竹堡大溪居住，就佃墾耕，輸納王苗國課」。自南宋至元初，「綿村九磜公三子傳八百餘人，俱居金豐里大溪甲寨下，人眾古譜無傳，只傳江百五郎、妻馬四娘，生子江

1　江俊昭編撰：《江姓大宗譜》，第16頁。
2　詔安縣霞葛鎮《江氏族譜》，手抄本。

第十三章　追尋祖先·閩臺《江氏族譜》的比較分析

百七郎、妻戴八娘，生子七房[1]」。以上這些記載，也都在講述從寧化到上杭再到永定金豐的開基過程。只是作者在「古譜無傳」的情況下，居然能把遠祖遷移的過程繪聲繪色地描述出來，表明作者是發揮了足夠的想像力，同時也為詔安江氏在其住地能擁有合法的籍民身分製造了歷史依據。

永定江氏和詔安江氏在遷移開基方面的記載是基本相同的，對早期祖先的記憶也很類似，為了比較上的方便，以下先將永、詔兩譜有關早期祖先的記載製成一表。

表13-1　永定、詔安江氏關於早期祖先記載一覽表

譜名	一世祖	二世祖	三世祖	四世祖
永定譜	百念四郎（丘）自寧化遷上杭	百五郎（馬）	百七郎（戴）自上杭遷永定金豐里	百八郎（周）移居本里高頭 百九郎（黃）移居廣東大埔 百十郎（何）移居廣東大埔 百十一郎（胡）移居廣東饒平 百十二郎（陳）移居本里陳東坑 百十三郎（蔡）移居本里莒溪 百十四郎（唐）不詳
詔安譜	九礫公（？）自寧化遷上杭	百五郎（馬）自上杭遷永定金豐里	百七郎（戴）	百八郎（周）移居詔安三都 百九郎（黃）移居廣東大埔 百十郎（何）移居廣東大埔 百十一郎（胡）移居廣東饒平 百十二郎（陳）移居詔安林婆畲 百十四郎（蔡）移居本里莒溪 百十五郎（唐）移居本里莒溪

資料來源：江俊昭編撰《江姓大宗譜》，第16~17頁；詔安縣霞葛鎮《江氏族譜》。

值得說明的是，詔安譜在四世祖百十四郎之後還注明他生了五個兒子，取名千一郎至千五郎，其中第五子千五郎即是平和縣大溪江氏

1　以上均見詔安縣霞葛鎮《江氏族譜》，手抄本。

的開基祖。這一點與康熙中葉平和江氏修的族譜完全相同 [1]。由此可見，不管是永定還是詔安、平和，當地江氏在明末清初編修的族譜都有很大的一致性，通過對早期祖先的記述把分散在閩、粵兩省的相關宗親都連接起來，形成了各地江氏族人對早期祖先歷史的共同記憶。這個版本我們在此姑且把它稱作永定譜系。

至康熙四十三年（1704年），分居於閩、粵兩省的江氏族人決定要在上杭城關建立祠堂，以祭祀共同的祖先。該祠堂於次年秋季動工，康熙四十五年（1706年）冬落成。這一舉動不僅進一步增強了各地族人的向心力，同時也為江氏尋求早期祖先帶來了新的問題。

在永定、詔安江氏編修族譜的時候，上杭江氏也有了自己的族譜，然而由於沒有聯絡，各自對早期祖先的記載卻明顯不同。祠堂建起來以後，不同版本帶來的困擾就立刻顯露出來。臺灣詒謀堂《江姓大宗譜》抄錄的早期資料云：

自康熙四十四年乙酉歲（1705年）起建杭祠，夫杭祠譜載世系，其開山基祖先代亦失記，其第一世八郎公、妣張孺人、妾劉氏，第二世十二郎公、妣劉、錢氏，第三世則有十八郎公、妣丘十六娘，生六子，即今杭邑三坪並城內居者是三四房遺下，一曰百八郎、百九郎世系以下無傳。此杭譜之所載也。[2]

十分明顯，上引上杭譜的記載早期四代與永定譜完全不同，不僅名字不一樣，就連第四代有幾個兄弟、各住在哪裡都很不相同。只有一點剛好一致，即這兩種族譜都在第四代出現「百八郎」、「百九郎」的名字，參見表13-2。

1 參見《平和世系千五郎派下江氏族譜》，手寫本。美國猶他家譜學會微縮影片，臺灣中研院民族所，MF789r.8。
2 江俊昭編撰：《江姓大宗譜》，第11頁。

第十三章 追尋祖先：閩臺《江氏族譜》的比較分析

表13-2 永定、上杭兩種不同版本有關早期祖先對照表

版本	一世祖	二世祖	三世祖	四世祖
永定譜	百念四郎（丘）	百五郎（馬）	百七郎（戴）	百八郎（周）移居永定高頭 百九郎（黃）移居廣東大埔 百十郎（何）移居廣東大埔 百十一郎（胡）移居廣東饒平 百十二郎（陳）移居永定陳東坑 百十三郎（蔡）移居永定莒溪 百十四郎（唐）不詳

譜名	一世祖	二世祖	三世祖	四世祖
上杭譜	八郎（張、劉）	十二郎（劉、錢） 十三郎 十四郎	十八郎（丘） 念二郎 念三郎	四六郎，居上杭三坪四甲 五三郎，居上杭三坪九甲 百三郎，居上杭三坪三甲 五十郎，居上杭城內十甲 百八郎，不詳 百九郎，不詳

資料來源：江俊昭編撰《江姓大宗譜》，第18頁。

　　面對永定譜和上杭譜的困擾，永定江氏的知識份子馬上進行「學究式」的思考，並且認為應該以上杭譜為准，還為此特地寫下一篇比較長的文字，引錄於下：

　　弟（第）思杭、永兩譜之不同，豈有非一氣之讖也？曰非也。夫杭、永兩譜依見，還是上杭譜為真，何也？吾家始祖來永杭邑，歷代老成俱云如此，故百八郎公永譜列於四世，杭譜亦列於四世。特以不同有三耳：一曰兩譜以上四世郎名不侔也；又曰永譜載四世同胞七人也；三曰永譜載三世來永也。今先以郎名論之。夫郎者乃杭、永流俗愚信，虛無之數，教父曰某子亦曰某郎，乃渾同不清之字耶，（不）若今世所稱先人某諱某號之不可混也。次以四世祖有同胞七人。杭譜載四世六人，永譜載七人，而百八郎公行長，余弟六人亦以某郎名，移在廣東、漳州

332

者安知是百八郎公之子孫或曾或元也。又以三世來永論之。夫杭譜載四世來永，百八郎公無系可考，其譜昭然。而三世祖考妣兩墳杭邑現在，即今吾儕秋所祭十八郎公、妣丘婆太是也。永譜載三世百七郎來永，如何三世永地並無其跡？矧百八郎公瘞玉現葬在大岌巷，坐丁向癸……而百七郎父也，百八郎子也。矧自大溪移居高頭，非千里之遙，況且本里隔幾何，如何子墳尚在，父墳杳然？以情勢推之，諒無此理。畢竟世遠年深，先代修譜者傳聞附會之訛耳，猶之編鑒史盤古氏天人皇云耳。予所謂杭譜可信者，此也。然終不敢自決以為真是真非，以淆譜序。今兩存之，以待後有高明詳察者，折哀（衷）其真偽可也。[1]

　　儘管這篇文字最後寫得很謙虛，但作者的傾向性卻很明顯。他認為應以杭譜為准，內心的出發點是永定江氏來自上杭，不能讓外人有「非一氣之譏」的議論，因此不管論證如何，這種早有的思維定勢必然要引出最後的結論。只是作者還是進行了千方百計的論辯，所有議論除了百八郎的墳墓還在永定、為什麼父親百七郎的墳墓不見蹤影比較像是有力的推論之外，其餘並沒有多少學術依據。然而，從這篇議論卻可以看出永定江氏在當時為尋找祖先所作的努力。

　　在此之後，永定江氏便逐步放棄他們原來記載的早期祖先，變成以上杭譜的記載為准，即百八郎的父親不再是百七郎而換成了十八郎（參見表13-2）。但是，這一轉變直接影響到平和、詔安等地江氏的來源。詔安江氏的開基祖叫千五郎，好在他們找到永定高頭的始祖百八郎生了兩個兒子，其中長子也叫千五郎，於是就順利轉軌了[2]。而詔安江氏則沒有那麼幸運，他們的開基祖是百七郎的第五子百十二

_____

1　江俊昭編撰：《江姓大宗譜》，第11~12頁。

2　參見《（江氏）平和本派傳下族譜》，第2~3頁，1961年鉛印本。美國猶他家譜學會微縮影片，臺灣中研院民族所，MF789r.8。

第十三章　追尋祖先：閩臺《江氏族譜》的比較分析

333

郎，只好一直堅守永定譜系原來的說法[1]。到後來，又有一些《江氏族譜》把永定和上杭兩種譜系的第四代進行整合，以「百」字輩為序，重新命名編排，從而形成從百八郎到百十六郎一共9個兄弟的系列，這樣就可以容納更多的外地「房派」[2]。民間族譜往往都有一個遠祖生下八九個甚至十幾個兒子的記載，其實是後代編譜者為了連接各地同姓以擴大宗族規模而逐步編列出來的。這是一個漸進的過程，是宗族實踐的結果。而在此過程中，宋元時期的「郎名」無形中起了很大作用。儘管這些名字被譏為「流俗愚信，虛無之數」，但卻為各地宗親比較方便地更換祖先提供了不小幫助。

三、追尋江萬里

在永定譜系與上杭譜系尋求對接的同時，江氏族人對南宋名臣江萬里的關注也已經開始。

早在明末，詔安江氏在編修族譜時就注意到了江萬里後裔的動向。前引康熙二十五年（1686年）江鴻漸〈匯輯增刪族譜小引〉提到，明末先祖修的古譜有「家太史禹門公潤色之」，這個江禹門即是江萬里家族的後代。

江萬里，字子遠，江西都昌人。從小思維敏捷。入仕後，因為人耿直敢言，常與權臣賈似道作對，宦跡幾經沉浮，後來官至左丞相兼樞密使等職。咸淳十年（1274年）元兵破饒州，已經隱退在家的江萬里見勢不濟，率左右及子鎬毅然投「止水」死。其弟江萬頃亦被元軍

1　如清末抄錄增補的詔安縣霞葛鎮《江氏族譜》就仍然堅持「永定譜系」，至2004年重修的《陽江市江氏族譜》仍然沒有變化。

2　這只是後續變異的一個例子，此例詳見《濟陽江氏高頭族譜（北山房）》，第12~13頁，1989年編印。

捉住殺害[1]。子侄因此南奔入閩，隱居於同安縣湯阪里，後代大都在閩南發展，至明朝已有不少人入仕，如前述江禹門即是江萬頃的後裔，居海澄縣碩輔頭，萬曆年間登進士，官至浙江處州兵備道等職，因此他撰寫的家譜被稱為宦譜[2]。有意思的是，詔安江氏是客家人，但在明末修譜時也把江禹門寫的宦譜抄錄其中，以光門面，可見宗族（同姓）的認同往往大於族群認同，在構建宗族、擴大族親勢力範圍的過程中，族群因素反而是不重要的。不過，當時詔安江氏編撰族譜，也只是把江萬里的事蹟及其後裔抄錄進去，並沒有把江萬里這些名人當作自己的祖先來看待。

康熙中葉以後，永定江氏在續編《江氏族譜》時，已經逐步有了尋找江萬里作為名人祖先的意向。臺灣詒謀堂《江姓大宗譜》收錄的康熙年間《續編濟陽宗譜弁言》云：「竊聞國有史書，所以判淑匿，別賢否；族有譜序，所以序昭穆，敦倫序，是則譜之為義大矣哉……吾郡曰濟陽者，乃肇於宋季萬里公之後也。慨世遠年深，先代譜序遺落，故致失傳。自宋迄今四百餘年，往事已予人以不可複識矣。」[3]在這裡，作者已經明確提出所有以濟陽為郡望的江氏族人，都是江萬里的後代，只是由於古譜失傳才無法追溯。至嘉慶十一年（1806年），遠在瓊州樂會縣的八郎公裔孫舉人江元川，他在撰寫《江氏族譜引》時又說：「我江氏自伯益受封，晉宋以來，代有聞人。今閩粵所共祀者，以八郎公為始祖，相傳由寧化石壁來，而不知皆三古五齋之苗裔也。」[4]這裡所謂的「三古五齋」，指的是江萬里三兄弟以及他們的五個子侄。據江氏族譜載，江萬里三兄弟皆以「古」為號，其中江萬里號古心、萬頃號古岸、萬載號古山，合稱「三古」；而他

---

1 見《宋史》，列傳第177，〈江萬里傳〉。北京：中華書局，1977年11月。
2 詔安縣霞葛鎮《江氏族譜》，手抄本。
3 江俊昭編撰：《江姓大宗譜》，第13頁。
4 普寧縣《江氏族譜》，第29頁，1988年印行。

們的五個子侄，鎬號義齋、鑄號直齋、鎧號侃齋、錡號祥齋、鑰號慎齋，合稱「五齋」，故有「三古五齋」之說。不過，民間族譜對江萬里及其兄弟、子侄的記載極其混亂，以上所述僅可約略作為參考，不可深究。可見，作者對閩粵兩省江氏共同以上杭譜記載的八郎公為始祖仍不滿足，他的意見是必須以江萬里家族作為祖先，這樣才能保持江氏自古以來「代有聞人」的傳統。

然而，要把江萬里納入自己早期祖先的行列並不容易，這需要對原有祖先的世系又進行開創性的改造，大致在清末的時候，這方面的工作終於有了進展。

筆者在臺灣曾查閱一本訂於光緒十八年（1892年）二月的《江氏族譜》手寫本，該《族譜》來自永定縣高頭江氏北山房，其中已經把上杭譜的世系江八郎——十二郎——十八郎與江萬里的父親、弟弟、侄兒一一對應起來。為了便於了解，以下先把這份《族譜》的原文作些摘要抄錄：

壹百零九世祖考　八郎公，字文明，諱暲，號偉齋，贈太師周國公，配劉九娘、張一娘，繼配陳二娘，三位俱封國夫人。生三子：萬里、萬載、萬頃。八郎公生於宋淳熙三年丙申二月廿一日吉時，葬於七都靈芝山庵邊，夫人葬於七都府，各立石碑於墓。

壹百一十世祖考　萬頃公，即十二郎公，字子玉，號古崖，配錢九娘、劉九娘，生五子：十八郎、念二郎、念三郎、念四郎、念五郎。公生於宋嘉定元年十月初十日辰時，明經鄉舉，提授常平史，詳載於仕宦傳。公偕長子鐸赴饒州，伯兄所供。宋德佑元年乙亥歲元兵破饒州，俱執罵賊。而事聞，上贈武肅侯，諡敏毅。夫人錢九娘攜子侄媳隨叔古山公奉二王航海入閩，遷汀州寧化石壁下居焉。

壹百一十一世祖考　十八郎公，字國□，號子鐸，萬頃公長子，配丘氏十六娘，生五子：百八郎、百三郎、百五郎、四六郎、五三

郎。公葬上杭元里龜子山，墳艮山坤向；祖妣葬上杭三逕上，墳艮山坤向。

從上面摘錄的資料可見，作者對江氏遠祖的此次修改，主要是把上杭譜的早期三代祖先直接加上江曄─萬頃─鐸的名號，同時把江萬里家族的抗元事蹟載入其中。經過這番改造，江氏就不再是「開山始祖前代失記，不知幾代」了，而成了源遠流長、有著悲壯抗元歷史的一代英烈之後裔。作者在抄錄完這些遠祖世系之後，還寫下了如下一段話：

余錄江氏伯益公乃開基始祖，傳至上杭共成一百一十一世。後究錄上杭傳至永定高頭，分枝別源各省州縣居住，開列於左。傳流後世，綿瓞子孫，庶免混淆宗派別流之根源，可知世代輩序尊稱之來歷也。此譜匪輕，宜堪珍惜。余雖粗知文墨，乃專心致志考究抄錄，如有錯筆差謬，以俟賢者增補添注，是所厚望也。

時維光緒十八年歲次壬辰二月中澣在坡角田舍之深處濟陽氏卓立思齊訂[1]。

平心而論，這次江氏祖先的重大改變是否出自這位「粗知文墨」的卓立之手還很難說，但有兩點可以肯定：其一，至少在清末已經有了江萬里家族進入江氏世系的完整記述，這是目前筆者所見最早的版本。其二，這個「在坡角田舍之深處」潛心考究抄錄的江氏族人，他的願望也是要有一本完整且源流清晰的《族譜》留傳給後人。他或者他的前輩確實完整創造了「宗族的歷史」，我們今天所見到的如此完美的歷史故事正是由於這些鄉村知識份子包括宗族的高級人才一點一

---

1 《江氏族譜》手寫本，美國猶他家譜學會微縮影片，臺灣中研院民族所，MF7894230r.137。

第十三章 追尋祖先：閩臺《江氏族譜》的比較分析

滴累積起來的。

在清末直至民國初年，有關江氏來自江萬里家族的說法越來越多，幾乎成為一種時尚在江氏宗族內部流傳。由於各地自行編譜，因此各種說法層出不窮，以下僅舉兩例為證。如民國初年，江氏二十七世孫江士忠抄錄的臺灣《濟陽江氏歷代族譜》之〈序〉云：「（前略）又數傳至暉公，生三子，曰萬里、萬載、萬頃……凡散處於閩各縣屬及臺灣者，皆萬里兄弟之裔焉。暉公號八郎，南遷汀州府永定縣金豐里高頭鄉半徑甲東山大路下開基為始祖。」[1] 這裡已將「江曄」改寫成「暉公」[2]，並且說他是遷到永定高頭開基的始祖。如此一來，江萬里兄弟就不是江西人而成為永定人了。不過，在這份《族譜》的世系裡，卻記載江萬頃（十二郎）遷寧化石壁，其子十八郎遷上杭，孫子百八郎再遷永定，大致符合上杭譜系的說法。

還有一說是把「江曄—萬里—鑄—承肇」置於上杭早期四世的前面，即江萬里的孫子承肇生八郎，八郎生十二郎，十二郎再生百八郎……把江萬里的世系與上杭早期世系上下銜接起來。如近年根據民國舊譜重修的《濟陽江氏高頭族譜（北山房）》就是採用這種作法[3]。這種改變與其說是新的發展，還不如說是作者更願意當江萬里的後代，對這位歷史名人有強烈的認同感。因此，江氏宗族對祖先的追尋是各方努力的結果。各地作者相互參照又互有區別，由此創造了各種不同的說法。但有一點是相通的，即都在上杭譜系的基礎上加上江萬里家族的資料，把江萬里或江萬頃塑造成自己的祖先。

---

1 《濟陽江氏歷代族譜》江士忠手抄本，美國猶他家譜學會微縮影片，臺灣中研院民族所，MF7894230r.383。

2 按，根據正史的記載，江萬里的父親名「燁」（《宋史》江萬里傳）。把「燁」改作「曄」、「暉」，當是後世避康熙皇帝名諱所致。

3 《濟陽江氏高頭族譜（北山房）》，1989年編印，第11~12頁。

四、追尋祖先的社會文化意義

客家江氏對早期祖先的追尋，從永定譜系到上杭譜系再到江萬里家族，期間經歷了明清至民國如此漫長的過程。這種持續不斷的求索顯然是一種歷史存在，是宗族建構過程中一種不可忽視的群體實踐活動，其背後的社會文化意義也因此顯得重要。

作為一個宗族，修譜是件大事。而族譜的編撰者如何書寫本宗族的歷史，往往與當時所處的社會現實密切相關。換句話說，如果我們把江氏追尋、更換的種種祖先都當成民間故事，那麼這些故事的產生恰恰反映了編撰者當時的社會處境和現實需求。

在江氏剛開始修譜的時候，也是明王朝通過「大禮儀」討論、宗族制度日益民間化的時期 [1]。宗族制度在民間的普遍建立，意味著官方的主流意識逐步滲透到鄉村，於是修譜不僅承接著官方的意識形態，同時也是確立自身合法身分的重要機會。如詔安縣江氏在他們的《族譜》裡就特別強調高祖是「憑官招募」到永定縣金豐里開基的。「就佃墾耕，輸納王苗國課。」自南宋到元初，「傳下三百餘家，排位八百餘名。奉准大元官司勾當里役，不敢違錯。」後來由於地方狹小，「難贍家口，其勢不得不分」，才有族人散居漳、潮各地，出現「同宗異籍」的狀況 [2]。這樣的表述，與其說是在記錄祖先歷史，不如說是在解釋他們所處的「當前」。換句話說，族人在編修族譜的時候，他們對祖先的記憶是與當時所處的社會現實密切相連的。詔安江氏在修譜初期，關心的是能夠聯絡到的「同宗異籍」族人，並根據各種傳聞把這些散居在漳、潮各地的宗親都編排在一起，用以說明宗族的來歷和自己的籍民身分，至於遙遠的祖先究竟怎麼一回事，反而顯

1　科大衛、劉志偉：〈宗族與地方社會的國家認同——明清華南地區宗族發展的意識形態基礎〉，載《歷史研究》2000年第3期，第3~14頁。
2　見詔安縣霞葛鎮《江氏族譜》，手抄本。

第十三章 追尋祖先：閩臺《江氏族譜》的比較分析

得不那麼重要。

康熙以後，隨著經濟的發展帶來社會各階層的流動性增強，宗族的力量便成為族人上升發展的重要條件。而江氏族人開始對祖先的進一步追尋，也正是以他們在上杭聯合建祠為契機開始的。〈濟陽江氏上杭建祠碑記〉云：

余家濟陽　始祖八郎公自寧化石壁村徙居於杭邑三坪鄉，迄二世祖十二郎公生三子：長十八郎，即今居三坪與永定金豐里高頭鄉是也；次曰念二郎，則居於永邑溪南武藝坪；三曰念三郎，則遷於廣東大埔之黨坪，迄今傳世已二十餘代。雖水源木本，異地同情，然尚未建以合於廟。歲甲申僉議卜地於杭邑城南。是役也，鳩工庇材，創始在乙酉之秋，落成在丙戌之冬。求基址者若而人，朝夕董理者若而人，首事倡率者若而人，其他趨奔走者不可殫述。中祀始祖以至九世祖，東西傍列十世以下配享。然為問祀期，則春秋二分一也。[1]

這篇以上杭譜系為主線寫成的碑文，顯示在上杭祠建成以後，參與建造者很快就都認同於杭譜記載的早期祖先，因而祠堂的建造實際上是宗族內部各派勢力的重新整合，所謂追尋祖先即在尋找新的崇奉物件，是對現實利益進行權衡並最後妥協的結果。

上杭祠的建造吸引了來自上杭、永定和廣東大埔的江氏族人，他們在新的祖先的旗幟下集合起來。而這些江氏族人的聚居地正好處在汀江下游與廣東韓江的交匯處，是明清時期閩粵山區商品經濟最活躍的區域之一。《永定縣志》載：清乾隆年間，永定商品經濟極其發達，「金豐、豐田、太平之民，渡海入諸番如遊門庭」，到吳楚滇蜀

1　江俊昭編撰：《江姓大宗譜》，第9~10、12頁。按，由於此譜抄錄時錯亂，此文被分置於兩個地方。

作生意者亦「不乏寄旅」，有的幾年一回里，有的甚至常年在外，成家立業[1]。而上杭縣是整個汀江航道的中轉站和商品集散地，清朝時期航運十分繁忙，北上南下的貨物都在這裡匯集中轉，城內店鋪林立[2]。因此，江氏首先選擇在上杭建祠並非偶然，而永定江氏及其他族人最後能夠放棄自己的祖先而認同上杭譜系也不是簡單的「瞎編亂造」即可評述。宗族對祖先的「記憶」是一種集體選擇的結果。如果說族譜編撰者為新的記憶創造了文字依據，那麼這種「創造」也是同聯合宗親、建祠、晉主、集體祭祀等活動聯繫在一起的。它的形成是宗族對現實社會的一種回應，同時也是宗族在進行實質性聯合的過程中必然要作出的一種選擇。

上杭祠堂建起來以後，各地江氏族人的聯繫就更加緊密，至康熙末年以及乾隆年間，在永定、大埔又先後建起了兩座江氏祠堂。抄錄於光緒二十四年（1898年）的《濟陽江氏歷代宗支總譜》云：「清康熙四十年乙酉（1705年，按應為康熙四十四年）眾建上杭縣祠堂，公遺下神位共長、次、滿三房；清康熙五十二年丁酉歲（1717年，按應為康熙五十六年）眾建永定縣祠堂，遺下神位共長、次、滿三房；清乾隆十五年（1750年）眾建大埔縣祠堂，遺下神位同廣東、平和、高頭三房。」[3]可見在前後不到50年的時間內，以上杭為中心的閩粵江氏族人已經連續建起了三座共同祭祀的祠堂，而且在大埔縣祠堂建起來之後，其神主牌上已經有了平和的位置，說明這個原先沒有參與建祠的平和江氏很快也加入了宗族聯盟的隊伍。

宗族聯盟的擴大與早期祖先的定位有非常密切的關係。在社會急

1 道光《永定縣志》，卷一四〈風俗志〉，木刻本。
2 參見藍漢民：〈汀江上杭河段航運與商俗〉，載楊彥傑主編《汀州府的宗族廟會與經濟》，香港：國際客家學會、海外華人研究社、法國遠東學院，1998年6月，第493~520頁。
3 《濟陽江氏歷代宗支總譜》，光緒二十四年（1898年）手抄本，美國猶他家譜學會微縮影片，臺灣中研院民族所，MF7894230r.150。

第十三章 追尋祖先：閩臺《江氏族譜》的比較分析

劇變動的環境下，族人需要有廣泛的社會網路，而隨著需求的增長，要聚攏更多的人就需要有更具號召力的祖先。清末民初，宗族聯盟已經演變成更大範圍的姓氏聯盟，各種宗親會相繼出現，因此尋找新的祖先就成為一種時代要求。1928年，身居臺灣的江蘊和為新編平和《江氏族譜》撰寫〈江氏緣起〉一文，他在敘述江萬里兄弟「共事宋室，力扶帝昺，以維國祚」的事蹟以後說：

其弟侄輩由贛避閩，是為吾族入閩之先。凡散處於八閩各縣屬及臺灣者，皆萬里公兄弟之裔焉。自閩至粵暨西南各省，凡我親族，惟此血統之遺歟。只以年遠代湮，數典或忘，雖宗親恆莫往來，至以為憾！今興蒙家族制風行於世，吾臺各姓先後成立，惟我江氏獨抱向隅，汀、漳、泉、臺宗親同此感覺。因有宗親會之組織，囑和草就緣起，據見聞所及謹敘其概略如此，願我族人君子幸垂教焉。[1]

臺灣當時還在日本的統治之下，然而在臺江氏宗親已經感受到「家族制風行於世」的時代潮流，因此醞釀成立宗親會。而在這種背景下，江萬里兄弟抗元事蹟不僅再次喚醒了人們的親族血緣記憶，而且作為江氏宗族的一面旗幟，在此時具有很強的號召力。

江氏宗族一路走來，從永定譜系到上杭譜系再到江萬里家族，每一次新的祖先認同都與宗族制度的發展演變息息相關。我們承認族譜的書寫往往是那些掌握書寫權利的人所為，因此不同版本的表達不盡相同，但是如果把這些由不同作者書寫出來的結果放在一起作整體觀察，又會發現在分散狀態下他們各自對祖先的追尋實際上是有跡可尋的，是一種非組織的集體行為。在社會不斷演進的脈絡下，江氏宗族

---

1 《（江氏）平和本派傳下族譜》，第1頁，1961年印行。美國猶他家譜學會微縮影片，臺灣中研院民族所，MF789r.8。

為了適應新的需求一直在探索追尋，從而出現了一連串漸進式發展的軌跡。

　　每一次新的祖先認同必然伴隨著宗族文化的進一步改造。族人對祖先的最新記憶就意味著對過去某些常識必須「失憶」或改造。新的解說和民間故事由此應運而生。久而久之，最終成為全體族人新的鄉土知識和文化傳統。如今，我們翻開新編的江氏族譜或宗譜，有的已經很難找到原始的痕跡，因為那些舊版的譜序和不合時宜的說法都已經被刪除或重新整理了，而最新的說法成為人們逐漸熟悉並且被到處宣揚的「歷史常識」。如1991年新編的《濟陽江氏高頭族譜（南山房）》，在「上杭開基始祖」一欄就這樣寫道：「考八郎公字曄號偉齊諱文明，妣劉氏、張氏，俱封國夫人，生三子：萬里、萬載、萬頃。公以萬里貴生贈太國公。在廣東省潮州府大埔縣城內、上杭縣城內南門、永定縣城大街等處建祠堂並奉公為始祖。」[1]如果我們對照前引的康熙年間上杭祠堂〈碑記〉，就可以發現當時供奉在祠堂內的始祖是「八郎公」，而現在這個「八郎公」已經成為江萬里父親的代名詞了。在同一本族譜裡，還有〈濟陽江氏流傳歌〉和〈上杭三代流傳歌〉，用通俗易懂的形式向族人傳達宗族的歷史知識。

濟陽江氏流傳歌

伯益之後歷夏商，成周開國入江湘。

裔孫以國為族姓，忠孝節義永傳芳。

江氏郡望出濟陽，悠悠世系瓜瓞長。

溯源立譜留為記，宋季精忠萬古揚。

萬里江公為宋相，忌奸休官隱南康。

父子殉國赴止水，弟侄盡節饒州亡。

1　《濟陽江氏高頭族譜（南山房）》，第12頁，1991年編印。

第十三章　追尋祖先：閩臺《江氏族譜》的比較分析

一門忠烈垂竹帛，尚存叔侄各投荒。

流離搬遷入寧化，穴居野處石壁鄉。

石壁鄉中雲僻陋，轉徙移居到上杭。

上杭三代流傳歌

入閩始祖立八郎，繼室姓劉原配張。

二世十二郎為號，劉錢二妣內助賢。

十八郎公稱三世，丘妣墳墓在上杭。

忠烈芳名傳萬代，都昌崇祀雙忠堂。

分支別派閩粵地，瓜瓞蕃衍各綿長。[1]

這種朗朗上口的歌謠，向族人普及宗族的歷史常識顯然是起到了重要作用。我們無法推斷這些歌謠是如何產生的，但在永定高頭江氏的其他房派族譜裡也有類似的歌謠，只是一些文字作了更改[2]。這表明在近年普遍修譜之前，永定高頭江氏的宗族內已經有了這些歌謠的範本，後來由於各個房派都自己修譜，因此便有選擇地加以利用了。

這些歌謠的出現顯然是在江氏確認他們就是江萬里兄弟的後裔之後，即在清末至民國初年這段時間。而歌謠的內容除了強調濟陽江氏的淵源之外，一個重要內容就是在宣揚忠孝節義、精忠報國的精神。這種精神是中華民族文化一種十分深沉的積澱。如果把它放在清末民初國家正面臨救亡圖存的大背景下進行思考，江氏對萬里兄弟的追尋和尊崇就顯得更加具有時代性和重要意義。

因此，宗族對祖先的追尋是一種歷史過程。儘管這種追尋並不具有學術的科學性和嚴謹性，也不是每個宗族都有如此完整的發展脈

---

1 《濟陽江氏高頭族譜（南山房）》，第1頁。

2 如《濟陽江氏高頭族譜（北山房）》1989年版也有類似的歌謠，參見該譜，第2~3頁。

絡，但卻是民間社會進行宗族文化構建的重要組成部分。每一步追尋就代表新的歷史記憶的產生。族譜的編撰並非一般族人所為，但族譜作為一個宗族的神聖象徵則起到了凝聚人心的作用。一般民眾不是通過文字閱讀來了解宗族的歷史，而是經過口傳習染來更新和增強不斷發展中的集體記憶。這種記憶的產生與宗族發展的需求是密切相關的，它離不開社會變遷的時代要求，也離不開中華文化深沉積澱所賦予的基本內涵和人文精神。

第十三章　追尋祖先：閩臺《江氏族譜》的比較分析

第十四章 閩臺地區神靈崇拜的生態學分析

俞黎媛[1]

　　生態位理論是生態學中的基本理論之一。目前，生態位理論已超越了生態學研究的範疇，滲透到諸多學科領域，成為一種有力的理論分析工具。本文嘗試從生態位概念和理論的視角考察和分析在中國民間神靈這個生態系統中，眾神是如何通過規避分離、競爭合作來獲得最佳生態位資源，並保證神靈體系處於動態的和諧與平衡，從而為民眾的社會生活構建一個合理和諧的人文秩序。

　　早在原始社會，宗教就與文明的曙光一起來到人間，並形成以萬物有靈為基礎的宗教崇拜。此後，原始社會的各種宗教信仰被保留下來，佛道祀神也不斷進入民間的萬神殿。民眾以為多一個神靈就多一張保護網，神靈越多，就可以獲得更多的庇佑，大量的民間土神應運而生。以至在唐末到宋元之際，福建地區掀起了一場前所未有、規模浩大的造神運動，大量的神靈被創造出來，幾乎達到氾濫成災的地步[2]。加上民眾對外來神祇抱著來者不拒的寬容態度，外來神明也紛紛

1　俞黎媛，莆田學院副教授，歷史學博士。
2　各地方志對民間祀神氾濫的現象不止一次提出批判，如道光《廈門志》卷十五〈風俗志〉稱：「吳越好鬼，由來已久，近更惑於釋、道。一禿也，而師之、父之。一尼也，而姑之、母之。於是邪怪交作，石獅無言而稱爺，大樹無故而立祀，木偶漂拾，古樞嘶風，猜神疑仙，一唱百和。酒肉香紙，男、婦狂趨。平日捫一錢汗出三日，食不下嚥。獨齋僧建刹、泥佛作醮，傾囊倒篋，罔敢吝嗇。」

在閩地落戶。這樣福建民間神祇名目繁多，既有原始崇拜的痕跡，又有閩粵族留下的巫鬼信仰，還有從中原傳入的民間信仰、靈仙真佛、各路土神充斥著天上、人間、地府，構成了一幅龐雜熱鬧、五花八門的神鬼體系。

千百年來，民間社會百神並舉，各有千秋，如何妥帖處理諸多神祇之間的關係以保證整個民間信仰祀神體系的動態平衡也需要一定的智慧和技巧。探究信仰人群如何在龐雜的神靈譜系中安置新舊神靈所進行的神聖而合理的解釋也是一個很有意思的宗教社會學問題。是放任自由的此消彼長的無序狀態的延續，還是積極協調保障民間信仰生態系統的動態平衡？長久以來筆者一直思索這個問題，嘗試引進生態位的一些概念和理論加以闡述。

一、 生態系統與生態位理論的引進

生態系統是自然界最重要的功能單位，它是在一定的時間和空間範圍內，生物與生物之間、生物與非生物之間，通過不斷的物質循環和能量流動而形成的相互作用、相互依存的一個生態功能單位[1]。生態位是指在生態系統和群落中，一個物種與其他物種相關聯的特定時間位置、空間位置和功能地位。通俗地講，生態位就是生物在漫長的進化過程中形成的，在一定時間和空間擁有穩定的生存資源，進而獲得最大生存優勢的特定的生態定位。生態位理論揭示，每個生物物種在長期的生存競爭中都擁有一個最適合自身生存的時空位置（即生態位）。文化作為人類社會的重要組成要素，本身就是一個生態系統，同時可以將民間信仰視為宗教信仰文化大系統中的一個有機、有序的

1　李振基、陳小麟、鄭海雷：《生態學》，北京：科學出版社，2004年，第6頁。

子系統，而神祇就在這個子系統中占據著各自不同的生態位。生態平衡指生態系統的結構和功能長期處於穩定的狀態，是動態、相對的、一種運動著的平衡狀態。在一個相對平衡的生態系統中，物種之間彼此適應，相互制約，各自在系統裡進行正常的生長繁衍，並保持一定數量的種群，能夠排斥其他生物的入侵[1]。自然生態平衡是自然生態系統的成熟、穩定、和諧的存在狀態，因此，民間信仰生態系統的平衡應指神靈的多樣性和民間信仰處於穩定有序、和諧平衡的狀態。

人創造了神，人也不斷賦予神祇以功能、特徵和意義。民眾對神祇的創造、歷史語言的累積和各種神聖的敘事闡述的過程，也是民眾如何在神靈之間合理分配資源，如職能賦予、時空分布以及對神際關係的解讀、闡述、構建等，進行創造性的解釋和再解釋。神靈作為民間信仰這個生態系統中的個體或種群，也要遵循生態位分離、競爭、合作等各種關係準則。本文主要探究各個神靈如何在民間信仰這個生態系統裡獲得相應的生態位，並通過與其他神祇的規避分離、競爭合作，或相互依存、相互制約以保持民間信仰生態系統的和諧平衡。

二、生態位分離──神祇獨立共存

生態學研究發現，在大自然中，親緣關係接近、具有同樣生活習性或生活方式的物種，不會在同一地方出現；如果它們在同一區域內出現，大自然將會用空間把它們各自隔開，如虎在山上行，魚在水中游，猴在樹上跳，鳥在天上飛；如果它們在同一地方出現，必定利用不同的食物生存，如虎吃肉，羊吃草，蛙吃蟲；如果它們需要的是同一種食物，那麼，它們的尋食時間必定要相互錯開，如獅子是白天出

1　李振基、陳小麟、鄭海雷：《生態學》，北京：科學出版社，2004年，第35頁。

來尋食，老虎是傍晚出來尋食，狼是深夜出來尋食。種群通過規避、分離等方式占據不同的生態位，這就是所謂生態隔離機制——占據空間的不同；活動時間的不同（在相同的地理區域和生境內）；資源需要和對資源利用、適應上的差別。正是這種在生存競爭中形成的自然選擇及由此引起的形態改變，加強了生態分離，使自然界形形色色的生物物種各就各位，達到有序的平衡。同樣，在民間信仰這個生態系統中，不同地域環境和資源背景下的神祇，它們都擁有各自的生態位，如功能生態位、時空生態位等。即每個神靈有各自不同的專司職守、祭祀時間、祭祀圈和信仰圈，從這些意義出發，諸神之間通過規避分離而達到和諧共存。

（一）功能維——諸神各司其職

中國民眾一旦遭遇不可抗拒的天災人禍或者處於舉棋不定、猶豫不決的兩難境地時，便不顧一切地燒香禮佛，虔誠叩頭拜祭，祈盼超自然的神鬼佛道賜福禳災、祛凶降吉、指點迷津。民眾信仰不計其數的各路神鬼，是因為各神皆有其不同的專司職守，行業神崇拜蔚為大觀即源於民間信仰的功能性。民眾對神靈的需求帶有極大的功利性，也決定了神祇的功能性特徵。如臨水夫人陳靖姑職司保赤佑產，保生大帝吳夲職司醫藥，媽祖職司航海平安，魁星職司文教，趙公明職司財神，莆田張公職司雨暘等。民眾還按照人間官僚體系為藍本編排出天上、人間、地府、民間諸神的神階體系。在《全國剎道觀總覽·玉皇大帝專輯》一書中，臺灣民眾對玉帝所管轄的行政系統作了具體描述，謂其行政系統分為中央、地方和陰間三個部門。中央行政系統分管14個部門，如學務（文昌帝君、至聖先師）、軍務（關聖帝君、中壇元帥）、農務（神農大帝）、工務（巧聖先師）、商務（關聖帝君）、醫務（保生大帝）、命務（東嶽大帝）、航務（水仙尊王、天上聖母）、娛樂（田都元帥、西秦王爺）、驅邪（托塔李天王、太子爺）、除疫（王爺、千歲爺）、女藝（七星娘娘）、生育（注生娘

娘、臨水夫人）、福利（財神、善神、子神、壽神）；地方行政系統由司法神與守護神分掌，司法神有如城隍爺、青山王、境主公、土地公，守護神為延平郡王、開漳聖王、廣澤尊王、三山國王。陰間行政系統由豐都大帝總管，下由秦廣王、楚江王、宋帝王、五官王、閻羅王、卞城王、泰山王、都市王、平等王、轉輪王等十殿閻羅審察生前善惡，善者引渡西方，惡者進入地獄，受輪回報應。玉皇大帝除上述諸神輔助外，尚有天兵、天將、神兵、神警等，負責治安及司法職務[1]。

　　信眾在實用功利性的宗教心理驅動下，各個行業保護神脫穎而出，同時諸神之間職能互補互利，合理分工，以保證民間信仰有求必應的良性發展。媽祖手下有千里眼、順風耳等良將，還有四海龍王輔佐大事。傳說張聖君的結拜兄弟肖朗瑞精通醫道，嘗百草，能使人卻病延年，章朗慶善於審度地形、選擇吉地、順天時、用地利，以繁衍後代[2]。永春龍山岩奉祀的張法主公專門負責降妖伏魔，其義弟蕭公負責為人治病，另一義弟連公以前是木匠、泥水匠出身，因此對民眾的風水祈求也能有求必應[3]。而陳靖姑手下的三十六宮婆幾乎包攬了生兒育女的所有瑣事，負責從受孕、懷胎、安胎到臨產、育兒的每個程式，如抱送、送喜、教生、教行、教走、教笑、教坐、教食、教叫等，分工明確而詳細。如莆田嵩山仙姑岩三十六宮陪神：（1）君恩宮常山抱送婆神陳一娘；（2）紫微宮永福送喜婆神鄭九娘；（3）清水宮晉江教生婆神顯四娘；（4）快樂宮漳浦送花婆神楊八娘；（5）麒麟宮福清教行婆神林七娘；（6）衣祿宮泰寧教拈婆神方五娘；（7）明善宮莆田發熱婆神郭三娘；（8）萬壽宮羅源出痘婆神朱二

1　周立方：〈論「玉皇」的自然神崇拜〉，《玉皇文化學術研討會論文集》，宜蘭玉尊宮管理委員會，1996年。
2　《張公聖君是何方神聖》，http://discovery.wuxicity.com.
3　2002年5月17日在永春龍山岩調查訪談所得。

第十四章　閩臺地區神靈崇拜的生態學分析

娘；（9）保界宮宜興教走婆神蔡六娘；（10）珍珠宮武平教笑婆神江九娘；（11）延壽宮仙遊發寒婆神廖四娘；（12）春臺宮漳浦作弄婆神龔八娘；（13）羅山宮長樂洗仔婆神阮大娘；（14）長生宮閩清送仔婆神姚二娘；（15）攀龍宮莆田出珠婆神羅四娘；（16）附鳳宮武平教坐婆神彭五娘；（17）太平宮寧德教叫婆神惠七娘；（18）步蟾宮繁昌教食婆神周六娘；（19）鼇頭宮仙遊出痘婆神顧三娘；（20）注福宮宜章報喜婆神倪九娘；（21）安慶宮南平教產婆神章大娘；（22）奪魁宮侯官出世婆神楊九娘；（23）安樂宮漳浦收生婆神張七娘；（24）登科宮清流教掂婆神歐四娘；（25）吉慶宮宜興抱送婆神邢二娘；（26）回生宮古田送胎婆神吳尾娘；（27）清明宮仁和注壽婆神李大娘；（28）端明宮泰寧聰明婆神戴三娘；（29）保介宮政和惱亂婆神程六娘；（30）托化宮常山救難婆神林九娘；（31）長壽宮潛山送花婆神塘十娘；（32）長福宮玉山管病婆神俞三娘；（33）福壽宮莆田安胎婆神黃四娘；（34）化生宮南安換替婆神何七娘；（35）正直宮藍溪翻胎婆神翁九娘；（36）清淨宮閩侯送喜婆神李大娘。

　　民間信仰的實用功利性也決定了民間信仰在發展過程中要不斷強化那些有實用價值和意義的神靈，同時也不斷淡化那些越來越失去實用價值的神祇，如對起居生活不再有守護職能的廁神[1]。民間信仰的功利性還表現在人們根據現實需求，對神祇的職司進行適應性的調整和再賦予。在天氣預報等科技日新月異的今天，以張聖君為代表的農業神、祈雨神紛紛轉變職守，如轉向保佑一方百姓的平安訴求、保護子嗣健康成長、求學順利、發財致富，並針對當地出國熱，其神力也延伸到他邦域外，庇護鄉民出國順利，淘金得財。

1　烏丙安：《中國民間信仰》，上海：上海人民出版社，1998年。

（二）空間維——信仰空間的區域化

福建地處天南一隅，四周是險峻的高山和浩瀚的海洋，與外界的交流、交通極為不便，因此，福建地方文化表現出極強的閩文化特徵。在神祇崇拜方面，像保生大帝、清水祖師、定光古佛、陳元光、張聖君等都是地方性極強的神靈，出了閩臺就鮮為人知。而山東的泰山聖母信仰、廣東的三山國王信仰和江浙的總管信仰也很難在閩地落戶。

福建境內峰巒疊嶂，江河縱橫，交通不便，不同地區也基本上處於相對隔絕的狀態。而中原移民入閩後往往聚族而居，保留著原有的語言特徵和風俗習慣，加上交通不便，區域之間交流甚少，逐漸形成了不同的方言。福建方言大致可分為閩方言和客贛方言兩大系統。在閩方言內部，明顯不能通話的有如下：以福州話為代表的閩東方言、以莆仙話為代表的興化方言、以廈門話為代表的閩南話、以永安話為代表的閩中方言、以建甌話為代表的閩北方言。客贛方言又可分為以長汀話為代表的閩客方言和以邵武話為代表的閩贛方言。自然地理的封閉和方言的不同，導致了福建人具有強烈的地緣觀念，反映在神靈崇拜上就產生了不同區域之間的明顯差異。除了全國性、超地域的神靈，如媽祖、關帝、觀音等神祇外，地方神祇都有自己的相對的信仰空間。因此，福建民間信仰的區域性特徵具體表現為大到方言區，小到埔、境、鄉村所崇拜奉祀的神靈存在明顯差異。各種地方性祀神信仰大都相對流行於一定的區域範圍，超出這一地區則鮮為人知了。醫藥神保生大帝吳夲信仰主要以閩南方言區為主，生育神臨水夫人陳靖姑信仰主要在閩東方言區內流行，定光古佛崇拜在閩客方言區內有較大的影響。與上述區域化特徵比較明顯的神祇不同，張聖君在福建形成數個風格迥異的信仰區域，莆田強調張公祈雨的威靈顯赫，閩清金沙因為張聖者年輕時曾傭工是地而流傳不少有關其助佑農事的傳說故事和靈跡傳聞，德

化自明代以來以三真君合力鎮鬼魅的傳說為特色開啟閩南方言區域的法主公信仰。

在同一方言區，不同的府、州、縣又有不同的神靈崇拜對象。以閩南方言區為例，開漳聖王、三平祖師信仰主要在漳州府各縣流行，清水祖師信仰則主要在泉州府屬的永春、安溪等縣流行，廣澤尊王信仰主要在南安縣流行，青山王崇拜主要在惠安縣流行。更小的區域如同一個縣內的埔、境、村落、街道都有各自的保護神，舊稱境主神、社公。寧德市福鼎縣點頭鎮就有四個境，並供奉不同的神祇。

表14-1　寧德市福鼎縣點頭鎮鎮區四境祀神表

境名	宮廟名	地點	祀神
長興境	泗洲佛亭	街頭	泗洲佛
會龍境	楊府爺公、臨水宮	街尾	楊府爺、臨水夫人
長春境	華光大帝廟	橫街	華光大帝
永豐境	南朝大王廟、馬祖娘娘廟	海墘下	南朝大王、馬祖娘娘

資料來源：朱挺光：〈略談舊社會點頭鎮的迷信風習〉，《福鼎文史資料》第8輯，1989年，第12~13頁。

泉州的境主神最多，舊時泉州城區分為三十六埔九十四境，每個境都有自己的保護神。這些境主神的信仰區域也基本在某個境的範圍，如同各級政府機構，都有相應的行使權力的範圍。每個神祇也相應擁有一定的信仰區域範圍，眾多神靈信仰有序地在大區域或小範圍內享受血食祭祀，以保證信仰空間的合理分配，也是具有調節地域之間平衡關係功能的奧秘所在。

（三）時間維——祭祀時間輪流錯開

民間神祇林林總總，不下萬千，但我們看到的不是諸神擁擠無序的場面，而是井然有序的熱鬧場景。不同神靈不但有各自的信仰空間，祭祀時間也分叉錯開，不至於發生擁擠重疊，而均勻地分布於一

年四季的三百六十五天。以泉州城廂民間祀神誕辰時間為例：

正月：初一，元始天尊；初六，清水祖師；初八，五殿閻羅王；初九，玉皇大帝；十三，關公飛升；十五，上元天官大帝、臨水夫人陳靖姑；十六，相公爺；十八，包公、朱王爺（朱叔裕）。

二月：初一，張天師、一殿秦廣王；初二，福德正神、姜子牙；初三，文昌帝君；初八，三殿宋帝王、張大帝；十五，太上老君、岳武穆王（岳飛）；十六，開漳聖王陳元光；十七，白王爺（白起）；十八，四殿伍官王。

三月：初一，二殿楚江王；初三，玄天上帝；初四，范王爺（范仲淹）；初八，六殿卞城王；十三，田王爺（田單）；十五，保生大帝、趙玄壇、雷萬春；十六，武德英侯；十九，方王爺（方叔）、萬氏媽；二十，平天聖母（陳靖姑）；廿三，天上聖母；廿七，七殿泰山王；廿八，東嶽大帝。

四月：初一，九殿都市王；初五，狄王爺（狄仁傑）；初八，八殿平等王、盧王爺（扁鵲）、五顯靈官大帝；初十，康王（康元帥）；十四，呂洞賓；十七，十殿轉輪王；十八，北極紫微大帝；廿五，武安王（張巡）、李王爺（李大亮）；廿七，范王爺（范承業）。

五月：初二，吳真人（保生大帝飛升）；初四，金元帥；初五，溫王（溫元帥）、吳大帝、文武尊王；初六，清水祖師（成道）；十三，關公、城隍；十六，朱王爺；十七，蕭王爺（蕭望之）；十八，張天師；廿二，陳元光；夏至日，靈寶天尊。

六月：初四，楊六郎；初六，英烈侯（日月太保）、崔府君（崔玨）；十一，田都元帥；十三，王靈官；十五，紀王爺（紀信）；十六，周倉；十七，十殿閻君；十八，池王爺（池夢彪）、楊六郎、康王爺（康大巡）、張巡；十九，扁鵲；廿三，馬王；廿四，關公、雷聲

普化天尊、雷王；廿六，二郎神、趙元帥、廣平尊王；廿七，玉王爺（玉大巡）；廿九，文天祥。

　　七月：初一，李王爺（李大巡）；初七，魁星；初八，徐王爺（徐達）；十五，中元地官大帝；十九，殷王爺；廿三，法主公。

　　八月：初三，北斗星君；初四，羅王爺（羅倫）；初五，雷聲普化天尊；十二，四海龍王；十四，姚王爺；十五，臨水林夫人、朱王爺；廿一，昭福侯；廿二，廣澤尊王；廿三，邢王爺（邢明德）、范王爺（范承業）。

　　九月：初一，溫王爺、南斗星君；初五，順正王、吉王爺、楊五郎；初九，臨水李夫人、哪吒、康王（康元帥）、媽祖（飛升）；十五，吳王爺（吳孝寬）；十六，朱王爺；十八，馬王爺；廿八，五顯靈官大帝。

　　十月：初一，三田都元帥；初四，薛王爺（薛仁貴）；初七，天王；初八，金王爺；初九，葉王爺（葉適）；初十，水仙王、伍子胥；十三，岳武穆；十五，下元水官大帝、周王爺（周大巡）、英烈侯（日月太保）、鄭大帝；廿六，福佑帝君；廿七，北極紫微大帝。

　　十一月：十一，太乙救苦天尊。

　　十二月：初一，蘇夫人（蘇六娘）；初九，侯王爺（侯嬴）；十三，金府千歲；十六，土地；廿三，呂洞賓；廿五，許遠。[1]

　　上述資料顯示，泉州城廂一地，百姓奉祀的神靈多達126個，一年中對這些神祇的誕辰或飛升日進行祭祀活動至少100天以上，各個神靈之間的時間生態位基本錯開，重複者較少。

　　同樣，在一座廟宇裡奉祀的神祇，他們的祭祀時間也都是交叉錯

1　陳垂成、林勝利：《泉州城廂民間祀神誕辰表、泉州舊城鋪境稽略》，鯉城區地方編纂委員會、泉州市區道教文化研究會聯合編印，1990年，第98~101頁。

開，基本不重疊。莆田東山祖祠供奉三一教主林兆恩等神明，其祀神的祭祀時間分別為：彌勒尊佛，正月初一；北斗星君，正月初七；金闕至尊，正月初九；夏午慈尊，正月十四；天官大帝，正月十五；洪都先生，正月廿五；文昌帝君，二月初三；智達先生，二月十三；道德天尊，二月十五；聚華先生，二月廿六；玄天上帝，三月初三；玄壇元帥，三月十六；貞明先生，四月初四；釋迦牟尼，四月初八；火官大帝，四月十五；慧虛先生，四月十六；龍華盛會，五月初五；關聖帝君，五月十三；護法龍天，六月初二；上陽真人，六月十二；修因教主，六月十五；普化天尊，六月廿四；地官大帝，七月十五；夏午慈尊，七月十六；普耀先生，七月十八；普耀先生，八月初八；三峰真人，八月十八；田公元帥，八月廿三；黃大執法，八月初九；道德天尊，九月十四；水官大帝，十月十五；智達先生，十月二十；直庵先生，十月廿七；性如先生，十一月初三；至聖先師，十一月廿一；性如先生，十一月廿四；聚華先生，十二月廿三。各神靈的祭祀時間都不重疊，錯開分布，也避免了眾神在祭祀時間生態位上的競爭。

在神靈崇拜體系中，不同的職守和祭祀時間使不同的神祇共存於一定的時空資源環境下。在這個神聖而有序的時空座標裡，各神按部就班，各司職守，占據不同的時空生態位，在一定的時空範圍享受民眾的祭祀膜拜，和平共處，保證神靈體系的平衡運作。

三、生態位競爭——強勢神祇排斥、收編弱者

生態學理論揭示，在自然界中，一個生態位只能有一個物種，沒有兩個物種生活在同一生態位中；如果同一生態位中出現了兩個物種，則必然發生激烈的競爭排斥。正是這種在生存競爭中形成的

自然選擇以及由此引起的形態改變，加強了生態分離，使自然界各種生物種群各就各位，達到有序、和諧的動態平衡。競爭排斥原理對所有生命現象而言是具有普遍性的一般原理，它不僅適用於生物界，同樣適用於人類。因為人首先是生物，生物所具有的各種屬性人類都具有，因此民間信仰生態系統的和諧平衡很大程度上也要歸結於神祇生態位的競爭。民間祀神數量之巨令人歎為觀止，其最大的一個特徵是世俗化與神聖化並存，神界不過是人世的翻版和延伸。人創造了神，同時也以現實的人際關係為範本，並在人倫道德範疇內處理繁雜的神際關係。如王銘銘曾指出，中國民間宗教的基礎是古代泛靈信仰和儒道的社會倫理與宇宙觀形態，他們之所以能延續、存在至他所處的時代，原因在於它是處理社會關係的邏輯和人們對世界的看法[1]。

（一）強勢排擠，取而代之

根據競爭排斥原理，在同一區域內，神祇為了爭奪信眾，擴大信仰空間，在競爭中必須將與其生態位重疊並構成競爭態勢的其他祀神打敗、或排擠、或收編、或取而代之，進而達到一神獨尊。其中以仙遊張公打敗陳可大的傳說最具代表性。

南宋時，仙遊退休官員陳可大榮歸故里後組織地方鄉民修建了南門橋，這一歷史功績不僅被宋明的地方志書屢屢記載，而且橋南的陳可大祠也見證了他主修南門橋、造福桑梓的善舉。但是，隨著時光的推移，陳可大修建南門橋的歷史功績逐漸被轉移到地方神祇——張公的身上。明代方志記載，張公在修建南門橋時只是一名「董其事」[2]的負責人之一。而到了清朝，方志就明確記載南宋陳可大造南門

1　王銘銘：《社會人類學與中國研究》，北京：三聯書店，1997年，第159頁。

2　志稱：「仙溪橋，舊名升仙橋。縣南半里。紹興八年肇慶守陳可大同兄監鎮可久，以家資倡建。南有陳公祠。張聖者名克勤，董其事，讖云：南橋全，仙遊出狀元。」明弘治《仙溪志》卷三，〈橋樑〉。

橋時，惡蛟為怪，屢壞橋基，張公聖君拔劍斬惡蛟，因此橋乃建成 [1]。但是，現在當地流傳的故事就遠非這個版本了。民眾對南門橋橋南顯聖堂奉祀張公的歷史來歷是因為張公與陳可大打賭贏了並順利修建了南門橋，所以顯聖堂就面對南門橋，而陳可大只能背對南門橋 [2]。

顯聖堂直接面對南門橋，與陳可大宗祠只有一牆之隔，而陳可大等陳氏先祖的塑像確實背向南門橋，與張公背對背而坐。祠神的排放、坐向，讓人不得不相信張公以神力促造南門橋的功績似乎就是真的歷史史實。地方民眾已經將這則傳說作為顯聖堂面向南門橋的信史津津樂道。這段傳說的歷史化和張公取代陳可大獨享修建南門橋功德的歷史轉變有著深刻而複雜的社會背景。

首先，顯聖堂鼎盛香火與陳可大祠堂的門可羅雀形成鮮明比對，與莆仙地區偏重神道、巫鬼信仰之發達有關。林拓在《文化的地理過程分析》中指出，自南宋前期，沿海就偏重於巫道自然神的創造，而內陸則向官宦、儒士、平民傾斜。一般而言，神道巫鬼成神後更可以顯現各種神跡保佑一方士民，這正是百姓千方百計造神之所需。而且神鬼與生俱來的神秘性，往往在信仰形成之後具有極大的伸縮彈性，為信仰的流播和發展提供廣闊的闡釋空間，各種有

---

1 志稱：「仙溪橋，舊名升仙橋，俗呼南橋。宋紹興八年……初造時，有張真人顯跡，誅蛟始得成功。劍跡猶存橋址」；清乾隆《仙遊縣志》卷一二，〈建置志‧橋樑〉。又稱：「顯聖廟，在仙溪橋南，祀張公聖君。神德化人，嘗斬妖於石壺洞。宋陳可大造南橋時，惡蛟為怪，屢壞橋基，神拔劍斬之，化為石，乃定基於其上，遂克完建。今劍跡尚存。」清乾隆《仙遊縣志》卷一二，〈建置志‧壇廟〉。

2 2005年7月20日，採訪顯聖堂廟祝林美金老人。筆者問：「聽說咱們這個廟的修建很有來歷啊？」廟祝林美金答：「是啊，說是張公24歲時來仙遊，見陳可大造的南橋啊，白天修，晚上倒塌，知道有妖怪在搞亂。後來陳可大與張公打賭，誰能夠把橋修成，以後蓋廟誰就面對南橋，享受香火。因為張公是聖明，知道橋底下有烏龜精在作亂，橋白天修，晚上烏龜精翻個身，橋就倒了，所以工程都沒有進展。張公就把他隨身帶的扁擔變成寶劍，一劍除去烏龜精，這樣橋就順利修建成。沒有張公，南橋就不可能修好，所以我們張公就面對南門橋。而陳可大就只好背對南門橋，與張公剛好背對背。」

第十四章 閩臺地區神靈崇拜的生態學分析

求必應的造神期盼也具有隨意附會、發揮的餘地，神靈也由此獲得永生。而官宦、儒士常常因為善德懿行而導致民眾建祠膜拜，這種道德化傾向往往凝固限制了民眾有求必應的需求，這也是眾多鄉賢祠、名宦祠隨建輒廢的主要原因[1]。此外，家族祠廟具有兩面性，同樣處於交通要道，但陳可大是本宗族人奉祀的神祇，不利於向外族他姓擴大其影響。因此，在地方民眾的心目中，陳可大的善德懿行隨著歷史的發展逐漸淡化，而張公不斷顯聖的靈跡保證其案前香火不斷升溫，也逐漸鞏固、強化民眾對張公靈驗的歷史記憶。民眾亦對其神力促造南門橋的傳說津津樂道，進而不斷附會和再解釋。

其次，在莆田仙遊，張公在空間生態位上也占據著絕對的上風。仙遊供奉張公為主神的廟宇就多達上百座之多，而且張公作為陪祀神明在莆田、仙遊二地也蔚為大觀。據筆者調查，鄉間耆老都說廟宇奉祀張公已成定例，幾乎每宮每廟都要奉祀張公，可見張公在莆、仙影響力之大。

其三，張公神廟所處的具體生態位位置也優勢於陳可大宗祠，雖然只是一牆之隔，顯聖堂直接面對南橋，南來北往的客流量何其多！其楹聯「身遊環宇九重天，面向南橋十八厝」，一語道破張公所處的優勢地理位置。張聖君打敗陳可大，獲得一神獨尊的絕對優勢生態位就自然而然水到渠成了。

張公在仙遊成功取代陳可大，是民間神道巫鬼信仰對聖賢崇拜的取代和征服。而張公在永泰方廣岩欲與傳統的佛教抗衡，卻遭到失敗[2]。方廣岩一直是閩中佛教聖地，佛教勢力在該地區有廣泛深厚的

1　林拓：《文化的地理過程分析》，上海：上海書店出版社，2004年，第367頁。

2　永泰相傳張聖者三十四歲時雲遊到方廣岩，當晚遂投宿方廣岩洞。翌日，天將破曉，忽然來了一長眉祖師，即蔡道者，要張聖者讓位住宿。張聖者見他年邁體衰，且經長途跋涉，神疲力倦，深表同情，忙答應讓其暫住一宿，自己便離洞閒遊。到了次日，張聖者返回岩洞，見長眉祖師仍住在洞中，占據福地不還，張欲移石截流沖走長眉祖師，幸虧觀音大士從中點撥，阻止了張聖者的錯行，張就把方廣岩讓給長眉祖師，將方壺岩開闢為自己的修行福地。《張聖君信仰發祥地——方壺山》，永泰縣方壺岩管理委員會，1999年，第66~67頁。

影響力。與張聖者爭奪福地的長眉祖師蔡道者[1]即為方廣岩供奉之佛，張聖者想把影響頗深的佛教聖地作為自己的修真之所，與傳統的地方佛教神祇進行爭奪遭到失敗，是二者力量懸殊較量的必然結果。

南平溪源地區流傳蕭公與仙奶鬥法的傳說亦反映了強勢生態位對弱勢神靈的排擠。傳說蕭公修道於南平鳳山上，對面有個仙奶廟，住著觀音的化身陳、林、李三個結拜姐妹。因為對面相望，蕭公每天總可以看到仙奶晾在廟旁的衣服，認為這是修道者的大忌，深感不便。所以蕭公不得不與之鬥法，仙奶鬥不過蕭公，便搬到離溪源峽谷十里外的高坪（屬西芹管轄）去了。從此，仙奶廟就荒廢了，只留下遺址[2]。蕭公信仰在溪源上洋村尤為興盛，其占據了絕對優勢的生態位，而陳、林、李三仙奶信仰應是臨水夫人陳靖姑信仰的另一代名詞，出了閩東方言區就漸入信仰的邊緣區，處於相對的弱勢生態位。面對蕭公這一區域大神，不戰自敗，退出蕭公信仰的炮火集中地帶，到十里外的高坪發展香火。

（二）強勢收編，壯大神道團

在某個地區，神祇之間力量對比懸殊，二神競爭，強勢排擠弱者，也出現弱勢神靈被強者收編。如媽祖不僅將莆田湄州島附近的妖怪如嘉佑、嘉應、晏公、高里鬼一一降伏，這些改過自新的水精海怪也成為她麾下的得力助手。媽祖還收編了四海龍王、千里眼、順風耳等神靈，連陳靖姑也成為她的姐妹，參與救助海難，以媽祖為首的海神體系不斷壯大。

福建各地流傳的張聖君分管雷公，並被玉帝褒封為監雷御史的傳

1　民國《永泰縣志》卷　二〈方外傳〉稱：「蔡道者，狀貌古怪，衣服襤褸。慶曆間（1041—1048年），來方廣岩謁處士黃非熊。先是洪水流一巨樟，浮於石壁溪，久而不去。鄉人欲雕為佛像。道者自言精於雕刻，乃刻為賓頭盧尊者。通志作長眉老佛。相既成，不受值而去，不知所之。乃供養於岩中佛閣。」

2　鄭金華：《溪源峽谷與蕭公文化》（內部書），2001年，第44~45頁。

第十四章　閩臺地區神靈崇拜的生態學分析

說就反映了強勢神靈對弱者的收編 [1]。雷神崇拜的產生，源於先民對自然界雷電現象的畏懼。然而，在雷神形象的歷史演變中，世人對雷神形象的塑造有典型的人格化傾向。此後，道教沿用了民間社會的這一人格化方式，構想了可供道士召遣役使的龐雜的雷部諸神系統。隨著雷部諸神體系的建立，世人的心理也完成了由畏懼雷神，心生敬畏，並向策役雷神，濟物利人的轉變 [2]。張公管雷公的傳說可視為福建民間信仰的人格神崇拜對原始自然神崇拜的征服。

影響較大的神靈在信仰傳播擴散的過程中不斷的兼併、收編一些地方性小神，這些小神也樂於依附於大神，成為其配神下屬。林拓在《文化的地理過程分析》中指出，沿海的諸多神明，在明清時期構成一定的地域層級關係的同時，也相應形成了特有的神明體系。而且這種神明體系的形成，又以各大區域的主神臨水夫人、媽祖、保生大帝最為顯著，以它們為核心的神明系統也最為龐大。這一系統往往是以一群神靈侍從主神的形式表現出來的 [3]。明代的《晉安逸志》記載閩王賜予陳靖姑三十六宮女，後來這三十六宮女就演變成三十六婆神。還有林九娘、李三娘、江虎婆、石夾女、歐氏、鄒鐵鸞、馬氏、曾氏、許氏、阮氏和高雪海等十二位師姐妹，及被其收服的淫妖猴精丹霞大聖也聽從陳靖姑的差遣。同樣在明代，保生大帝亦擁有王靈官、何仙姑、程真人、鄧天君等眾多的侍神，還有數十名元帥及各路將領「先

1　相傳南宋時福建大旱，餓殍滿地。為此，很多老百姓請張公為其祈雨解旱。張公遂設壇祈雨，請東海龍王行雲布雨為民解旱，東海龍王接到張公表文後，把玉帝不許降雨的御旨轉告他。張公急百姓之所急，速奔天庭，打翻玉帝墨水，化為大雨，解除了旱情。玉帝得知此事後，龍顏大怒，派雷公下凡捉拿張公。張公欺負雷公不識字，就對雷公說是詔書上寫的是「差張公，捉雷公」，雷公嚇得不知所措，張公就叫雷公鑽進他的袖子，說若袖子動就打雷，袖子靜則止。玉帝見了張公大發雷霆，嚇得張公膽戰心驚，手一抖，雷公就雷聲大振，吵得天宮雞犬不寧。玉帝無奈傳令：誰能叫雷聲停止就封其為監雷御史，張公大喜，手一靜，雷聲即止。於是，張公被封為監雷御史，掌管五雷。此傳說由莆田大所張公廟提供，其實福建省各地均有張聖君管雷公的由來的不同的傳說版本。

2　李志鴻：《雷神、雷法與清微派研究》，福建師範大學2004級碩士論文，未刊稿。

3　林拓：《文化的地理過程分析》，上海：上海書店出版社，2004年，第359頁。

後從遊」。媽祖的陪祀神靈之眾，神明體系之龐大，甚至佛、道兩教都想拉攏媽祖以擴大佛道的影響。

主神侍從神靈的增多，神明系統的形成及其不斷壯大，意味著區域性主神對眾多地方神明信仰的整合。諸神之間通過合作實現職能的互補，以形成一專多能的祀神體系，鞏固、壯大其信仰空間，以期在與其他祀神的競爭中獲得更加優勢的生態位。張聖君在民眾長期的崇拜祭祀習俗中，逐步吸收、整合本地區或外地的信仰資源，形成系列祀神信仰，並在這個祀神體系中占據核心地位。各地信仰者依照他們的理解讓地方神祇們與張聖君義結金蘭，於是以張聖君為核心的神祇體系在各地不斷出現，各路神祇名目繁多，有張慈觀、章朗慶、肖明、章敏、蕭公、連真君、聯真君、朱真君、邵真君、吳公、余公法主、劉公等。而張聖君信仰在面對比其香火更盛、影響更大的神祇時，信眾就將其收編到該神的神道團中。福州地區相傳張聖君18歲那年，他與好友蕭其龍、劉武秀、連宗羌等到閭山，師學許旌陽，得授五雷正心法和劾召鬼神要旨，授七星寶劍，用於斬妖除魔[1]。在此張聖君就名正言順地與陳靖姑結為同門師姐弟，並與陳靖姑合力除去古田蜘蛛洞的蜘蛛精。在古田、福州地區，臨水夫人信仰以絕對優勢的祀神地位輕易摘取了張聖君師姐的位置，避免與張聖君發生不愉快的鬥法爭執，兩神之間長幼有序，互助協作，和平共處。

鬥法是神祇之間競爭的間接表達，諸神之間的競爭導致神祇在信仰地域空間的重新整合和分布。但是，神靈之間的競爭並非生物種群之間你死我活的殘酷競爭，而是在溫情脈脈、不傷和氣的氛圍中展開，絕大多數最終還是以和平、言和的態勢結局。最具代表性的莫過於媽祖與保生大帝之間鬥法以不分伯仲高下，平分秋色，兩神和平共處一廟、皆大歡喜為結局。傳說保生大帝大道公成神之後，對媽祖的

---

1 王祖麟、王光輝：《福州民間信仰大觀》，香港：華星出版社，1999年，第45~49頁。

仁慈與美貌甚為讚賞，漸漸心生愛慕。有一天，保生大帝在途中與她相遇，就向媽祖表露愛意，但是媽祖生前發願，一心只在救度眾生，所以就婉拒了這份好意。不料保生大帝竟由愛生恨，對媽祖採取報復行動，從此每年農曆三月廿三日媽祖聖誕，他就施法下雨，將媽祖臉上的胭脂花粉沖掉。媽祖知道這是誰的傑作，因此到了第二年三月十五日，大道公生日時，她也施展神力，瞬間狂風大作，將他的帽子吹落溝底。二神由此結怨，導致每年農曆三月十五日大道公的聖誕就起風，三月廿三日媽祖生日就下雨。因此民間有「大道公風，媽祖婆雨」的諺語，顯示二人鬥法。其實三月十五日起風和廿三日下雨，乃是節氣的影響，農曆三月正值梅雨季節，颱風、下雨乃自然現象，然而大道公與媽祖婆鬥法的故事反映民間豐富的想像力，此一傳說係將大道公與媽祖婆從人世間的愛情糾葛，轉至神界的法力交戰，而兩位神祇呼風喚雨的能力，更是海洋文化的表徵。

四、生態位合作——諸神不分伯仲，互惠共存

生態學研究表明，儘管物種間競爭排斥非常普遍，但在一定條件下也存在合作和相互依存，從而促進物種生態位的獨特性和穩定性。各種群之間的相依性表現為互惠共生，如森林內的松樹層保護苔蘚之類的地被層免遭日灼，從而減緩地被層過分強烈的蒸發蒸騰作用，同時，地被層又能保護林地使其不致過分乾燥，從而有利於小松樹的生長和森林的更新。

民間社會的諸神譜系裡究竟有多少個神明，無從考究。就是一個縣區，也是眾神林立，各有千秋。各神為了獲得最佳生態位，除了規避分離、競爭排斥外，還必須進行有效的互惠合作，以保證神案前的香火經久不衰。臨水夫人陳靖姑是閩東著名的祈雨神和婦孺保護神，

但她在柘榮與當地另一祈雨女神和婦嬰保護神——馬仙相遇時，二者的功能都發生了適應性的調整，馬仙專司祈雨，而臨水夫人則包攬婦孺保護的職守，二者最終形成互利互惠、和諧共存的局面[1]。

香火遍布八閩的張聖君要在地方神明崇拜的生態體系中占據合適的生態位，必然要和區域化的神靈相互交叉、相互聯繫，並且最終與地方神祇達成平衡。

德化相傳，張慈觀在八閩大地除邪鏟惡，濟世利民，有一天，在漳州邂逅吳夲，兩人相見恨晚，就結成良朋好友，交往甚密。有一天，玉帝下詔要吳夲為王母治病，吳夲到靈霄寶殿把王母的病治好了，玉帝大喜，封吳夲為保生大帝，並賜黑色龍袍一件。後來，張慈觀揭榜鎮雷響有功，玉帝封他為監雷張聖君，因為每次都是穿著道服赴仙班，心裡感到有點尷尬。有一次，玉帝宣詔張慈觀到靈霄寶殿赴蟠桃會，他認為穿道服不太合適，就向保生大帝借龍袍到天廷赴會。吳夲原先還怕玉帝降罪，心裡正在躊躇，但念在與張慈觀情如手足，就把玉帝賜的龍袍借給了張慈觀。張慈觀穿著借來的龍袍赴會後到保生大帝的住所說：「你借給我的龍袍我穿著很合身，你的個子小，穿上顯得太長，就把它送給我，你再向王母要一件合身的吧」！吳夲看在知交份上就答應了張慈觀的要求。從此，張聖君就穿著保生大帝贈送的黑色鑲金龍袍出入天都。保生大帝只好向王母實告，請求再賜給龍袍一件，王母一時找不到男式的龍袍，只好賜給他一件女式龍袍。因此，保生大帝身上穿的是女式開襟八卦龍袍。[2]

1 陳文龍：《福建馬仙信仰與地域文化——以柘榮為個案的研究》，福建師範大學2006級碩士論文，未刊稿。
2 《監雷張聖君向保生大帝借龍袍》，周鴻搜集整理《道教聖地石牛山——張公法主祖庭》，福建省道教協會研究室、德化石壺祖殿管理委員會編，1998年，第153頁。

第十四章 閩臺地區神靈崇拜的生態學分析

面對張聖君借袍不還，保生大帝無可奈何的傳說反映了德化是張聖君信仰的核心密集區，又恰恰是保生大帝信仰圈的邊緣區，後者無疑處於弱勢地位，兩者相較，生態位資源有明顯的差異，孰敗孰勝，一目了然。但是這種情況出了德化地區就有新的說法：

相傳清朝道光年間，閩南人到大田縣桃源一帶打工，種田、做生意，後來蓋房建鋪定居桃源，歷經繁衍傳承，逐漸興旺起來，於道光十五年（1835年）始建春安廟。因是永春、安溪人倡建，故各取一字定為春安廟，亦稱閩南廟。春安廟原供觀音、文昌、關帝、土地公、靈主公等。清末桃源一帶賭花會盛行一時，又從外地請來保生大帝、張公聖君（俗稱法主公），會後二神托夢給主事說我們不回去，要鎮住春安廟，所以保生大帝、張公聖君便成了春安廟的鎮殿祖師。保生大帝吳夲，醫德高尚，濟世救人，因揭皇榜治癒當時皇后的乳疾，而被宋仁宗敕封為妙道真人，御史太醫。張公聖君原從事巫術，後拜吳夲為師，普濟眾生，被稱為張真人。皇上曾賜一件龍袍給吳夲，後被張公借去不還，在吳夲二進皇宮時，皇后見他沒披龍袍，問明原由後將自己的鳳袍賜給吳夲。因此，在塑神像時，保生大帝身穿的龍袍較小，須在前襟打結，而張公聖君穿的龍袍則較寬大。當然，張公為答謝吳夲，凡他坐供的寺廟，正殿都讓位給保生大帝。[1]

在大田桃源，張聖君先是拜吳夲為師，後因借袍不還就將正殿之位讓給保生大帝，自己甘願屈居陪祀神位。與德化相比，張聖君在大田的神格有明顯變化。因為無論在張聖君的信仰圈還是保生大帝的信仰圈，大田都是二神信仰圈的邊緣區，二者平分秋色。但是如果從閩南及福建地區來看，保生大帝的香火、廟宇均要盛過張聖君，大田桃

1　http://www.dtagri.com.

源張聖君讓正殿神位的傳說正是福建整個大背景下祀神排序的折射。

　　玄天上帝與保生大帝在閩南香火都極為興盛，二者在閩南發生碰撞，必然要發生競爭。但是，民眾對二神的遭遇給予不傷和氣、不分伯仲的資源置換及和諧共存的解釋，這可從玄天上帝與保生大帝之間借劍與扣留三十六將為人質的傳說故事看出。

　　傳說云：傳說玄天上帝生前是一個以殺豬為業的屠夫，後來因自覺罪孽深重，就自己剖開肚子，將萬惡根源的腸胃丟到河裡去洗淨，而得道成神。之後他的腸變成一條蛇，胃則化成一隻龜，龜蛇經年累月地吸收日月精華，終於變成妖精危害百姓。玄天上帝得知後，認為這是他所留下來的後患，決定親自去收妖，便向保生大帝借寶劍做武器。保生大帝怕他借了愛劍不還，卻又不好意思拒絕，只好把寶劍借給玄天上帝，但劍鞘自己留著，必要時，只要念靈文就可將寶劍召回，除此之外，他還要求玄天上帝把手下的三十六將留下當做質押。誰知道，玄天上帝喜愛這只寶劍更勝於三十六將，在收伏龜蛇之後，緊握著寶劍不放，任憑保生大帝如何念咒也召不回來，幸虧三十六將平日頗能盡心地幫助保生大帝捉拿病魔鬼怪，總算可以彌補一點失劍之痛。時至今日，玄天上帝的神像手中始終緊握著那把寶劍，保生大帝的神像則是身穿龍袍，腰間光繫著一把劍鞘，而且舉凡供奉保生大帝的廟宇多配祀有三十六將。

　　張聖君信仰與保生大帝信仰在德化、大田等地相遇，保生大帝與玄天上帝在閩南相遇，並沒有發生殘酷的火拼競爭，中國人在「和為貴」的思想的指導下，張聖君借袍不還、玄天上帝爽約借劍不還，並沒有引起神靈之間的決裂，而是以輕鬆玩笑、揶揄的心態處理神祇之間的競爭，通過交流過置換對方的信仰因素，避免劍拔弩張的緊張對峙，進而達到和平共處。

第十四章 閩臺地區神靈崇拜的生態學分析

　　玄天上帝與張公在莆田經常共處一廟，民眾亦合理安排他們的神職功能，幾乎不存在香火祭拜的衝突，和平共處。莆田江口孝義村佑聖觀，主祀玄天上帝、王中軍、順天聖母、社公社媽，角落神有陳公太尉、康公元帥、齊天大聖、張公聖君、五顯靈官、田公元帥、都天元帥、武身張公聖君、金大將軍等。按照廟祝的說法，廟裡神階最高的是上帝爺（即玄天上帝），而主房的（主房相當於主事、管事之意）是張公。上帝爺接受信眾祭拜的第一炷香，但如果有所祈求，就去求張公。張公很靈的，黑面的聖明最靈。張公會扶乩，占卜，可以給人看病，批示藥單，看風水，各種祈求都有求必應。上帝爺就像一個大家庭裡很有威嚴的爺爺，張公就是具體負責管理家事的兒子，爺爺雖然不管事了，但是家裡的權威還是他。

　　無獨有偶，筆者慕莆田涵江哆頭錢湖宮[1]張公之名前往調查。廟祝們對於張公和玄天上帝之間關係的描述與江口孝義村佑聖觀的解釋幾乎如出一轍：

　　——玄天上帝在這個廟裡神階最高，他不是坐在一般的神案上與其他聖明平起平坐。他的神位在廟的梁頂上懸著，比其他神高出很多。

　　——民眾有事情要祈求聖明，就要去找張公。不管是生病、丟東西、看風水、求平安、求發財，張公有求必應，很靈啊！就好比說，玄天上帝是家裡的爺爺，張公是兒子，專門「花家事」（莆田話，指

1　錢湖宮其實是北極殿、昭利古廟和錢湖宮三者的綜合代稱。整座宮廟主殿為北極殿，主祀玄天上帝；右偏殿為錢湖宮，主祀尊主明王、后土夫人、田公元帥、法主仙妃、惠應聖侯；左偏殿為昭利古廟，祀監雷御史張公聖君。整座廟宇以玄天上帝神階最高，以張公香火最為鼎盛，錢湖宮也因張公的有求必應的神信而名震四方。從殿宇分布和神牌推斷，這三座廟在歷史的某個時期曾經過整合，後形成以主祀玄天上帝的北極殿為主殿，社廟錢湖宮和昭利古廟為偏殿的現在格局。但是這次整合在民眾的歷史記憶中也投下影像，民眾認為上帝爺神格最高，張公最靈，而廟名就是錢湖宮。同時，經過整合後，以祈雨著稱的張公輕易摘取了香火最旺的桂冠，成為現在整個廟宇的實際「主房」之神。

負責操辦家庭事務）。像碰到紅白喜事，張公負責包紅包，但是禮單上落的款是上帝爺。兒子出錢，爺爺去喝酒。兒子出錢，老子長臉嘛！而且只有上帝爺才有規格出遊，其他神明都沒出去。

民眾通過神階排序、職能分工，對張公和玄天上帝的功能生態位進行了適應性的調整，二者不僅互相制約還互相配合，形成和諧共處的局面。

神祇之間有神階高低之分，各安職守，分工明確，避免香火最盛者與神格最高者之間的衝突，導致信仰體系的失衡。不得不佩服民眾對神祇之間的關係至情至性、合情合理的解釋和安置。在民眾的信仰世界裡，神祇法力無限、有所差異，但是卻不矛盾衝突，正是這五彩斑斕的個體差異提供了民眾精神層面不同訴求的互補。在同一座廟宇中，神靈等階不同、職守有異，諸神處於有序的生態分離與和諧的共存中。

在民間宮廟，我們經常看見道教的仙真、釋家的佛陀、儒家的聖賢，土生土長的神祇，眾神和平共處一廟，同享血食香火，這是民眾現實功利性的各種祈求之需和「和為貴」的傳統思想觀念使然。應該指出的是，流行於閩臺地區的神明崇拜，是複雜的、多元的。生動活潑的民間信仰主要不是生活在國家政治裡，也不是生活在嚴格審慎的學術定義框架裡，而是活在民眾的民俗文化生活中[1]，已深深地融入百姓的日用之道。進入民俗生活的神明崇拜，具有很強的融合性，往往是正統的儒、釋、道神明與民間信仰諸神兼而有之。

---

1 董曉萍在〈河南寶豐縣書會調查〉一文中指出，學者在研究中國民間宗教時，不能只從學者已有的道教或佛教概念出發，而應該把民眾的分類習慣也考慮在內，兩者兼顧；同時要從地方小社會的民間宗教生態分布入手，對當地的宗教分類加以考察和分析，這樣才能發現不同區域內的民間宗教在民俗文化傳承中的特徵，得出符合民眾思維實際的判斷。見《田野民俗學》，北京師範大學出版社，2003年，第578~611頁。

第十四章 閩臺地區神靈崇拜的生態學分析

當然，正統宗教與民間信仰的神明，又存在著良性的互動。歷史上，道教與民間信仰領域之間存在著一種變化無定的辯證運動，道教通過接管、召遣、編制神譜、編寫仙傳或經書等形式實現了對民間信仰的吸納、改造[1]。這是在對閩臺神明崇拜進行生態學分析時，必須加以關注的方面。總體而言，神靈是人創造和建構的，神靈所代表的象徵意義也根據人們的不同需要而被加以重新解釋。易言之，對神靈的崇拜和不同解釋也是要為民眾的社會生活構建一個合理和諧的人文秩序。

1　參見石泰安（Rolf A. Stein）著，呂鵬志譯：〈二至七世紀的道教和民間宗教〉，《法國漢學》第七輯《宗教史專號》，北京：中華書局，2002年，第39~67頁。索安著，呂鵬志、陳平等譯：《西方道教研究編年史》，北京：中華書局，2002年，第28~33頁，第88~92頁；劉仲宇：〈道教對民間信仰的收容和改造〉，《宗教學研究》2000年第4期，第41~43頁。